20세기 중국의 지식인을 말하다 2

20世紀中國知識分子史論 ⓒ 2005 by Xu Jilin
All Right Reserved.
Korean Translation rights arranged by Shanghai Sanhui Culture and Press Ltd.
through Shinwon Agency Co., Korea
Korean Translation Copyright ⓒ 2011
by Kookmin University Center for Interdisciplinary Research on China

이 책의 한국어 판권은 신원 에이전시를 통하여
저작권자와 독점 계약한 국민대학교 중국인문사회연구소에 있습니다.
저작권법에 의해 한국 내에서 보호를 받는 저작물이므로
어떠한 형태로든 무단 전재와 무단 복제를 금합니다.

국민대학교 중국인문사회연구소 번역 총서 · 2

20세기 중국의 지식인을 말하다 · 2

쉬지린(許紀霖) 편저
김경남/박영순/이철호/장창호/최은진/한혜성 옮김

도서출판 길

편저자 **쉬지린**(許紀霖, 1957~)은 중국 상하이에서 태어났다. 그는 중국 근현대사상사를 전공한 대표적 사학자로서 현재 화둥(華東) 사범대학 역사학과 교수로 재직하고 있으며, 같은 대학의 중국현대사상문화연구소 부소장을 비롯하여 상하이 역사학회 회장, 홍콩 중문(中文) 대학에서 발행하는 잡지 『21세기』(二十一世紀)의 편집위원으로도 활동하고 있다. 1997년 이후 홍콩 중문 대학, 오스트레일리아 국립대학, 싱가포르 국립대학, 미국 하버드 대학 등에서 연구하였으며, 다양한 서구 학문의 사조와 이론을 섭렵하였다. 특히 중국 지식인에 대한 연구의 권위자이면서 China Quarterly 2006년 6월호에 티모시 치크(Timothy Cheek)가 발표한 논문 「쉬지린과 중국 공공지식인」(Xu Jilin and the Thought Work of China's Public Intellectuals)의 연구대상이 되기도 할 만큼 활발한 활동을 전개하는 지식인이기도 하다.

쉬지린은 한국 내에서 중국의 대표적인 자유주의자 지식인으로 알려져 있다. 중국 내에서는 2004년 타이완 총통(總統) 선거와 관련한 언급으로 대중의 주목을 받았으며, 지식인의 역할과 위상에 대해 지속적으로 고민해왔다. 이를 바탕으로 중국 지식인들의 담론 변화 지점들을 진단하는 데 탁월한 연구를 진행하고 있다. 아울러 1980년대부터 문화현상에도 관심을 갖고 현대문화, 현대화 변화 과정에 대한 연구를 비롯하여 지식인 연구에서도 다양한 서구 이론을 토대로 중국의 도시공간에서의 관계망을 파악하는 연구를 병행하고 있다.

주요 저서로 『無窮的困惑』(1988), 『智者的尊嚴』(1992), 『中國現代化史』(주편, 1995), 『尋求意義』(1997), 『許紀霖自選集』(1998), 『二十一世紀中國思想史論』(편저, 2001), 『中國知識分子十論』(2003), 『回歸公共空間』(2006) 등이 있다.

국민대학교 중국인문사회연구소 번역 총서 • 2
20세기 중국의 지식인을 말하다 · 2

2011년 6월 15일 제1판 제1쇄 찍음
2011년 6월 25일 제1판 제1쇄 펴냄

엮은이 | 쉬지린(許紀霖)
옮긴이 | 김경남 · 박영순 · 이철호 · 장창호 · 최은진 · 한혜성
펴낸이 | 박우정

편집 | 이현숙

펴낸곳 | 도서출판 길
주소 | 135-891 서울 강남구 신사동 564-12 우리빌딩 201호
전화 | 02)595-3153 팩스 | 02)595-3165
등록 | 1997년 6월 17일 제113호

ⓒ 국민대학교 중국인문사회연구소, 2011. Printed in Seoul, Korea

ISBN 978-89-6445-036-9 94300

이 저서는 2009년도 정부의 재원(교육과학기술부 학술연구조성사업비)으로
한국연구재단의 지원을 받아 연구되었음(NRF-2009-362-B00011).

● 차례

제13장 청말 민초의 지식인___장펑위안 張朋園	7
제14장 5·4의 양대 지식인___수형저 舒衡哲	23
제15장 베이징 대학 교수의 다른 선택	
─루쉰과 후스를 중심으로___첸리췬 錢理群	113
제16장 문학계의 등장___리어우판 李歐梵	185
제17장 루쉰과 창조사 創造社·태양사 太陽社의 논쟁___첸리췬 錢理群	215
제18장 '학술사회'의 건설과 지식인의 '권력 네트워크'	
─『독립평론』 집단 및 그들의 역할과 신분___장칭 章清	251
제19장 시난연대 西南聯大 지식인 집단의 형성과 쇠락___셰융 謝泳	305
제20장 목적이 있는 행동과 예기치 못한 결과	
─1950년대 중국 지식인의 역정___황핑 黃平	329
제21장 도시 공간의 시각으로 바라본 중국 지식인___쉬지린 許紀霖	359
지은이 소개	381
옮긴이 소개	383

■ 일러두기

1. 본문의 각주 가운데 일련 번호가 있는 것은 저자의 주이고 *로 표시된 것은 옮긴이의 주이다.
2. 모든 외래어와 중국 인명(신해혁명 이후)은 외래어 표기법에 따랐다.
3. 본문의 〔 〕는 옮긴이의 부연 설명이다.

제13장 청말 민초의 지식인

● 장펑위안張朋園

1. 지식인의 의미

'지식인'이라는 중국어는 제1차 세계대전 이후에 보인다. 'intelligentsia'를 번역한 말로 원래 19세기 후반기 러시아 사회의 원형(原型) 계급을 가리키는 것이므로, '지식계급'이라고도 한다. 이렇게 전적으로 특수한 인물들을 지칭하는 명사는 1860년 러시아어에서 처음으로 출현한 이후 세계 각지로 전파되어 광범위하게 사용되었다. 그 함의는 도시 속의 하나의 새로운 계층을 가리키며, 이를테면 도시 엘리트(urban elite)라고도 할 수 있다. 그러나 여러 가지 번역어가 대체로 원래의 뜻과 다 맞는 것은 아니다. 예를 들면 독일어에서는 학자, 전문가, 지식인 등이 호환되어 사용되고 영미에서는 정신노동자(nonmanual workers)가 지식인의 의미로 쓰인다. 중국은 역사상 사대부라는 말이 원래 있고 그 뜻이 지식인과 비슷하지만, 번역자가 사용하지 않은 것으로 보아 현대 지식인은 전통 사대부 혹은 사인(士人)과 확실히 다른 점이 있음을 알 수 있다.

지식인은 현대 사회의 하나의 계층으로 양호한 교육을 받은 사람들이며 수공이나 노동을 직업으로 하지 않는다. 가령 이분법으로 사회를 전통과 현대로 나눈다면, 지식인은 진보적이며 현대화를 촉진하는 엘리트로서 전통을 현대화하였다. 그러나 전통에서 현대화가 진행되던 초기에 상업계층이 아직 일어나지 않은 것은 서구 사회의 현대화 기초와는 다른 현상이다. 구체적으로 말하면, 지식인은 교사, 학자, 신사, 중고등 이상의 학생, 자유직업인(작가, 예술가, 변호사, 신문기자 등)을 포괄하는 대명사이다.

지식인은 이미 현대화와 관련이 있으므로 여기에서 현대화의 정의를 간략히 설명할 필요가 있다. 현대화는 추상명사로서 구체적으로 말하면 정치, 경제, 사회의 발전과 변천을 의미하는 것이다. 이른바 발전과 변천이란 사회상으로는 서구 선진국가의 궤적을 따르는 것으로 산업화(도시화 포함), 직업의 분화, 상하좌우의 이동 가능성이 있는 개인의 사회적 지위(전통사회의 지위는 개인이 어떤 한 계층에 속하고 나면 거의 변화할 가능성이 없었다), 교육의 발달, 인민의 보편적 식자(識字), 지식 수준의 향상을 추구하는 것이다. 정치상으로는 전제정치 체제에서 대의제도로 나아가고 경제적으로는 방임에서 국민 복지로 나아가는 것이다.[1] 귀납하면, 현대화는 바로 선택적 제도 변혁을 말한다. 변혁 과정에서 일부 전통을 버릴 수 있고 정수라고 여겨지는 것은 남겨두는 것이다. 어느 정도 남기고 버리느냐는 사회가 변화를 추구하는 요소에 따라 정해진다.

지식인은 이미 현대화된 엘리트(精英分子)인데, '정영'(精英, elitism)이라는 말 역시 정의하는 바가 있다. 한 사회정치학자는 평등사회에서는 상층과 하층의 지위 차이를 강조하지 않지만, 엘리트 사회(elite society)에서 지위를 가진 자는 상업계, 지식집단, 정부기구를 막론하고 모두 일반인의 존경을 받는다고 하였다. 상층과 하층의 구별로 상층 지위는 존경을 받고 하층을 이끄는 것이다. 물론 그 어떠한 사회도 진정으로 이러한 이론을 사용해서 사람과 사람 간의 지위를 구별하지는 않았고 또한 이런 종류의 사회도 실제로 아직 없었지만, 어떤 사회도 많건 적건 간에 유사한 실질적 존재는 있으므로, 이분법을 이용하여 사회구조를 토론하는 학자는 엘리트 사(士)와 일반 평민을 구별하는 것이다. 지식인은 어떠한 사회에서도 존경을 받으므로 통상 그들은 엘리트 계층에 포함된다고 하였다.[2]

지식인은 새로운 관념의 창도자이며 이 때문에 그들은 현대화가 늦은 국가에서 특별히 존경과 중시를 받았다. 이러한 국가의 현대화를 논하려면 반드시 지식인의 관념을 논할 필요가 있다. 바꿔 말하면, 지식인은 현대화와 반드시 함께 논해야 한다. 이는 19세기의 러시아뿐 아니라 동방과 남미의 여러 나라들도 이와 같으며, 발전 중인 국가의 지식인은 대동소이하다. 벤저민 슈워츠(Benjamin Schwartz)는 19세기 중국과 러시아의 지식인을 비교하여 양자에 큰 차이가 없다고 보았다. 서구 사회에 비해 이 두 국가는 모두 오랜 전통을 가지고 있다. 러시아는 한편으로는 농노가 전 인구의 90퍼센트를 차지하였고 다른 한편으로는 전제정치가 귀족의 지지를 받고 있었다. 중국은 농노는 없고 귀족의 비율 역시 적었지만 인구의 80퍼센트가 문맹이었고 농촌사회에서의 생활과 상황은 농노와 거의 다름이 없었으며 중국 정치 역시 전제적이었다.[3] 서방의 영향을 받아 지식인 역시 자연적으로 생겨났다. 그러나 러시아의 지식인은 선교사와 신사계급에서 생겨난 것이며 농노에서 지식인이 생겨나기란 어려웠다. 하지만 중국은 달랐다. 중국의 지식인은 비록 신사계급에서 나왔지만 신사 대부분이 세대에 걸쳐 농사를 지었으며, 사실상 지식인 역시 그런 경우도 있었다. 과거제도의 폐지(1905) 이후 신식 교육이 흥기하고 유학하는 풍조가 유행하자 지식인의 구조는 곧 변하였다.

2. 지식인의 구조

이 글은 무술변법에서 5·4운동 시기까지의 지식인을 논의의 범위로 한다. 20여 년에 불과하기는 하지만 중국 최대의 변천 시기였고, 시대의 변화와 함께 지식인의 변화도 컸기 때문이다. 무술변법, 입헌운동, 신해혁명, 5·4운동은 모두 지식인의 운동이라 할 수 있다. 이 4대 사건은 중국에 매우 커다란 영향을 끼쳤으며, 이 사건들을 추동한 지식인, 사상 및 구조 역시 차이가 있었다.

무술변법은 서양 사조의 영향을 받은 개혁운동으로 이 운동을 추동한 인물은 거의 모두 신사계층이었다. 알려진 바에 따르면, 영도 인물로서 고

증이 가능한 자가 48명이다. 그 가운데 진사가 28명, 거인(擧人)이 8명, 공생(貢生)이 3명, 생원이 2명, 그리고 공명은 없지만 관직을 산 자가 4명이었다. 그들이 가진 서방 지식은 일련의 번역 작품이나 서방 인사와의 접촉, 서구 식민지와 통상 해안을 두루 여행하다가 얻은 것으로 단편적인 인상들이었다. 아는 것도 한계가 있었고 심지어 수박 겉 핥기 식이었다. 서방(5명은 구미를 여행했고 1명은 일본을 여행했다)을 실제로 다녀왔지만 언어 문자의 차이로 깊이 관찰하지는 못했다. 변법 관념을 제출할 수 있었던 사람은 2~3명에 불과했지만 변법운동의 중심(마젠중馬建忠, 옌푸嚴復 등)에 있지는 않았다. 혹은 이미 스스로 통치계급에 들어갔지만 적극적이고 진취적인 관념이 부족하여, 비록 알더라도 보류하거나 감히 드러내지 않았다. 황쭌셴(黃遵憲)처럼 일찍이 태평성세는 민주에 있다고 하면서도 감히 명확히 말하지는 않았다.[4]

무술변법 이후 바로 입헌운동(1906~11)이 이어졌다. 입헌파의 배경을 자의국(諮議局, 1909년 설립)과 자정원(資政院, 1910년 설립)의 1,600여 명 의원을 예로 들면, 출신은 대개 신사계급이 많았다. 1,600명의 의원 가운데 911명이 전통적 공명을 이루었는데, 그 가운데 진사가 4.7퍼센트, 거인이 19.1퍼센트, 공생이 43.1퍼센트, 생원이 24퍼센트였다.[5] 일본 유학을 했거나 신식 교육을 받은 자는 대략 20퍼센트였다.

입헌운동과 같은 시기의 혁명당도 역시 대부분 지식인으로 구성되었다. 동맹회를 예로 들면, 동맹회가 성립할 당시(1905) 기본 회원은 70명이었는데 1년 후 6천여 명으로 증가했고, 신해년에는 이미 2만 명을 넘어섰다. 그 가운데 지도자의 대부분이 일본 유학생이었으며 전통적 공명을 이룬 자의 비율은 매우 미미하다. 고증이 가능한 혁명당원은 328명이며, 그 가운데 전통적 공명을 이룬 사람은 진사 2명, 거인 6명, 공생 2명, 생원 33명이었다.[6]

5·4운동 시기(1916~21)의 지식인과 신해혁명 전의 지식인은 실질적으로 다르다. 전통적 신사는 이미 점차 세력을 잃어가고 이를 대신한 새로운 세대가 나타났다. 일본과 구미의 유학인 수가 격증하면서 거대한 영향

력을 행사한 사람들이 이들 유학생이었다.[7]

　위에서 든 네 가지의 예는 확실히 지식인의 구조가 각기 다른 배경이 있음을 보여주는 것으로, 이러한 차이와 중국 교육 정책은 밀접한 관계가 있다. 무술 시기의 지식인은 신사계급으로 이루어졌으며 전통 과거제도 역시 그러하다. 과거제도가 폐지된 이후 신사계급은 더는 일어날 수 없었다. 하지만 최후 한 세대의 신사가 사라질 때까지 이 계급은 의연하게 그들의 영향력을 지니고는 있었다. 입헌운동에서 신사의 영향력은 매우 분명하게 드러났다. 동맹회와 5·4운동 시기의 인물에도 영향력이 매우 큰 전통적 공명자들이 적지 않았다.

　그러나 입헌파와 무술변법은 지도자의 배경이 두드러지게 달랐다. 입헌파는 90퍼센트가 신사계급이었지만 그 가운데 20퍼센트는 신식 교육을 받았으며 약간은 전통적 공명과 신식 교육 배경을 겸하고 있었다. 이러한 변화는 신식 교육이 중국에서 상당한 효과를 거두었음을 보여주는 것이다. 청조는 1907년 학부를 설립하고 전국의 각 성(省)에 신식 학당을 보급하도록 명하였다. 1909년 각종 학당은 대략 5,700여 곳이며, 그 가운데 1천여 곳이 중고등학교 이상 정도로 학생은 160만여 명이었고 중고등학생 이상은 19만여 명이었다.[8]

　여기서 알 수 있듯이 전통과 다른 지식인이 이미 출현하고 있었던 것이다. 입헌파 가운데 1백여 명은 일본에서 유학하고 귀국한 학생이었고 동맹회는 거의 전부 일본 유학생이 이끌었는데, 이는 중국의 유학 정책과 밀접한 관련이 있다. 일본의 메이지 유신에 자극을 받아 만청 말년 조정은 일본을 본받고자 하여, 관방에서 일본 유학생을 파견하고 민간에서도 사비로 유학하는 것이 일시적인 유행이었으며, 일본이 러일전쟁에서 승리한 이후 일본으로 유학을 가는 풍조는 더욱 왕성해졌다. 통계에 의하면, 1904년 일본에 간 사람은 1,300여 명이었고 1905년에는 2,400여 명, 1906년에는 8천여 명으로 모두 1만 5천 명을 넘어섰다.[9]

　유학 풍조는 계속 확산되어 일본으로 유학을 가는 것 외에 미국으로 가는 자도 생겨났다. 중국에서 미국에 유학생을 파견한 것은 1872년이었다.

그해 청 정부는 어린이 30여 명을 미국으로 공부하도록 보냈는데 이것이 유학의 선구가 되었다. 애석하게도 청조의 정책이 변화하여 미국 유학생은 현저하게 증가하지 못했다. 1915년까지 미국 유학생의 수는 6백여 명에 불과했다. 유럽 유학은 민국 성립 이후에 크게 유행하였고 대개는 프랑스로 갔다. 1912~13년 사이에 약 4백 여명이, 1919년에 또 4백여 명이, 1920년에는 1,200여 명이 되어 모두 대략 3천 명 정도가 되었다.[10] 구미 유학의 수는 일본 유학생보다 많지는 않지만 지식인의 구조에는 커다란 영향을 주었으며, 5·4운동은 거의 미국, 프랑스, 일본 유학생이 지도권을 누리고 있었다.

무술변법에서 5·4운동 시기 지식인의 배경을 보면, 확실히 점진적인 변화가 있었음을 알 수 있다. 처음에는 전통적 신사였다가 곧이어 점차 신사와 일본 유학생이 혼합되었고, 마지막에는 미국과 프랑스의 유학생이 가입되면서 신사는 중요하지 않은 지위로 밀려났다.

3. 지식인 관념의 변화

지식인 배경의 변화에서 드러나는 의의는 바로 관념의 탈바꿈이었다. 아편전쟁 이래 중국은 열강의 침략을 받아 전에 없던 거대한 변화의 시기를 맞이하였다. 전통 신사는 고유 문화를 유지하기 위해 서양의 장기(長技)로 서양을 제압하고 서양의 기술을 모방하는 무술변법 이전의 이른바 자강운동을 하였는데, 이는 통치계급 관념이 이미 변화하였음을 의미한다. 그러나 자강운동은 위에서 일어났고 일반 지식인과의 관계는 매우 적었으며, 무술변법이야말로 바로 지식인이 이끌어 궐기한 운동이다. 자강운동은 정말로 기술 혁신의 선구가 되었지만 중국의 위망을 구하기 위해서는 제도 면에서 착수하지 않으면 안 되었다. 이 때문에 지식인은 서양 정치가들의 견해를 받아들여 전반적인 구제도를 바꾸려고 했던 것이다. 그러나 캉유웨이(康有爲)가 이끄는 변법유신은 군사와 정치 제도를 바꾸고, 또 외교를 논하고 더욱 내치(內治)를 요구하였다. 캉유웨이의 변법 계획은 군사·정치·재정·사회 등 포함하지 않은 것이 없었으며, 또한 단기간 내에 급하게 실행하고자 했지만 끝내 하나도 이루지 못하였다. 정변 이후 유신은 물거품이 되었다. 캉유웨이가 변화를 급하게 서두른 것은 유신이 실패한 하나의 원인이 되었다. 최대의 실패는 관념이 명확하지 않았던 것이고 변화 계획이 두서가 없고 선택적이지 못했던 것으로, 오래된 전통적 폐습을 고치기 어려운 상황에서 실패의 운명을 모면하기 어려웠다.

입헌파는 무술 실패의 교훈을 얻고 캉유웨이의 체계적이지 못한 관념의 결점을 인식하였고 개혁에 성공하기 위해서는 반드시 근본으로부터 착수해야 했다. 그들은 국회 제도가 근본이라고 여겼다. 량치차오(梁啓超)가 지도하는 입헌파는 세 번 청원을 하여(1909~10) 청 정부가 즉시 국회를 열 것을 촉구하였다. 지식인의 정치운동에서 이번은 상당한 특색이 있었다.

이른바 대의제도는 반드시 인민이 권리를 행사할 수 있는 지식을 지녀야 한다. 중국 인민의 80퍼센트는 문맹이어서 국회는 현실에 맞지 않았다. 입헌파는 이를 보고서 대의제도를 달성하려면 반드시 인민을 교육하는 것을 근본으로 해야 한다고 보아 신민을 제창하고 전제를 깨뜨려야 한다고 촉구하였으며, 옌푸는 헉슬리(Thomas Henry Huxley), 밀(John Stuart Mill)을 번역하고 『원강』(原强), 『벽한』(闢韓)을 저술하였다. 량치차오는 인권사상가 루소, 몽테스키외, 다윈 등을 소개했고 『신민설』(新民說)을 저술하였는데 모두 민권과 개명전제(開明專制)에 착안점을 두고 있다. 옌푸와 량치차오가 중국 근대 사상계에 끼친 영향은 인민의 권리 관념을 환기한 것으로 그들보다 나은 사람이 없었으니 그들은 모두 입헌파의 중요한 지도자였다.

다른 한편의 지식인은 여러 차례 열강에 대한 패배와 변법의 좌절에 자극을 받고, 대외적 굴욕과 대내적으로 국계민생(國計民生)을 돌아보지 않는 것은 모두 통치 왕조의 부덕과 무능 때문이라고 여겼다. 전통을 전복하고 민주정치를 건립하지 않고서는 개혁을 말하기에 부족하였다. 바로 쇠퇴한 이민족 통치자에 대해서 원형적인 민족주의의 추세로 나아간 것이다. 일련의 급진적 지식인은 쑨중산(孫中山)의 지도 아래 혁명당을 조직하였고, 혁명 사조는 활기를 띠자 막을 수 없었다. 거기에 입헌운동이 어려워지자 입헌파와 혁명당이 합류하여 마침내 신해혁명이 일어났다.[11]

신해혁명 후 민족주의가 실현되었지만 혁명당이 희망한 민주, 입헌파가 요구한 대의제도와는 거리가 멀었으므로 어떤 사람은 신해혁명은 명목으로만 혁명일 뿐 실제는 단지 왕조의 전환(dynasty circle)일 뿐이라고 하였다.[12] 이러한 주장을 받아들이기는 어렵지만 사회 전통에 변함이 없고 현대화의 실질이 희박했던 것은 사실이다. 중국의 지식인은 반드시 다시 한 번 진일보해야 했다. 5·4운동이 제국주의에 반대하는 운동에서 거대한 정치 사조로 변화된 것은 바로 신해혁명의 한계에서 유래한 것이다.

5·4운동은 지식·사회·정치운동의 결합이며 공산주의, 자유주의, 경험주의, 공리주의, 무정부주의 등은 이 운동에서 다 드러났다. 지식인은 전통 윤리, 풍속 습관 나아가 전통적 역사관, 종교관에 이르기까지 검토하지 않은 예가 없었다. 지식인의 두 가지 커다란 요구 가운데 하나는 진정한 민주를 실현하여 현대화된 정치제도로 나아가는 것이고, 다른 하나는 과학을 발전시키고 진리를 구하는 것이었다. 양자의 최종 목적은 국가 독립과 강성으로 이는 자강운동 이래 불변의 목적이었다.[13] 중국이 나아갈 길에서 다른 대혁명을 면할 수는 없었다.

무술변법 이래의 여러 운동을 검토하면 그 목표는 변하지 않았지만 지식인의 관념은 부단히 변화하였다. 그들은 국가 독립과 강성이란 방침을 찾아 통치계급이 서방 기술을 모방하는 것에서 성공하지 못하자, 제도 변혁을 이끌어가다가 최후에는 이상을 전면적으로 검토하는 것으로 발전하였다. 확실히 지식인의 관념은 한 걸음씩 변화하였고 이러한 변화는 지식인의 진보로 나타났다. 5·4운동 시기는 진정한 백화제방, 백가쟁명의 시기였다. 한 가지 주의할 것은 무술에서 5·4운동까지 이 20여 년간의 지식인은 바로 두 시기로 나누어진다는 점이다. 전대는 전통의 영향을 깊이 받아 빠져나올 수 없었다. 후대는 서구식의 교육을 받아 더는 전통의 범위에 있지 않았다. 러시아는 혁명 전에도 아버지와 아들 두 세대가 있었으며, 아버지 세대는 관념을 제출했다면 아들 세대는 실행을 요구했다. 하지만 중국은 그렇지 않았다. 두 세대가 모두 관념을 추구하고 몸으로 힘써 실행했다. 중국은 마침내 어떠한 길을 선택해야 했는가? 민주와 과학 두 목표가 대체로 결정되었지만 어떠한 수단을 취할 것인지에 대해서는 의견이 분분하고 분열되었으며 지식인 자체도 통일될 수 없었다.

4. 지식인의 연령과 지역 분포

지식인이 되는 데 결정적인 영향력이 있는 연령대는 청장년 시기(45세 이전)이며, 이는 중서(中西)를 막론하고 거의 그러하다. 무술변법 당시 캉유웨이는 42세였고 신해혁명 당시 쑨중산과 량치차오는 각각 46세, 40세였으니, 이것이 바로 지도자가 성숙되는 연령대이다. 그러나 불로 뛰어드는 지사들은 대부분 20~30세 사이이다. 탄쓰퉁(譚嗣同)은 32세였고 전통적인 순교자였다. 혁명당의 살신성인 루하오둥(陸皓東), 스젠루(史堅如), 천톈화(陳天華), 린줴민(林覺民), 쉬시린(徐錫麟), 추진(秋瑾), 쩌우룽(鄒容), 우웨(吳樾) 등은 24~25세에 불과했다. 온건 입헌파는 평균 연령이 40세였다. 5·4운동의 지도인물 차이위안페이(蔡元培)가 41세로 조금 연장자였던 것을 제외하고, 천두슈(陳獨秀)는 38세, 후스(胡適)는 26세, 첸쉬안퉁(錢玄同)은 30세, 류반눙(劉半農)은 28세, 푸쓰녠(傅斯年), 뤄자룬(羅家倫)은 겨우 21, 22세였다.

연령상으로 지식인의 급진성 또는 보수성을 볼 수 있다. 그들은 젊을수록 모험과 불굴의 정신을 지닌다. 반대로 나이가 많아질수록 안정을 추구하고 심한 경우 보수로 돌아간다. 옌푸와 량치차오가 젊었을 때의 사상은 급진적이고 반전통(反傳統), 반전제(反專制)였고 량치차오는 혁명을 요구하기도 했다. 그러나 45세를 넘자 모두 약속이나 한 듯 보수로 향하였다. 황쭌셴은 35세에 민주를 대동(大同)의 사상으로 여겼고 45세 이후에는 점진을 요구하며 '군민공주'(君民共主)를 제창했다. 천두슈는 젊은 시절 민주와 공산으로 사상이 매우 급진적이었지만 만년에는 민주를 이상적인 제도로 여겼다. 당연히 이는 일반적인 추세일 뿐 예외가 없는 것은 아니다.

지식인의 지역 분포는 중국 현대화의 횡적 발전과 상당한 관련이 있다. 신사 지식인은 과거제도 정원에 영향을 받았고 지역 분포도 이미 불균형 현상이 있었다. 과거 정원의 분배는 각 성(省)의 "문풍의 높고 낮음과 토지세, 인구의 다과에서 차이가 있었기"[14] 때문이었다. 중국의 문풍이 비교적 강한 성은 강남과 중원의 각 성으로 토지세를 완납하는 곳이 비교적 많았고 인구가 조밀한 지역 역시 강남과 중원 일대였기 때문에 과거 출신의 신사 역시 이러한 성에 많았다. 과거제도는 1905년에 폐지되었지만 신해년까지 신사 출신의 지식인은 그 비율이 과거 잔재의 영향을 받았던 상황에서 큰 변화가 없었다. 신식 교육이 흥기한 이후 지식인은 기풍이 뛰어난 성의 출신 비율이 비교적 높았다. 부유한 성은 교육 발전이 비교적 빠르고 지식인도 많았다. 공교롭게도 연해 여러 성은 풍조가 먼저 생긴 곳이자 부유한 지역이었다. 한 학자의 통계에 따르면 구미와 일본에 유학한 학생은 대체로 장쑤(江蘇), 저장(浙江), 광둥(廣東) 등의 여러 성 출신이었다. 미국 유학생은 광둥이 가장 많고 1909년부터 1945년까지 대체로 광둥의 미국 유학생은 전체의 24~51퍼센트를, 장쑤는 다음으로 13~28퍼센트를 점하였다. 저장은 셋째로 6~12퍼센트를 점하였다. 강절(江浙)을 합하면 그 비율은 19~40퍼센트였다. 광둥과 강절을 비교하면, 전자의 비율이 비교적 크고 광둥에 적을 둔 학생의 일부는 미국 거주 화교의 자제이며 국내에서 출생하지 않았기 때문에 실제로는 강절이 가장 우위라고 할 수 있다. 강절을 가장 특출한 지역이라고 하는 것은 기풍을 먼저 이루었을 뿐 아니라 일반인들도 부유한 편이어서 자제의 출국을 비교적 보편적으로 지지하는 현상이 있었기 때문이다.[15]

유럽으로 유학을 간 학생은 독일은 장쑤, 저장이 가장 우위를 차지하며 광둥, 푸젠(福建)이 그 다음이었고[16] 학생의 가정 환경은 미국 유학생과 대동소이했다. 프랑스 유학생의 상황은 미국이나 독일 유학생과 많이 달라서 쓰촨(四川), 후난(湖南), 광둥, 장시(江西) 각 성의 비율이 비교적 높았고[17] 그들 대부분은 근공검학(勤工儉學) 조직의 도움을 받았기 때문에, 재산 여부 관계로 해석할 수는 없다.

일본 유학 상황은 광둥, 장쑤, 저장, 랴오닝(遼寧), 쓰촨, 푸젠, 후난, 후베이(湖北) 순서이다.[18] 재산의 풍부 여부를 제외하고 지리상의 근접 요소도 저장 성의 비율을 높게 했다. 유학생은 이치대로라면 귀국 후 고향으로 돌아가 복무해야 했지만 실제로는 그렇지 않았다. 유학생은 귀국하여 정계에 들어가지 않고 교육에 종사했으며, 양자의 기회는 모두 대도시가 편리하였다. 유학생이 교육계에 투신한 비율이 가장 높았고 학교는 비교적 대도시에 집중되어 있었다. 특히 베이징과 상하이 두 지역이었으며 지식인은 대부분 이 두 도시에 분포되어 있었다.[19] 통계에 따르면, 1922년 전국의 대학(大專)은 132개였다. 허베이(河北) 성에만 해도 48개가 있었으며 그 가운데 40개는 베이징에 있었다. 장쑤는 92개로 13개가 상하이에 있었다. 1932년에는 108개로 허베이에는 35개가 있었는데 17개가 베이징에 있었다. 장쑤는 34개로 상하이에 25개가 있었다. 1947년에는 207개로 허베이 성에 25개로 13개가 베이징에 있었고, 장쑤는 57개로 상하이에 34개가 있었다.[20]

지식인이 대도시에 집중되면서 향촌에서는 사라져 보이지 않게 되었다. 농촌과 도시의 단절은 필연적 추세였다. 민국 연간 연해 도시와 통상 해안은 장족의 발전을 했지만 폐쇄적인 농촌은 이전의 전통 생활을 이어갈 뿐 거의 변화가 없었다.

5. 지식인의 진취적인 태도

지식인이 정치와 사회에 대해 취하는 태도는 항의(protest), 소외(alienation), 은거(withdrawal)의 세 종류로 나타난다. 그들은 현실에 불만이 있으면 항의로 개혁을 요구하며, 항의가 이루어지지 않으면 소외를 통해 홀로 기치를 내걸면서 이상적 정치사회운동에 종사한다. 만약 항의와 소외가 모두 실현되지 않으면 잠시 은거할 뜻을 품고 더는 세상사에 관여하지 않기도 한다. 항의와 소외가 적극적인 태도라면 은거는 소극적인 것이다. 중국 지식인의 성격은 적극적이고 진취적인 편이며, 이는 역사상 많은 예에서 찾을 수 있다. 자산(子産)이 향교를 폐지하자는 의견에 반대한 사건(기원전 542년)에서부터 이미 지식인의 초기 항의의 전통을 찾을 수 있다. 한대(漢代) 왕함(王咸)이 태학생을 이끌고 언관을 벌하지 말도록 한 항의, 곽태(郭泰)의 시정 비평, 송대(宋代) 태학생 진동(陳東)의 불법 관리에 대한 처벌 요청 등은 모두 지식인의 항의 태도의 표현이었다. 중국의 어사제도(御史制度)는 직간을 제창하여 특히 중국 지식인의 전통이 되었다. 근대 중국에 들어서면서 열강의 침략으로 당시 정치가 무너지자 지식인의 항의는 더욱 많아졌다. 풍계분(馮桂芬)의 『교빈려항의』(校邠廬抗議), 정관잉(鄭觀應)의 『성세위언』(盛世危言), 캉유웨이가 이끈 공거상서(公車上書)는 모두 무술 시기의 전형적인 예들이다. 입헌운동 시기에 이르러 입헌파의 3차 청원은 국회의 개회를 요구했으며 이는 전형적인 현대적 항의였다. 5·4운동 시기 학생들이 파리 평화회의 조인 거부를 요구한 것 또한 강렬한 항의운동이었다.

항의는 일종의 건설적인 변혁 요구의 방식이며 종종 통치가 개혁하지 않을 수 없게 한다. 서양 각국의 대의제도는 대개 항의의 촉구로 실현된 것이었다. 그러나 항의는 필경 온건한 변화의 요구에 속하며, 그 온건한 성격으로 인해 때로는 요구한 목적에 도달할 수 없다. 항의에 실망한 이후 지식인은 소외의 방식에서 점차 격렬한 운동으로 변화한다. 장빙린(章炳麟)은 원래 무술 시기 항의의 유형에 속했지만 청 정부에 실망하게 되자 소외에서 혁명으로 나아갔다. 쑨중산이 어찌 평화의 방식으로 개혁의 목적에 도달하기를 희망하지 않았겠는가. 그가 이홍장에게 글을 올린 것은 항의의 표현에 속하지만, 이를 바꾸어 혁명을 이끌었던 것은 소외 이후의 필연적인 발전이었던 것이다. 입헌파를 예로 들면, 그들은 먼저 평화적인 청원으로써 조속히 대의제도를 실현하기를 요구했지만 청조가 이를 미루면서 실망을 하여 마침내 그들은 혁명에 동조하게 된다. 5·4운동 시기 지식인의 소외는 더 심해져서 그들은 베이징 정부를 반대하고, 군벌을 반대하고 각종 주의를 제창하기에 이르렀다. 소외 운동은 성공할 수도 있고 실패할 수도 있다. 실패한다면 지식인은 종종 소극적인 길을 걷게 된다. 역대 지식인이 은거한 예도 매우 많다. 노장(老莊)이나 죽림칠현이 전형적 인물에 속한다. 근대에도 실망하여 은거한 지식인이 매우 많다. 황쭌셴, 량치차오는 만년에 모두 은거하였다. 입헌파의 쓰촨 보로운동을 이끈 자의국(諮議局) 의장 푸뎬쥔(蒲殿俊)은 군인에 의해 영도권이 무너진 이후 은퇴를 했는데 당시 36세에 불과했다. 5·4운동 시기의 첸쉬안퉁은 청년운동의 지도적인 지위에서 고서(古書) 더미로 은퇴하였는데 역시 좋은 예이다.

종합적으로 중국 지식인을 살펴보면, 그들은 전통적으로 진취적 정신을 지녔고 근대 지식인은 더욱 적극적으로 항의했으며 항의에서 소외로 소외에서 파괴운동에 종사하게 되어, 선 파괴 후 건설을 제창하면서 구국(救國)과 구민(救民)에 뜻을 두고 자신을 버리는 것을 기준으로 삼았다. 지식인은 비록 소극적인 길로 가기도 했지만 소수에 불과했다. 그들은 독립 후의 정부에 실망하고 대개 물러나 국가사회의 흥폐를 돌아보지 않은 인도(印度)의 지식인과는 달랐다.[21] 맹자는 일찍이 군자는 나아가면 천하를 두루 구제하고 물러나면 그 자신을 돌본다고 하였는데, 이것이 바로 중국 지식인의 초상이다. 중국 지식인과 인도 지식인의 차이는 유가와 불교 정신의 다름과도 같다. 유가는 입세(入世)적이지만 불교는 탈세(脫世)적이다. 유가는 적극적인 진취정신이 있지만 불교는 그렇지 않다.[22] 5·4운동 시기 지식인은 사정없이 유가사상을 공격했지만 유가사상의 진취적인 면을 홀시하지는 않았다. 현대화의 진전은 선택적인 것이다. 전통과 현대화가 조응한 이후 남기기에 적합한 것은 계속 존재하게 되어 유가의 진취성과 현대화 정신이 어그러지지 않고 중국 지식인이 지탱할 수 있는 역량으로 계속 발휘될 수 있었다. 버트런드 러셀(Bertrand Russell)은 중국의 지식인을 비평하면서 부러운 말투로 중국의 지식인은 개혁가이자 혁명가이지 냉소주의자가 아니며, 대중의 행복을 위해 살신성인하거나 몸을 던져의를 구하는 유쾌함을 알았기 때문에 일개 냉소주의자가 구차한 삶 속에서 느끼는 기쁨과는 크게 구별된다고 하였다.[23] 〔최은진 옮김〕

• 張朋園, 『知識分子與近代中國的現代化』, 百花洲文藝出版社, 2002.

주註

1) Reinhard Bendix, *Nation-Building and Citizenship*, New York, 1964, p. 5.
2) Seymour M. Lipset, *The First New Nation*, New York, 1963, pp. 211~12.
3) Benjamin Schwartz, "The Intelligentsia in Communist China: A Tentative Comparision", in Richard Pipes(ed.) *The Russian Intelligentsia*, New York, 1961, pp. 164~81.
4) 「東海公來簡」, 『新民叢報』, 第十三號(1900年 7月), p. 55.
5) 張朋園, 「淸季咨議局議員的選擧及其出身之分析」, 『思與言』, 5卷 6期(1968年 3月), p. 17.
6) 國父百年誕辰籌備委員會 編, 『革命先烈先進展』, 台北, 1965.
7) Chow Tse-tsung, *The May Fouth Movement*, Cambridge, Mass, 1960, passim.
8) Meribeth Cameron, *The Reform Movement in China, 1898~1912*, New York, 1963, p. 86.
9) Y. C. Wang, *Chinese Intellectuals and the West, 1872~1949*, North Carolina, p. 66.
10) *Ibid*, p. 147.
11) Peng-yuan Chang, "Constitutionalists", in Mary Wright(ed.), *China in Revolution: The First Phase, 1900~1913*, New Haven, 1968, pp. 143~83; 張朋園, 『立憲派與辛亥革命』 참조.
12) Chuzo Ichiko, "The Role of the Gentry, An Hypothesis", in Mary Wright (ed.), *China in Revolution*, pp. 297~317.
13) Chow Tse-tsung, 위의 책, p. 14.
14) 商衍鎏, 『淸代科擧考試述錄』, 北京, 1958, p. 13.
15) Y. C. Wang, 위의 책, pp. 156~59.
16) *Ibid*, p. 159.
17) *Ibid*, p. 160.
18) *Ibid*, pp. 160~61.
19) *Ibid*, pp. 168~74.

20) *Ibid*, p. 367.
21) Edward Shils, "Influence and Withdrawal: The Intellectuals in Indian Political Development", in Dwaine Marvick(ed.), *Political Decision-Makers: Recruitment and Performance*, New York, 1961, pp. 29~56.
22) 인도는 오늘날 브라만교가 성행하는데 브라만과 불교는 서로 밀접한 관계가 있다.
23) Bertrand Russell, *The Conquest of Happiness*, New York, 1930; reprinted, 1951, Part 2, Chap. 10, p. 98.

제14장 5·4의 양대 지식인

● 수헝저 舒衡哲

1. 1919년 5월 4일: 새로운 세대의 형성

　우리가 여기에서 언급하는 것은 결코 인간들의 상호 유사점이 아니라 인간들이 생존하는 세계이다. …… 그들의 세계와 그들의 관계로 인하여 제기되는 문제, …… 평범하지 않은 반작용을 야기하는 일반적 문제로 말미암아 이러한 문제들은 각각 청년과 성인, 노인에게 영향을 미친다.
　　・J. 마리아스
　『세대 간 인간관계: 일종의 역사 방법』[1]

　1919년 5·4운동 전야에 이 세계는 유난히 암담하고 침울하였다. 나이 먹은 중국 지식인이 볼 때 그것은 마치 중국과 유럽의 기나긴 밤을 삼킬 듯하였다. 구차하게 명맥을 이어가던 유가(儒家)의 사대부들은 청년 세대의 엉망진창이 된 도덕을 비탄하였다. 그들은 자신의 손을 더럽혀서 "이들 짐승을 죽이기를"[2] 원하지 않았으나 민주주의의 개혁 조류를 막아달라고 군벌 통치자에게 도움을 요청하였다. 그렇지만 군벌들은 기타 더욱 긴박한 사무에 마음을 쏟았다. 그들이 참여해서 작전 중이었던 유럽 전쟁은 곧 종결될 조짐이었다. 그것이 중국에게 가져다준 것은 한바탕 김빠지는 승리였으며, 1890년대 이래로 독일이 점령한 조계의 희망은 파리 평화회의에서 물거품이 되었다.

세계대전은 중국인의 정치적 희망을 환기하였고, 또한 서방 문명에 대한 흠모를 불러일으켰다. 전쟁의 파괴력은 서방과 중국의 관찰자 모두를 한꺼번에 놀라게 하였다. 오스발트 슈펭글러(Oswald Spengler)의 『서구의 몰락』(Der Untergang des Abendlandes)이 유럽에서 베스트셀러가 되었던 1919년에, 파리 평화회의의 옵서버였던 량치차오(梁啓超)는 유럽인은 "마치 사막 가운데서 길을 잃은 여행객처럼 …… 한없이 처량하고 절망적이었다. 유럽인은 한바탕 과학 만능의 큰 꿈을 꾸었으나 지금에 와서 오히려 과학은 파산하였다고 외치고 있다"[3)]고 본국에 전하였다.

베이징에서 중년의 문화급진주의자는 량치차오와 같은 전통 학자의 경고와 고려를 무시하였다. 그들은 과학과 서방 문명을 굳게 믿었는데, 마치 그들이 중국 문화에 대하여 갈수록 절망하는 것과 같았다. 1911년에 정치 혁명이 일어났으나 더욱 심원한 의미의 정신적 변화를 중시하였던 이 시대 사람들의 마음속에 중국은 조금도 변하지 않은 듯하였다. 그들은 심층 구조로부터 중국을 개조하고 중국을 구원하기를 원하였다. 그들이 본 혹독한 사실은 대다수 중국인이 앞으로 곧 출현할 황제와 포악한 군벌에게 여전히 굴종한다는 것이었다. 1915년 이래로 동포들의 각성을 환기하던 이전의 광경은 이미 신속하게 사라져버렸다.

이러한 절망적 정신 상태 와중에서 이후에 현대 중국에서 가장 저명한 작가가 된 루쉰(魯迅)은 고대 비석의 탁본 연구에 몰두하고 있었다. 1917년 당시 그는 중년의 중압감에 시달리는 37세의 청년이었다. 당시 문화급진주의자였던 한 친구가 그에게 잡지 『신청년』(新靑年)을 위해 원고를 청탁하였다. 중국에 대해서 깊은 절망감을 느꼈던 루쉰이 제기하였다. 무엇이 관건인가? 중국은 과거라는 수렁 속에 깊이 빠졌으며 현실로 되돌아오도록 시도하는 사람이 너무 적고 너무 고단하고 너무 연약하다는 것이었다. 그는 중국의 전통을 견고해서 무너지지 않는 감옥에다 비유하였다.

가령 한 칸의 쇠로 만든 집에 창문은 전혀 없는 데다 어떻게 해도 무너뜨릴 수 없다면 그 안에서 깊은 잠에 빠진 수많은 사람들은 얼마 가지 않아 모두 숨이 막혀 죽을 것이나, 혼수상태에서 사망에 들어가기까지 결코 죽음의 비애를 느끼지 않을 것이다. 현재 당신이 크게 외쳐 비교적 정신이 말짱한 몇 사람을 깨워서 이들 불행한 소수자들로 하여금 되돌릴 수 없는 임종의 고초를 겪게 한다면 당신이 그들의 낯을 볼 수 있겠는가?[4]

루쉰의 친구이자 역사학자인 첸쉬안퉁(錢玄同)은 이와 같이 매우 비관적인 비유를 받아들이지 않았다. 그는 "그러나 몇 사람이 기왕 일어났다면 자네는 이 철옥을 무너뜨릴 희망이 없다고 말해서는 안 된다네!"라고 회답하였다. 여전히 회의적 태도를 품었던 루쉰은 탁본 연구를 포기하기로 동의하고 그의 붓을 들었다. 그의 첫 번째 백화 단편소설 「광인일기」가 『신청년』 1918년 5월호에 발표되었다. 이 작품에서 "잠에서 깨어나지 않는" 한 사람이 잠시 깨어나 보니 그의 가족과 마을 사람들 모두가 어떻게 사람을 잡아먹을지를 획책하고 있었다. 루쉰은 조소하는 어조로 독자를 자극하였다. 미친 사람 말고 누가 능히 유가 경전 글자 속 행간의 뜻을 이해하겠는가? 미친 사람 말고 누가 감히 무시무시한 진리, "인의도덕"이라는 글자 속에 숨겨진 "사람을 잡아먹는" 본질을 들춰내겠는가? 문장의 말미에 루쉰은 이 세대가 이처럼 가혹한 환경 속에서 모색할 수 있는 유일한 희망을 암시하기를, "사람을 잡아먹은 적이 없는 어린아이가 혹시라도 있지 않겠는가? 어린아이를 구하자!"[5]고 하였다.

1919년 5월 4일에 루쉰이 구하기를 희망하였던 '어린아이들'이 그들 자신의 주장에 따라 역사의 큰 물결에 몸을 던지기 시작하였다. 베이징의 5월 어느 보통 일요일, 시원스럽게 바람이 불고 중국 북방 대다수 봄날보다 약간 구름이 적은 날이었다. 오후 1시 30분에 3천 명이 넘는 학생들이 천안문 광장에 모여들었다. 그들은 대부분 전 세대 문인학자의 복장인 패드가 달린 짧은 상의와 비단 창파오를 입었고, 서양식 둥근 예모를 쓴 사람도 있었다. 13개 학원과 대학의 대표가 참가하였고, 마지막에 도착한 것은 북대(베이징 대학)에서 온 지도자들이었다. 그들은 경찰과 교육부의 대표가 수도의 치안을 어지럽히지 말라고 만류하는 탓에 도착 시간이 지연된 것이었다.

광장에서는 군중 대회를 소집하였다. 베이징 대학의 대표가 학생들을 향하여 시위의 목적을 거듭 천명하였다. 중국이 파리 평화회의에서 받은 불평등 대우에 항의하는 것이었다. 이 집회 이전에 유럽에서 신속하게 전해온 소식에 의하면 산둥 성의 주요 항구와 1897년 이래로 독일의 해군 기지였던 칭다오(靑島)가 일본에 이양될 위험에 처하였다. 프랑스, 영국, 일본 사이의 비밀 협정은 중국 청년들을 놀라게 하였으며, 이들 청년은 원래 협약국 편에 서 있었다. 중국 정부가 결과적으로 일본과 비밀 각서를 교환하여 일본의 산둥 반도에 대한 통치권을 원칙적으로 동의한 것이 사정을 더욱 악화시켰다. 이 두 가지가 기정사실이 되자 학생들은 다른 것은 돌아보지도 않고 거리로 뛰쳐나와 자신들의 역사적 책임을 담당하였다.[6]

오후 2시 정각에 시위를 하던 학생들이 외국 대사관 지역을 향하여 출발하였고, 그들은 "우리 칭다오를 돌려달라!" "평화조약 체결을 거절하라!" "강권정치를 반대한다!" "중국은 중국인에게 속한다!"는 표어를 들었다. 시위를 하는 도중에 그들은 "베이징 전체 학생 선언"이라는 제목의 전단을 살포하여 멀리 떨어진 협약국들을 향하여 항의를 제기하면서 파리 평화회의 석상에서 그들의 명의로 저지른 불법 행위를 바로잡을 것을 요구하였다. 선언과 동시에 중국 민중을 향해, 그들이 일어나서 국가 이익을 배반한 매국노를 반대할 것을 호소하였다. 선언에서 "중국의 존망은 바로 여기에 달려 있다! 지금 전국 동포와 더불어 두 가지 약조를 하노라. 중국의 토지를 정복할 수는 있어도 산산조각 낼 수는 없다! 중국의 인민을 죽일 수는 있어도 고개 숙이게 할 수는 없다! 나라가 망하였으니, 동포들이여, 일어나라!"[7]고 성명하였다.

대다수 동포가 그들의 선언을 지지할 준비가 되었는지에 대하여 학생들은 줄곧 자신이 없었지만, 그들이 행동하려는 까닭은 바로 그들이 반드시 행동해야 한다는 것을 확신하였기 때문이었다. 이러한 확신은 루쉰의 필치에 묘사된 '어린아이'와 그들의 '미친' 선배를 명확하게 구별 지었고, 그들의 선언과 시위는 새로운 세대임을 상징하였다. 그들의 스승과 선배보다 더 정치적 센스와 낙관적 태도를 지닌 젊은 세대가 출현하였고, 그들은 이미 시작된 장래의 중국 혁명을 위해 비할 바 없이 공헌하게 된다.

몇 명의 5·4 청년

1919년 5월 4일 선언의 작자는 바로 뤄자룬(羅家倫)으로, 22살의 베이징 대학 3학년 학생이었다. 장시 성 출신의 이 청년은 훗날 칭화 대학 총장(1928~30)과 국민당이 통제하는 중앙 대학 총장(1932~41)이 되었다. 1969년에 대만에서 서거하기 전에 그는 국민당 문서에 대해서 특수한 책임을 지는 국사관(國史館) 관장이라는 중요한 직무를 담당하였다. 5·4운동 초기 청년 뤄자룬은 그의 열정과 비학자적 용모로 동시대 인물 중에서 특출하였다. 자아의식을 지닌 청년 인물 가운데 그는 "우락부락한 외모"와 "곰 손톱"에다 "과시욕"으로 모르는 사람이 없었다.[8] 그러나 그의 지휘를 따랐던 베이징 대학 대표단 학생들은 그날 새벽 급하게 기초한 선언에 대하여 서로 견해가 같았다. 결국 뤄자룬은 『신조』(新潮)──중국에서 세상에 갓 나온 신청년 중에서 지식 전파와 비판정신에 뜻을 둔 베이징 대학의 학생 잡지──의 창간인 가운데 하나이자 편집인으로서, 그들 가운데 제법 신망이 있었다. 시위 참가자들은 그 일요일 오후 행인들에게 배부한 과격한 언사의 전단에 뤄자룬부터 푸쓰녠(傅斯年)까지 『신조』 동인과 편집자가 지난 5개월 동안에 선포한 문화 각성에 대한 요구들을 반영하였다.

이 두 젊은이는 1917년 여름에 서로 만났으며, 바로 루쉰이 고대 비각의 탁본 연구를 그만두기로 한 그해로, 당시 그들 두 사람은 베이징 대학 입학시험에 참가하였다. 한 살 연장자인 푸쓰녠이 베이징 대학에 왔을 때는 이미 고전문학의 훈도를 깊이 받은 상태였다. 졸업 후에 그는 역사언어학의 연구에 종사하였고, 아울러 무려 22년간이나 '중앙연구원 역사언어연구소' 소장을 지냈다. 그는 새로 설립한 국립 타이완 대학 총장을 맡은 지

1년 후인 1950년에 타이완에서 서거하였다. 뤄자룬과 비교할 때 푸쓰녠은 더욱 학자풍이었고 정치가의 기질이 덜하였다. 그러나 그들은 외국어 특히 영어와 독일 및 근대 서양철학 방면에 공통된 관심을 가지고 있었다. 뤄자룬과 푸쓰녠은 일부 헌신적인 베이징 대학 학생을 그들의 행렬에 가입시켜 중국 문화와 유가사상에 대하여 전면적이고 철저한 비판을 가하였다. 1919년 1월 『신조』가 세상에 나온 이래의 노력은 넉 달 후에 새로운 정점에 달하였다.

'5·4' 정치행동에 대하여 푸쓰녠은 결코 사상적 준비가 없었던 것이 아니었다. 그는 산둥 성에서 태어나 직접 일본의 위협을 체험하였다. 1912년 2월, 그는 윌리엄 블레이크(William Blake)의 말을 인용하였다. "Great things are done when men and mountains meet, Nothing is done by jostling in the street"(사나이와 산이 만날 때 위대한 일이 이루어지며, 길거리에서 사람과 부딪혀서는 아무것도 이루어지지 않는다). 푸쓰녠은 이는 당시 영국의 풍기를 말한다고 여겼다. "만약 중국에서라면 거꾸로 말하는 수밖에 없다. 사람과 산이 만나면 문장을 짓지 못하며, 빼어난 문장은 결국 거리 안 생활에서 얻어진다."[9] 5월 3일 저녁의 회의 석상에서 푸쓰녠은 22명의 베이징 대학 대표 가운데 한 명으로 선출되었고, 바로 그가 나서서 기타 대표들에게 1시에 천안문 광장에 집결해서 외국 대사관 지역으로 평화적 시위를 하자고 제의하였다.

오후에 이르자 시위 지도자의 일원으로서 푸쓰녠은 온건한 행동을 취할 것을 주장하였다. 오랫동안 성과도 없이 대사관 지역 바깥에서 기다리면서 앞이 가로막혔던 학생들이 "외교부로 돌진하자!" "매국노 소굴로 돌진하자!"는 구호를 외칠 때 그는 그들이 돌아가도록 힘써 권유하였다. 국면을 통제할 수 없게 되자 그는 깃발을 들고 시위자들을 이끌고 차오루썬(曹如森)──교통부총장과 중국 정부 대일(對日)사무소 대변인──의 관저로 전진하였다. 거기에서 그의 동생 푸쓰옌(傅斯嚴)이 학생들을 이끌고 문을 부수고 들어가려고 할 때 푸쓰녠은 계속 학생들에게 자제할 것을 권유하였다.[10]

그의 말은 아무 소용이 없었고, 이때 분노한 학생이 가구를 부수고 불을 질러 집을 태웠다. 낮 동안 경찰은 부근에서 싸늘한 눈초리로 방관하였으나 6시 정도가 되자 갑자기 시위 학생들을 습격하였다. 이때 대부분 학생은 힘을 다해 부근의 골목으로 들어갔고, 푸쓰녠과 뤄자룬도 그 무리 안에 있었지만 베이징 대학의 활동대원 양전성(楊振聲)과 쉬더헝(許德珩)을 포함해서 단지 32명의 학생만 체포되었다.

양전성은 푸쓰녠의 산둥 성 고향 사람으로 일본의 위협에 대해 역시 깊이 체험하였다. 그는 베이징 대학 졸업 후에 저명한 중문학 교수가 되었고, 이후에 또한 칭다오 대학 총장(1930~37)을 역임하였다. 이러한 세월 동안 그는 고향에 대한 그리움이 더욱 깊어졌다. 1956년에 그는 대륙에서 서거하였고, 생전에 둥베이 인민대학 문학교연실(文學敎硏室) 주임과 창춘(長春) 시 정협위원(政協委員)을 역임하였다.[11]

5·4운동 당시 양전성은 29세로 비교적 나이 많은 청년에 속하였으며, 중문과의 과격분자로 베이징 대학에서 이름을 날렸다. 1918년 10월 신조사(新潮社)가 설립된 후 그는 곧바로 회원이 되었다. 보수파 교수들은 양전성을 꽤나 못마땅하게 여겼다. 유럽 문학사를 강의하였던 구훙밍(辜鴻銘)은 긴 변발을 끌던 황권복벽론자(皇權復闢論者)로, 이 노스승의 꾸지람에 대하여 양전성과 신조사 동료 위핑보(兪平伯)는 전혀 개의치 않았다. 구훙밍의 수업 때마다 강의실 뒤편에 앉았던 양전성은 밑에서 친구와 귓속말을 주고받았다.

"그의 황제와 그의 변발은 똑같아, 진작 싹을 잘라버려야 했어!"

"그의 변발을 그의 황제와 함께 고물 진열소로 보내야 해!"[12]

베이징 대학에서 봉건적 구문화를 웃음거리로 삼던 청년들이 너도나도 신문화의 창조에 참여하였다. 5월 3일 저녁, 푸쓰녠이 베이징 대학 대표의 일원으로 선출된 같은 회의석상에서 양전성은 그의 고향 산둥이 받은 모욕에 관하여 과격하게 연설하였다. 이튿날, 그는 시위에 참가하였고 아울러 북적대는 인파를 다급하게 따라가다가 차오루썬의 관저로 뛰어들었다. 양전성은 푸쓰녠처럼 신중하고 내향적이지 않아서 차오루썬 관저에서 가구를 부수는 행렬에 참여하였다. 그와 분노한 학생들은 침실 안에 숨은 정부(情婦)와 주일 공사 장쭝샹(章宗祥)을 우연히 발견하자 장쭝샹을 마구 두들겨 팼다. 경찰이 도착하였을 때까지 장쭝샹은 줄곧 죽은 척하였다.

감옥에서 사흘을 지낸 후에 양전성은 자신의 행동을 반성하였다. 비록 그가 그들 가운데 누구한테도 뉘우칠 짓은 하지 않았다 할지라도, 그는 여전히 정치적 악몽으로 인해 마음을 졸였다. 심야에 그는 무기를 휘두르는 일본의 해군 돌격대와 차오루썬의 공포에 질린 젊은 정부의 유령, 그리고 곤봉으로 그의 머리를 내리치는 경찰의 환영이 보였다. 그는 자신감을 회복하려고 노력하였으며, 법정에서 그와 기타 인물들을 기소한 '죄행' 중에서 정의의 판별력을 다시 획득하였다. 사회질서의 상규를 위반한 책임을 줄이는 방법은 바로 동료였던 베이징 대학 활동분자 쉬더헝이 기초한 법원에 보내는 성명서에 동참하는 것이었다.[13]

이 성명서는 뤄자룬이 기초한 선언을 모방한 것으로, 학생들이 중국인의 양심을 말할 권리가 있음을 거듭 천명하였다. "경찰청에서 차오루썬, 장쭝샹 등 매국노는 소환해서 심문하지 않고 애국학생만 소환하여 심문하는 것은 불공평한 처사의 첫째이다. 현장 범죄의 증거가 하나도 없으면서 억지로 이른바 혐의가 있다고 해서 학생을 소환하여 심문하는 것은 불공평한 처사의 둘째이다. 학생들의 5월 4일 운동 참여는 외교의 실패에 슬퍼하고 매국노에 분노해서 비분한 마음에 자극을 받아 자제할 수 없어서였는데도 끝내 소환되어 심문을 받는 것은 불공평 처사의 셋째이다. 이러한 세 가지 불공평이 있는데 이른바 법률이 무슨 일고의 가치라도 있는가?"[14]

쉬더헝은 양전성에 비하여 더욱 자기는 결백하고 억울하다고 여기는 이유가 있었다. 양전성은 중국 문화의 비판자였고, 쉬더헝은 자기는 단지 애국자일 뿐이라고 여겼다. 1918년 잡지『국민』(國民)을 창간하였던 이 장시 촌사람은(또한 뤄자룬과 같은 성 출신이다) 베이징 대학에 와서 중국을 구해내어 외국 침략자가 중국에 강제로 모욕을 가하는 추세를 저지하겠다고 결심하였다. 쉬더헝이 1930년대 민족구망운동(民族救亡運動)에서 계속 걸출한 역량을 발휘하였을 때 이러한 요청이 그의 성년 시대에는 오래 지속해야 할 의무로 바뀌었다. 항일 전쟁 시기에 애국자로서 명성을 누렸던 쉬더헝은 1940년대 후기에는 계속 그의 위망을 이용하여 국민당을 반대하는 구호를 외쳤다. 94세가 되었을 때 그는 중국 5·4운동 세대 가운데 가장 연로한 생존자였으며, 당시 중국인민정치협상회의 전국위원회 부주석의 자격으로 국가 고위층 영도자의 일원이 되었다.[15]

5·4운동 전야에 쉬더헝은 29세로, 양전성의 베이징 대학 중문과 동기생이었다. 그는 중국의 낙후를 간단하게 유가 전통사상으로 돌리는 문화급진주의자와 견해가 달랐지만, 애국이라는 중요하고 긴박한 주제에서는 일치하였다. 쉬더헝과 덩중샤(鄧中夏) ― 『국민』의 공동 창간인으로 훗날 중국 공산당의 조직자가 되어 함께 일하였다 ― 는 중국이 파리 평화회의에 굴욕을 당한 뉴스를 전파하였다. 그는 5월 3일 저녁 회의 준비에 참여하였고, 아울러 주요 발언자 중의 일원으로 비분강개한 어휘로 사자후를 토하여 학생들의 격정을 불러일으켰다. 회의에서 산둥 출신의 한 학생은 혈서까지 썼다.[16]

둘째 날, 쉬더헝과 뤄자룬 및 기타 학생들은 함께 시위 대열의 선두에 섰다. 차오루썬의 관저에서 쉬더헝은 분노해서 장쭝샹을 때린 학생 중의 하나였고 그도 차오루썬의 침실에 쳐들어갔다. 거기에서 분노한 학생 한 명이 "담뱃불 성냥으로 매국노의 침대를 덮은 녹색 나사(羅紗) 휘장에 불을 붙였다."[17] 그날 밤 감옥 안에서 간수에게 학대를 당하여 몹시 화가 났지만, 치열한 애국자 쉬더헝은 아래와 같은 시구를 썼다. "마음에 쌓인 한을 풀려다 오늘 감옥에 갇히는 몸 되었네. 갇힌 서른두 명 누구도 목이 잘리는 것 겁내지 않는다네. 매국노를 두들겨 패주고 조가루(趙家樓)를 불태웠네. 매국노 제거라면 죽음도 불사하고 달려가 중국을 구해내리라."[18]

쉬더헝이 자신의 옛일을 회고할 때 영웅은 결코 단지 시가로 신시대가 도래하였음을 경축하는 사람이 아니었다. 1919년 5월 4일은 일요일이라 광장에 없었거나, 차오루썬의 집에 불을 지르는 데 참여하지 않았거나, 이후의 세월 속에서 옥중 이야기를 되풀이할 수 없었던 베이징 대학 청년들에게도 또한 생활의 한 전환점이었다. 그들도 루쉰이 희망을 부여하였던 '어린아이' 세대의 구성원이 될 권리가 있었다.

신조사의 가장 어린 회원 위핑보는 시위에 참여하지 못하였으나 중국에서 가장 저명한 문학평론가 가운데 하나가 되었고, 더욱이 고전소설 대작 『홍루몽』의 대가가 되었다. 1919년 유학(儒學) 세도가에서 태어난 위핑보는 아직 스무 살도 되지 않았지만 5월 3일 저녁 회의에 출석하였다. 부모가 그 다음 날 외출을 금지했으나 이것도 그가 운동 후의 선전 활동에서 발휘한 적극적 작용에는 영향을 주지 못하였고, 또한 그가 격렬한 문장을 써서 중국의 전통 윤리 도덕관을 질책하는 것을 막지 못하였다. '문화대혁명'에서 다행히 살아남아 80세가 된 위핑보는 자신을 5·4운동 청년의 일원으로 여겼으며, 계속해서 기념시로 그 사건을 경축하였다.

> 바람이 물풀 끝에서 일고 쌓인 이야기 터져 나오네.
> 문자로 달고 쓴 이야기 구별해서 무슨 소용 있으리?
> 동기생들 젊은 시절 멋진 일 많이도 했었지.
> 한 반에서 펴낸 간행물이 세 수레나 되었으니![19]

5월 4일 천안문 광장에 있지 않았던 또 다른 청년은 구제강(顧頡剛)이었다. 그는 푸쓰녠의 베이징 대학 시절 룸메이트이자 신조사의 공동 창간인으로, 훗날 중국에서 가장 저명한 역사가 가운데 하나가 되었다. 당시에 구제강은 구식 가족제도를 비판하는 일련의 글을 한창 집필 중이었다. 위핑보와 마찬가지로 부친의 노여움을 두려워해서 구제강은 『신조』에는 '성오'(誠吾)라는 필명을 사용하여 글을 발표하였다. 『국민』의 창간인 덩중샤의 친구이자 신조사의 문화급진주의자 그룹 회원이었던 주쯔칭(朱自淸)도 5월 4일 시위에 참가하지 않았다. 주쯔칭은 성격이 너무 얌전하고 온화하여 학생 과격분자의 광기 어린 열정에 휘말리지 않았으며, 또한 "그를 아는 사람이 보기에는 청년 같지 않았던"[20] 이 청년은 5·4 지식인과 관련하여 가장 사상성을 지닌 문장과 이야기들을 계속 발표하였다. 1948년 서거하기 직전에도 그는 여전히 당시 사건이 신기원을 열게 된 의미를 거듭 설명하였다. "5·4운동은 하나의 신시대를 창출하였다. 자유주의가 자유 직업과 사회 분업의 기초 위에 건립되었다. 교원은 자유직업자이지 관리가 아니었으며, 또한 관리의 후보자도 아니었다. 학생도 다양한 직업을 선택할 수 있었으며, 오로지 관리가 되고자 하지 않았다. 그들은 이에 통치계급으로부터 독립하였으며, 더는 '선비'나 '독서인'이 아니라 '지식인'으로 변모하였고, 집단적으로는 바로 '지식계급'이었다. …… (그들은) 처음에는 기개를 절개보다 중시하였으나 현재는 오히려 절개를 기개보다 중시하는 것 같다."[21]

5·4 학생은 원래 자신이 주저하지 않고 구파 인물의 방해를 떨쳐버릴 능력이 있는지와 주위 환경에 끼칠 영향에 대해서 결코 충분히 따지지 않았다. 그러나 일단 길거리로 나선 이상 그들은 중국 역사의 새로운 한 장을 펼치기로 결심하였다. 치열한 애국자 쉬더헝으로부터 행동거지가 점잖은 주쯔칭에 이르기까지 중국을 생사존망의 위기로부터 구출해낼 것이라는 맹세가 그들을 하나로 연합시켰다. 그들과 루쉰은 신청년에 대한 견해가 일치하여 자신들은 구식 사회에 의해 더럽혀지지 않을 것이라고 믿었다. 그들은 나머지 동포들을 향하여 새로운 사상을 전파하겠다고 성명하였다. 5월 26일, 뤄자룬은 처음으로 필명 '의'(毅)를 사용하여 글을 발표하였다. 이 글에서 그는 5월 4일 사건을 '운동'이라고 칭하였다. 그는 학생을 사회에서 이탈하게 만드는 관념을 분석하는 것에 중점을 두었고, 아울러 제시하였다. "이번 운동은 학생들의 희생정신이다. 이전에 우리 중국의 학생은 입으로 하늘을 쪼개고 글로 큰소리를 치다가 행동할 때가 되면 모두 고개를 움츠렸다. …… 오로지 이번에 청년학생들이 맨주먹 빈손으로 흑암 세력과 맞서 싸우다가 다친 사람도 있고 체포된 사람도 있으며, 다쳐서 분사한 사람도 있고 매국노를 미처 다 제거하지 못하여 급병(急病)에 걸린 사람도 있다. 이러한 희생정신은 마멸되지 않으며, 참으로 중국을 다시 만들 근본적 요소이다."[22] 뤄자룬의 생각으로는 학생들의 유일한 품성인 희생·도전·자주의 정신이야말로 루쉰과 그의 동인들이 "어린

아이를 구하자"고 맹세할 때 희망한 것이었다. 그러나 일단 '어린아이들'이 역사의 주인공으로 등장하자 연장자 세대의 문화 반란자들은 놀라워하였다. 그들은 5·4사건 후 몇 주 내로 학생운동이 중국에 두루 퍼져나가는 것을 보고 깜짝 놀랐다. 또한 교육을 받지 않은 군중의 억제하지 못하는 애국주의 열정을 걱정하였다. 이에 그들은 학생을 칭찬하면서도 또한 그들에게 일시적이고 불완전한 승리에 만족하지 말라고 환기하였다.

천두슈(陳獨秀, 1879~1942)는 당시에 베이징 대학 문과 학장이었고 학생운동에 대하여 많은 동정심을 지니고 있었다. 비록 학생운동의 폭발에 대하여 준비가 전혀 되어 있지 않았지만, 그는 전심전력으로 이번 운동에 참가하였다. 당시 천두슈는 이미 마흔 살이었지만 타인의 조소에도 아랑곳하지 않고 대로에 나가 애국 소책자를 배부하였다. 열정적인 이 청년 지지자는 또한 통찰력이 풍부한 비평가였다. 학생운동에 참가한 것 때문에 체포되어 감금되기 사흘 전에 천두슈는 1919년 6월 8일에 그의 세대와 학생들 사이에 존재하는 차이를 반영하는 글 한 편을 썼다. 「우리는 도대체 애국하여야 하는가 말아야 하는가」(我們究竟應該不應該愛國)라는 글에서 그는 청년 활동분자가 미처 생각하지 못한 문제를 제기하였다. 그리고 계속해서 중국을 개조하는 것이 중국을 구하는 것보다 더 중요하다고 스승과 선배들의 관점을 거듭 설명하였다. 그는 목전의 '애국'으로서는 결코 중국을 개조하는 목표를 달성할 수 없다고 여겼다. 그는 학생들이 이성적 회의주의를 견지할 것을 격려하였다. 그는 격정과 분명한 사상을 결합시켜 말하였다. "산둥 문제에서 발생한 애국의 목소리가 더욱 높아져 하늘 끝까지 달하여 마치 '애국' 두 글자가 절대적 진리인 양 토론을 허용하지 않는다. 감정과 이성은 모두 인류 심령의 중요한 부분이면서 때로는 양자가 서로 충돌한다. …… 애국은 대부분 감성의 산물로 이성은 일부분을 차지할 뿐이며, 때로는 전혀 이성에 부합되지 않는다(독일과 일본의 군인이 바로 이러하다). …… 애국은 곧 사람을 망치는 별칭이므로 살신성인의 애국지사들은 모두 미망에 빠진 미치광이들이다. 우리 중국인은 교육을 받지 않아 지식이 없는 데다 단결력도 없으니 우리가 애국하지 않는 것

은 사상이 고매한 사람의 비애국적인 것하고는 결코 같은 차원에서 볼 일이 아니다."²³⁾

개량주의자, 회의주의자와 건설주의자: 5·4 시대 배경

뤄자룬은 학생들이 이미 더는 정치상 냉담한 태도를 견지하지 않는다고 선포하였다. 그러나 두 주일도 못 가 천두슈는 중국이 목전에 긴급하게 필요한 것은 결코 애국주의가 아니라고 말하였다. 동일한 역사 사건을 두고 스승과 학생의 견해가 왜 이처럼 다른가? 이것은 두 세대 간의 서로 다른 생활 경력에서 부분적 답안을 얻을 수 있다. 그들은 비록 같은 시기의 인물이었지만 사회학자 카를 만하임(Karl Mannheim)이 말한 '시대 위치'²⁴⁾의 산물이었다. 사람은 모두 가정 환경과 교육 환경 및 일련의 역사 사건에 의해 만들어지며, 이들 사건은 그와 동시대인이 서로 연관을 맺게 한다.

이 두 세대 인물 모두 자기의 관점으로 자기가 겪은 1919년을 바라보았다. 이러한 '시대 위치'는 이해에 일어난 각종 사건에 대한 그들의 감각과 생각, 이에 대처하는 그들의 행동을 한정하였다. 마치 만하임이 제기한 것과 같았다. "어떠한 특정 위치도 일정한 가능성이 있는 조건 아래에서는 개인의 자아 표현 범위를 제한한다. 그러나 이러한 소극적인 설명은 결코 상황을 철저하게 반영하지 않는다. 내재는 일종의 실재적 감각이고, 감각은 행위·지각·사상의 일정한 모델을 지향하는 경향이다."²⁵⁾ 뤄자룬은 신기원을 연 의의라는 관점에서 5·4의 경향은 바로 그가 처한 시대의 상징이라고 관찰하였는데, 이는 천두슈 세대의 회의주의자와 서로 구별되었다. 1919년 사건에 대하여 20대 학생의 체험은 30대 혹은 40대의 동시대인과 달랐다. 중국을 실망으로부터 일깨웠다고 여기는 청년들은 사실상 19세기 말기부터 전통 정치와 문화를 공격해온 선배들의 도움을 받았다. 그들 이전에 이미 두 세대가 부패한 유학(儒學)과 전제에 도전하였다. 첫째는 1898년의 개량운동이었고, 둘째는 기억도 새로운 1911년 봉건왕조를 반대하는 혁명이었다. 1919년 5월 4일은 학생 세대에게는 매우 중요하였다. 그들의 선배도 한때 가슴 가득 희망을 품은 적이 있었다. 그러나 이러한 희망은 1898년과 1911년 사건 중에 모두 소실되었다.

5·4 청년학생은 1890년대에 태어났다. 그들의 경력은 1860년대와 70년대에 태어난 량치차오와 같은 조기의 개량주의자와 달랐고, 또한 10년 후에 태어난 천두슈와 같은 혁명가와도 달랐다. 학생들은 명확하게 애국주의라는 정치 구호를 내세울 줄도 알았으며, 그들은 연로한 스승과 선배 세대가 1919년 봄에 여전히 실망 정서에 빠져 있었던 것과는 달랐다. 한때 개량사상을 가진 황제 한 사람에 의지하여 위로부터 중국을 구출하려고 하였으나 이미 실패를 고한 1898년 세대 인물들과 달리 5·4 청년학생들은 아래로부터 동포들의 사회의식을 각성시키는 방법을 통하여 중국을 구할 수 있다고 굳게 믿었다. 1911년 세대 인물들과 달리 그들은 동포들이 새로운 제위를 엿보는 자의 예의상 권위에 순종하는 것을 발견하였을 때 평민 백성의 노예적 특성에 대하여 매우 잘 알고 있었으나 반봉건혁명 참가자들은 황제를 몰아내고서야 이러한 품성을 발견하였다. 이전 몇 세대 사람들의 경험을 바탕으로 학생들은 1919년의 역사적 기회를 충분히 이용할 줄 알았다. 그들은 5월 4일 시위의 참가자였고, 또한 이번 시위를 통해 '만들어졌다.' 그러므로 그들은 확실히 1919년 세대라고 불릴 만하였다.[26]

필명은 예상보다 더 완전하게 시대의 차이를 드러낼 수 있다. 우리가 보았듯이 뤄자룬은 5·4사건 후 두 주일도 안 되어 스스로 '의'(毅)라고 서명하길 원하였고, 이 필명은 넘치는 열정과 가슴에 가득한 자부심 그리고 역사의 발걸음을 바꿀 수 있다는 이 세대의 자아 형상을 대표하였다. 그것은 베이징 대학 교수 가운데 천두슈와 루쉰의 『신청년』 그룹에서 가장 적극적인 일원이었던 첸쉬안퉁이 사용한 필명과 선명한 대비를 이루었다. 1925년 첸쉬안퉁은 고대 전적(典籍)을 반대하는 열풍 속에서 새롭게 다시 '의고'(擬古)라고 작명하기로 결정하였다. 첸쉬안퉁은 그의 스승 량치차오보다 더 급진적인 반전통주의자였다. 일생을 통해 언제나 이성적 개량주의자였던 량치차오는 1903년에 그의 자아 형상을 선포한 적이 있었는데, 당시 그는 동경에서 『음빙실전기』(飮氷室傳記)라는 제목으로 그의 첫 번째 문집을 출판하였다.

일부러 폼을 잡았다는 혐의는 있지만 이러한 필명은 이 세 세대 인물의 각기 다른 역사를 암시하였다. 이 세 세대 인물이란 바로 학자형의 "빙수를 마시는 자"(飮氷者)와 감정이 치열한 "옛것을 모방하는 자"(擬古者)와 행동주의자의 "굳센 의지"(毅)였다. 그것들은 국가 흥망을 위해 떨치고 일어선 중국 지식인의 자신감이 갈수록 더욱 높아짐을 나타내었다. 그것들은 또한 이러한 역사 발전의 궤적을 묘사한다. 전통문화를 부흥시킴으로써 중국을 구하려고 시도하였던 사람들에서 출발해서 다시 구문화를 폐지함으로써 근대화의 도로를 개척하려는 사람들에 이르렀고 최후에는 중국의 현대적 신문화를 위하여 윤곽을 만들어낸 사람들이었다.

'음빙자' 량치차오는 중국이 낙후한 근원을 탐구하고 아울러 중국인의 세계관에서 출발해서 개량 방안을 제시한 세대에 속한 인물이다. '의고자' 첸쉬안퉁은 용감하게 전통을 반대하여 전통과 결별한 세대의 일원이다. 그들은 전통 언어문자와 가치 관념에 대하여 모두 공격적 태도를 견지하였으나 목적을 달성하기엔 어려움이 많았다. 대다수 사람은 이것들은 태생적이라고 말하였다. 다른 한편으로 용감한 자('毅') 뤄자룬 세대는 량치차오 세대가 억지 변명이라고 느낀 것과 첸쉬안퉁 세대가 억지 거절이라고 느낀 대부분의 문제를 과감히 제기하여 다시 새롭게 해석하였다.

유학(儒學) 전통에 대하여 5·4세대는 따르지도 않았고 반기를 들지도 않아 부담이 되지 않았으며, 그들은 철학가 리쩌허우(李澤厚)가 "가장 큰 공헌을 하였다"고 칭찬하였듯이 중국 현대사를 위하여 계속 분투하였다. 리쩌허우는 1898년의 개량주의자부터 1970년대 '문화대혁명' 후기 세대에 이르기까지 모두 여섯 세대의 중국 지식인에 대하여 평가를 하였다. 그는 "셋째 세대는 안목이 더욱 넓었고 견문은 더욱 넓어서 …… 중국 혁명의 동량과 주춧돌이 되었으며 중국 혁명에 가장 공헌이 큰 세대였다"[27]고 지적하였다.

건설주의자였던 이 세대가 그들 이전의 개량주의와 파괴주의자로부터 받은 은혜는 확실히 거대하였다. 량치차오와 첸쉬안퉁처럼 시대와 고통을 함께하면서 과도기와 변혁기를 지내오지 않았으며, 5·4 학생 자신들은 정치행동주의자가 되는 것이 사명이었음을 영원히 발견하지 못할 것이다. 교정에서 뛰쳐나와 거리에 나서 항의하고 전단을 배포하면서 민족의 대의를 위하여 지지를 호소한다고 선포하기 이전에 그들은 더욱 단호하게 권력자를 반박하는 것을 배우지 않을 수 없었다. 간단히 말하자면, 만약 20세기 첫 10년에 새로운 유형의 지식인이 출현하지 않았다면 1919년의 5·4운동은 상상할 수 없었다. 마지막 왕조를 떠받든 정통 사대부보다 사회적 지위가 더 독립적이었던 자주적 사회관의 사상가들만이 진정으로 중국의 신문화 건립을 위해 기초를 다질 수 있었다.[28]

뤼자룬은 1919년 5·4운동 기간의 첫 번째 글에서 자주정신은 근대 중국 세 세대 지식인이 쌓은 최대 성과라고 칭송하였다. 그것은 결코 학생들에게 속한 것이 아니고 전제주의 관료정치를 무너뜨린 최초의 투지가 그들에게 전해준 것이었다. 1919년 세대는 그들 선배와 봉건전제주의 통치집단과 연계된 마지막 끈을 끊어버린 결정적 의의를 지닌 세대였다. 사회학자 앨빈 굴드너(Alvin Gouldner)가 말한 것처럼 독립 요구는 지식인과 정권의 관계가 변화하였음을 상징하는 독특한 역사 상황으로, 그것은 그들이 생활 가운데서 보다 많은 권리를 요구함을 상징한다. "'자주'에 대한 강조를 그냥 지식인에게 중요한 정신 가치라고 이렇게 간단하게 이해해선 결코 안 되며, 그것이 없으면 그들은 정상적인 작용을 할 수 없으므로 갖기를 갈망한다고 이해해야 한다. 자주는 일종의 필수적 행위 혹은 논리적 필요이면서 또한 일종의 독특한 단체로서 새로운 계층(현대 지식인)의 사회 이익을 나타낸다. 자주를 강조함은 저들 단체의 의식형태에 대해 여전히 가해지는 제한을 해소하려는 노력이다. …… 자주에 대한 이러한 요구는 자아 관리의 정치적 돌파력을 대표한다."[29]

중국에서 새로운 유형의 지식인이 등장한 관건은 과거제도로부터의 해방이었다. 이러한 노력은 량치차오가 생활한 시기에 완만하고 느릿느릿하게 시작하였다. 1873년에 태어난 량치차오는 고전문학 연구에 침잠하였는데, 이것은 유가 관료의 '정도'를 걸었음을 의미하였다. 16세가 되었을 때

농촌 가정 출신의 이 아이는 광둥(廣東)의 성시(省試)에서 사실상 가장 어린 거인(擧人) 가운데 하나였다. 비록 진사 시험에서 좌절하였지만 그는 이러한 악운을 같은 연령대 청년들의 교훈이 되도록 바꾸었다. 그는 종말을 맞이한 유가 문인학사와 신세대 문화혁명가의 경계선상에서 중국의 문제를 두고 글을 써서 주장을 펼치기 시작하였다.

당시에 가장 저명한 유가 개량주의자 캉유웨이를 만나 그의 문도가 된 후에 량치차오는 평생 과업이 된 구국과 그 방법을 모색하기 시작하였다. 량치차오는 캉유웨이의 격려를 받아 역사 근원에 관한 수많은 저작들을 읽었고, 게다가 20세기 초 일본에서의 체류는 그의 모색에 대한 결심을 더욱 강화하였다. 이러한 모색은 서방 지식에 대한 깊은 관심을 포함하였다. 1898년에 짧은 시간이나마 그는 한때 권력의 중심에 접근하여 황제의 법령을 통해 그의 이상을 실현하려고 시도하였다. 이 유신변법이 실패한 후 량치차오는 실망하였고 반성하게 되었다. 중국 문화의 가장 보편적 병폐는 무엇인가? 중국인의 사상은 어떤 결함이 있는가?

이러한 문제는 량치차오와 그의 선배 문인학사와 그를 구별 짓게 만들었고, 동시에 중국 계몽운동의 시작을 상징하였다. 량치차오는 서방 지식과 서방 철학에만 관심을 가졌지 서방 기술에는 흥미를 가지기 이전이었기 때문에, 이러한 문제는 지식인이 중국을 바꿀 수 있는지 여부에 대한 문제를 제기하지는 않았다.[30] 그러나 초기 서양학 선전자로 가장 저명한 왕타오(王韜, 1829~98)와 옌푸(嚴復, 1854~1921)는 정통 사대부의 시야를 초월하여 그들의 사업을 지지하였다. 량치차오와 그의 동료들은 서양 문화의 도전을 유가 관료정치의 핵심에 끌어들였고, 이러한 도전은 개량과 회의라는 풍파를 거세게 일으켜 마침내 1905년 과거제도를 폐지하도록 만들었다. 과거제도 폐지가 가져온 새로운 교육 기회는 다음 세대 문화 급진주의자에게 새로운 교육 생애를 열어주었다.

19세기 후기에 이미 시작된 지식인과 정부 간의 결별은 첸쉬안퉁이 생활하였던 시기에 결정적으로 발전하였다. 첸쉬안퉁은 1887년에 저명한 관리 집안에서 태어났으며, 외견상 그는 량치차오보다 더 관료적 정치 생애에 적합해 보였다. 그러나 첸쉬안퉁이 어쨌든 10년 늦게 태어났고, 이것은 그가 량치차오로서는 상상도 못할 정도로 더욱 정부로부터 독립적이 되는 것 외에 더욱 존경받는 중국 지식인이 될 수 있음을 의미하였다. 그의 부친은 전제 정부 안에서 가장 수구를 대표하는 것 가운데 하나인 예부상서 였지만 첸쉬안퉁은 일찍이 청 왕조 통치층을 멸시한다고 표명하였다. 1904년, 량치차오 글의 영향을 받아 그는 변발을 잘라버림으로써 만주족 통치자에게 대항하였다. 1906년에는 일본에서 한편으로 무정부주의와 에스페란토어를 연구하고, 다른 한편으로 쑨중산의 혁명 조직에 참가하였다.

국외 유학은 첸쉬안퉁 세대 문화급진주의자의 특징이었다.[31] 그들은 주저 없이 바다를 건너 이국으로 갔다. 20세기 초기 중국의 교육 환경은 이들 지식인의 정치적 기대를 크게 좌절시켰고, 동시에 그들은 관련 정치 지식이 부족하다는 것을 절실하게 의식하였다. 외국에서 국내와는 비교할 수 없는 방식으로 자아를 실현할 수 있었고, 이것이 그들의 마음을 끌어 동경하게 만들었다. 혼인을 책임지고 효도를 다하라는 엄한 요구는 그들을 무겁게 짓눌렀다. 이에 따라 국외 유학은 민족 구원을 모색하기에 효과적인 방식이 되었을 뿐 아니라 멀리 떨어진 타국에서 더욱 자유롭게 개성을 추구할 수 있게 했다.

량치차오 세대와 마찬가지로 이 세대 인물들도 역사적 전환기에 처해서 이 점을 잘 알고 있었다. 그들은 자신들이 신구 중국의 교차점에 놓여 있다고 생각하였으므로 쉬지 않고 계속 문제를 들춰내었다. 미래의 사업을 위하여 그들은 "신구 양자는 절대 서로 용납할 수 없다. 절충설은 새것을 모를뿐더러 옛것도 모른다. 비단 신시대의 경계인이 될 뿐 아니라 오히려 또한 구시대의 반역자가 된다. …… 오늘의 병폐는 바로 신구의 기치가 불분명한 데 있으며, 그 원인은 신구 관념과 정의가 명확하지 않기 때문이다"[32]라고 하였다.

첸쉬안퉁 세대의 사람들은 타협하기 원하지 않았지만 선택할 수도 없는 환경에 있었기 때문에 량치차오보다 더 고통스러웠다. 그들은 구식 전통과 타협했다는 생각이 들 때마다 더욱 고통스러워 견딜 수 없었다. 그들이 볼 때, 한 명도 관원이 되지 않은 것이 가장 도덕적인 구체적 표시였다. 반대로 관료 직업에 대한 경시는 그들 대부분이 학술 방면에서 뜻을 이루도록 바꾸어놓았다. 일부가 문학에 헌신하였고, 대부분은 스스로 전문직 교육가가 되기 위해 준비하였다. 이러한 전문직 교육가는 5·4 학생 세대를 위하여 길을 개척함과 동시에 이 세대를 양성하였다.

1896년에 태어난 뤄자룬은 하급 벼슬아치의 아들이었다. 벼슬을 하지 않기 위하여 저명한 부친과 결별하였던 첸쉬안퉁과 달리 뤄자룬은 근대 교육을 받도록 격려를 받았다. 그의 부친은 지방 행정관으로 전체 제국의 관제 중에서 가장 낮은 관원이었다. 그는 또한 보수적이면서도 진보적 경향이 있는 사람이었다. 그는 마지막 왕조의 멸망을 목도하고 신세계에 충분히 적응하기 위하여 아들을 서양식 학교인 상하이의 푸단(復旦) 중학에 보내기로 결정하였다. 이리하여 1917년 베이징 대학에 입학하기 매우 오래전에 뤄자룬은 윗세대 사람들이 늘 두서없이 추구하였던 근대 교육의 혜택을 누리게 되었다. 1919년 이 세대의 기타 걸출한 인물과 마찬가지로 뤄자룬도 5·4운동 후에 국외로 나갔다. 그는 1920년에 미국에 도착하여 보스턴 대학과 컬럼비아 대학에서 철학사를 공부하였다. 그때 그는 그의 세대의 특성과 사회적 사명감을 확고하게 수립하였다.

이에 따라 학생들은 선배 개혁가와 회의주의자가 다져놓은 기초 위에 서 있을 수 있었다. 그들은 선구자들이 분투하였으나 실패를 고한 희망을 어깨에 짊어지고 있었다. 1919년에 그들이 동포를 각성시키기 시작했을 때 그들은 선구자들이 비교적 소규모로 확립한 태도와 책략을 새롭게 다시 채택하였으므로 정확하고 신속하게 효과적으로 행동할 수 있었다. 에릭 에릭슨(Erik. H. Erikson)의 말을 인용해본다. "그들은 그들이 누구인지 잘 알았고, 또한 이 점을 선행자보다 더 굳게 믿었다."[33]

학생들이 자신하는 까닭은 그들이 전에 없었던 목표를 이미 달성했다고 믿기 때문이었다. 뤄자룬은 자주정신은 그들 세대 특유의 정신이라고 공언하였다. 5·4청년은 마치 선구자들이 이 정신을 이미 오래전부터 동경해

왔음을 잊은 듯하였다. 사실상 량치차오는 중국 지식인에게 자주라는 이상을 소개한 최초의 인물로, 그의 저서는 널리 계몽사상을 전파하고 일본의 계몽운동을 찬양하여 다음 세대로 하여금 이후 전개될 5·4계몽운동의 서막을 목도하게 하였다.

중국의 계몽운동이 일본으로부터 받은 영향

중국이 1895년 청일전쟁 패배로 19세기 가장 굴욕적인 수모를 당하였을 때, 량치차오는 22세였다. 이번 실패는 1840~42년 아편전쟁 이래 중국과 서방 열강 사이에 일어난 일련의 패전보다 더욱 비참하였으며, 이는 량치차오 세대로 하여금 중국의 전통적 세계관에 결함이 있음을 확신하게 만들었다. 일부 유가 문인학자 더욱이 양무파로 분류되는 개량주의자 연장자들은 이미 중국 물질문명의 낙후를 강렬히 인식하고 선택적으로 서방 기술을 들여오는 방법을 통하여 중국을 구하려고 시도하였다. 그러나 1890년대 이후에 중국 문화의 낙후 문제 해결에 헌신하기 시작한 량치차오와 같이 젊은 애국자가 볼 때 이러한 책략은 이미 파산하기 시작하였다. 이들 지식인은 동시에 서구 정치이론과 제일류의 중국 학술 성취로부터 도움을 구하는 방법으로 중국 문화의 정수를 되살리기를 희망하였다. 그들의 노력과 실패가 20세기 계몽운동의 서막을 구성하였다.

1895년의 전쟁 패배는 유가 문인들의 수치를 증가시켰다. 그들은 일본을 '동양왜국'으로 보는 것이 습관이 되어 멀리 수·당 시대(618~907)부터 일본이 광범위하게 중국을 모방하였다고 우월감에 젖어 있었다. 그러나 수치심은 점차 일본에 대한, 특별히 1868년 메이지 유신(明治維新)에 대한 강렬한 동경심으로 바뀌었다. 량치차오와 같은 지식인들은 이번 사건에 감회가 깊었다. 그들은 이것이 중국보다 일본이 더 신속하고 효과적으로 근대화한 관건이라고 믿었다. 그들의 호기심은 결코 개혁사상을 지닌 한 황제와 강렬한 애국주의 정서를 지닌 무사(武士)계층이 일본에서 정권을 잡도록 이끈 정치 사건에만 국한되지 않았다. 이러한 호기심이 발전하여 일본 계몽으로 유명한 문화 현상에 대한 동경이 되었으며, 그것은 실질적으로 새로운 세계관을 지닌 지식인 및 일본 정치제도의 개혁을 보장하여 메이지 유신을 옹호한 지도자들이 일으킨 한 차례 사상운동이었다. 사실상 중국 지식인은 이미 이러한 현상에 강렬하게 흡인되어 19세기부터 '계몽학자'라고 자칭한 일본 학자에게서 '계몽'이라는 어휘를 빌려왔다.

일본에서 자칭 '계몽학자'라고 한 단체는 1874년에 창간한 『메이로쿠잣시』(明六雜誌)를 핵심으로 하는 일부 문인이 만들었는데, 그 가운데에는 후쿠자와 유키치(福澤諭吉), 가토 히로유키(加藤弘之)와 나카무라 마사나오(中村正直) 등이 있었다.[34] 1898년 개량운동이 실패한 후, 량치차오는 중국에서 이들의 사상을 전파할 작정이었다.[35] 일본의 근대화를 심화하기 위하여 이들은 문명과 지식인의 개화는 불가분의 관계라고 여겼다. 『메이로쿠잣시』의 편집인 니시 아마네(西周)가 창간호의 첫 번째 글에서 만청 지식인의 곤경과 몹시 비슷한 어휘를 사용하여 일본 계몽의 목표를 "나와 동인들은 항상 유럽 각국과 비교하기를 …… 남을 부럽게 하는 그들의 문화와 우리의 미개화는 우리를 비통하게 만들었다. 단정하건대, 우리 민중은 구할 방도가 없을 정도로 우매한 상태이다. …… 정부의 좋은 정책은 오래갈 수 없고 민중의 미개화는 여전하였다. …… 제때에 민중을 우매로부터 개화로 이끄는 일은 자연히 당국의 책임이며, 마치 잡초를 뽑되 가볍게 살포시 하여 종묘를 다치지 않도록 해야 한다"[36]고 서술하였다.

역사는 단기간 내에는 인자하다. 일본의 계몽학자가 보기에는 종묘를 다치게 하지 않고도 잡초만 뽑아낼 수 있을 것 같았다. 계몽학자는 저술과 공개 강연을 통하여 본국 언어, 남자와 여자의 관계, 국민성의 결함과 전통적 노예근성 사상의 위험성 등의 제반 문제를 제기하였고, 이것들은 또한 중국 지식인이 이후에 제기한 것이었다.[37] 그러나 일본의 계몽운동 기간에 진행된 논쟁의 어조는 향후 중국의 계몽운동보다 더 조심스러웠다. 계몽학자들이 대면한 정부는 입헌제 정치에 대하여 어떠한 평론도 용인하지 않았다. 메이지(明治) 정부는 당초에 출판의 자유를 관용하였던 정책을 포기하고 이들 대학자에게 받아들일 수 없는 선택을 제시하였다. "그들은 붓을 내려놓고 그들의 사상을 수정하여 정부의 법령에 부합되어야 한다."[38] 계몽 지식인은 초심에 위배되는 것을 원하지 않아 1876년 2월에 출판된 지 겨우 2년밖에 되지 않은 잡지 출간을 멈추었다.

비록 그들 잡지의 간행은 매우 짧았지만 이들 계몽학자 모두 일본 내지 중국 다음 세대 지식인들로 하여금 계몽에 대한 동경을 자아내도록 만들었다. 1919년 베이징 대학에서 계몽을 선도하던 학생들이 그들의 간행물의 명칭을 정할 때 뤄자룬은 '신조'로 할 것을 제의하였는데, 이는 1904년에 창간한 일본 계몽 잡지 『신조』에서 따왔으며 이 간행물은 19세기 계몽학자의 정신을 회복하고 심화하였다.[39]

독립 지식인의 등장은 19세기 일본의 계몽운동이 곧 다가올 것임을 예고하였으며, 이는 18세기 유럽 및 20세기 중국의 계몽운동과 거의 일치하였다. 세 차례에 걸친 이 계몽운동의 목표는 자주였으며, 일본에서는 이를 지식인의 사회에 대한 책임으로 간주하였다. 후쿠자와 유키치는 자주를 하나의 권리로 명백히 제시하지 않았기 때문에 1874년 「학자의 책임」이라는 저명한 글에서 자유는 모든 구성원의 이익에 부합한다고 강조하였고, '개인 학자'의 발전을 격려하지 않으면 일본은 장차 진정한 근대화를 실현할 가망이 없다고 선언하였다. 후쿠자와는 서방에 대해 수박 겉 핥기 식으로만 알면서도 오히려 벼슬길을 애써 모색하는 지식인을 특히 비판하였다. "오로지 사람들 머릿속의 낡은 사상을 깨끗이 제거한 다음에야 일본 문명이 비로소 발전할 수 있다. …… 서방 지식을 이해하는 학자들은 반드시 이 책임을 져야 한다. 그러나 …… 나는 그들의 실제 행위에 대하여 자못 회의적이다. 이들 학자와 신사 들은 단지 벼슬만 알았지 자아 인격의 존재는 몰랐다. …… 그들은 여전히 전통적 교육에 속박을 받아 안중에 정부밖에 없었다. 그들은 정부를 통하지 않으면 어떤 일도 해낼 수 없다고 여겼다. …… 그들은 아예 자주적이 되려고 생각조차 하지 않았다."[40]

후쿠자와의 비판적인 이 글은 이미 19세기 말 똑같은 곤경에 빠진 량치차오에겐 예비 경고였을 것이다. 량치차오도 상층 관료에 복종하는 지식인에게 자주정신을 배양하려고 시도한 적이 있었으나 역시 성공하지 못하였고, 1898년 9월에 결국 '개인 학자'가 되고 말았다. 그는 백일유신 실패 후에 일본으로 몰래 도주하여 꽤 오랫동안 황태후가 잡아들이려는 '수괴'로 있었다. 스승 캉유웨이와 함께 한때 권력의 중심에 있었으나 순식간에 내쳐지자, 량치차오는 국민사상의 타성 문제를 깊이 분석하기 시작하였다. 일본의 후쿠자와와 마찬가지로 그도 중국 폐단의 병인이 어디에 있는지 인식하지 못하였다. 그러나 후쿠자와와 달리 량치차오는 이러한 사상 증세가 만연한 범위가 정부에 복종하는 지식인을 넘어섰다고 이미 단정하였다. 1900년 그는 캉유웨이에게 보낸 서신에서 중국 국민은 전체적으로 모두 병에 걸렸고 계몽사상은 병세를 바꿀 유일한 양약일 수 있다고 하였다.

중국 수천 년의 부패는 그 화가 오늘까지 미치는데, 그 원인을 추론하면 모두 노예성에서 기인한다. 이러한 근성을 제거하지 않고서는 중국은 절대로 세계 만국 사이에 설 수 없다. 그런데 자유를 운운하게 되면 사람들이 저절로 자기의 본성을 알게 되어 타인의 통제를 받지 않는다. 오늘날 이 약을 쓰지 않으면 절대 이 병을 치유할 수 없다.[41]

량치차오가 중국을 위해 내린 처방은 후쿠자와의 도움과 장 자크 루소(Jean Jacques Rousseau) 등 유럽 철학자의 고무를 받았지만 그와 일본 및 유럽 계몽주의자는 서로 차이가 있었다. 중국에서 계몽운동의 목표는 지식인의 자유일 뿐 아니라 동시에 여전히 국민성의 개조에 있었다. 량치차오는 다음 두 세대의 사상 의사(醫師)들과 마찬가지로 중국을 개조하려는 소설로부터 착수하여 이 목표를 달성하였다. 문학 영역의 문화는 노예성 도덕에 대한 가장 직접적인 도전이라는 굳은 믿음이 중국 계몽운동의 선명한 주제가 되었다.

유럽과 일본의 계몽운동 선전자와는 달리 중국 지식인은 반복적으로 정치적 실패라는 국면에 대처해야만 하였다. 중국에서 문화 변화의 특수한 함의는 유럽과 일본보다 훨씬 심하였다. 이 때문에 일본으로 망명한 량치차오가 1902년에 『신민총보』(新民叢報)와 『신소설』(新小說)을 창간한 것도 이상한 일이 아니었다. 량치차오는 새로운 국민성과 신소설을 연계하였고, 따라서 5·4운동 시기의 문학혁명을 위해 무대를 마련하였다. "한 나라의 국민을 새롭게 하려면 우선 한 나라의 소설을 혁신해야 한다. 그러므로 도덕을 새롭게 하려면 새로운 소설이 필요하며, 종교를 새롭게 하려면 새로운 소설이 필요하며, 정치를 새롭게 하려면 새로운 소설이 필요하며, 풍속을 새롭게 하려면 새로운 소설이 필요하며, 학예를 새롭게 하려면 새로운 소설이 필요하며, 심지어 인격을 새롭게 하려면 새로운 소설이 필요하다. 왜인가? 소설은 불가사의한 힘으로 인간의 도리를 지배하기 때문이다."[42]

량치차오가 소설을 통하여 국민성을 개조하려는 노력은 끝내 실패하고 말았다. 그러나 그의 우아한 문장 풍격과 계몽사상에 대한 끊임없는 추구는 오히려 중국 문단에 중대한 영향을 끼쳤다. 유학 개량주의자에 대한 그의 예리한 비평이 바로 그 일례이다. 일본에 가기 전에 자신이 이 보루의 일원이었기 때문에, 그는 이들의 감정과 편견을 이해하였다. 그는 진리는 공개경쟁의 산물이므로 편견만 철저히 배제하면 정확한 관념을 얻을 수 있다고 여겼다. 량치차오는 논적이 등장하기 이전에 이러한 자세로 19세기 유학자들이 서방의 기술로 중국 문화의 정수를 보존하려는 착오를 효과적으로 폭로하였다. 이들은 유학과 서로 배치되는 사상은 추호라도 용납하지 못하였으며 유학을 지고지순한 진리로 신봉하였다. 량치차오는 계몽사상을 받아들인 후에 이미 진리를 모범으로 받들었다.[43]

다음 세대는 량치차오와 달리 유학을 존숭하지 않았다. 량치차오와 첸쉬안퉁 같은 회의론자, 파괴주의자 사이에는 사상적 차이가 존재하였지만 량치차오는 그들의 사상적 선구자였다. 계몽운동을 시작하였을 때 그들은 량치차오의 일본 계몽운동에 대한 찬양과 중국 국민성에 대한 비판을 광범위하게 참고하였다.

혁명의 실패와 계몽의 서막

　1898년 개량운동의 실패는 한때 량치차오로 하여금 중국인의 노예근성을 공격하게 만들었다. 1911년 혁명의 실패는 마찬가지로 다음 세대로 하여금 국가에서 순종을 더는 강요하지 않지만 중국인의 노예근성이 뿌리가 깊다는 것을 인식하게 만들었다. 청년 량치차오는 위로부터의 제도 개혁에 모든 희망을 걸었고, 전통을 반대하는 신세대 회의론자는 아래로부터 낡은 제도에 대한 공격을 개시하였다. 량치차오와 마찬가지로 그들도 정치 부패의 결과로부터 새로운 문화의 중요성을 인식하게 되었다.

　신해혁명 실패 후 한동안 이 세대는 애국정치에 대하여 다소 회의하기 시작하였는데, 이는 천두슈가 1919년 6월 8일에 행한 훈계 중에 이미 나타나 있다. 20세기 초기 10년 동안 그들은 열정적으로 구국운동에 뛰어들었다. 천두슈 세대와 달리 아래 세대 학생 행동주의자는 1911년의 환멸을 겪은 적이 없었으므로 그들은 1919년 5월 4일의 시위에 새로운 애국주의 내용을 부여할 수 있었다.

　신해혁명 후 오래지 않아 천두슈 세대는 그들이 오래전에 동경하고 아울러 이를 위해 분투하였던 공화정체(共和政體)는 이미 유산되었음을 인식하기 시작하였다. 진정한 '민국' 곧 민중의 나라라는 이상은 이미 날마다 더욱 멀어졌는데, 집정자와 그 옹호자들이 민주에 대해 전혀 문외한인 데다가 자의적으로 민주를 짓밟았기 때문이었다. 대부분 중국인은 여전히 유교 예의를 신봉하여 마치 언제 혁명이 일어났느냐는 식이었다. 이에 대해 5·4청년의 선배들은 분연히 방관할 뿐이었다. 1912년, 민국의 새 총통이 된 위안스카이(袁世凱)는 이른바 공교사회(孔敎社會)를 건립하여 충실한 공민은 반드시 충효의 도리를 신봉할 것을 고취하였다. 다음 해, 그는 민주사상가의 지도자를 암살하여 2차 혁명의 시도를 진압하였다. 1914년에는 법률적으로 전국적인 공자(孔子) 숭배를 회복하였다. 위안스카이는 "중국은 수천 년 동안 입국의 근본이 도덕에 있었다. …… 정체는 비록 혁신적일지라도 예법과 풍속은 당연히 보수적이라야 한다"[44]고 여겼다.

　1915년 초에 위안스카이는 솔선하여 공자에게 제사를 올리는 봉건 의식을 거행함과 동시에 소학교에 유학 경전 과목을 두도록 명령하였다. 세심한 기획을 거쳐 위안스카이는 '억지로' 황제가 될 것을 동의하였다. 그러나 그의 홍헌(洪憲) 황조 계획은 군벌들의 반대에 봉착하였고, 그도 1916년에 서거하였다. 한바탕 황제 몽상은 이리하여 파멸을 고하였다.

위안스카이가 서거한 지 1년 후에 안후이(安徽) 군벌 장쉰(張勳)이 푸이(溥儀)를 만청 황제로 복벽시키려고 기도하여 2천 명의 변발병을 이끌고 입경하였으나 북방 군벌들에게 쫓겨났다. 장쉰의 복벽 활동은 1930년대까지 지속되었다. 천두슈·첸쉬안퉁·루쉰 등 반전통주의자 모두 이러한 사변들을 겪고서 사상적으로 크게 흔들렸고, 이 때문에 동포들의 우매함과 맹종성을 폭로하기로 결심하였다. 공화정체가 무너진 후 그들은 노예의식을 청산하는 문화적 근원에 노력을 경주하였다. 이렇게 그들은 종전의 개량주의자와 혁명가의 연계를 끊어버렸다. 이러한 반전통적 회의주의자들은 심지어 가장 빼어났던 선배들보다 더욱 세력이 약하고 고립되었다. 1919년 이전에 이 지식인 그룹은 한때 민족주의 혁명의 선배 지도자들, 특별히 영향력이 꽤 많았던 애국학사(愛國學社)의 장타이옌(章太炎, 1864~936)과 밀접한 관계를 맺었다. 그들은 한때 장타이옌을 귀감으로 여겨 중국 고대문화의 정수를 가지고 정치를 개조하려고 하였다. 그러나 1911년 이후 그들은 재빨리 철저히 각성하였다.

장타이옌이 '외래' 만주족 통치자를 멸시하였던 유명한 행동은 처음부터 그들의 격정을 불타오르게 하였다. 1900년에 열린 공개 집회에서 장타이옌은 긴 변발을 잘라내었다. 2년 후, 그는 일본에서 쑨중산과 연계를 맺고 아울러 민족혁명의 가장 대표적 대변자의 일원으로 자처하였다. 1911년 이전의 10년 동안 용감한 활동가가 수없이 등장하였지만 명확하게 혁명의 윤리 원칙을 표명한 측면에서는 장타이옌의 능력이 으뜸이었다. 반만주 신문을 편집하였다고 해서 3년간 투옥된 이후, 1906년에 그는 「혁명의 도덕」(革命的道德)이란 글을 발표하여 장기간 보잘것없고 심지어 도덕을 해치는 무리 취급을 당한 농(農)·공(工)·상(商)·의(醫)를 위하여 변호하였다. 사실상 그는 구식 관료이론과 정치 실천에 조종을 울렸다.[45]

그러나 장타이옌은 뛰어난 반만주 선동가였을 뿐 아니라 다음 세대를 위하여 유학사상을 반대하여 시야를 확대하였다. 그는 불교사상 가운데 특히 법상유식종(法相唯識宗)의 관점을 운용하여 유가의 재부, 영예, 재산과 지위에 대한 추구를 공격하였다. 불학(佛學)은 장타이옌에게는 철학을 탐구하는 일종의 새로운 방법이었다. 불학을 통하여 그는 인식론과 의식의 본성 및 사상의 오도성(誤導性) 등과 관련된 문제를 제기하였다. 훗날 이 문제들은 5·4 지식인 손에서 폭발성을 지닌 것으로 바뀌었다. 그들은 '계몽'이란 불교적 함의가 담긴 어휘를 사용하였다. 그들의 글 안에서 계몽은 장타이옌이 보았던 일종의 인식 목적이었을 뿐 아니라 개인의 각성을 통하여 사회 전체를 바꾸는 의식이 있는 행동이 되었다.[46]

끝으로 장타이옌은 또한 훗날 반전통 지식인이 학술비평에 종사하는 귀감이었다. 역사 고증 방면에서 그의 세밀한 탐구는 다음 세대를 위하여 전통사상을 공격하는 보다 넓은 영역을 개척해주었다. 장타이옌 본인은 역사언어학 연구를 통하여 '국수'(國粹)의 순결성을 보존하려고 시도하였지만, 또한 후대인이 국수사상을 비판하는 데 무기를 제공하였다. 그들도 장타이옌이 무례한 학자임을, 곧 마침내 초기 사대부의 노예근성과 공리주의의 속박을 떨쳐버린 자주적 지식인임을 높이 받들었다.[47]

근대 중국 제1세대 지식인으로서, 량치차오와 장타이옌은 계몽운동의 문턱을 넘어 길을 제시하였다. 그러나 그들은 이 문턱을 넘어 낯설고 고독하며 확실하지 않은 세계로 들어갈 수도 없었고 또한 원하지도 않았다. 1911년 신해혁명 이후 그들은 점차로 다음 세대의 반(反)전통주의자와 갈라섰다. 이들 5·4계몽운동의 선배 사이에 정치상의 차이는 있었지만, 그들은 모두 한때 격정적으로 구국의 의무를 짊어졌다. 반전통주의자는 나라가 정신과 지식 방면에 낙후한 내재적 원인을 계속 찾았고 중국의 정치방면 약점에 대해서는 관심이 비교적 적었다.

천두슈는 1911년 학생운동의 참가자이자 평론가였으며, 구국 정치활동을 하면서 확연하게 태도를 바꾼 인물 가운데 하나였다. 20세기 초에 그는 일본에 머무르면서 장타이옌의 사상과 애국학사의 영향을 깊게 받았다.

천두슈도 혁명 격정으로 변발을 잘랐고, 고향 안후이로 돌아가서는 애국학사를 모방하여 청년 단체 하나를 만들었다. 1911년 이전에 천두슈는 교육을 받은 여타 청년과 마찬가지로 구국 문제로 고심하였다. 그는 오히려 중국의 애국정신 결핍, 외국 기술의 중요성, 군사 과학과 채광 기술 연구의 필요성 등의 문제에 관하여 첨예한 어조로 글을 써냈다.[48] 신해혁명 때 그는 저장 성(浙江省) 육군학당의 교원으로 학생 신병에게 혁명을 선전하는 직무를 수행하였다.

5년 후, 위안스카이가 제제(帝制) 복벽을 기도하였을 때 천두슈는 구국 정치활동에 대한 극도의 실망을 표시하였다. 그는 「우리의 마지막 각성」(吾人最後之覺悟)이라는 글에서 그가 관심을 쏟는 문제가 이미 "정치적 상황"에서 더욱 중요한 윤리적 각성으로 바뀌었음을 선언하였다. "감히 단언하건대, 윤리적 각성은 마지막 각성 중에서도 마지막 각성이다."[49] 그는 약간 자조적으로 동포들이 이 "마지막 각성 중에서도 마지막 각성"에 참여할 것을 요구하였다. 그들을 격려하기 위하여 천두슈는 그의 세대가 한때 동경하였던 것, 특히 애국주의 정치를 공개적으로 포기할 것을 결정하였다. 그들은 이것을 한때 신봉했으나, 새로운 공화국이 실제로 헌신할 가치가 없다는 것을 발견했을 때 마침내 포기하기로 결정하였다. 위안스카이가 스스로 황제가 되려는 노력을 거울 삼아 천두슈는 혁명 동지들에게 정치상의 반동분자는 매우 재빨리 공화라는 겉옷으로 포장할 줄 알며 또한 이렇게 행동하였음을 알아차리도록 요구하였다. 그는 "우리가 공화정체 아래에서 전제정치의 고통을 골고루 다 겪었다"[50]고 단언하였다.

마침 중국이 혁명 이후 전환기에 처했을 때 천두슈 세대는 계몽 문제의 첨예성을 느끼게 되었다. 제제(帝制)를 복벽하려는 음모를 깔고 헌정 실행의 약속은 날이 갈수록 한 장의 휴짓조각이 되어갔다. 이전에 반만주 애국 열정으로 피가 끓던 청년은 차츰 민주 문제에만 관심을 경주하였고, 혹자는 이를 더욱 명확하게 민주관(民主觀) 문제라고 말하였다. 그들은 지치지 않고 자주와 자각 곧 자아의식 등 문제를 가지고 일련의 문장을 써내기 시작하였다.

자각의 경지에 도달하였다는 것은 바로 이마누엘 칸트(Immanuel Kant)가 18세기 말엽 유럽의 계몽운동 때 자주에 대하여 천명한 것처럼 "자기의 인식에 따라 행동하는 용기"[51]이다. 20세기의 중국은 스스로 인식하는 것이 용기를 고취하는 것보다 훨씬 더 어렵다는 사실을 깨닫게 되었다. 칸트의 사상을 배양해낸 프로테스탄트 문화를 흡수할 수 없었으므로 중국 지식인이 받아들인 것은 개인주의라는 일종의 사악하고도 상상이 가지 않는 전통이었다. 많은 인물들이 구국운동에 흡수되었는데, 왜냐하면 이 운동이 반개인주의적 전통을 이용하여 새로운 목적을 달성했기 때문이었다. 구식 충성은 매우 쉽사리 근대 민족국가와 같은 신제도로 전환되었다. 이에 20세기 중국의 자주 요구는 자아를 민족 감정에 용해시키려는 무정한 압력과 언제나 대치하고 갈등하였다.

1915년의 「애국심과 자각심」(愛國心與自覺心)이라는 글에서 천두슈는 최초로 자각 문제를 가지고 논쟁을 진행하였다. 대의제가 이미 분명하게 실패한 것을 거울 삼아 그는 구국 사업 가운데 기본 미덕인 '애국심'은 사실상 맹목적인 충군(忠君)이며, 자각심의 중요성을 거의 의식하지 못함에 따라 중국은 거의 나라 같지도 않다고 지적하였다. 천두슈가 볼 때, 중국의 목전의 급선무는 치열한 애국자가 아니고 특정 문제를 냉철히 사고하는 사람들이었다. 이 글은 다음 세대 지식인을 향해 정치 곤경에 빠지지 말라는 경고였으며, 또한 사회에 유익한 지식을 얻으라는 호소였다. 그는 끝으로 지식인 동지들이 정치 생애에서 물러나 교육 활동과 도덕 개량에 투신하라고 요구하였다.[52]

1년 후인 1916년에 사람을 고무하는 베이징 대학에서는 교육 활동과 도덕 개량이 동등한 무게 중심을 갖고 추진되었다. 바로 이 학교의 교수와 학생 두 세대가 서로 만나서 이전에 없었던 문화 부흥을 위하여 기초를 마련하였다. 베이징 대학 대표단이 5·4시위를 주도하기 3년 전 여기에서 이미 지식인과 사회와의 새로운 형태의 관계를 위한 씨가 뿌려졌다. 한 세대가 더욱 용감하게 더욱 독립적으로 그들의 지식을 활용하기만 한다면 다음 세대는 용기와 지식 모두를 베이징 거리에 가져다 놓을 수 있었다. 거기에서 지식인의 신문화를 향한 동경심이 광범위한 계몽운동으로 발전하였고, 천두슈가 개인 최후의 각오(覺悟)로 반성하는 문장을 쓰자 그 규모와 속도는 상상을 뛰어넘게 되었다.

1916년 이전의 베이징 대학: 지식인 각성의 씨앗

5·4세대가 입학하기 전에 그들을 받아들여 보호하였던 이 교육기구는 복잡한 역사를 가지고 있다. 20년 전에 그곳은 한때 중국학과 서양학 주창자 사이의 전장이었으며, 또한 과거제도 수호자와 근대 교육 선구자 사이의 투쟁 무대였다. 대학을 처음 만들 때는 신파의 역량이 우위를 점하였다. 5·4운동과 마찬가지로 당시에도 급진적 유학자들은 1898년 여름 평상시와 다른 일련의 조서(詔書)가 거리를 휩쓸던 짧은 백일유신 동안 광서제(光緖帝)에게 경사대학당(京師大學堂) 건립에 경비를 제공해달라고 건의하였다. 1898년, 시대의 전면에 나섰던 급진주의자들은 조심스러운 어휘로 학당 장정을 작성하였으나, 그 속에는 그들이 신식 학교를 창설하고 동·서양 지식으로 인재를 배양하려는 굳은 결심이 함축되어 있었다. 이러한 교육개혁은 유학자들이 이미 잊어버린 옛 교훈 '실사구시'(實事求是)의 방침을 관철하려는 의도였다.[53]

1898년 6월과 7월의 조서는 캉유웨이와 량치차오 등 개량주의자들로 하여금 황제에게 상주하여 인재로써 중국을 구원하자는 장기적 노력의 정점이었다. 그들의 생각으로는, 인재 배양은 중국이 정치 생존과 문화 부흥을 도모할 수 있는 결정적 요인이었다. 겉으로 보기에 이 건의는 별로 새로울 것이 없었다. 캉유웨이와 량치차오의 상주문은 결국은 오래전부터 있어온 충성을 다하는 식의 문장이었으며, 그 안에 언급한 교학 이론은 과거제를 승인한다는 전제에서 출발하였다. 그러나 캉유웨이와 량치차오가 창설을 건의한 것은 일종의 신식 학당으로, 과거시험 준비생들이 단지 거기에서 경서(經書)만 암송할 뿐이었던 기존의 서원과 같은 전통적 지방 학교와는 달랐다. 캉유웨이와 량치차오가 세우려는 신학당에서 학생들은 많은 전통 과목 이외에 외국어와 근대 과학 방면의 지식을 배워야 했다.[54]

이에 '재능'은 서양학에서의 전문 기능으로 해석되었고, '인재'도 전통 관료제도 기득권자의 잠재적인 적으로 인식되었다. 그러나 놀라운 것은 자희태후(慈禧太后)가 1898년 9월에 변법운동을 진압할 때 거의 모든 개혁 조치를 폐지하였지만 경사대학당 개설은 계속하기로 동의한 일이었다. 그녀는 저명한 구파 학자 손가내(孫家鼐)를 제1대 관학대신(管學大臣)으로 임명하여* 학당의 신기한 점을 최대한 줄이려고 시도하였다. 그럼에도 불구하고 근대 서방 교육의 특징을 구비한 새로운 학습 방법이 중국 학계에서 제도화되기 시작하였다.

손가내의 추천으로 외국 국적의 한 전문가가 서학(西學) 교습을 총괄하였는데, 그가 바로 동문관(同文館) 관장을 맡은 미국 장로회 선교사 마틴(William Alexander Parsons Martin, 중국명 딩웨이량丁韙良)이었다. 동문관은 1862년에 설립되었으며, 이곳 언어학교의 종지는 외국 법률과 외교 상식을 이해하는 양무(洋務) 관원을 훈련하는 것에 있었다. 마틴은 서양 서적 번역, 중국 관원의 필요와 흥미에 따른 과목 설치 등의 방면에 경험이 풍부하였고, 그는 이러한 것들을 새로 연 경사대학당에 도입하였다.[55] 손가내와 마틴은 교과 계획을 영어·불어·러시아어·독어·일어 및 수학과 천문학 등 선택과목이 포함되도록 발전시켰다. 전통 과목과 서로 비교해 보면 신학문의 비율이 매우 제한적이었지만 그것들은 결국 외국의 사상을 이해하기 위한 기회를 제공하였고, 이는 앞서 정통적 유학 교육에서는 완전히 불가사의한 일이었다.

1912년 이전에 경사대학당에 들어온 학생 가운데 대부분은 이러한 기회에 별로 흥미가 없었다. 학생들과 일부 선생이 내심 동경한 것은 여전히 벼슬길이었다. 규정에 따르면 학생은 학당에 들어오기 전에 반드시 거인(擧人)이라야 했으므로, 그들의 우선적 관심은 황조 관료제도에서 벼슬자리를 얻는 것이었다. 그들도 시간을 들여 공부하고 시험에 응시하였으나

---

* 손가내는 광서제로부터 제1대 관학대신으로 임명되었다가 변법이 실패한 후에도 1900년 사직할 때까지 유임하였다.

이는 단지 그들이 예로부터 누려온 특권의 표시일 뿐이었다. 그들은 학교 안에서 여전히 예비 관원처럼 행동하였다. 도박과 기방 출입은 언제나 경사대학당 학생의 신분만으로도 환영을 받았다.56)

신해혁명 후 반년도 되지 않아 경사대학당의 구식 방식은 처음으로 엄중한 도전을 받았다. 1912년 2월, 신임 총통 위안스카이가 저명한 서학 전파자이자 번역가인 옌푸를 경사대학당 총감독으로 파견하였다. 2~9월까지의 짧은 임기 내에 옌푸는 이 청조(清朝) 유물을 진정한 근대 교육기관으로 바꾸고자 하였다. 그는 전업교육자의 이익과 지위를 위해 호소하면서 외국어와 당대 과학 방면의 능력을 대학생에 합당한 표지로 삼고자 노력하였다.

경사대학당에 임직하기 이전 20년 동안 옌푸는 줄곧 동시대인에게 허버트 스펜서, 애덤 스미스, 밀러, 몽테스키외의 저서를 소개하는 일에 힘을 쏟았다. 그에 앞서 최초로 서구 사상을 중국에 들여와 전한 것은 비밀스러운 동기를 가진 유럽인으로, 예를 들어 개종한 기독교인이었다. 옌푸는 가장 먼저 영문판 서방 정치경제 문헌을 읽은 지식인 가운데 하나로, 거기에서 본국 문화에 유리한 부분을 선택하였다. 그는 영국 그리니치 해군 아카데미에서 공부하고 1879년에 귀국한 이후 관운은 그다지 순탄하지 않았으나 새로운 세계관인 사회진화론을 널리 알리는 방면에서는 성공을 거두었다.57) 그는 유신사상을 지닌 동시대의 많은 문인들과 마찬가지로 줄곧 서구가 부강한 근원을 탐구하였고, 아울러 답안은 새로 발견한 자연도태설과 적자생존설에 있다고 여겼다. 그는 계속해서 일련의 정치와 사회학 방면의 저작을 번역하였고, 그중의 사상 유파는 결코 사회진화론에만 국한되지 않았다. 그의 노년기 저술은 살육이 횡행하는 세계 속에서 겨우 명맥을 유지하는 중국에 대하여 깊은 우려를 나타내었다. 옌푸는 국가의 부강을 개인의 자유와 자주 위에 두었다.58)

훗날의 계몽 선동가는 옌푸의 상술한 관점을 뒤바꾸려고 하였다. 그들은 국가가 강성하기 위해서 개인의 자주를 포기하는 것은 이미 몇백 년간 문인학사의 특징이었고, 반드시 이러한 노예근성의 전통을 근본적으로 내버려야 한다고 여겼다. 그러나 심지어 5·4 지식인이 새로운 형태의 독립적 사고를 가진 학자가 되려고 시도하였을 때 그들은 여전히 옌푸의 저작을 인용하였다. 특히 옌푸가 번역한 『밀러 논리학』(穆勒名學)과 『논리학천설』(名學淺說)은 훗날 5·4운동 시기에 직각(直覺)과 비과학적 추리를 특징으로 하는 중국 전통 철학을 공격할 때 결정적인 무기가 되었다. 5·4 학생들이 인식하기로는, 전통에 대해 체계적으로 비판하기 전에 체계적으로 추리하는 관념이 필요할 때마다 그들은 옌푸 편으로 전향하였는데, 그들의 갈망의 열정이 나이 많은 이 번역가를 놀라게 하였다. 그러나 1919년에 이르자 그는 자기도 모르게 학생을 돌이켜 세우려고 애쓰는 인물들의 동맹자가 되고 말았다.[59]

1912년 2월, 경사대학당 총감독에 취임하였을 때 옌푸는 아직 60세가 되지 않았지만 이미 관리 생활에 염증을 느꼈다. 군벌들이 연이어 그에게 귀국 유학생에 대한 평가와 어휘 사전 편집기술 그리고 입헌 정부의 법규 제정을 위한 자문 등을 요구하였는데 이것들은 그의 정력을 거의 탈진시켰다. 그는 1911년의 혁명을 몰래 기뻐하였으나 그의 생애는 점차 위안스카이의 욕망 때문에 제약을 받아 이러한 낙관 또한 더는 존재하지 않게 되었다. 사실상, 1912~16년 동안 그는 위안스카이의 제제 복벽을 지지하는 주요 인물 중의 하나였다. 그러나 그의 교육사상은 정치상 보수로 전향하였을 때에도 여전히 급진적이었다. 그는 베이징 대학을 관장하였던 8개월 동안 처음이자 마지막으로 중국의 교육기구 개혁을 시도하였다. 비록 실망을 안고 베이징 대학을 떠났지만 그의 존재와 원대한 식견으로 이 대학의 개혁 추세는 사실상 이미 되돌릴 수 없게 되었다.

우선 옌푸는 경사대학당에서 외국어 과목의 지위를 회복하였으며, 그는 이를 만족해하였다. 그는 적잖은 외국 국적 교원을 초빙하였고, 학생들이 외국어 특히 영어를 사용해 강연에 참가하거나 회의를 하도록 계속 요구하였다. 한동안 경사대학당은 보수주의자에게 "맹목적으로 서양 문명을 숭배하는" 거점으로 여겨졌다.[60] 1912년 5월에 옌푸는 경사대학당 교풍에 대하여 새로운 요구를 하였는데 이는 더욱 깊은 의미가 있었다. 그는 교육총장에게 보낸 사신에서 이 교육기구를 베이징 대학으로 개명할 것을 요구하였다. 그는 이렇게 하는 것이 그곳이 근대적 고등교육 학교이지 신공화 시기에 구식 벼슬을 추구하는 자들의 낙원이 아님을 한 걸음 더 나아가 표명하는 길이라고 여겼다.[61]

근대적 전문직 교육 사업을 촉진하는 방면에서도 옌푸는 교원의 급료를 높이기 위해 투쟁하였다. 그는 교원의 월급을 60원에 한정시키는 것에 반대하고 중국 정부의 여타 관원들과 비교해서 대학교수의 대우는 극히 불공평하다고 여겼다. 그는 왜 교원들은 정부 부서 안에서 급료가 높으면서 일은 않고 빈둥거리는 관료와 다른 대우를 받아야 하느냐고 질문하였다. 그는 "학교 업무란 품팔이와 유사해서 근무 평정도 없는 데다 보너스를 받을 희망도 없으며", "내외 관리의 봉급은 직위의 고하에 따라 차등이 나뉜다. …… 교사 인재를 다시 초빙하려고 해도 좋은 인재를 불러들일 수 없다. …… 교원 가운데 휴가를 내고 떠난 사람이 이미 적지 않은데, 만약 약간이라도 숨통을 터주지 않는다면 학교 운영을 중지해야 할 형편이다. …… 지금 취해야 할 방책은 교장 한 사람에게 한 달에 60원을 지급하여 명령에 복종하도록 보여주는 것 외에 나머지 교원이 하루라도 재직하면 마땅히 봉급을 전액 지급하는 것이다"[62]라고 주장했다.

옌푸의 원망에 대한 답변은 베이징 대학 운영을 중지시키겠다는 진일보한 위협이었다. 옌푸는 전술상으로는 승리하였으나 전략상으로는 실패하였다. 경사대학당이 개명하여 베이징 대학이 되었고 그는 제1대 교장으로 임명되었다. 그러나 1912년 11월에 교육부와 재정부 내에서 옌푸를 반대하는 사람들이 주동이 되어 유언비어를 퍼트려서 상부의 지지를 얻었다. 그들은 그가 아편 중독이라는 소문을 이용하여(그는 이에 대하여 부인한 적이 없었다) 학교의 직무에서 사임하도록 몰아쳤다. 그러나 학교를 떠나기 전에 그는 근대적 고등 교육을 군더더기로 여기는 사람에게 최후의 항변을 제기하였는데, 관리 불량을 구실로 베이징 대학 운영을 중지하는 것을 반대하였다. 그는 "베이징 대학은 창건한 지 10여 년 만에 전국 최고의 교육기관이 되었고", "지금 만약 폐교한다면 10여 년 동안 국가에서 애써 힘들게 키워온 것을 하루아침에 소홀하게 취급하여 이전에 들인 110만 원에 달하는 비용을 모조리 헛되이 낭비하는 짓이다. …… 지금 세계 문명 각국의 유명 대학은 많게는 수십 곳, 적게는 열몇 곳이 있다. 우리나라는 이미 만들어놓은 대학 하나도 오히려 보존하지 못하니 어찌 잘못이 아니겠는가? …… 국가가 수많은 사업을 진행하면 필요한 경비가 막대한데, 보잘것없는 학교 하나에 들어가는 비용이래야 구우일모(九牛一毛)에 불과하지 않겠는가? 구미 각국의 대학과 서로 비교하자면 처음부터 경쟁이 되지 않지만 …… 언젠가는 스스로 높아지는 날이 있을 것이다. 만약 방치하고 돌보지 않는다면 영원히 높아질 날이 오지 않을 것이다"라고 썼다. 이전의 학교 관리가 불량하였던 것은 "원래부터 학계가 모두 아는 사실"이며, 취소하지 않는다면 앞으로 개선될 것이었다.[63]

이 서신에서 보이듯이 옌푸는 사상과 언사 방면 모두 온화주의자로, 그가 살았던 시대에 이것은 결코 칭찬할 만한 덕목이 아니었다. 정부 안에서든 아니면 베이징 대학에서든 보수파의 역량이 모두 그를 압도하였고 교육개혁 투쟁에서 그는 패배하였다. 그러나 격렬한 변혁의 씨앗은 이미 베이징 대학에 뿌려졌다.

1912년 봄, 옌푸가 교원의 월급 감봉과 대학 운영 중단 정책을 철회할 것을 교육부와 재정부에 간청하였을 때 한 무리의 새로운 교원이 베이징 대학에 왔다. 장타이옌의 추종자였던 그들은 이른바 '동성파'(桐城派) 세력에게 곧바로 도전장을 던졌다. 동성파는 과거에 급제한 몇몇 구문학 주창자로 구성되었으며, 유명한 서방 소설 번역가 린수(林紓)가 주도하였다. 그는 옌푸와 달리 서방 언어의 지식을 직접 장악하지 못한 데다 서방 문화를 포용하는 태도도 부족하였다. 외국에서 교육을 받은 중국 교원들이 옌푸가 관장하는 베이징 대학으로 모여들기 시작하자 린수 일파가 10년 동안 유지해온 견고한 지위는 흔들리기 시작하였다.

선인모(沈尹默, 1887~1964)도 이 시기에 베이징 대학에 왔다. 그는 언어학자와 서예가로, 훗날 5·4계몽운동의 활동분자가 되었다. 선인모는 교토(京都) 대학을 졸업하여 베이징 대학의 첫째 근대적 전업교육자 그룹에 속한다. 선인모가 베이징 대학에 들어온 지 2년 후인 1914년에 일본 유학 시절 절친한 친구 첸쉬안퉁도 초빙되었다. 선인모와 첸쉬안퉁의 공동 추천으로 일본에서 돌아온 혁명 동지 천두슈도 베이징 대학에 들어갔다.[64] 천두슈가 문과대 학장이 된 후에 베이징 대학이 한층 더 전업교육자에게 문호를 개방한 덕에 그들은 5·4세대의 스승이 될 수 있었다. 1917년 초에 천두슈는 친히 후스(胡適)에게 베이징 대학에 들어와 교편을 잡을 것을 제의하였는데, 후스는 컬럼비아 대학에서 존 듀이(John Dewey)의 지도를 받고 철학 박사학위를 막 취득한 전문 훈련을 받은 학자였다. 그해 말, 천두슈는 또 지식이 해박한 전임 도서관 전문가가 필요하다고 주장하여 이에 리다자오(李大釗)가 도서관장에 초빙되었다. 몇 년 후, 리다자오와 천두슈는 함께 중국 공산당을 창당하였다.

옌푸가 베이징 대학 교장으로 있으면서 장기간 형성하였던 중추적 교직원 대열은 차이위안페이(蔡元培)의 영도 아래 더욱 공고해지고 발전하였다. 차이위안페이는 이상주의적 교육가로, 1916년 말에 베이징 대학 교장으로 취임하였다. 공동 작업과 독립적인 사고를 지닌 교원과 관용적인 관리자가 '베이징 대학 학풍'이라고 불리는 독특한 학술 분위기를 형성하였다. 5·4운동으로 말미암아 이 명사도 유행하게 되었다. 중국 사회의 기타 부분도 일종의 새로운 반(反)전통정신이 옛 경사대학당에서 형성되었고 느꼈을 때 계몽운동의 선구자들도 비로소 그들이 해낸 일의 의의를 충분히 이해할 수 있었다. 1923년 베이징 대학 개교 25주년을 기념할 즈음에, 5·4운동에 참가하였고 중국 공산당 창당에도 참여하였던 주우셴(朱務先)은 베이징 대학 학풍을 "감히 한다"(敢幹)는 것으로 개괄하였다.[65] 이것은 선배 계몽 선전가의 비교적 모호한 '감지'(敢知) 사상을 좀더 명확히 천명하면서도 그것과 차별화한 것이었다. 거기에는 수년 동안 베이징 대학이 이루어낸 성취가 개괄되어 있으며, 또한 옌푸와 같은 개혁가의 실패도 담겨 있었다.

차이위안페이가 이끈 베이징 대학: 1917~19년

1916년 12월 26일, 민국 초기의 가장 존경받는 교육가 중의 한 사람인 차이위안페이(1876~1940)가 베이징 대학 교장으로 취임하였다. 위안스카이가 서거한 뒤 총통에 취임한 리위안훙(黎元洪)은 이전에 갖은 홀대를 받았던 저명한 학자 그룹을 등용하기로 결정하였다. 리위안훙 총통은 차이위안페이를 저장 성(浙江省) 성장으로 임명하였으나 차이위안페이는 프랑스에서 전보를 보내 거절하였는데, 이유는 지금 화공 분야 교육과 중국 학생의 고학을 돕느라 바쁘기 때문이라는 것으로 임명이 철회되었다.[66] 그러나 그를 베이징 대학 교장에 임명하자 교육개혁에 열심이었던 차이위안페이는 동의하였다. 그는 애국학사(1902년 창립)에 있었던 기간과 1911년 쑨중산 내각에서 교육총장을 맡았을 때 이미 교육 혁신을 통하여 사상혁명을 일으킬 가능성을 보았으므로 포부를 실현할 또 다른 기회가 찾아오길 갈망하였다. 그는 독일에서 장기간 공부한 후(1907년에는 베를린에, 1908~11년, 1912~13년에는 라이프치히에 있었다), 근대적 고등교육 기구에 필요한 지식을 이미 구비하였다고 느꼈다.[67] 5·4운동 전야에 그의 자신감과 낙관은 절정에 달하여 베이징 대학이 20년 후에는 베를린 대학 수준까지 도달할 거라고 믿었다.[68]

차이위안페이의 지지자와 비판자 모두 그가 베이징 대학 신문화운동에 가장 적극적인 선동자임을 인정한다. 비록 중국에서 그만큼 베이징 대학을 이해하고 관심을 쏟는 사람은 거의 드물었지만. 5·4운동 전야에 베이징 대학에 대한 모든 비판과 칭찬 또한 차이위안페이에 대한 책망과 칭찬이었다. 차이위안페이는 이미 새로운 베이징 대학 역사의 중심이 되었고, 5·4운동 기간에 베이징 대학 대리교장(차이위안페이는 당시 한때 사직했었다)이었던 장멍린(蔣夢麟)의 몇 마디 평론은 이러한 견해의 전형으로 볼 수 있다. "만약 당신이 돌을 잔잔한 수면 위에 던지면 소용돌이가 이 중심에서 멀리 바깥으로 퍼져나갈 것이다. 다섯 왕조의 수도였던 천년 고도 베이징에 …… 유신의 물결은 이미 밀려나 역사가 되었고, 이 잔잔한 고도에는 일부 패각들만 남아 운명 성쇠의 목격자가 되었다. 그러나 베이징 대학에는 진주를 머금은 싱싱한 조개들이 모여 있었으며, 그것들은 한 세대라는 짧은 기간 내에 문화사상을 위해 크게 이바지하도록 운명 지어졌다. 반역 지식인의 돌을 죽은 물에 던진 인물은 다름 아닌 1916년에 베이징 대학 교장이 된 차이위안페이 선생이었다."[69]

단지 차이위안페이 시절의 베이징 대학만을 보았던 사람들은 이러한 사실을 잊어버렸다. 즉 차이위안페이가 제도화한 수많은 혁신 조치는 전임 베이징 대학 교장들 더욱이 옌푸의 지지를 받았다. 그러나 차이위안페이는 드라마틱하게도 분명히 성공한 반면에, 옌푸는 아편중독자라는 질책을 받고 실패하였고 또한 참패했다. 결과적으로 이후 몇 세대를 거치도록 사람들 마음속에 차이위안페이는 중국의 정규 고등교육의 지도사상 곧 학술 자유의 상징이 되었다. 오늘날까지 매번 중국의 교육가들이 지식과 지식인을 위해 보다 관대한 정책을 호소할 때마다 그들은 곧 차이위안페이라는 이름과 광채에 도움을 구하곤 한다.[70]

그러나 1916년 중국 지식계의 '물'은 장밍린이 말한 것처럼 그렇게 잔잔하지 않았다. 선인모와 첸쉬안퉁과 같은 교원들은 더는 '패각' 안에만 머물지 않았다. 사실상 차이위안페이가 추진한 수많은 혁신 조치는 1916년에 그가 베이징 대학에 오기 이전에 이미 이들 교원들이 제기하였다. 그들도 옌푸와 마찬가지로 근대사상을 지닌 전업교육자가 학교를 관리하여 군벌 정부로부터 일정한 정도의 자주권을 얻기를 바랐다. 학교의 재정적 보장 모색, 교원의 학교 관리 참여와 보다 많은 역할 담당, 교수와 학생의 정기적인 해외 파견 방안 등이 1916년 이전에 진전을 이루었고 아울러 1917년 이후까지 관철되었다.[71]

차이위안페이가 돌을 잔잔한 물에 던졌다기보다는 그 자신이 바로 베이징 대학으로부터 외부로 향해 달려가던 물결의 모양과 범위를 바꾼 돌이었다. 그는 학습 정서를 진작하는 일종의 촉매제 역할을 하였다. 그가 베이징 대학에 오기 전, 선인모가 학생들에게 참고서를 제시할 때마다 베이징 대학 교원 전부가 극도로 싫어하였다. 교사들은 영원히 자신이 학습 비법의 수호자이며 서적은 자신의 신통력을 보여주는 사적인 열쇠라고 여겼다. 따라서 선인모와 같은 유형의 교사가 볼 때 차이위안페이가 관장한 뒤 나타난 주목할 만한 변화는 바로 책을 학생들과 공동으로 사용하는 것처럼 그렇게 간단한 조치였다. 다른 방면으로 학생들은 교사들이 책을 제시하려는 염원에 그다지 감동하지 않았다. 교사 개혁의 수익자로서 그들은 더욱 많은 요구를 하였다. 즉 책을 빌리거나 사용할 것을 요구할 뿐 아니라 나아가 새로운 책을 원하였다. 차이위안페이가 베이징 대학을 관장한 전후의 변천을 경험한 학생인 펑유란은 1916년 중국에 전해진 "사람을 짜증나게 하고" "봉건성"을 지닌 책이 이후에도 오랜 시간 여전히 사용되었다[72]고 회고하였다.

설사 이와 같을지라도 차이위안페이는 여전히 더욱 심도 있고 더욱 지속적인 방식으로 베이징 대학을 개조하였다. 그는 교육 목표에 대한 동경심을 베이징 대학에 들여와서 신해혁명 실패 후 지식인에게 만연한 절망 정서를 몰아내었다. 전국 대부분의 유가 문인학자가 타협해서 군벌의 요구를 만족시키고자 할 때 차이위안페이는 오히려 지식만이 교육의 필요에 부합된다고 호소하였다. 그는 교육은 마땅히 학습의 요구에 유익해야 하며 이것이 가장 우선적이며 가장 근본적이라고 주장하였다. '교육은 무엇을 위한 것인가'라는 문제에 대하여 보편적 회답은 '정치'였으나, 차이위안페이는 오히려 천진하게 "세계관 교육"을 위해서라고 답변하였다. 량치차오 이래 중국 지식인의 세계관을 탐구할 때 차이위안페이는 미학을 낡은 중국 미신과 노예근성 사상을 치료하는 양약이라고 주장하였다. "감정을 자극하는 폐단을 거울 삼아 오로지 감정을 가꾸는 기술만 숭상하기보다는 종교를 버리고 순수한 심미 교육으로 대체하는 것이 낫다. 순수한 심미 교육이란 우리의 감정을 가꾸는 방편으로, 고상하고 순결한 습관을 갖게 하고 남과 나를 가르고 나만 이득 보고 남에겐 손해를 끼치려는 생각을 점차 없애준다. …… 그렇다면 성령을 가꾸고 날마다 고상하게 하는 것으로도 참으로 이미 충분한데, 무엇하려고 하늘이 음덕을 베푸니 실없는 말을 하며 이단이니 뭐니 싸우는 종교를 가지고 사람의 마음을 자극하여 그들의 순수한 미감을 차츰 손상시킬 것인가?"[73]

1919년 5월 4일 길거리로 나온 베이징 대학 학생과 열정적이나 부분적으로 그들을 지지하는 선생들은 명백히 이미 차이위안페이가 동경하였던 것보다 더욱 새로운 세계관을 모색하였다. 그들은 현실 모색에만 만족하지 않고 직접 나서서 민중의 관점과 태도를 바꾸길 희망하였다. 그들은 차이위안페이의 미학관과 견해를 달리한 점도 있었지만 『신청년』과 『신조』 등의 간행물을 통하여 세계관 문제에 대해 폭넓은 토론을 전개하였으며, 여전히 차이위안페이의 교육관에서 적잖은 도움을 받았다. 바로 차이위안페이가 교육 체제로부터 착수하여 사람들을 낡은 세계관의 속박에서 풀어내고 나아가 벼슬길을 좇는 교육을 배제하여 5·4세대의 새로운 사회 활동을 위해 길을 열어주었기 때문이다.

　차이위안페이는 베이징 대학에 취임한 1년 반 동안에 베를린 대학과 같은 국립 대학을 만들기 위하여 교과 과정과 학과를 조정하였다. 이후에 그는 또 교수와 학생의 학술 외적 활동에 관심을 보였는데, 그가 보기에는 관료사회의 낡은 누습이 이른바 근대 지식인에게도 꽤나 영향을 끼치고 있었다. 이에 1918년에 그는 진덕회(進德會)를 발기하여 퇴폐한 습관을 반대하였다. 회원의 조건은 이러하였다. "갑종(甲種) 회원은 기방 출입 금지, 도박 금지, 첩 들이지 않기 세 항목이 기본 조건이었으며, 관리가 되지 않기, 의원이 되지 않기는 을종(乙種) 회원이 되었고, 금주와 육식 거부, 금연 등 삼계를 지키면 병종(丙種) 회원이 되었다."[74]

　차이위안페이가 발기하여 만들어진 진덕회는 생활 중의 도덕적 수양을 통해 학술적 능력을 촉진하려고 하였다. 사실상 이것은 가장 오래되고 가장 존경을 받는 유학 도의로의 회귀였다. 『대학』의 첫 장을 열면 바로 모든 사회개혁은 반드시 "대학의 도리는 명덕(明德)을 밝히는 데 있다"로부터 시작해야 한다고 제시하였다.[75] 생각하건대, 차이위안페이가 '치용지학'(致用之學)과 투쟁할 때 역시 유학의 이 조항 준칙을 반드시 기억하였을 것이다. 그는 결코 단순한 근대 교육가만은 아니었으며, 그의 세대에서는 그 또한 유학에 정통하였다. 1892년에 그는 진사에 합격한 후에 줄곧 과거제도 개혁을 주장하였다.

다른 한편, 진덕회에 가입한 학생과 교원 가운데에는 철학적 관점과 정치적 전도에 대한 고려가 다른 사람들도 있었다. 이 회의 70명 교원과 약 300명 학생 가운데 몇몇은 훗날 5·4운동의 관건 인물이 되었다. 리다자오는 『신청년』 측 회원의 우두머리였고, 뤄자룬·푸쓰녠·캉바이칭·장선푸(張申府)·판자쉰(潘家洵)은 신조사(新潮社) 입회 회원 중의 지도자였다.[76]

'진덕'이란 이 유가적 낡은 관념이 어떻게 5·4 지식인의 반전통 목표와 일치할 수 있느냐고 물을 수 있다. 이러한 모순 현상을 설명하는 한 방편은 새로운 유형의 지식인이 자신은 독립적이고 비판적인 학자라고 여기고 벼슬길을 좇는 선배들의 압력과 유혹에서 철저하게 해방되는 것이었다. 차이위안페이의 단체에 가입하는 것은 실제로 그들과 그 그룹을 공고하게 하였으며, 따라서 정치적 목적의 속박을 받지 않을 수 있었다. 이 회의 구성원으로서 그들은 조직 생활에서 경험을 획득하고 군벌 정권의 "정치에 이용당하는 것"(致用政治)에 부식당함을 면할 수 있었다. 청년 세대는 차이위안페이의 단체 안에서 정의를 배우고 능력을 제고하여 1919년 5월 4일 길거리로 나설 수 있었으며, 아울러 차이위안페이가 진작부터 불가능하다고 보았거나 혹은 바라지 않았던 방식으로 정치에 새로운 의미를 부여하였다.

5·4세대가 차이위안페이에게서 획득한 것은 단지 정치 불개입과 육욕 억제와 같은 원칙만은 아니었다. 차이위안페이는 그들에게 학술의 자유를 제공하였고, 이것은 그들의 대학 생활 밖에도 매우 유익하였다. 차이위안페이의 학술 자유에 대한 칭송은 그가 베이징 대학에 들어간 지 얼마 되지 않아 실행한 초빙 정책에도 반영되었다. "도덕 원칙을 삼가 지키는 신사"가 비록 늘 기생을 사지 않았으며 아울러 경서를 위하여 경서를 연구하였지만, 그들은 여전히 차이위안페이가 새로운 세계관을 지닌 교육자를 초빙한다는 원칙에는 부합되지 않았다. 그들의 지식은 학생들에게 도덕상 설득력을 지닌 관점을 부여할 수 없었다. 차이위안페이는 천두슈와 후스 같은 교직원을 초빙하기 시작하였다.

학교 안의 보수 세력을 향하여 학술상의 '전문화'가 유학과 결코 대립되지 않음을 표명하기 위하여 차이위안페이는 '겸용병포'(兼容幷包)의 주장을 제시하였다. 각자의 학설을 사상 자유의 원칙에 근거하여 모두 포용하자는 것이었다. 그는 처음에는 유가의 관용을 앞세워 학술의 자유를 홍보하였다. 그가 포용의 원칙을 통하여 지식인에게 가져다준 자유는 중국 교육사에서 유례가 없던 일이었다. 예를 들어 차이위안페이는 이 원칙으로 천두슈를 상하이에서 베이징 대학의 『신청년』 잡지로 데려오기 위하여 경비를 지원하였다. 그는 이 비학술성 간행물이 결국은 미래의 문과대 학장 '개인' 소유가 될 거라고 말하였다.[77]

'개인적'은 얼마 가지 않아 곧 '순 학술적'이 되었다. 선생들과 학생들이 간행물을 이용하여 구학문과 전통 도덕관념에 반기를 들라고 선동하였을 때, 차이위안페이는 또 '순 학술 연구' 평가로 그들을 위해 변호하였다. 이렇게 유가의 모호한 용인사상은 5·4세대의 반(反)공자사상과 행동의 엄폐물이 되어주었다. 차이위안페이의 보호 아래 베이징 대학의 신문화운동은 다른 곳보다 더욱 신속하게 전개되었고, 아울러 현저하게 교정 밖으로 확대되어 갔다.

1919년의 늦은 봄까지 차이위안페이는 베이징 대학에서 아직까지 학술 범위를 넘는 어떠한 일도 발생한 적이 없다고 여겼다. 이에 따라 3월 26일 교육총장 푸쩡샹(傅增湘)이 편지를 보내 신조사의 활동과 영향을 제한하라고 요구하였을 때 차이위안페이는 약간 놀라기는 하였다. 푸쩡샹은 차이위안페이보다 더 분명히 포용 방침의 사회적 위험성을 꿰뚫고, 학술사상이란 허울 아래 한 무리 청년 지식인이 베이징 대학을 뛰쳐나와 민중을 현혹하고 있으며 이는 사회의 사표(師表)가 되어야 할 학자의 모습에 부합되지 않는다고 경고하였다. 그는 포용 방침이 보수 세력의 더 많은 반대를 불러일으킬 것이라고 여겼다. "『신조』가 출판되고부터 고위층 어르신네들께서 일을 맡은 학생과 교원 들에게 불만이 적지 않습니다. …… 요즈음 우려되는 바는 바로 비평으로 인하여 논란이 일어나는 것입니다. 만약 조금이라도 학술 범위를 넘어 장차 다시 당파적인 신구 다툼이 벌어진다면 이것은 걱정거리가 되지 않을 수 없습니다. 우리나라 윤리 도의와 단체 기강은 사람들 마음에 새겨져 있습니다. …… 그렇다면 개혁을 해서 바로잡는 것도 스스로 도리가 있는 법이니, 차근차근 정리하는 공을 들여 평탄하고 보편적인 방책을 실행해야 옳습니다. 범사가 지나치게 빨리 나아가 혹시라도 인지상정에서 너무 벗어나면 금방 넘어지게 마련입니다. …… 교내의 학생과 교원 대부분이 훌륭하여 해내외 사물의 전고와 군치(群治)의 근원을 두루 압니다. 참으로 조석으로 배우고 시대와 동행한다면 수양이 충실한 데다 신념이 점차 분명해져 법도를 준수하므로 무엇을 주장해도 충분히 무리를 승복시킬 것입니다. 만약 창졸간의 주장을 군중에게 내세운다면 타당하지 않거니와 병통을 번지게 할 것이므로 그래선 안 됩니다. 학설의 유파는 마치 장강과 큰 강 같으므로 물길을 잘 이끌어 소통시켜 마구 넘쳐나 제방이 터지지 않도록 해야 합니다."[78]

차이위안페이는 5월 4일 시위 한 달 전에 답신을 보내어 학생이 운영하는『신조』는 단지 "서양 근대의 유익한 학설"과 관련이 있으며 전통에 대한 비판은 "사소한 일에 속할 뿐"이라고 핑계를 대었다. 차이위안페이는 게다가 베이징 대학에 보수 학생단체와 간행물이 존재하는 것을 예로 들어 그의 포용 방침을 변호하면서 이는 "학생들이 발전하는 밑천"이라고 여겼다. 그는 서신의 결말에 이렇게 지적하였다. "『신조』의 지론이 간혹 쉽사리 놀랄 만한 점이 있어 저는 반드시 조심스럽게 일을 진행합니다. …… 때마침 덕망이 높으신 공께서 국외자의 실언을 무마해주셨습니다. 저도 학생들이 학문에 매진하고 궤도에 벗어난 행동을 하지 않도록 독려하겠습니다."[79]

그러나 차이위안페이의 방어는 이미 때가 늦었고, 학술에서 행동으로 이르는 "강물이 마구 넘쳐나 제방이 터지기" 시작하였다. 베이징 대학 주위의 지식계는 학생의 사상에 매우 유리하였으며, 그들은 이미 능란하게 세찬 조류를 터트려서 관용적인 베이징 대학 교장과 온화하고 동정심이 많은 교육총장을 휩쓸어버렸다.

1919년 5월 4일에 푸쩡샹은 베이징 대학에서 발원한 "강물이 마구 넘쳐

제방이 터져버린" 사태에 대한 공고에 서명하였다. "어제 오후 한때 ……학생 약 2천 명이 천안문 밖에 집결하여 칭다오 외교 문제에 대하여 회의을 열고 연설을 하였다. …… 소요 사태를 일으킨 것은 실로 과도한 열정이다. …… 본 교육부는 질서를 유지하고 학풍을 엄정히 단속하기 위하여 특별히 명확하게 각 학교에 명령하노니, 학생에 대하여 관리의 책임을 엄격히 다하여야 할 것이다. 만약 단속에 따르지 않는 자가 있으면 즉시 퇴학시키고 고의로 관용을 베풀지 말아야 한다."[80]

질서 회복과 학생운동을 통제하려는 압력 아래 차이위안페이는 5월 8일에 교육총장에게 사표를 제출하였다. 5월 11일에 푸쩡샹도 수업 거부를 적극적으로 막지 못한 것과 5·4 급진주의자를 변호하려는 의도로 공개 강연을 한 것에 스스로 책임을 지고 사직하였다.

현재, 새로운 세대는 그들이 스승과 선배의 합리적 보호를 받지 못하였다고 선언하였다. 그들이 당초에 차이위안페이가 지지한 학술의 자유를 믿지 못하였다면 용기를 내어 1919년 5월 4일에 길거리로 영원히 나서지 못하였을 것이다. 비록 5·4청년들은 파괴주의자라고 지목되었지만, 실제적으로는 스승과 선배의 계몽 희망을 사회로 가져다 일반 민중에게 살포한 건설주의자였다.

2. 새로운 유형의 지식인 출현: 세대 간 합작과 견해 충돌

새로운 유형의 지식인을 배출하는 문제는 인간의 사유 활동에 대하여 이성적 비판을 가하는 것에 달려 있다. …… 새로운 유형의 지식인이란 더는 웅변과 같이 일종의 외재적이고 일시적인 감정에 의지해 선동하지 않고 건설자, 조직자, 부지런한 설득자가 되어 현실 생활에 적극 참여하는 것을 의미한다.
• 안토니오 그람시(Antonio Gramsci), 「지식인에 관하여」[81]

1919년 5월 4일의 시위 과정에서 중국의 새로운 유형의 지식인이라고 자부하는 베이징 대학 학생들은 처음으로 현실을 경험하였다. 이후 몇 달간 선언을 기초하고 수도(首都)를 조직한 기타 학생들이 감옥에 들어가거나 기소를 앞두고 최후로 학생・노동자・상인 등의 전국적 지지를 동원하는 과정에서 그들은 부지런한 설득자가 되어야 하는 사명을 발견하였다. 그러나 이 젊은이들은 중국이 베르사유에서 수모를 당했다는 소식을 듣고 그들의 동포를 일깨울 때 아직 웅변술의 한계성을 깨닫지 못하였다. 사실상 그들 대다수가 맡은 의분에 찬 문인 역할은 과거 세대에도 이미 존재했었다. 그들은 무지한 평민의 선생임을 자임하여 전제적인 당국을 각성시켜 정치 폐단에 관심을 갖도록 할 권리가 있다고 굳게 믿었다.[82]

그러나 1919년 5월 4일에 거리로 나온 사람들 가운데 일부 학생은 지식인이 침묵한 군중을 대표해 말하고 그들에 대해 논의할 권리가 있는지 이미 회의하기 시작하였다. 이들 소수파에는 애국 시위가 폭발하기 전 몇 달 동안 줄곧 신문화운동을 제창한 인물들이 포함된다. 문과대 학장 천두슈와 그의 동료 리다자오, 후쉬, 루쉰, 선인모, 첸쉬안퉁 등의 도움으로 학생들은 각자 자기의 다른 사명을 구상하고 실행할 수 있었다. 그들은 자기들의 잡지를 창간하고 신조사를 조직하여 참신하고 더욱 적극적인 계몽관을 선전하였다. 만약 고립무원하였다면 학생과 교수 모두 이해할 수도 없고, 더군다나 이처럼 한바탕 전국적인 문화 계몽을 전개한다는 일은 꿈도 꾸지 못하였을 것이다. 단결하면서 그들은 우선 자신들을 믿을 수 있었고, 또한 점점 여타 동포들을 믿게 되었다. 따라서 중국 봉건사상 관습에 대한 비판은 구국 활동의 전제로서 장기적으로 유효하였다.

그러나 다른 사람들이 그들에게 문화 계몽의 권리가 있음을 승인하기 전에 이들 새로운 유형의 지식인은 자신도 중국 구사상의 후대라는 사실을 인정하였다. 이에 따라 중국 개조는 먼저 구문화의 승계자인 자신을 먼저 개조함을 의미하였다. 심지어 1919년 5・4시위 이전에 문인들의 자아 개조는 신문화운동의 목표로 등장하였다. 일찍이 1917년에 문학개혁이란 방법을 채택하여 이 점을 이루어내었다. 통속적인 말을 선택함으로써―'백화'(白話)라고 부르는 구어를 사용해 글을 썼는데, 그것은 '문언'(文言) 혹은 '관화'(官話)라고 부르는 고문과 달랐다―전통을 반대하는 지식인들은 선배 문인의 전통을 타파하기로 결심하였다.

만약 지식인이 실제로 사회 동원에 참여하지 않는다면 이 결심은 사회적 효과가 그다지 크지 않았을 것이며, 원래부터 지식인의 관점과 이상과 서로 동떨어진 선민(選民)과 그들의 관심사를 토론하자고 결정하였을 때 베이징 대학 학생들은 비로소 끈질긴 설득자로서 힘을 발휘하기 시작하였다. 우리가 보았듯이, 이 학생 조직은 1919년 3월에 결성되었으며, 그것은 계몽 제창자와 애국적 보수파가 공동으로 그들의 동포를 동원하기 위해 제공한 첫 무대였다. 거리 강연을 통하여—이러한 강연은 1919년 5·4시위 이후 반년 동안 시골과 공장의 화젯거리가 되었다—학생들은 중국 사회 현실 상황에 대한 직접적 지식을 얻었다.

선생님이 될 작정이었던 학생들은 이제 더는 그들의 기대보다 더 많은 것을 흡수하지 않았다. 신문화를 전파하는 과정에서 겪은 좌절은 그들을 더욱더 문인과는 달리 청담에 의지하는 방식을 내던지게 만들었다. 그들은 차츰 자신이 낡은 사유 방식과 담화 방식, 창작 방식의 속박을 받고 있음을 깨달았다. 이때, 또한 단지 이때에만 있었지만, 새로운 유형의 지식인이 형성되었고, 그들 자신이 얼마나 절실하게 계몽이 필요한지 잘 알고 있었다.

스승들의 각성과 신청년 추구

5·4계몽을 위하여 길을 개척한 선생들은 유학(儒學)의 훈도를 받았다. 이 세대의 대다수는 청조 정부가 주관하는 1905년까지 이어진 과거제도에 참가하기를 거부하였지만 그들 모두 고전 경전(經典)에 견실한 기초가 있었다. 말하자면, 그들은 없애려고 작정한 인생관에 대해서 책에 나온 지식보다 훨씬 더 상세하게 잘 알고 있었다. 1919년 이전에 해외 유학을 다녀왔고 이에 따라 국내 문인에겐 아직 금지된 일부 사상과 행동의 자유를 접촉하였지만 급진적 지식인들은 여전히 개인 해방의 엷은 희망을 품고 중국으로 되돌아왔다. 일단 돌아오자 그들은 가장 먼저 만주족 통치자를 반대하는 정치혁명에 정력을 집중하였다. 좌절을 겪은 후에야 비로소 순결

한 청년들에게 문화적 계몽을 진행하였다.

이들 교사는 구문화와 신문화 사이에 낀 과도기 세대의 어려움을 첨예하게 겪었다. 몸소 경험하였으므로 그들은 일본과 서방의 근대기술과 계몽사상에 대한 인상이 극히 깊었으며, 중국의 낙후를 보고 수수방관할 수 없었다. 이 때문에 그들은 낡은 기치의 무력함을 더욱 똑똑히 인식하였고, 따라서 새로운 기치를 들어 올렸다. 그들 주위 곧 베이징 대학 안팎 도처에서 그들은 더욱 광범위하고, 더욱 꺼릴 것 없이 큰소리치며, 더욱 역량이 있는 유가문화의 수호자를 볼 수 있었다. 천두슈의 추천으로 대학에 온 도서관 관리 전문가 리다자오는 5·4운동 1년 전에 쓴 한 편의 글에서 신구(新舊) 사이의 밀접한 관계에 대한 느낌을 표현하였다. "중국이 오늘날 생활 현상이 모순된 원인은 전부 신구의 성질이 서로 너무 차이가 많은 데다 활동 또한 서로 너무 가까이 이웃해서이다. 바꿔 말하면, 신구 사이에 종적 거리가 너무 멀고 횡적 거리가 너무 가까웠으며, 시간의 성질 차이가 너무 많은데도 공간의 접촉이 너무 긴밀하였다."[83]

신문화와 구문화의 제창자 사이에 환영을 받지 않는 밀접한 관계는 바로 리다자오 세대의 곤혹스러운 일면이었다. 다른 일면은 고독이었다. 같은 세대인의 규범과 기대를 타파한 이후로 반전통적 스승들은 마치 세대차의 미망 속에 버려진 것 같았다. 한때 일정한 시기 동안 먼 곳으로부터 목소리 하나가 들려왔는데, 바로 나이 먹은 반항자 우위(吳虞)의 목소리였다. 우위는 1872년에 태어나 일본에서 법률 방면의 교육을 받았다. 그는 유가의 전제적 인생관과 서로 대립되는 도가 학설과 법가 학설을 빌려 고군분투하면서 효도를 반대하였다. 1916년, 그는 고향 쓰촨 성(四川省)에서 베이징 대학으로 와서 급진적 교원들과 손을 잡았다. 몇 년 후 그 가운데 일원이었던 후스가 우위의 고군분투를 회고하기를, 세대 전체가 흠모하였다고 칭하였다. 그는 "중국 사상계의 청소부"로 계몽의 물을 "먼지가 자욱한 큰길 위에다 뿌렸으며", 이로 인하여 "때때로 먼지를 마시는 것이 습관이 된 무수히 많은 늙은이들로부터 심한 욕설에다 사리 분별을 못한다고 손가락질을 당하였다. 때로는 그가 물을 뿌리다가 지치고 실망도 하였지만 갑자기 끝없이 이어지는 큰길가에서 몇 사람이 물을 뿌리고 거리를 청소하는 광경을 멀리서 지켜보면서 그의 기분 또한 좋아졌고 그의 정신 또한 고무되었다."[84]

우위와 스승 세대의 동포에 대하여 말하자면, 계몽의 물결로 유가 학설의 잔재를 씻어내려는 노력은 참으로 힘든 일이었다. 결과적으로 그들의 공통된 정서는 언제나 성급하고 취약하였다. 그들은 공동의 정신을 모색하였으나 어쩌다 발견될 뿐이고, 반전통주의자마다 같은 일에 종사하는 거리 청소부를 만나기 전까지는 이미 고군분투했었다. 모든 사람이 유가 학설로 중국 근대화 문제를 해결하는 것에 이미 믿음을 잃어버렸다. 심지어 이들 반항가들이 서로 원조를 모색할 때 그들도 세력이 없음을 늘 느꼈다.

이러한 고독한 심경은 심지어 일찍이 서로 의기투합한 스승들이 대거 집결하여 베이징 대학의 보수적 분위기에 도전장을 내밀기 전에도 엿볼 수 있었다. 예를 들어 『신청년』에서 늘 발언에 자신감이 넘쳤던 천두슈는 1917년에 후스에게 보낸 한 통의 편지에서 자기의 의견을 꽤나 다르게 나타내었다. 당시 미국에 있었던 후스가 마침 문학혁명을 발기하려고 준비하는 『신청년』에 글 한 편을 보내왔다. 후스는 해외에서 기울인 노력을 칭찬하고 그 자신이 중국에서 잡지를 만드는 경비가 내일을 보장할 수 없는 형편임을 고지한 다음에 천두슈는 편지 말미에 절박하게 간청하였다. "차이위안페이 선생께서 귀하가 조속히 귀국하길 고대하시면서 학장을 맡으려 하지 않으시며, 학교 안의 철학 교수와 문학 교수 모두 우수한 인재가 드물어 귀하께서 이리로 오시면 맡을 수 있겠습니다. …… 중국 사회에서 일을 함께할 사람을 얻기란 실로 쉽지 않습니다."[85]

스승 세대는 같은 세대 인물 중에서 이상이 같고 의기투합하는 동지가 매우 드물다는 것을 발견하고, 그들이 보기에는 업무 능력이 더 뛰어나고 더욱 마음이 열려 있는 청년에게로 방향을 바꾸었다. 연로한 반전통주의자들은 중국 문제와 그 해결 방법에서 극히 견해가 달랐으나 그들 모두 의식적으로 청년 가운데에서 동맹자를 구하려고 하였다. 이러한 젊은 동맹자 구하기는 결국 명실상부한 청년 숭배가 되고 말았다. 그들이 보기에 아이들은 언제나 모든 방면에서 그들의 선배보다 유리하였다. 중국은 이 방면에서 연령이 모든 지혜의 근원이라고 생각하고 젊은이를 선발하여 사회적 창조 역량의 소중한 장래 밑천으로 삼았는데, 사실상 전통이란 짐을 그들의 어깨 위에 짊어지웠다.

스승들의 청년에 대한 기대는 이미 1915년 9월부터 볼 수 있었다. 그달에 천두슈는 『청년잡지』(靑年雜誌)를 창간하였다. 청년에 대한 호소를 통하여—그는 사회 안에서 이 그룹은 이미 유가 인생관의 해악에서 벗어났다고 믿었다—이 잡지는 그의 세대가 다시 단결하는 진지가 되었다. 『청년잡지』(훗날 『신청년』으로 개명하였다) 제1기의 첫 쪽에서 편집자는 열정에 넘쳐서 환호하였다. "내가 눈물을 흘리며 말을 늘어놓는 것은 오로지 신선하고 활기찬 청년만이 자각해서 분투하기 때문이다. 자각이란 무엇인가? 신선하고 활기찬 가치와 책임을 자각하고 자신을 비하하지 않는 것이다."[86]

1915년 가을 천두슈의 눈물을 머금은 호소에는 그 세대의 공동 신념이 된 종자가 들어 있었으며, 비록 이 시기에도 그것은 또한 반전통주의자 천두슈의 고독과 실망의 표시였다.

이후 몇 년 동안 여전히 청년에 속한다고 선언하는 기타 중년 반전통주의자들이 동일성을 찾기 시작하였다. 설사 그들에게 잠재적(그리고 여전히 대대적으로 드러낼 수 없는) 차이가 존재할지라도, 사정이 각각 다르고 환상을 품지 않은 교원들은 젊은이의 타고난 잠재력에 대한 선망으로부터 공동의 목표를 발견하였다. 숫자가 많지 않은 이들 유가사상 반란자는 그들이 신문화를 창조하는 과정에서 쉽사리 격퇴될 수 있음을 발견하였다. 그들의 반대자는 군벌 정부뿐 아니라 그들 자신과 유가 전통의 오래된 관계에서 나오기도 하였다. 그들은 이에 따라 일치해서 그들보다 다소 젊은 학생들에게 호소를 발하였다. 따라서 선생들의 계몽 사명은 다른 사람이란 기초 위에 건립되었지 자기의 좁은 테두리 안이 아니었다.

이들 스승이 청년에게 편지를 썼을 때 그 감정의 깊이는 역사 가운데 새로운 역량에 대한 설명을 뛰어넘었다. 격정이 충만한 그들의 호소는 몇 세기 이래 부친 세대가 아래 세대에게 했던 칭찬을 쏟아부었다. 노인에 대한 존경을 국가가 강제하는 도덕규범으로 변질시키는 것을 반대하는 점에서 이들 스승은 20세기 중국에서 가장 심오하고 감동적인 전환 가운데 하나를 일구어내었다. 이러한 전환은 또한 가오위한(高語罕)이 1916년에 발표한 「청년의 적」(靑年之敵)에서 살펴볼 수 있는데, 이 글은 나이 든 반전통주의자의 청년에 대한 칭찬과 희망, 우려의 복잡한 감정을 더욱 심도 있게 표명하였다. "오호라! 내가 너무나 사랑하는 청년이여! 오호라! 내가 너무나 경애하는 청년이여! 내가 너무나 사랑하고 너무나 경애하는 청년이 무슨 행운으로 이렇게 참신하게 찬란하고 신기하게 다채로운 20세기의 세계에 태어났는가? ······ 나는 우리 청년을 위해 기뻐하노라. 오호라! 내가 너무나 사랑하고 너무나 경애하는 청년이 무슨 불운으로 이렇게 생계를 경쟁하고 만물이 분투하는 20세기의 세계에 태어났는가? 내가 너무나 사랑하고 너무나 경애하는 청년이 또한 무슨 불운으로 이렇게 국력이 쇠퇴해서 치욕이 빈번하고 위태롭기 짝이 없는 중국에 태어났는가? 나는 또한 우리 청년을 위해 두려워한다."[87]

천두슈의 1년 전 간구처럼 가오위한의 글은 그의 세대가 1911년 이전에 신봉한 사회진화론을 한층 더 초월하였다. 우리는 정치혁명 실패 후에 지식인들이 경쟁과 적자생존을 더는 칭송하지 않는 것을 발견할 수 있다. 그들은 이제 부와 국력——옌푸와 같은 여러 선구자들이 가장 절박하다고 생각한 목표이다——에 대하여 흥미가 비교적 적었다. 이렇게 청년에 대한 기대는 개체 발전과 자아실현이라는 참신한 관계를 창조하였다. 이것은 중국 계몽의 표지였다. 천두슈는 이제 1년 전처럼 그렇게 낙관적이지 않았으며, 중국의 '신청년'에 대한 수요를 설명하기 시작하였다.

1916년이 되자 청년에 대한 기대는 한층 더 사회진화론을 탈피하는 변화를 겪었다. 천두슈는 『청년잡지』 제1기를 낸 지 1년 만에 이 잡지를 『신청년』으로 개명하였다. 그는 한 편의 글에서, 이 변화는 분명히 표명하거니와 지금부터는 단지 연령만 갖고서 '청년의식'을 가름하는 절대적 표준으로 삼을 수 없다고 공언하였다.

이 글에서 천두슈는 자신과 독자들로 하여금 중국 청년은 대부분 현재 낡은 사상과 행위의 모델에 빠져 있다는 이 사실을 적시하게 만들었다. 천두슈 초기 작품의 뚜렷한 특징은 젊은 나이에 미리 노쇠한 중국 청년을 설명하는 데서 두드러진다. 중국 학생은 신체가 허약하고 정신이 나약하여 20세기 생활의 도전을 견디지 못한다고 여겨졌다. 천두슈의 주장에 의하면 이러한 신청년은 살아 있는 화석이었다. "내가 경애하고 사랑하는 청년 제군이여! 만약 스스로 20세기의 신청년이라고 여긴다면 반드시 머릿속에서 저 노인, 장년 그리고 그들보다 더 부패하고 타락한 청년들이 벼슬을 해서 부자가 되려는 사상을 모조리 씻어내고 정신적으로 진실하고 신선한 신앙을 별도로 구축해야만 비로소 신청년이라고 할 수 있으며, 비로소 가짜 청년이 아닌 진짜 청년이 될 수 있다."[88]

이렇게 신청년들이 뿌리 깊은 관성에 얽매여 있었다. 따라서 중국의 계몽운동을 수호하는 활기찬 역군이 되도록 요구하기 이전에 우선 스스로 전통에 굴복하는 마음 자세부터 정복해야 했다.

각성한 신청년: 전통의 수익자

청년에 대한 기대는 나이 먹고 환상이 깨어진 지식인에게 공동의 사명을 제공하였고, 또한 5·4운동 전야에 학생들이 공동의식을 형성하는 것을 도왔다. 1917년에서 1920년까지 베이징 대학에 모여든 젊은 세대는 스승들의 희망과 우려가 이미 그들에게 던져졌음을 충분히 인식하고 중국을 구해내는 역할을 흔쾌히 담당하였다. 그들은 스승들에게 부족한 응집의식과 공모의식을 지니고 있었다. 차이위안페이의 '겸용병포'——대범하게 관용하는 정책——라는 보호막 밑에서 그들은 베이징 대학에서 근본적으로 다른 문화와 정치적 신념을 발전시킬 수 있었다. 한 학년에서, 예를 들어 1917년에 베이징 대학에 입학한 학년에서 차이위안페이는 세 개의 서로 다른 학생 동아리와 잡지 곧 문화상 보수적인 '국고'(國故), 정치에 적극적인 '국민'(國民), 계몽을 목표로 삼은 '신조'가 출현하도록 용인하거나 심지어 격려하였다.[89] 이 학생들 전부가 천두슈의 '신청년' 표준에 부합되지는 않았지만, 그들은 모두 자신은 선배와 다르며 아울러 중국 사회와 사상 가운데 미증유의 영향을 끼치리라고 결심하였다.

다양한 사람이 집결한 환경과 동일 세대 자아의식의 결합은 베이징 대학 학생이 5·4운동을 영도하는 지위를 얻도록 만들었다. 젊은 세대는 그들의 타고난 잠재력을 찬미하였고, 사대부 선배의 하잘것없는 전통과 결별할 것을 호소하여 이에 따라 선배 반전통주의자보다 더 설득력 있게 그들의 작용을 발휘하였다. 이러한 자신감은 1918년 1월 뤄자룬이 스승들의 『신청년』에 발표한 「청년학생」이란 글에서 이미 볼 수 있었다.[90] 뤄자룬은 베이징 대학에서 거침없이 발언하는 학생 가운데 하나였으며, 이 학생들은 천두슈가 1916년에 언급한 진정한 신청년에 관한 관점에 의거하여 자신들을 형상화했다. 나약하지 않으며, 방종하지 않으며, 보수적이지 않았다. 그러나 이러한 소극적 형상을 초월한 이후 학생들은 스승들의 이상인 대범한 관용을 포기하고 신문화를 위하여 자신들의 강령을 발전시켜야 함을 발견하였다. 그들이 이 운동에 가져온 것은 나이 먹은 세대가 찬성하는 일종의 충성이자 일종의 사상 품질이었다. 서구 심리학자 에릭슨은 그것을 청년만 갖는 의무를 담당하는 능력이라고 확정하였다. "기율 있게 헌신하는 능력은 …… 청년들의 경력에서 나온다. 전통의 수혜자로서, 시대 도덕 역량의 부흥자로서, 낡은 전통을 파괴하는 반역자로서 그들이 처한 시대적 의의를 나타낸다."[91]

우리가 보았듯이, 학생들은 실제적으로 '전통의 수혜자'였다. 그들은 너무 젊어서 선배 반전통주의 학자가 받았던 1895년 중국의 굴욕적 실패와 1898년 변법운동 무산이 가져다준 정신적 고통을 겪어본 적이 없었다. 그들의 개인 사업이 1905년 과거제도가 폐지되었다고 해서 곤란한 지경에 빠지지도 않았다. 심지어 혁명에 대한 그들의 희망을 말하자면, 그들은 너무 젊어서 1911~13년 사건과 1915년 청조 복벽 기도의 충격을 겪어보지 않았다. 이 신청년들은 이러한 환멸을 경험하지도 않고, 신선한 활력을 가지고 스승들의 사업에 뛰어들었다. 그들은 전통을 반대하는 분노에 비교적 적게 얽매였다.

이 때문에 학생들은 "신(新)과 구(舊)의 문제"에 관한 관점이 나이 먹은 스승들의 관점과 상당히 달랐다. 앞선 몇 세대에게는 새로움은 가치 실체이고 구문화에서 해방되어 나온 일종의 희망이었다. 다른 방면으로 학생들에게 새로움은 일종의 확정된 가능성에 가까웠다. 그들의 선행자가 도달한 기초 위에 그들이 고려한 것은 신문화의 실행 가능성이 아니라 어떻게 실행하고 무엇으로 대가를 삼을 것인가였다. 리다자오와 같은 스승은 옛 습관과 옛 가치의 완고함이 야기하는 혼란을 설명하였고, 학생들은 새로운 인생관의 이도 저도 아닌 축복을 묘사하였다. "가장 즐거운 것은 이 '새로움'이고, 가장 슬픈 것도 이 '새로움'이다."[92] 나이가 비교적 많은 세대는 지치지 않고 계속 유가 학설의 허구성과 정치 부패의 예를 들춰내었고, 학생들은 상징적으로 근대 논리학 용어를 골라서 "신과 구의 문제"를 설명하였다. "'구'는 '복수'이고 '신'은 '단수'이다. …… '구'는 '상대적'이고 '신'은 '절대적'이다. …… '구'는 재료를 만드는 '연장'이고 '신'은 끊임없이 추구하는 '목적'이다."[93]

학생들도 반전통주의자가 되었다. 그러나 그들의 스승과 비교하면 그들이 전통을 반대하는 격조와 내용 모두 온화한 편이었다. 그들은 거의 스승들과 마찬가지로 유가 경문을 이해하였다. 사실상 그들은 유학의 유산을 잘 알면서도 서학에 정통한 마지막 세대 중국 지식인의 일부분이었다. 이 청년들은 감정적으로 전통과 유대를 맺고 있었다. 그들은 스승들과 달리 사대부가 될 기대를 받지 않았다. 20세기에는 벼슬길이 이미 아무런 의미가 없다고 굳게 믿는 할아버지 연배 밑에서 성장한 이 학생들은 자기 민족의 과거에 대해 깊은 애정이 생겨났다. 그들은 유가 학설을 신봉하는 할아버지 연배에게 계속 배운 동시에 근대적 중학교에 입학하였다. 이들 스승 가운데 어떤 이는 공직에서 물러났고 어떤 이는 시종일관 벼슬길은 아예 쳐다보지도 않아, 그들로서는 경쟁할 부담이 없이 손자들을 훈련하고 격려하였다. 예를 들어 푸쓰녠은 그가 가장 흠모하고 가장 존경하는 사람을 회고할 때 그의 조부 푸리취안(傅笠泉)을 가장 앞쪽에 두었다.[94] 푸리취안은 발공(撥貢)을 획득한 후에 더는 벼슬에 힘을 쏟지 않았으며, 정부에서 내린 모든 관직을 거부하고 그의 여생을 의학과 무술에서 서법에 이르기까지 광범위한 관심사에 몰두하였다. 바로 무미건조한 생활을 하던 냉소적인 이 사대부는 손자인 푸쓰녠이 다섯 살 되던 해에 경서를 가르쳤다. 그는 자신이 유가 경전을 어떻게 좋아하고 기억하는지 일러주었고, 특히 『맹자』를 좋아하였는데 이것은 그의 손자가 일평생 '인'(仁)이란 관념에 대해 흥미를 갖게 된 동기가 되었다. 인의 개념은 여타 자각적인 신청년에게도 매우 큰 흡인력이 있었다. 이는 푸쓰녠의 베이징 대학 동기이자 철학자인 펑유란과 장선푸의 훗날 저작 가운데 매우 명백히 드러난다. 그들의 인에 대한 관심과 스승들의 인에 대한 경멸은 선명한 대비를 이룬다. 예를 들어 루쉰은 「광인일기」 중에서 인에 대하여 통렬한 비판을 가함으로써 이러한 경멸감을 나타내었다.

따라서 루쉰이 힘을 다해 구하고자 하였던 '어린아이들'에게 할아버지 연배들은 유가 전통의 살아 있는 중개자였다. 이들은 손자들과 놀아줄 때 실질적으로 후학들에게 판에 박힌 노예 습성을 반대하도록 이해시켰는데, 선배 반전통주의자는 생활 속에서 이러한 노예근성을 업신여겼다. 스승 세대의 지식인은 언제나 교사로서의 특징인 고전 학문을 고통스럽게 통달해가면서 생활하였다. 이와는 대조적으로 학생들은 고전 학문을 문화유산으로 여기고 아름다움을 감상하였다. 이로 인하여 그들은 반공자사상과 이성적 거리를 유지할 수 있었다. 비록 스승들은 반공자운동에 진력하였지만. 손자들은 미학적 관찰을 운용하여 할아버지들이 그들에게 가르친 것을 통찰하였다. 이렇게 유머러스한 기교는 푸쓰녠의 베이징 대학 룸메이트였던 역사학자 구제강의 자서전 한 단락에 선명하게 등장한다. "조부께서 나를 데리고 길거리에 나서거나 같이 성묘를 갈 때 편액이나 패루(牌樓)나 교량이나 일일이 그것의 역사를 반드시 나에게 들려주시고 집에 돌아온 뒤에 다시 보았던 순서대로 메모를 써주셨다. 이 때문에 나의 의식 중에 역사의 의미가 생겨났고, 나는 가장 낮은 역사적 인식을 얻게 되었다. 눈으로 본 것이 모두 차츰 쌓여갔으며, 옛날부터 이미 다 있었던 것이 아니었고 또한 지금 막 생겨난 것도 아니었다. 이것은 나의 일생 동안 유용하였다."95)

그러나 전통에 대한 이러한 찬미는 스승들의 비판적이고 절박한 외침에 의해 크게 동요되었다. 구제강은 매우 명랑하게 고대 역사의 고증에 치우쳤지만 베이징 대학에서 의고론자(擬古論者) 첸쉬안퉁의 맹렬한 공격을 받았다. 첸쉬안퉁은 일찍이 장타이옌을 사승하였으며(장타이옌은 또한 신조사 회원 위핑보 증조부의 제자였다), 그는 구제강에게 어떻게 '시대적으로 누적된' 증거를 의심해야 하는지 가르침을 주었다. 첸쉬안퉁과 구제강은 이어서 근대의 비판적 중국 역사지리학을 확립시켰다.

유학을 신봉하는 할아버지 연배와 유학을 반대하는 스승들 사이에 끼어 있는 학생 세대가 지식인 지위를 결코 상실하지 않은 점은 참으로 놀랍고 신기하다. 계몽운동에 투신한 학생들은 자기의 임무를 담당하기에 급급하였지만 자기 임무의 다른 본질을 인식하였다. 학생들의 이 방면 자신감은 상당한 부분 급진적 사상의 스승들에게 공을 돌려야 한다. 공개적 장소에서는 격앙되었다가 사적인 장소에서는 대체로 비판적인 선배 반전통주의자는 오히려 학생들이 극단으로 치닫는 것을 어떻게 해서라도 막으려고 하였다. 그들은 '신청년'의 개인적 진퇴양난 처지에 대하여 꽤나 인내심이 있었으며, 또한 '신청년'들이 베이징 대학을 졸업한 뒤 오랫동안 스승들은 그들의 사업에 대하여 여전히 책임을 졌다.

선생들 사이에는 보수 문인에 반항하는 최선책을 두고 늘 다툼이 있었다. 그러나 학생과 서로 영향을 주고받으면서 그들도 화해와 중용을 취하라는 요구에 찬동하였다. 예를 들어 신조사 회원 장선푸는 1918년에 후스에게 보낸 서신에서 이러한 공개 논쟁과 사적인 겸양의 능력을 나타냈다. 이 서신에서 장선푸는 1년 전 글을 발표해 급진파를 지원하자고 호소한 천두슈와는 상당히 다르게 보였다. "찾아뵈려고 했으나 만나지 못했습니다. …… 『신청년』제4호 중에 두슈와 쉬안퉁 모두 서양학을 바탕으로 중국학을 논하는 것에 대해 몇 마디 비꼬았다지요. 저는 심약해서 소문을 듣고 피하고선 이 일을 감히 거론조차 못합니다. …… 서양 학문이 비록 들어왔으나 옛 지식을 폐지한 적이 없습니다. 고서를 훼방하는 것을 일삼는 저들도 반성했으면 좋겠습니다."⁹⁶⁾

장선푸가 1918년에 후스에게 신문화 제창자 상호 간의 논쟁을 완화할 것을 요구하라고 제기한 호소는 고립을 희망한 모습은 아니었다. 그것은 스승들과 신조사를 창립하는 과정에서 성숙해진 학생들과의 일종의 심화된 신임과 협력을 반영하였다. 스승들이 젊은 세대에게 준 가장 구체적 지원 방식은 그들을 위해 자기 관점을 표현할 수 있는 공개 논단을 제공하는 것이었다. 리다자오, 천두슈, 선인모, 후스, 루쉰, 저우쮜런(周作人)과 류반눙으로 구성된 새로운 편집위원회의 지도 아래『신청년』을 학생들에게 개방하였다. 이로 말미암아 1918년 4월에 푸쓰녠이『신청년』에 그의 첫 번째 백화시「춘수」(春水)를 발표하였고, 6월에 뤄자룬이 번역한 입센(Henrik Ibsen)의『인형의 집』이 노르웨이 작가에게 헌정하는『신청년』특간호에 발표되었다.

1918년 가을이 되자 두 세대는 다른 협력을 진행하였다. 천두슈, 리다자오, 장선푸가 연합하여 새로운 잡지『매주평론』(每週評論)을 창간하였다. 이 세 사람은 독일이 제1차 세계대전(한때 수많은 여타 중국 지식인은 유럽이 당한 파괴는 근대 서방 문명의 도덕이 추락한 총신호라고 지적하였다)에서 패배한 것에 고무되어, 논단을 하나 열고 이를 빌려 그들이 생각하기에 독일과 일치하는 '강권'(强權)에 대해선 경계를 유지하는 동시에 서방에 대한 동경을 표출하려고 하였다.⁹⁷⁾ 제1기에서 천두슈, 리다자오, 장선푸 세 사람은 '공리'에 대한 이상을 거듭 드러내고 아울러 이 정론성 간행물에 이것을 더욱 천명하여 문화 문제를 위주로 하는『신청년』과 차별화하려는 결심을 밝혔다. 1920년 가을에 이르러『매주평론』의 세 창간인은 장차 중국 공산당이 되는 첫 기층 조직을 건립하였다.

계속 신문화운동을 위해 걸출한 공헌을 한 베이징 대학 학생은 계몽 방향을 견지하는 스승들로부터 중대한 지지와 관심을 얻었다. 만약 스승들의 우악스러운 목소리가 없었다면 그들도 자신의 일부분이 된 더욱 이성을 갖춘 소질을 영원히 발견하지 못하였을 것이다. 선배들의 분노는 학생들로 하여금 신시대의 개척자라고 선언하게 만들었다. 이로 인하여 1919년 1월 『신조』 제1기에 발표한 선언은 조금도 망설이지 않고 베이징 대학 학생은 완전히 어떠한 세대와도 다르게 교육을 받은 중국 청년이라고 단정하였다. 그들은 자신감과 자각의 정신을 그들을 양성한 학교에다 공을 돌렸고, 아울러 학생으로서 그들은 최종적으로 베이징 대학 정신과 기질을 중국 사회 여러 부문에 전파할 수 있다고 선언하였다. "『신조』는 베이징 대학 학생이 동호인을 모아 펴내는 월간지이다. 베이징 대학의 생명은 이미 21년을 지나왔으며, 학생의 자발적 간행물이 불행하게도 뒤늦게 오늘에야 출판하게 되었다. …… 종전 우리 학교의 기능이 비록 학업의 배양이라고 말하였으나 성과는 사회에 종사하는 일반인일 뿐이었다. …… 또한 종전 우리 학교의 풍기는 일반 사회와 구별되지 않았으며, 키워낸 인재 모두 지금 사회에 안주하는 사람이다. 오늘날 다행히 점차 세계 조류에 진입할 수 있어 미래 중국 사회를 위해 선도가 되고자 한다. 본래 이 정신 …… 대학의 사조가 나라 안에 보편화되는 일이 안 될 리 없으므로 영향은 무한할 것이다."[98]

신조사의 창립: 공동 각성

1919년 10월 13일 『신청년』 편집위원회가 새롭게 구성된 지 두 달 만에, 『매주평론』이 처음으로 세상에 나온 지 얼마 후에, 베이징 대학 학생 22명이 신조사를 창립하는 첫 번째 회의를 열었다. 그들 가운데 최연소는 스무 살의 문학 전공 학생 위핑보였으며(그는 훗날 고전소설 『홍루몽』의 으뜸가는 해석가가 되어 명망도 얻었고 비난도 받았다), 가장 연장자는 서른세 살의 철학 전공 학생인 광저우(廣州) 출신 탄밍첸(譚鳴謙)이었다(바로 탄핑산譚平山으로 훗날 중국 공산당의 유명한 창건자이자 조직자가 되었다). 이 학생들은 스승들에게 중국 희망의 화신으로 선발된 후에 이미 '탁상공론'에 싫증을 느꼈다.[99] 그들도 스승들과 마찬가지로 청년 자신은 아직 '새로운 지식인'이라는 칭호에는 어울리지 않으며 청년은 구체적으로 사회를 향해 그들이 구비한 전통의 부담을 떨쳐내는 능력을 보여주어야 한다고 굳게 믿었다. 단지 관리가 되길 거부하는 것만으로는─이 학생들 대부분은 차이위안페이의 '진덕회'에 가입함으로써 일종의 신조를 조성하였다─부족하였다.

학생들은 날이 갈수록 더욱 그들이 스승과 구별되는 일을 할 수 있으며 또한 해야 한다고 인식하였고, 이에 학생만으로 새로운 연구 단체를 결성하려고 구상하였다. 그들이 제기한 특수한 목적은 날로 성장하는 계몽운동을 위해 새로운 대상을 찾는 것이었다. 스승들의 잡지 『신청년』이 나이가 들고 수준이 비교적 높은 문화비평가에게 치우치는 면을 거울 삼아 학생들은 그들의 잡지 『신조』의 대상을 중학 졸업생으로 결정하였는데, 그들은 낡은 사상과 습관이 이들에게 가장 많은 해악을 끼친다고 믿었다. 대학생이 당면한(비록 그들이 비교적 현대적이고 사상이 개방적인 학술 단체라 할지라도) 도전은 마찬가지로 중국 전체 젊은 동포의 도전이라고 선포한 동시에, 『신조』의 창립자는 "본 잡지는 중등학교의 학생들을 도와주길 원하며, 정신적으로 이러한 감화에서 탈피하도록 힘써 노력한다. …… 어쨌든 국내 학생들이 물려받은 과거(科擧)사상을 떠나 현재의 과학사상 안으로 들어오며 …… 미래 사회의 인물이 되어야지 현재 사회의 인물이 되지 않기를 기대한다"[100]고 썼다.

문장 속에서 이처럼 자신은 시대의 개척자라고 긍정하던 베이징 대학의 젊은이들이 서로 교분이 있었는지에 대해선 억측이 구구하다. 사실상, 1918년 10월에 최초의 조원을 한곳에 소집한 것은 바로 사회로부터 정말 해방될 수 있는지에 대해 공유하는 이러한 좌절감이었다. 푸쓰녠은 신조사를 건립하도록 이끈 심경에 대해 회고하면서 개인적 불만이 어떻게 그들 베이징 대학 학생의 공동 사명감을 형성하도록 이끌었는지 그 과정을 묘사하였다. "우리는 각성하였으므로 결합하였다. 저마다 모두 이전의 생활과 사상에 불만을 가졌고 이후에는 이렇게 하지 말자고 결심하였다. …… 이는 지식상의 동일 취향이라고 말할 수 있다. …… 나는 가장 순수하고 가장 정밀하며 가장 오래가는 감정은 지식을 바탕으로 발생한 감정이며, 종족 혹은 친족의 감정보다 훨씬 더 순수하다고 여긴다."[101]

1919년 10월, 푸쓰녠이 신조사 회원의 1년 전 '공동 각성'에 대해 회고하였는데, 이는 학생 동아리의 기원을 왜곡하는 데에 사용되었다. 선택적으로 역사를 기억하는 경향이 있었으며, 이러한 경향은 심지어 오늘날까지 지속된다. 신조사 회원이 중국의 문화와 정치 생활 각 방면에서 계속 지도자가 되었으므로 그들의 청년 시절은 이미 호기심과 왜곡의 대상이었다. 그들은 1930년대와 1940년대 그리고 1950년대 국공(國共) 대치의 대표가 되었기 때문에 그들의 초기 공통점은 해협 양안에서 출판한 5·4운동에 편견을 지닌 저작물로 인해 가려졌다. 생존한 당사자의 최근 회고는 다행히도 신조사의 기원에 대하여 유력한 해석을 보태었다. 현재 이미 노쇠한 이들 지식인은 정치적 압력에 대한 두려움은 줄어들어 역사의 판단에 더욱 관심을 갖는다. 따라서 리샤오펑(李小峰)·펑유란·위펑보·예성타오(葉聖陶)와 기타 인물[102]들이 '신조'에 관한 회고록을 도운 덕분으로 우리는 베이징 대학 학생들의 '공동 각성'의 기원에 관하여 비교적 객관적으로 살펴볼 수 있다.

　푸쓰녠의 주장과 상반되게 우리는 현재 5·4운동 전야에 베이징 대학 학생 가운데 존재한 광범위한 연계를 중시한다. 이러한 연계는 신조사 구성원 가운데 전통의 일치성이 푸쓰녠이 회고록에서 진술한 자발적인 정감의 공유보다 훨씬 더 많았다. 예를 들어 1919년 12월 3일에 『베이징 대학 월간』(北京大學月刊)에서 신조사 창립인 명단을 발표하였다. 이 명단은 학생들이 일치단결한 가장 중요한 근원 가운데 하나가 성적(省籍)이었음을 설명한다. 이 단체의 핵심 멤버 여섯 명 가운데 뤄자룬, 푸쓰녠, 양전성, 쉬옌즈(徐彦之) 등 네 명이 산둥 성 출신이었다. 관습적으로 가장 성행한 연계 방식은 '동향회'였다. 사상이 비슷한 산둥 출신 학생의 응집은 더욱 뚜렷하였다. 학과끼리의 밀접한 관계가 특히 같은 해에 베이징 대학에 입학한 학생끼리는 마찬가지로 자연스러웠다. 이에 따라 신조사의 회원 캉바이칭, 위펑보, 푸쓰녠이 똑같이 1916년 학번 문학과 학생이라는 것은 결코 놀라운 사실이 아니다. 더 자세히 말하면, 그들은 '구주문학사'라는 새 과목에 매료되어 함께 모였다. 이 과목은 저우쭤런이 강의하였는데, 그는 중요한 지도교수로 훗날 『신조』의 편집인이 되었다. 끝으로 이 학생들 대부분이 후스와 함께 공부하였고 아울러 절친한 친구가 되었다. 후스는 미국에서 철학 박사학위를 처음 획득한 베이징 대학 교수였다.

학생의 친밀한 관계를 설명할 또 다른 근원은 기숙사 생활이었다. 구제강은 푸쓰녠의 룸메이트였기 때문에 이 단체에 들어왔다. 구제강은 훗날 그의 중학 시절 친구 예성타오—너무 가난해서 베이징 대학 학비 300원을 내지 못한 인물—를 신조사에 들어오도록 소개하였다. 가난하였지만 예성타오는 신문화운동 중 친구 관계를 통하여—이러한 관계가 5·4운동 자체를 촉진하였다—사조와 나란히 나아갔고, 종국에는 쑨푸위안(孫福源)과 같은 형들이 쑨푸시(孫福熙)와 같은 동생들을 데리고 신조사에 들어왔다.[103]

동향인 데다 룸메이트이고 게다가 동기이므로 신조사의 회원은 매우 자연스럽게 서로에게 이끌렸다. 1918년 봄 『신청년』 편집위원회를 연계로 관계가 형성된 스승들보다 그들은 서로 급한 성질을 드러내는 경우가 더 드물었고 화약 냄새가 훨씬 덜하였다. 이들 학생은 한 걸음 더 나아가 관심 지식 분야에 서로 도움을 주었으므로 베이징 대학이 제공하는 교육에 대하여 굳이 대립적 태도를 취할 필요가 없었으며, 그들은 확실히 그러한 범위를 추월해 있었다. 그들은 열정을 가슴에 가득 품고 스승들의 사업에 참여하였고, 국고(國故)를 정리하는 일이든 언어를 개혁하는 일이든 따지지 않았다. 다만 동시에 그들은 자기 세대를 반영하는 문제와 우려를 제기하였다. 스승들과 구별되는 지식적 선호 가운데 가장 주목되는 것은 형식과 분석에 대한 논리적이고 근거 있는 호기심과 근대 심리학에 대한 끈질긴 탐색이었다. 스승들은 시간이 없는 데다 이처럼 당시의 급박한 사회 문제와 동떨어진 것을 추구하길 달가워하지 않았다.

스승들의 간행물과 비교할 때 학생들의 잡지는 영어 어휘와 신기한 개념의 표현이 많았으며, 독자적으로 가장 먼저 신기한 개념을 설명하기를 열성을 다해 추구하였다. 예를 들어 5·4운동 전야였던 1919년 4월의 『신조』에는 왕징시(汪敬熙)가 피어스 퓨리의 『추리심리학』과 듀이의 『우리는 어떻게 생각하는가』(*How We Think*)에 근거하여 '행위주의', '무의식', '직각', '욕망'의 의의에 대해 해석하였고, 또한 장선푸의 수리논리학 특히 '공능'과 '변량 규율'에 관한 토론을 비롯해서 쉬옌즈가 번역한 루소의 『철학 문제』, 고대 도가의 '생식기 숭배'와 '화해의 매력' 등 문제에 대한 캉바이칭의 사색도 실려 있었다.[104]

아는 것이 한계가 있고 또한 많은 것을 더 읽고 번역하고 적록(摘錄)해야 할 필요가 있는 신조사 구성원들은 자아 각성을 그들의 조직과 간행물의 초점으로 삼았다. 중국의 보통 중학생은 이렇게 외래 어휘와 개념으로 빽빽이 채운 엄청 두꺼운 잡지를 이해할 리 없었다. 그러나 베이징 대학 학생은 서방 학술에 대한 무지를 극복하려는 염원이 다른 사람들을 승복하게 만들기를 요구하였다. 마침내 일부 도시 청년도 이러한 비평정신이 수준 높은 국내외 문화를 동시에 감상하는 것과 진배없다고 여겼다. 선생들은 고집스럽게 한 세대 안에 전통을 뒤집을 것을 요구하였으나, 신조사의 학생은 오히려 이와 달리 그들 자신이 파괴자와 건설자의 이중 위치에 서 있음을 알았다. 신조사의 선언이 명백하게 표명하듯이, 그들은 자신이 두 가지 공능을 겸하고 있다고 여겼다. "동인들의 공부가 모자라는데 이렇게 변화할 기회를 만나니 감히 이 대업을 짊어지겠다고 함부로 자부하지는 못하지만 능력을 다해 조금이라도 도움이 되길 노력한다. 첫째는 우리 학교의 참된 정신으로 국민을 깨우치고, 둘째는 장래의 참된 학자가 되기 위해 흥미를 고취한다."[105]

1919년 1월에 이 선언을 기초한 20명의 학생은 그들이 단지 2천 명 넘는 학생 가운데 소수를 대표할 뿐임을 잘 알고 있었다. 그렇지만 그들은 자신을 굳게 믿었고 또한 그들 자신이 충분히 베이징 대학의 진정한 정신을 대표하였다. 이러한 자부는 1919년 5·4시위 전 몇 개월 동안 다른 학교에도 전달되었다. 초기에 『신조』의 편집인에게 보내온 한 통의 편지에서 지적하듯이, 베이징 대학만이 신조사 회원과 같은 인재를 배출할 수 있었다. 자연히 "베이징 대학이 여기까지 이른 것은 차이위안페이 선생과 기타 여러 선생들의 공로라고 할 수 있다. …… 우리는 현재 서둘러 온 나라의 청년을 일깨우고 각자 모두 일종의 지극히 고상하고 순결한 인생관을 가져야 한다."[106]

학생들에게 새로운 인생관을 탐구하도록 격려하고 전통에 대해 과학적 평가를 진행한 선생들은 그들의 사명을 매우 다르게 보았다. 신과 구의 전투 중에 그들은 학생 세대가 그들의 동인이 되어주길 기대하였다. 그들은 반항의 희망을 신청년에게 의탁하였으나 학생들이 오히려 학술적으로 천박해질까 우려하여 서적상의 지식에 관심을 보이자 이것이 그들을 화나게 하였다. 이들 선배 지식인끼리는 자신들의 의혹이 결코 이상할 것도 없다고 여겼다. 그러나 공개적 장소에서 그들은 자신감 넘치는 전투 태세를 유지하였다. 자연스럽게 『신조』는 기꺼이 학생들의 신지식 습득에 대한 결함을 공개 토론하였고──페이지마다 국내외 학술에 대한 결점투성이 탐색으로 가득 찼다──연세가 비교적 높은 스승들의 불만을 야기하였다.

'올빼미'와 뱀: '신조'의 세대 간 논쟁에 관하여

신조사는 처음부터 선배 계몽 지식인의 흥미도 끌었고 의구심을 갖게도 하였다. 푸쓰녠이 1918년 가을에 새 간행물 경비를 조달하려고 천두슈와 접촉하였을 때 처음에는 단호히 거절당하였다. 문과 학장이었던 천두슈는 신문화운동의 호탕한 창시자로 계몽운동의 적인 황지강(黃季剛) 교수와 가깝다고 소문난 이 문학 전공 학생을 믿지 못하였다. 두세 달이 지난 뒤에 천두슈는 푸쓰녠의 성실함에 탄복하여 원래 생각을 버리고 물심양면으로 『신조』를 전력 지원하였다. 천두슈의 경제적 지원은 학생들이 『신청년』으로부터 정신적 지지를 획득한 것과 마찬가지로 중요하였다. 그것은 학생들이 보도 간행물의 출판자가 되도록 만들어주었고, 이는 그들 세대 지식인에게는 전례가 없었던 기회였다. 후에는 경비상의 지원이 취약하게 된 근원이 되었다. 베이징 대학이 보수적 반동주의자의 압력에 굴복하여 『신조』에 경비 제공을 중지하였을 때 『신조』의 출판자들은 두려워지기 시작하였다. 학교에서 1923년까지 약간의 경비 지원을 지속하기는 하였지만 학생들은 스스로 돈을 벌 방도를 찾아야 했다. 교외에서 지원금을 모금하였던 경력은 『신조』의 일부 개척자로 하여금 1920년대 후기 중국 출판계의 지도자급 인물이 되는 밑바탕이 되었다.[107]

스승들은 학생 때문에 번뇌하고 또한 그들을 위해 걱정하였다. 그들은 청년들을 구출하고 육성하기로 결심하였고, 청년들이 이지적으로도 감정적으로도 흔들리는 모습을 보고 싶지 않았다. 1919년 11월 17일에 베이징 대학 학생 린더양(林德揚)의 자살은 선배 세대의 우려를 현실화하였다. 『신청년』의 스승들은 린더양의 자살을 나약의 표시로 보고 이는 청년들이 사회를 이해하고 직접 사회와 싸울 능력이 부족해서라고 여겼다. 다른 한편으로 신조사의 회원은 소리 높여 린더양의 행위를 지지하고 나섰다. 그들은 거기에서 청년은 확실히 중국 사회에서 가장 위해를 당하기 쉬운 부분임을 발견하였다. 뤄자룬은 간단명료하게 신조사의 견해를 표명하였다. "우리 청년들은 첫째 응당 분투하여 적극적으로 현상을 개혁하여 이 즐거운 세상을 즐겁지 않은 세상으로 만들어야 한다. 만약 분투하다가 지쳐서 힘이 다 빠지고 꾀가 떨어져 궁해져서 손가락 하나 못 움직이고 이에 세상이 여전히 털끝 하나도 도와주지 않으면 그런 연후에 자살한다. …… 내가 본 바로는 린 군은 혈기 왕성한 나이에 뭔가 이루어낼 시기라서 이미 오랫동안 분투하였다. …… 린 군의 자살은 원래 자기가 자기를 죽인 것이 아니라 사회가 그를 죽인 것이다. 사회가 한꺼번에 철저하게 개혁하지 못하면 아마도 심장이 뜨거운 청년은 하나하나씩 깨끗하게 자살할 것이다! 사회는 진작 신경이 마비되었다! 교육가들이여! 당신들 눈을 뜨고 한번 보시오!"[108]

베이징 대학의 스승들은 당시 그곳을 찾아 강연한 듀이부터 리다자오와 장멍린까지 뤄자룬의 간구를 마음속에 새겨두었다. 그들은 학생들에게 더욱 인내심을 가지고 다시 현실을 강구하도록 요구하였다. 천두슈는 뤄자룬에게 가장 직접적이고 안목이 있는 반응을 보였는데, 그는 1920년 1월에 "공허·비관·회의적 사상은 사람을 죽일 수 있다! 신사조운동을 주장하는 사람은 주의해야 한다! 신사조로 사회의 흑암을 씻어내려면 신사조로 광명한 개인을 죽여 흑암을 증가시키지 말아야 한다! 근대 사조 가운데 이렇게 암담하게 살인한 부분이 있었는가? 있었고말고! ……"[109]라고 썼다.

　천두슈와 뤄자룬의 학생 자살 문제에 대한 논쟁은 푸쓰녠과 루쉰의 또 다른 논쟁과 동시에 진행되었다. 이 논쟁은 사회에 저항하고 사회와 싸워 이기기 위해서 그리고 사회에 압도당하지 않기 위해서 청년들이 어떻게 강인해져야 할 것인지가 초점이었다. 논쟁은 1919년 5월 푸정추(傅征求)가 어떻게 『신조』를 개선할 것인지에 관해 건의하면서 촉발되었다. 루쉰은 서신의 형식으로 대답하면서 "순수 과학"에 관한 글을 "아주 많이" 실었다고 해서 "중국의 고질병에 영향을 끼칠 주사를 몇 대 놓았다"고 여기지 말 것이며, 『신조』는 이런 종류의 문장으로 가득 차서 보수적인 "늙은 선생"들이 "숨어서 기뻐할 것"이라고 지적하였다—당연히 학생들은 완전히 아무런 의도도 없었다.

　루쉰이 편지를 쓴 의도는 신조사의 회원들에게 신지식은 자신을 의지하는 것이지 결코 기존의 유가 규범을 협박하는 것이 아니라고 경고하고 싶어서였다. 그는 학생들이 신구 문화의 전투 중에 돌격하고 반격을 당하는 준비를 잘해야 한다고 여겼다. 그는 그들이 의식이 있는 '뱀'과 같이 구질서를 반대하고, 감히 그들 자신이 사회 안에서 비호하는 사람까지 물고 독을 퍼트릴 것을 요구하였다. 현실주의적 투사로서 루쉰도 인정하듯이, 아마도 신조사의 회원들이 겉으로 보기에 적의 주목을 너무 끌지 않기를 희망하는(그의 관점에 의하면 이것은 비현실적이었다) 이유가 충분히 있었다. 이에 따라 그는 결론을 지었다. "삼황오제(三皇五帝) 시대의 안목으로 볼 때 과학을 말하고 주장을 펼치는 것은 모두 뱀이다. …… 하루아침에 몽둥이가 생기면 곧바로 때려죽이려 할 것이다. …… 그러나 뱀 자신은 맞아 죽지 않으려 할 것은 말할 필요도 없다."[110]

　푸쓰녠도 답신에서 학생들이 서방의 과학이론에 대하여 과도한 열정을 보인다는 점은 인정하였다. 그러나 그는 동시에 자기 세대의 신념을 되풀이하였다. 그들은 세계 사상에 대한 무지를 극복할 무거운 짐을 어깨에 짊어졌다는 것이다. 이렇게 푸쓰녠이 루쉰에게 보낸 서신에서 신조사 회원은 모순적이지만 선배 지식인으로부터 분배받은 그들의 역할을 억지로 담당하는 것은 아니라고 드러냈다. "공평하게 말하자면, 우리는 마침 학문을 추구하는 시대에 살면서 지식과 재주 모두 충분하지 않고 공부도 하지 않으면서 소리만 질러대니 참으로 자신에게 부끄럽다. 그러나 현재의 중국은 이 이상 적막할 수가 없고 다른 사람 모두 소리 지를 줄 모르므로 우리라도 소리 지를 수밖에 없으며, 지르는 소리에 사람들이 깨어나고 어떤 사람이 크게 소리 지른다면 이것은 곧 우리의 공로이다. 어떤 사람이 우리를 올빼미라고 말하면 사실 올빼미도 매우 좋은 것이다. 밤에 다른 부르짖음이 모두 조용해지면 그놈이 기분 좋게 소리 질러 적막을 깨는 데다 올빼미는 수탉을 깨우고, 수탉은 날이 밝기를 울어대다 날이 밝으면 그친다."111)

이로 인하여 스승들은 자기를 뱀으로 보고 이성적으로 회의하는 독액을 동시대인이 장기간 삼가 지킨 신앙에 주입하여 독을 퍼트렸다. 다른 한편 학생들은 자신을 '올빼미'에 비유하며 해외에서 건너온 지식으로 시끌벅적하게 떠들어대 혼수상태에 빠진 동포들을 일깨웠다.

비록 그들이 자칭하는 명칭은 각자 달랐지만 베이징 대학 안팎의 보수 지식인에게는 모두 똑같이 위험하고 부도덕하다고 인식되었다. 이성적으로 회의하는 독액과 서방 학술의 시끌벅적함의 결합은 그중 어느 것이든 옛 신사들을 더욱 겁나게 하였다. 일종의 예견된 징조가 전통을 반대하는 스승과 학생 반대자의 눈에는 매우 밉살스러웠는데, 그것은 그들의 회의와 지식이 지식인의 사회적으로 우월한 지위를 약화시켰기 때문이었다. 신문화운동 초창기에 구식 문인학사의 문화 독재에 대한 위협은 단지 잠재적일 뿐이었다. 뱀과 '올빼미'가 연합하여 문학혁명을 발기하고서야 공개적 위협이 되고 말았다.

5·4계몽의 중점이 일반적 의의의 문화에서 더욱 구체적으로 언어개혁으로 바뀐 이후에 더욱 직접적으로 구식 신사의 노여움을 샀다. 회의와 독립적 사고, 심지어 그 외 지식인의 회의와 사상까지 바꿔버리겠다는 것도 문제였지만 이러한 회의와 사상이 저마다 함께 향유할 수 있고 평민에게 유익할 수밖에 없는 것은 또 다른 문제였다. 1919년 8월이 되자 루쉰과 푸

쓰녠의 토론은 진작 종결되었으나 가장 영향력이 있는 보수파의 대표가 매와 뱀 부류의 인물들을 질책하고 나섰다. 아직도 자랑스러운 변발을 남긴 채 유가 학설을 신앙하는 구훙밍이란 이 신사는 한 무리 새로운 전업교육자가 모여들기 전에 이미 베이징 대학에서 서방 문학을 가르쳤던 인물로, 반전통주의자들이 흠모하는 영어라는 언어로 그들을 비난하고 고발하였다.『밀러 씨 평론』(密勒氏評論)을 위해 쓴 글에서 구훙밍은 그들을 이렇게 조롱하였다. "만약 사방 만국 국민 가운데 100분의 90이 문인이라고 가정한다면 무슨 꼴이 되겠는가? 만약 경성의 날품팔이, 운전수, 이발쟁이, 점원, 소매상인, 사냥꾼, 떠돌이 거지 등의 무리가 모두 문인이 되어 정치에 참여하고 대학생이 되려고 한다면 어떤 멋진 광경이 되겠는가? 이제 더는 각 동아리가 집회를 하면서 '우리가 곧 중국이다'라고 자칭하지 말아야 하며, 이는 마치 프랑스 황제가 '짐이 곧 국가이다'라고 말하는 것과 같다."112)

지식인과 언어문자: 역사적 계약

구훙밍이 5·4 지식인의 오만함을 조소한 것은 결코 지나치지 않았다. 루쉰·천두슈·후스와 같은 '뱀'들과 푸쓰녠·뤄자룬·위핑보와 같은 '올빼미'는 문학개량운동에 앞장서면서 사실상 '우리가 곧 중국이다'라고 믿었다. 5·4운동 자체의 행동주의·전보·시위·거리연설 등은 지식인의 자부심에 대해서는 도전을 제기하지 않았다. 심지어 그들은 육체노동자·점원·소매상인·무직업 떠돌이 등과 접촉하였을 때도 여전히 선각자이며 선지자라는 낡은 유가의 견해를 믿고 있었다.113) 구훙밍의 생각처럼 이 구식 교훈은 근대 지식인의 민중을 향한 계몽 요구와 문맹 퇴치의 갈망 밑에 숨어 있었다. 문학을 계몽운동의 도구로 바꾼 것은 그들의 결심이었지만 구훙밍이 보기에는 새롭게 사람을 귀찮게 하는 것이었다. 이러한 결심은 중국 역사상 2천 년 이상 존재하였던 지식인과 문자와의 계약을 해제하라고 위협할 지경이었다.

지식인들은 자신이 여전히 중국을 대표한다고 여긴다는 구훙밍의 추측은 맞았지만 그가 이러한 관점을 군주제 옹호로 여긴 것은 잘못이었다. 사실상 몇백 년 이래로 중국의 지식인은 이미 언어문자를 루이 14세―그는 "짐은 곧 국가이다"(L'état, c'est moi!)를 신봉하였다―와 같은 통치자에 대처하는 보호 수단이 되게 하였고, 아울러 그것을 자신들만의 특수한 문화 활동 영역이 되게 하였다. 정치상의 전제주의에 맞서 중국에선 교육을 받은 사람들이 독립성을 확장하면서 서적상의 지식을 위해 특수한 용도를 개발하였다. 중국의 역사 과정 중에서 고문은 숭고한 지위에 올랐으며, 이러한 지위는 지식인이 모종의 표면적인 신상 자주권을 누리도록 보장하였다. 그러나 기타 방면에서 지식인은 귀족과 훗날의 황제에게 철저하게 복종하였다.

언어문자를 통하여 자주를 획득하려는 노력은 심지어 기원전 221년에 관료주의 제국을 처음 건립하기 이전에도 찾아볼 수 있었다. 근대 지식인의 전신은 바로 고대의 '사'(士)로, 특수한 고문관 계층이었다. 그들은 무를 숭상하나 문재가 없는 귀족에게 필요한 문학 기교를 갖추었기 때문에 득세하였다. 수많은 왕과 제후의 필요에 따라 그들은 기타 방면의 상호관계를 인정한 적이 없는 주인으로부터 거의 '계약 관계'로 발전할 수 있었다.[114] 기원전 403년에서 기원전 221년까지 정치투쟁의 기운이 팽팽하였던 전국 시대에 이미 '사'는 스스로 상무정신을 채택하였는데, 이는 치국과 철학 문제에 관한 활력이 넘치는 논쟁 중에서 구현되었다. 그들은 갈수록 그들의 선배―'유'(儒)라고 불리는 최초의 문인과 멀어졌다. 공자가 탄생하기 전 몇백 년 동안에 '유'는 이미 장례와 점성술 성격의 역법 그리고 조상에게 제사를 올리는 의식을 관장하였다.[115]

기원전 221년 제국 건립과 그것의 의식형태가 한대(기원전 202~220년)를 거치면서 공고해진 이후로 지식인은 전국 시대부터 발전시켜왔던 자주적 지위와 활력을 상실하였다. 일단 황제가 지고무상한 극단적 지위까지 올라가자 옛날의 '사'는 이제 계약 관계를 요구하거나 심지어 희망조차 할 수 없었다. 반대로 그들은 특별한 숄·모자·깃털로 복식을 꾸몄는데, 이는 그들이 언어문자와 서적과 유일무이한 연계를 맺고 있음을 상징하였으며, 군주들은 유용한 윤리 원칙이 그 안에 존재한다고 여겼다. 2세기 이래로 학자들을 '유가'라고 불렀으며, 그들은 전능한 천자가 기용해주기를 기다렸다. 송대(970~1127) 이래로 과거제도는 재능이 있는 지식인을 흡수하여 국가기관에 진입하도록 하는 유일한 정식 통로가 되었고, 그들의 자주적 지위의 범위는 더욱 진일보한 금고(禁錮)를 당하였다.[116]

서생 티에다 내향적이고 노예근성을 지닌 근대 사대부는 5·4 지식인이 동경하는 활력이 충만하였던 '사'와 조금도 닮은 점이 없었다.[117] 그러나 설사 전통적 지식인이 황제와의 관계 가운데 어느 정도 정치적 자유를 잃었다할지라도 오히려 언어문자와 문화에 대한 우월한 관계는 강화하였다. 그들은 자신을 '문인'이라고 불렀으며, 고문(古文)과 유가 경전을 장악하였기 때문에 존귀한 사회적 지위를 누리고 쉽사리 황제에게 굴종하지 않을 수 있었다.

이들 문인은 문화에 대한 유일무이한 그들의 책임을 확실히 매우 엄숙하게 여겼고, 서면 언어를 거의 완전히 독점함으로써 자신을 소인 — 문인 선비가 숙지하는 사물에 대하여 전혀 아는 것이 없는 사람들 — 위에다 두었으며, 아울러 그들과 거리를 두었다. 이에 따라 빈부 불균형 이외에 고문 지식, 곧 과거제도의 과목을 구성하는 경서 언어도 문인과 농민을 갈라놓는 경계선이 되었다. 결과적으로 평민과 지식인 사이에 언어문자와 사회 습관 및 종교 신앙상의 경계선이 확대되었다.[118] 경계선 위에 다리를 놓으려고 어떤 이는 최소한 귀족문화의 허위와 민간 전통의 결함을 들춰내는 것을 중국 계몽운동의 목표로 삼았다.

5·4운동에서 채택한 경계선을 걷어내는 방식은 문학혁명이었다. 오늘날 관점에서 보면 목표가 참신하였지만 지식인의 검토는 오히려 전통의 도움을 받았다. 새로운 유형의 지식인은 동포의 정감과 사유 방식의 혁명에 전력하였고 몇백 년 이래 그들의 선배가 이미 그랬던 것처럼 문학에 도움을 구하였다. 중국 귀족문화의 계승자로서 그들은 재빠르게 언어문자의 전통적 중심 지위를 조정하였다. 그들은 전제 군주와 노예근성이 부단히 증대되는 사대부 사이의 관계를 조절할 때 언어문자가 지니는 역량을 잘 알고

있었다. 이전의 비판적인 지식인이 몇백 년 동안 했던 것처럼 5·4 급진파도 문인과 언어문자의 우월한 관계에서 도움을 받아 그들의 관심을 공개적 영역으로 가져왔다. 이에 따라 문학개혁으로 사회개혁을 제기한다는——이는 정부 당국이 용인할 수 없다——사상 방식을 선택하여 5·4 지식인과 문학의 관계를 촉진하였다.

사실상, 8세기 말의 한유(韓愈)에서 20세기 초의 량치차오에 이르기까지 '신문학'으로 '민족을 구해내자'는 유구한 전통이 면연히 이어져왔다. 중국 역사상 지식인은 여러 차례 문학개혁을 기치로 그들의 동포를 일깨웠다. 풍격과 내용의 개량을 포함한 그러한 개혁은 중국 독자를 일깨워 상층의 권력자에게 경각심을 심어주려는 목적이었다. 이에 따라 그들은 언어문자로써 지식인의 문화에 대한 우월 관계를 반대하였는데, 이는 오히려 여태껏 없었던 일이었다.

5·4학생의 앞 세대는 문학개혁을 제창하였다. 특히 소설을 쓰면서 비교적 쉬운 언어를 사용하여 중국 연해 도시에서 성장한 소상인과 같이 새로운 시민계층에게 연설하기 편하였다. 이와는 대조적으로 5·4 지식인은 구국 혹은 사회 지위가 더욱 낮은 사람에게 연설할 때만 언어와 문자 개혁을 한 것이 아니었다. 그들은 내부 교류와 학교 밖으로 배포할 것을 쓸 때는 새로운 언어를 사용하였다. 두 세대 간의 합작을 통하여 스승과 학생 들은 언어개혁의 속도를 낼 수 있었다. 그들은 어떻게 생각하고 쓸 것이며 아울러 사회 문제를 어떻게 말하고 쓸 것인가를 더는 걱정하지 않았다.

귀족의 문어체 언어는 이미 평민의 구두어와 분리되어 있어서 이러한 의식은 5·4운동에 도움이 되었다. 하층으로부터 어휘, 속어, 방언을 흡수함으로써 문학을 활기차게 하려고 시도하였던 초기의 개혁자들은 민중이 말할 권리나 민중을 위해 말할 권리에 대하여 고민한 적은 없었으나, 5·4 문학혁명은 고문의 숭고한 사회 지위를 지지하는 2천 년 가까운 가치 시스템에다 도전장을 내밀었다. 백화문학을 옹호함으로써 새로운 유형의 지식인들은 한바탕 규모와 정도 면에서 앞선 어떠한 문학개량운동보다도 더욱 광범위하고 급진적인 백화문운동을 전개하였다.[119] 대중의 민간문화

사상——단지 어휘뿐 아니라——을 귀족문학에 도입함으로써 지식인은 언어문자 방면뿐 아니라 사회적 권위의 기초 또한 흔들리기 시작하였다. 언어문자를 철저하게 개조함으로써 5·4 계몽가들은 문인과 평민 사이를 가로막은 가장 중요한 장벽을 허물어트렸다. 이들 문인이 문자가 없는 평민들을 위해 작품을 쓰기 시작하면서 그들이 자신의 관심사를 이야기하는 것을 보고 문인들도 새롭게 자신을 살펴보는 것을 배우게 되었다.

신문화운동이 시작될 때 주창자에게도 백화문학의 비판적 의의는 그다지 뚜렷하게 드러나지 않았다. 사실상, 새로운 유형의 지식인들이 베이징 대학이라는 좁은 울타리를 뛰어넘어 처음으로 새로운 언어를 외쳤을 때 그들은 더욱 잘 알고 더욱 잘 받아들일 수 있는 사회진화론의 은유를 사용하여 그들의 의사를 표출하였다. 1919년 4월에 한 기자가 '유생'(遺生)이란 필명으로 발표한 글에서 말하였듯이, 신문학은 다만 중국이 근대 세계에 적응해 살아남기에 가장 필요한 문화 형식이었다. "그러나 새것은 결국 반드시 옛것을 이겨내야만 버젓이 자립할 수 있으며, 옛것이 경쟁력이 없어서가 아니라 사실은 형세가 그럴 수 없어서이다. 우리가 오늘날 찬성하는 신문학보다 더 새로운 것이 다른 때에 아마 다시 등장할 것이니, 우리는 결코 완고한 두뇌를 굴려 그것을 보존하여 유지하려는 수단을 부려서는 안 된다. 시세에 저항할 수 없음을 깊이 알아서이니, 시세에 감히 맞서지 못하는 것은 새것과 단절하고 옛것을 보존하기가 불가능해서이다. 이러한 도리를 거스르고 다른 주장을 편다면 크게는 국민 전체에게 위해를 가하는 것이다. …… 구파의 인물들은 마침 이런 폐단의 전철을 밟고도 깨닫지 못하고 있다."[120]

'저항할 수 없는 조류'에 관한 이 담화는 5·4문학 도전이 실제로 얼마나 격렬했는지를 대변한다. 그러나 구훙밍과 같은 보수 반대파는 평민 위에 있는 문인의 우월한 사회적 지위에 대해 새로운 유형의 지식인들이 행한 탐구의 심도를 곧장 인식하였다. 그들은 『신청년』과 『신조』의 편집자들이 '문자죄'의 책임을 지라고 비난하고 공개적으로 해명하도록 몰아세웠다. 해명 과정에서 스승과 제자 들은 계몽에 대하여 그리고 계몽의 소식을 그들 베이징 대학의 좁은 울타리 밖으로 멀리 전파하겠다는 공동의 신념을 거듭 밝혔다. 이에 따라 언어개혁은 5·4의 정치적 영향력을 확대하였고, 아울러 구훙밍에게 매우 두려운 유령을 데려다 주었다. 곧 1919년 이후의 지식인은 더는 흔쾌히 혹은 자신 있게 '우리가 곧 중국이다'라고 외치지 않았다.

문학혁명: 세대 간 합작의 산물

신조사의 회원이 서로 교분을 맺고 학생 잡지를 창간하기 2년 전에 스승들은 이미 문학개혁에 대한 공통적 관심으로 인해 연합하였다. 그들의 이러한 연합은 그 외 많은 방면의 연합과 마찬가지로 각자 교육 경력과 지식에 대한 관심이 판이하여 충격을 받았다. 다른 한편으로 후스가 중국의 백화문학 전통에 대하여 적극적인 관심을 보인 것은 미국에서 철학 연구를 진행할 때였다. 이와 대조적으로 천두슈가 문학개혁을 위하여 작업을 개시한 것은 1911년 혁명에 대해 크게 실망한 이후였고, 그때 그에게는 유가 세계관이 장악한 상황에서 "마지막 각성 중에서도 마지막 각성"을 완성할 새로운 방식이 필요했기 때문이다.

문학개혁을 위하여 첸쉬안퉁과 천두슈에게 구체적인 책략을 제공한 사람은 후스였다. 코넬 대학과 컬럼비아 대학에서 공부할 동안 그는 시간을 내어 중국 전통을 대표하는 현실주의 소설의 반(反)백화 작품 『홍루몽』과 『수호지』에 대하여 비판적인 고찰을 진행하였다. 이와 동시에 그는 백화시 짓기를 시도하였다. 이 나라에서 공부한 대다수 여타 중국 학생들은 후스가 전통적 백화와 신시를 가지고 그들을 끌어들이려는 시도에 대하여 음으로 양으로 비웃었다. 1915년, 후스는 시 한 수를 써서 미국 생활에 편안히 적응해서 오히려 그가 보기엔 고전시의 '죽은 언어'를 사수하는 이들 공자 숭배자 신사에게 답변하였다.

詩歌革命何自始?   시가혁명이 언제부터 시작되었나?
要須作詩如作文   시는 글을 짓듯이 지어야 한다네.

琢鏤粉飾喪元氣,	다듬고 꾸며봐야 원기만 상하고
貌似未必詩之純.	겉모습이 시의 순수함일 리 없지.
小人行文頗大膽,	소인은 꽤나 대범하게 글을 쓰지요,
諸公一一皆人英.	여러분 하나하나 모두 엘리트올시다.
願共勤力莫相笑,	원컨대 힘을 합하고 서로 비웃지 마세,
我輩不作腐儒生.	우리는 썩은 유생은 되지 맙시다.[121]

언어개혁운동은 맹렬하게 응집하는 폭발력을 가지고 출발하였다. 1917년 1월에 후스가 『신청년』에 「문학개량추의」(文學改良芻議)라는 글을 발표하였다. 이 글은 문인 사이의 토론으로, 보다 명백하고 간단하고 실용적인 것에 중점을 두었다. 사실상, 후스의 모든 건의는 문학의 표현 방식을 정화함으로써 민족 전통을 진흥하려고 시도하는 개혁가들이 이미 마찬가지로 멋지게 제기한 적이 있었다.

설사 그렇다손 치더라도 이 잡지의 다음 기에서 천두슈는 「문학혁명론」을 발표하여 후스가 건의한 시험적 논조를 한층 더 승급시켰다. 이 글에서 천두슈는 최근 정체되어 발전이 없는 문학에 대하여, 또한 이러한 문학의 작가 곧 "옛것을 높이고 지금 것을 멸시하고, 운율이나 따지며 문단을 호령하는", "혹은 명예나 탐하고 혹은 무병신음(無病呻吟)하는" 문사들을 통렬히 비판하였다. 그는 문언문학을 사회와 정치 고위직으로의 발판으로 삼는 자들을 직접 겨냥하였다.

1918년 3월, 천두슈에게 보내는 한 통의 서신에서 첸쉬안퉁은 더욱 멀리 나아가 심지어 언어문자를 중국 사회 문제의 본질로 여겼다. 그는 비록 격렬하였지만 문학개혁을 통해 중국 사회의 내재 논리를 바꿀 것을 천명하였다. "선생께서 이에 앞서 유학을 무너뜨리고 윤리를 개혁하는 일에 진력할 것을 주장하여, 만약 윤리 문제부터 근본적으로 해결하지 않으면 이 공화(共和)라는 간판도 그래 오래 달지 못하리라고 여겼습니다. …… 저는 선생의 이런 주장에 대하여 지금 중국을 구하는 가장 유일한 방법이라고 생각합니다. 하지만 이로 인하여 한 가지 생각이 떠오릅니다. 유학을 폐지하려면 먼저 한문부터 폐기하지 않으면 안 됩니다. 일반인의 유치하고 야만적이며 완고한 사상을 몰아내려면 더욱이 먼저 한문부터 폐기하지 않으면 안 됩니다."122)

문학개혁에 대한 『신청년』의 호소가 언어와 의식 상호 관계에 대한 관심으로 집중되기 시작하였다. 신조사 회원은 한 걸음 더 나아가 어떻게 백화를 좀더 현실적인 소설 속에 운용할 것인지 탐색함으로써 이러한 관심을 확대하였다. 그들은 신문학의 개척자와 주창자가 되었다. 1923년에 『신조』가 정간되었을 때 베이징 대학 졸업생 리샤오펑과 쑨푸위안은 '신조' 문학총서를 출판하기 시작하였다(그들의 스승 루쉰과 저우쭤런의 도움과 건의 아래). '신조' 총서는 중국 독서계에 가격이 가장 합리적인 서적을 제공한다는 책임감을 짊어지게 하였고, 이 책들 속에는 루쉰의 단편소설집 『외침』(吶喊)과 주쯔칭, 빙신(氷心), 궈모뤄(郭沫若) 등을 비롯한 기타 인물의 저작이 포함되어 있었다.123)

1923년 이전 몇 년 동안 신조사의 학생들은 『신청년』의 가장 의미가 큰 공헌은 언어개혁의 영역에 있음을 이미 인식하였다. 이에 따라 그들은 주의력을 문학개혁의 심리 방면에 집중하여 의식적으로 스승들의 계획을 뛰어넘으려고 노력하였다. 대화와 편지에서 그들은 첸쉬안퉁이 중국인의 마음 상태를 바꾸려면 우선 철저하게 중국 언어를 포기해야 한다는 단언을 계속 토론하였다. 사실상, 어느 때라도 상관없이 그들의 회원 가운데 하나가(예를 들어 구제강) 문학개혁은 사상변혁보다 상대적으로 둘째라고 제기하기만 해도 푸쓰녠은 곧장 편집자의 자격으로 양자는 불가분의 관계라고 변호하였다. 푸쓰녠은 1919년 4월에 룸메이트 구제강에게 보낸 공개서신에서 말하였다. "자네는 '사상 개조'를 주장하면서 문학을 경시하는데, 이는 그렇지 않다. 사상은 아무런 근거 없이 개조될 수 없으며, 문학이 바로 그것을 개조할 좋은 무기이다. 다음 주에 나는 글 한 편을 쓸 작정인데, 제목은 「백화운동과 심리혁명」(白話運動與心理革命)이다. 그때 다시 가르침을 받을 터이니 지금은 길게 말하지 않겠다."124)

푸쓰녠이 반드시 문학 형식과 서로 배합되는 '감정혁명'을 탐구할 때,

그는 의식적으로 스승들이 소홀히 한 백화문학의 내면 심리 방면에 주의력을 집중하였다. 고전소설 가운데 감정의 제한 범위가 어디까지인가에 관한 문제 제기는 실제로 문학과 언어 그리고 사상변혁 사이의 우연의 고리를 더욱 우연하게 만들었다. 푸쓰녠의 결론은 자기 세대의 관점을 반영하였다. 그들의 신념으로는 사상변혁은 언어를 폐기해야 할 뿐 아니라 "문학과 미술 속에 숨겨둔 감정도 파헤쳐내야 한다. 첫째, 마땅히 이를 보급해서 소수의 사람에게만 국한하지 말아야 한다. 둘째, 마땅히 인생에 합당해야 하며 저 멀리 초탈한 경지만 만들어내서는 곤란하다."125)

신조사 지식인들의 심리 방면의 탐색은 그들의 신시(新詩) 실험 중에 가장 잘 나타났다. 다른 어떤 문학 형식과 비교해도 시야말로 전통 언어와 전통 문사의 위력을 가장 충분히 구현하는 영역이다. 후스와 같은 스승 세대의 회원들은 이미 이러한 영역에 진입하여 현대 자유시 시체(詩體)를 실험적으로 창작하였으나 아직 시의 자구를 변화시키는 데 잠재적 장애가 되는 강렬한 감정을 어떻게 귀착시킬지의 문제를 해결하지 못하였다. 그러나 학생들은 오히려 그들 자신이 가장 신성한 전통문화 영역의 모험가임을 깨닫게 되었다.

학생들은 완벽한 백화시를 실험하고 또한 그것을 변호하려고 노력하여 이러한 자아의식을 증명하였다. 캉바이칭 등은 이러한 노력이 지나치게 힘들어 더는 고집하지 않고 신시 실험의 공정을 포기하면서 1923년에 고체주의자의 행렬에 복귀하였으며, 주쯔칭 등 다른 인물들도 몰래 계속 고체시를 짓고 있었다──그가 "마음속으로 이미 이 사업을 배반하였다"126)는 것을 대중들이 알까 봐 두려워하면서.

5·4계몽운동 시기에 신조사 회원 위핑보는 매우 솔직하게 신시의 사회적 심리 반응의 문제를 이야기하였다. 1919년 10월에 그는 백화시를 보편적으로 반대하는 원인을 귀납하였다. 위핑보는 고문(古文)은 시가(詩歌) 표현에 특별히 알맞은 공구로 상대적으로 신시는 둔탁하고 거칠다는 것을 인정하였다. 비록 이러할지라도 그는 이어서 신시에 대한 반대가 결국은 언어 때문이 아니라 사회적·심리적 요소 때문이라고 하였다. "나는 늘 나

자신에게 묻는다. '신시가 왜 사회에서 받아들여지지 않을까?' …… 신시는 아직 싹을 틔우는 시기이지 매우 완전한 작품이 아니다. …… 오늘날 사회는 사실상 신문예를 받아들일 정도가 아니다. …… 왜냐하면 오늘날 사회의 생활은 매우 암담하고 비참하지만 또한 되레 '꾸미기'를 좋아하고 '축가'를 선호하여 마치 '집안의 흉을 밖으로 내보내지 않는다'는 이러한 모습을 방불케 한다. 우리는 시를 지어 그것을 적나라하게 묘사하는데, 그들이 보고서 자연히 심기가 불편해서 고개를 절레절레 흔들며 말한다. '못 참겠네! 못 참겠어!'"[127]

위핑보 세대는 계속해서 단편소설 속에서 '집안 흉'을 드러내었다. 신조사 회원들은 서둘러 소설이라는 문학 형식으로 전향하였는데, 소설 안의 어휘 운용은 시가처럼 그렇게 쉽게 제한을 받지 않았기 때문이었다. 그들은 거의 모두가 단편을 쓰기 시작하였다. 1915년 5월에 왕징시·뤄자룬·예성타오 등이 쓴 작품들이 루쉰에 의해 중국 발전에 중요한 공헌을 한 신소설로 선정되었다.[128] 그들의 소설 중에서 학생들은 혼례를 통하여 집안의 체면을 유지하는 방식을 폭로하였으며, 부부지간에 심지어 형제와 자매 사이에 사랑을 억압하는 사실을 묘사하였다. 그들의 소설은 집안의 흉을 밖으로 떠들었을 뿐 아니라 기타 사회 문제, 곧 창기·마약 복용·실업 등을 폭로하였다. 따라서 학생들은 신문학으로 그들 자신의 감정을 표현한 것 외에도 동시대인의 노예적 인생관에 대해서도 비판을 가하였다.

스승들과 달리 학생들은 새로운 사업 중에서 자신의 부족한 점을 재빨리 깨닫고 아울러 자신의 이러한 한계를 공개적으로 이야기하였다. 예를 들어 왕징시는 '신조' 총서의 일종인 『설야』(雪夜)의 서문에서 그의 세대가 달성할 수 있는 성취의 한계에 대한 감상을 이야기하였다. 그는 자신의 관찰력이 좁고 비루하여 남보다 훨씬 못하다고 여겼다. 따라서 그는 절대 대작가가 될 수 없으므로 일찌감치 해외로 나가서 일종의 새로운 생활 방식을 모색할 작정이었다.[129]

왕징시의 사색과 자기 의심은 결코 유일무이한 것이 아니었다. 다른 학생들도 『신청년』이 주도한 문학혁명 이론이 실천으로 옮겨진 이후에 독자적으로 백화운동의 의의를 논급하지 않을 수 없었는데, 뤄자룬이 바로 그 가운데 하나였다. 1919년 5월『신조』의 글 한 편에서 그는 그들 세대를 대신해 스승들의 사상을 해석하는 임무를 떠맡았다. 그는 솔직하게 신문학 조류를 맹렬하게 뒤쫓는 동기들의 동기(動機)와 기교에 대하여 회의를 표시하고 스승들의 문학개혁 방안 속의 비교적 복잡한 함의들을 설명하였다. 그의 해석은 결국 스승들의 언어와 사회변혁을 서로 연계시키는 관점을 넘어섰다.

뤄자룬이 보기에 현실주의적 문학작품을 창작하려면 반드시 "인생과 밀착되어야 했다." 신문학은 '현실 생활'에서 나온 주제와 교감해야 할 뿐 아니라 독자의 문학 수준과 계급 배경에 고개를 돌려야 한다. 바로 이럴 때 백화문학이 비로소 문인학사가 짓고 또한 그들만 향유하는 구문학과 진정으로 구별된다. 뤄자룬은 한 걸음 더 나아가 다음과 같이 지적하였다. "백화의 '백'은 '대사'(說白)의 '백', '흑백'(黑白)의 '백'일 뿐 아니라 '결백하다'(淸白)의 '백'으로 마땅히 노동 대중의 언어이다."[130]

백화와 평민을 함께 연결한 것은 학생 세대의 독자적인 통찰력이었다. 그들은 그런 연후에 이러한 통찰력을 사회적 실천에 적용하였다. 1919년 3월, 신조사의 회원이 쉬더헝과 덩중샤 등 동기와 합작하여 "베이징 대학 평민교육 강연단"을 결성하기로 결정하였을 때 5·4운동의 무대는 이미 완전히 세워졌다. 이 강연단은 학생들로 하여금 신문화관과 백화문을 충분히 사회로 전파하게 해주었다. 그들은 신문학이 관화(官話)에 지나치게 얽매이는 것보다 그리고 낡은 문언문보다 훨씬 더 활력 있고 인문주의적 경향을 지닌다고 주장하였으나, 후스와 천두슈 같은 스승들은 그들의 제의를 억눌렀다.[131] 다른 한편으로 젊은 세대는 사회를 향하여 백화의 무시무시한 도전보다 더욱 심층적이고 폭발력을 지닌 평민에 대한 공포를 보여주었다.

이들 학생이 힘써 시도한 작업이 단지 문인들의 읽을거리만 생기가 나도록 한 것은 아니었다. 그들은 갖은 방법으로 새로운 유형의 지식인의 언어와 사상을 구훙밍과 같은 문인들이 생각하기에 교육할 수 없다고 여기는 사상과 침묵이 없는 "날품팔이·마부·운전수·점원" 등에게 전달하였다. 그러나 그들이 이렇게 할 때 베이징 대학 문학혁명이 대학 주변의 길거리와 시골까지 파급되어 조만간에 그들이 사회상 우월한 지위를 향해 도전할 것이라고는 예견하지 못하였다. 그들은 어떠한 계급의식의 예감도 없이 그들보다 앞서 등장한 사대부의 우선권을 기꺼이 질책하였다. 1919년 10월에 쉬더헝이 평민교육 강연단의 연설에서 명백히 표명하였듯이, 장차 평민을 교육하고 일깨우며 동원해야 할 사람들은 반드시 오랜 세월에 걸친 평민의 낙후 상황을 진지하게 바라보아야 했다. "이 관료사회 속에서 일반적인 보통 사람은 단지 얼이 빠진 채 대인 나리들이 시키는 대로 할 수밖에 없다. 그러므로 심부름꾼·인력거꾼·날품팔이만이 있었고 평민단체가 출현하였다는 말은 들은 적이 없었다. …… 원래 사회가 진보하지 않는 것은 단지 일반인의 지식이 진보하지 않은 것이다. 지식이 진보하지 않는 원인은 원래 교육이 보급되지 않은 것에 있지만, 지식을 지닌 소수는 여태까지 자기 계급의 제도만 지키고 그의 지식을 평민에게 전수해주지 않는다."[132]

"지식을 평민에게 전수하기로" 결정한 베이징 대학 학생은 언어를 전달의 매개로 삼아 확실히 그렇게 실천하였다. 이 과정에서 그들은 그람시가 이름 붙인 역사 전환기의 "게으름을 피우지 않는 조언자"가 되었다. 그러나 다른 사람을 설득하기 전에 그들은 "여태까지 들은 적이 없는" 사람에게 말을 걸고 그들에 관해 이야기해주고 그들을 위해 말해주는 것이 사실상 가능하고 심지어 필요함을 반드시 스스로 믿어야만 하였다.

베이징 대학 평민교육 강연단

1919년 5·4시위 전 두 달 동안 일군의 베이징 대학 학생이 평민을 대상으로 강연을 하였다. 이에 앞서 문학혁명을 둘러싼 논쟁과 신과 구의 전투는 줄곧 교내의 기간(期刊) 잡지와 교외의 호기심이 많거나 억압받는 지식인 안에서만 국한되었다. 학생 강연단이 구성됨에 따라 이러한 논쟁은 지식인 그룹을 뛰어넘었고, 아울러 그 내용은 평민과의 교류로 인하여 변화하였다. 만약 스승들의 지지와 지도가 없었더라면 젊은 세대는 아예 캠퍼스를 나갈 수 없었을 것이다. 그러나 학생들이 가두 강연에 나가길 원하지 않았다면 스승들의 관점은 아마도 보수 지식인의 소란에 파묻혀버렸을 것이다.

강연단에 참가한 학생은 처음에는 서로 신임하지 않았다. 문화상 급진적인 신조사 구성원은 그들의 목표가 1918년 겨울부터 1919년까지 국민사(國民社)를 건립하고 『국민』을 창간한 적극분자 단체와 일치한다는 사실을 발견하지 못하였다. 그들은 자신과 동포들이 봉건주의 정신의 속박에서 깨어나도록 힘을 기울였다. 다른 한편 국민사의 학생들은 문화적 반전통주의자를 민족 구원의 장애로 여겼는데, 중국에 정치가 필요한 시국에 그들은 오히려 중국의 정신적 폐단에 주의력을 집중하였기 때문이었다. 국민사의 회원은 그들이 1918년 5월 반일(反日) 항의의 선봉에 선 것을 자랑스럽게 여겼다. 그 당시 활동 과정에서 베이징과 톈진의 몇 개 대학에서 온 학생들은 중국 총통에게 청원서를 전달하려고 시도하였다. 이 항의는 실패하였고, 베이징 대학은 이들 적극분자를 문책하기로 결정하였다.

국민사의 적극분자는 민족을 구원하는 사업에 헌신하여 처음부터 『신청년』과 『신조』가 제창한 계몽운동과 다른 견해를 견지하였다. 국민사의 창시자 가운데 일원이었던 장궈타오(張國燾)의 말을 빌리자면, 이 단체의 성원은 "모든 학생 단체는 전부 마땅히 구국운동에 투입해야 하며, 구국은 다른 어떤 일보다 중요하다. 가장 완고한 보수파에서 무정부주의자에 이르기까지 저마다 모두 단결하여 나라를 구해야 한다. 구국이 최우선이다!"[133]라고 여겼다.

1918년 겨울에서 1919년 초까지 '전체' 학생 모두가 이 사업에 종사하지는 않았다. 리다자오—그는 천두슈에 비해서는 애국 감정에 덜 회의적이었고, 루쉰에 비해서는 민족성에 대하여 번뇌가 덜하였다—와 같은 스승들은 국민사의 활동에 관심을 가졌다. 젊은 미술 교수 쉬베이훙(徐悲鴻)은 『국민』을 위하여 표지를 디자인하였는데, 사색하는 젊은이가 손바닥으로 아래턱을 받치고 있는 모습은 민족 운명에 대한 우려와 미래를 향하는 결심이 충만하였다. 베이징 대학 교장 차이위안페이는 서문을 써서 이 잡지가 "정확"·"순결"·"풍부"를 이뤄내길 희망하였다.134)

차이위안페이의 희망과 리다자오의 지지, 쉬베이훙의 그림으로 인하여 사람들은 아마 자아 형상과 목적에서 『신조』와 『국민』이 별로 다르지 않다고 느꼈을 것이다. 그러나 실제로 『국민』의 창립자는 처음부터 『신조』의 목표에 반대했다. 덩중샤는 그들의 취향을 대표하는데, 푸쓰녠이 문학과에 들어온 지 1년 후 곧 1917년에 덩중샤가 베이징 대학에 들어왔다. 그는 언제나 『대역사학가록』(大歷史學家錄)과 『자치통감』(自治通鑑)을 가지고 다녔다. 서법(書法)을 고수하면서 동시에 계몽운동에 대한 반감을 견지하였던 그는 1918년 반일애국운동에 휘말렸다. 이후 얼마 가지 않아 그는 국민사의 핵심 인물 가운데 일원이 되었다.

국민사 구성원은 '구국'은 최우선의 선택일 뿐 아니라 유일한 행동이라고 여겼다. 국민사 발기인 가운데 한 명인 쉬더헝은 "『국민』은 1918년 반일운동이 고조에 달하였을 때 창간되었다. …… 간행물을 내는 경비는 학생과 학생운동을 동정하는 교원 및 사회인사가 기부하였다. …… 『신조』는 『국민』보다 영향력이 크다. …… 5·4 이전에 우리와 푸쓰녠은 서로 뜻이 맞지 않았고 …… 5·4 이후에야 비로소 통일하였다. 5·4 이후, 천두슈가 우리가 일으키는 학생운동을 찬성하여서 천두슈에 대한 우리의 태도도 바뀌었다"135)고 회고하였다.

장궈타오와 마찬가지로 쉬더헝의 회고는 부분적으로 맞을 뿐이다. 두 사람 모두 이후의 사상과 신념에 근거하여 5·4운동의 사회적 의의를 강조하였다. 그들의 회고는 5·4 이전에 신조사 구성원과 합작에 관한 어떠한 언급도 하지 않았고, 특히 평민 교육 강연단 방면은 눈에 띄게 빠져 있었다.

사실상 1919년 3월까지 신조사와 국민사의 회원은 한때 강연단 발족을 위해 공동으로 조직을 구성하였다. 이러한 연계가 존재하였다는 것은 5·4 시기에 지식과 행동 사이에 통일이 이루어졌음을 설명하며, 더욱 정확하게는 이론가와 실천가 사이에 공통적 기초가 있었음을 설명한다. 신조사와 국민사 및 강연단의 구성원이 부분적으로 중복된 것은 중국의 새로운 유형의 지식인들이 공동 신념을 소유하였음을 암시한다. 일부 사람들은 이러한 신념을 무시하거나 왜곡하였으며, 그들은 언제나 5·4의 '이론가'는 한 일이 별로 없었다거나 아니면 '실천가'들은 이처럼 행동만 중시해서 지식에 무관심하거나 경시하였다고 비판하였다. 그람시의 견해에 따르면, 부지런한 설득자는 필히 지식과 행동을 겸비해야 한다. 바로 이 때문에 1919년 3월에 국민사와 신조사의 회원은 합작을 하기 시작하였다.

5·4시위 전 두 달 동안에 국민사의 덩중샤, 랴오수창(廖書倉), 장궈타오, 쉬더헝 등 지도자들은 애국 행동의 좌절을 경험하고 만약 더욱 광범위한 국민각성운동이 일어나지 않는다면 중국 민족은 굴욕을 면할 길이 없다고 인식하였다. 이러한 인식에 뒤이어 계몽 지식인이 제창한 문학혁명에 대해서도 흉금을 열어놓게 되었다. 동시에 신조사 지도자 가운데 예를 들어 뤄자룬과 캉바이칭은 이미 신문화운동의 대상을 좁게 잡으려는 미몽에서 점차 깨어났다. 그들은 좁은 테두리를 넘어 계몽에 대한 주장을 중국 사회에 충분히 주입하고자 갈망하였다.

신조사의 창시자 가오위안(高元)——그는 이어서 강연단 창립자 중의 일원이 되었다——은 이들 지식인의 각성을 가장 분명하게 표명하였다. 국민사와 합작하기 전야에 『신조』에 발표한 「비밀주의를 비판함」(非秘密主義)이라는 글에서 그는 남녀 사이와 국가의 관민 사이 및 민족 사이에 신비주의에 치우친 중국의 사회적·정치적·문화적 사악함을 거슬러 올라가며 설명하였다. 마지막에 그는 격정에 차서 주장하였다. "비밀의 발생은 불과 한 사람 혹은 한 단체가 그들 자신의 이익을 도모해서이다. …… 우리 인류는 상부상조해야 사회에서 정당한 생활을 발전시킬 수 있다. 무릇 남을 해치는 이기적인 비밀 행위는 모두 잘못된 것이며, 상부상조주의는 일이 생기면 모두 함께 의논하므로 비밀주의는 무너질 수밖에 없다"[136]고 하였다.

"모두 함께 의논하는" 것을 베이징 대학 학생들은 1919년 봄에 확실히 실천하기로 결심하였다. 중국 사회에서 매우 성행한 "자기 이익 도모"를 폭로하려는 공통된 갈망은 국민사와 신조사의 지도자들로 하여금 새롭게 이 강연단을 조직하도록 만들었다. 쌍방은 '강연'이 더욱 효과적으로 각자 동아리의 목표를 촉진하리라고 믿었다.

베이징 대학의 평민교육 강연단은 3월 26일의 『베이징 대학 일간』을 통해 창립을 선언하였다. 이 선언은 신조사의 선언과 일치하였으며, 학생들이 "베이징 대학 정신"을 전파할 것을 주장하였다. 그들 이전의 신조사 회원과 마찬가지로 이 강연단의 창립자 역시 전례가 없는 어휘를 사용하여 그들이 사회를 향해 "베이징 대학 정신"을 충분히 전파할 권리가 있다고 천명하였다.

이는 또한 차이위안페이가 『국민』의 서문에서 희망한 "오직 한마음으로 학문을 탐구한다"는 것과 3개월 전 『신조』 발간사 중의 "객관적 회의정신"과는 거리가 매우 멀었다. "교육에는 두 종류가 있다고 들었다. 하나는 사람이 학문을 찾아가는 교육으로 학교 교육이 이것이며, 다른 하나는 학문이 사람을 찾아가는 교육으로 노천 강연과 출판물 발간이 이것이다. 공화국은 평민교육을 기초로 한다. …… 학교 교육을 부잣집 자제만이 누릴 수 있고 가난한 집 자제와 생계 때문에 중도에 학업을 포기한 자는 그러지 못한다면 …… 공화라는 국체는 근본부터 흔들린다. 보완책이 무엇인가? 노천 강연이라고 하겠다. …… 베이징 대학은 따라서 평민주의 대학의 표준이 된다. 평민주의 대학은 평민주의의 실천을 중시하므로 평민교육을 숭상한다."[137]

베이징 대학이 평민주의 대학이 된다는 발상은 신기하였지만(그리고 사실이 아니었다), 강연단의 활동 형식과 내용은 오히려 매우 평범하였다. 베이징 대학 학생이 일요일 오후에 가두에 나서기로 결정하기 전 몇백 년 동안 공자를 숭상하는 신사들은 이미 '향왈'(鄕曰)에 종사하였다. 향왈은 국가에서 안배한 정기적 향촌 강좌로, 평민에게 가문의 권위에 복종하여 도덕적이고 평화롭게 생활하도록 권면하는 것이 목적이었다. 향왈은 문맹자의 의식형태를 통제하려고 17세기에 형성되었으며, 이 제도는 평민의 훌륭한 스승이 되는 지식인에게 도움을 청하였다.

  베이징 대학 학생들이 옛날 신사와 마찬가지로 창파오(長袍)를 입고 촌민에게 말을 걸면 몇백 년 전 문인학자와 마찬가지로 알아듣지 못하였지만, 그들이 1919년 5·4 이전에 가두로 나섰을 때는 근본적으로 사상이 달라져 있었다. 그들은 국가의 제약을 받지 않았으며, 따라서 그들은 국가에서 제청한 전통적 충효 형식을 최대한 파괴하였다. 공자를 숭상하는 학자는 '미덕'에 맹목적으로 순종할 것을 고취하였으나 신조사와 국민사의 구성원은 이에 대립되는 주장을 펼쳤다.

  중국에 새로운 문화가 필요하다는 관점이 받아들여진 이후, 강연자들은 실제로 이미 계몽 잡지에서 수없이 토론된 문제들을 거리로 들고 나왔다. 이에 따라 우리는 1919년 4월 3일에 이미 '남녀 문제'와 중국 문제의 근원이 되는 가족제도에 관하여 많은 글을 쓴 뤄자룬이 베이징 길거리에서 "가정 개량"이란 제목으로 강연을 하는 모습을 보게 된다. 그 다음 날 이전에 신문화운동에 반감을 품은 덩중샤가 "가정제도"라는 강연을 하였다. 4월 5일에 덩중샤는 또 "현재의 황제는 재수가 없다"는 연설에서 군중 사이에 성행하였던 황제를 숭배하는 작태를 공격하고 나아가 계몽사상을 지지하였다.[138]

  학생들은 정기 간행물과 베이징 대학의 담장 안에서 길거리로 "근로와 지식"——쉬더헝의 4월 3일 연설 제목——처럼 비유학적(非儒學的)인 것을 가지고 나왔다. 이러한 문제는 구파의 신사들에게는 아주 생소하기도 하였지만 동시에 그들로 하여금 중국에 새로운 유형의 신형 지식인이 이미 등장하였음을 인식하게 하였다. 그들 이전에 교육을 받은 사람은 늘 자신이 노동자보다 훨씬 더 고귀하다고 생각하였다. 학생 강연자들이 길거리로 나와 이성적 비판을 제창하자 그들이 '이것은 우리 같은 사람들이 받아들일 수 없다'고 생각한 것은 필연적이었다. 학생들이 모든 사람은 독립적으로 사고하고 전통 가치에 대해 재평가를 진행할 능력이 있다고 논증하였을 때, 이들은 사실상 보통 민중의 이성적 비판력에 호소하였으나 사실은 천몇백 년 동안 민중은 우매하고 위험하다고 여겨왔다. 민중의 이성적 비판력을 기대하는 호소는 또한 그들의 오래된 신앙까지 건드렸다. 민중을 각성시키는 일에 주력한 강연자들이 점차 평민의 낡은 사상과 습관을 향하여 포문을 열기 시작한 것이었다. 캉바이칭과 위펑보 등의 인물이 강연단을 따라 길거리에 나서서 '미신'과 '공상 타파'[139] 등의 주제를 강연할 때 계몽운동은 이미 각 방면에서 5·4운동을 폭발시킬 준비를 완료하였다.

이에 따라 복잡한 세대 간 합작과 논쟁을 통하여 새로운 유형의 지식인(그람시의 말을 빌려)이 중국에 등장하였다. 1917~19년 동안 스승과 제자 모두 사회적인 공개 언행 더욱이 그들 사이의 합작과 모순 관계에서 그들의 동일성을 확정하였다. 그러나 바로 그들이 중국 문화의 계승자였고 매우 긴밀하게 그들의 언어와 문제가 동일하였기 때문에 그들은 사람들이 '말하고' '쓰는' 습관적 요구를 바꾸려고 시도하여 더욱 광범위한 사회변혁의 촉매제가 되었다. 그들은 당시 중국 사회 안에 아직 각성하지 못한 사람들의 자아의식을 일깨웠다. 공개적으로 그들 자신의 학식에 한계가 있다고 공개적으로 고백함으로써 그들은 유학사회 문인학자의 회의할 수 없는 권위를 향해 도전장을 던졌다. 마지막으로, 그들 자신이 받았던 교육을 바탕으로 그들은 지혜의 열매를 문인학자들에게 천시를 받았던 민중들에게 전달할 수 있었다.

만약 독특한 신념이 없었다면 비록 훌륭한 목표와 조직력이 있었다고 할지라도 베이징 대학 학생들은 기껏해야 전통적 개혁자가 될 뿐이었다. 그러나 바로 새로운 유형의 지식인 집단 가운데 한 세대 또 한 세대의 계몽에 대한 추구가 그들의 성공을 보증하였다. 문화유산의 상처를 잘라내려는 절실한 염원이 없었다면 그들은 아마 동포들의 정치 고질병을 진단하는 것은 물론이고 치료는 생각조차 못하였을 것임은 더 말할 필요가 없다. 〔장창호 옮김〕

- 舒衡哲, 『中國的啓蒙運動―知識分子與五四遺産』, 山西人民出版社, 1989, 第1, 2章.

주註

1) J. 마리아스, 『세대 사이: 하나의 역사 방법』, H. C. 拉萊 譯, Alabama, 1970, p. 161.
2) 周策縱, 『五四運動: 現代中國知識分子的革命』, Stanford, 1960, pp. 64~67.
3) 梁啓超, 「歐游心影錄節錄」, 『飮氷室文集』, 上海, 1925, 第72卷.
4) 魯迅, 「吶喊自序」, 『魯迅選集』, 北京, 1980, 第1卷, pp. 37~38.
5) 魯迅, 「阿Q正傳」, 위의 책, p. 54.
6) 『五四愛國運動資料』, 北京, 1959, pp. 9~39 참조.
7) 周策縱, 위의 책, pp. 106~07.
8) 쉬더헝(許德珩)이 1983년 5월 26일에 베이징에서 저자와 나눈 대화.
9) 傅斯年, 「中國文藝界之病根」, 『新潮』, 第1卷 第2號(1919. 2).
10) A. G. Müller, 『중화민국의 민족주의 투사: 푸쓰녠(傅斯年) 전기를 배우다』, 멜버른 대학 역사과 철학박사 논문(1979. 2), p. 43.
11) 楊振聲, 『中國文學家辭典』(現代), 第2集, 北京, 1979, p. 344.
12) 위의 책, p. 345.
　　이 책에는 이러한 인용문이 없다. 여기서는 楊振聲의 「回憶五四」(『人民文學』, 1954. 5)에 의거하여 번역 교정하였다―엮은이 주.
13) 위의 책, p. 346.
14) 周策縱, 위의 책, pp. 136~37 참조. 량수밍(梁漱溟)은 1919년 5월 18일 『매주평론』(每週評論)에 글을 발표하여 학생운동에 대하여 이의를 제기하였다.
15) 쉬더헝이 1983년 5월 16일에 저자와 나눈 대화.
16) 許德珩, 「五四運動六十周年」, 『五四運動回憶錄』(續), 北京, 1979, pp. 51~52.
17) 18) 위의 책, pp. 53, 54.
19) 兪平伯, 「五四六十年紀念憶往事十章」, 『戰地增刊』, 1979, 第3期.
20) 위핑보(兪平伯)가 1981년 6월 20일에 저자와 나눈 대화.
21) 朱自淸, 「氣節」, 『朱自淸文集』, 香港, 1964, pp. 192~93.
　　『知識與文化』第2期(1947. 5. 1)에 실린 주쯔칭의 「논기절」(論氣節)을 근거로 번역 교정하였다―엮은이 주.
22) 羅家倫(毅), 「五四運動的精神」, 『每周評論』, 1919. 5. 23, 第1版.
23) 陳獨秀, 「我們究竟應不應該愛國」, 『獨秀文存』, 第1卷, 上海, 1922, pp. 648~49.

24) 25) K. Mannheim,「세대 간 문제」,『認識社會學文集』, New York, 1952, p. 291.
26) J. 마리아스, 위의 책; R. Wald,『1914년 그 세대』참조.
27) 李澤厚,『中國近代思想史論』, 北京, 1979, pp. 470~71.
28) F. Wakeman,「자주의 대가: 명·청 정치 중의 지식인」, *Daedalus*, 1972, 春季號 참조.
29) A. Gouldner,『지식인의 미래와 새로운 계급의 부상』, New York, 1979, p. 34.
30) P. Cohen,『전통과 근대 사이: 왕타오(王韜)와 만청(晚淸) 개량』, Massachusetts, Cambridge, 1974; B. Schwartz,『부강 모색: 옌푸(嚴復)와 서방』, New York, 1969 참조.
31) 1902년, 차이위안페이(蔡元培), 천두슈, 루쉰과 마쉬룬(馬敍倫)은 일본으로 유학 갔다가 훗날 모두 베이징 대학에 들어갔다. 1905년에 우위(吳虞)와 저우쭤런(周作人)이 일본으로 갔고, 첸쉬안퉁은 1906년에 일본으로 갔다. 장멍린은 1907년에 일본으로 갔다. 빈곤한 농민 가정 출신인 리다자오(李大釗)는 1923년이 되어서야 일본으로 건너갔다. 일본에서의 경력은 그들이 혁명으로 전향하는 촉진제가 되었다. 차이위안페이는 훗날 다시 독일과 프랑스로 가서 공부하였다. 젊은 교원 가운데 류반능(劉半農)은 1919년 이후에야 외국으로 나갈 기회가 있었고, 그러므로 학생 세대가 받은 교육 모델과 더욱 밀접한 관계가 있었다.
32) 汪叔潛,「新舊問題」,『新靑年』, 第1卷 第1號(1915. 9).
33) E. H. Erikson,「인간의 8단계 시기」,『아동기와 사회』, New York, 1963, p. 248.
34) W. R. 포레스터가 번역하고 서문을 단『메이로쿠잣시』, Massachusetts, Cambridge, 1976 참조.
35) 37) 張灝,『梁啓超與中國知識分子的轉變, 1890~1907年』, Massachusetts, Cambridge, 1971, p. 144.
36) W. R. 포레스터, 위의 책, p. 18.
38) 위의 책, p. 38.
39) 일본『신조』에 관한 토론은『明治時期的日本文學』, 東京, 1968, pp. 64, 581~608 참조; 뤄자룬이 중국『신조』에 남긴 작용은 Müller, 위의 책, p. 26 참조.
40) 福澤諭吉,『鼓勵求學』, 東京, 1969, pp. 24~25.
41) 張灝, 위의 책, pp. 192~93.
42) C. T. Hsia Tzu-ch'ing(夏志淸):『作爲新小說倡導者的嚴復和梁啓超』; 리케트

(Adele Austin Rickett) 編, 『從孔子到梁啓超: 中國文獻入門』(*Chinese Approaches to Literature from Confucius to Liang Ch'i-Cháo*), Princeton, 1978, pp. 222~23.

43) 佐藤森一, 「清末啓蒙思想的産生」, 『國家學會』, 第92卷, 第5~6期(1979), pp. 1~58. 사토 교수는 이 글에서 일종의 새로운 철학이 청말 중국에서 발전하여 유가 세계관이 분화한 것을 분석하였다.

44) E. P. Young, 『홍헌(洪憲)황제: 근대화의 보수주의자』, C. Foss 篇, 『변혁의 국한: 중화민국 보수 선택 관련 논문집』, Massachusetts, Cambridge, 1976, pp. 174~75 참조.

45) 李澤厚, 『革命者與思想家章太炎』에서 인용, 亞洲硏究協會年會論文, Chicago, 1982. 4.

46) 위의 글.

47) C. Foss, 「叛逆的哲人: 章炳麟的內心世界」, 위의 책, pp. 122~23.

48) N. Figg, 『陳獨秀和中國革命的崛起』, Michigan University 歷史哲學博士學位論文, 1978, p. 42.

49) 陳獨秀, 「吾人最後之覺悟」, 『獨秀文存』, p. 49.

50) 위의 글, p. 55.

51) Immanuel Kant, *Was ist Aufklärung?*, H. Reiss 篇, 『康德政治手稿』, London, 1970, p. 54.

52) 이 글은 Maurice Meisner, *Li Ta-Chao and the Origins of Chinese Marxism*, New York, 1967, pp. 21~26에 상세한 설명이 있다.

53) 肖超然 等, 『北京大學校史1898~1949年』, 上海, 1981, p. 7 轉引.

54) 위의 책, p. 6.

55) 나에게 정위량이 경사대학당에 새로운 교학 내용을 도입하였다는 주장을 주목하도록 한 존 킹 페어뱅크(John King Fairbank)에게 감사드린다. 당시 중국 측에서는 이것을 중시하지 않았다.

56) 『北京大學校史 1898~1949年』, pp. 9~11.

57) Benjamin Schwartz, *In Search of Wealth and Power: Yen Fu and the West*, Massachusetts, Cambridge, 1964, Chapter 3~4.

58) 위의 책, pp. 172~73.

59) 펑유란(馮友蘭)과의 대화(1980년 3월과 1981년 6월)로 나는 옌푸의 역저가 5·4지식인에게 끼친 영향을 주목하게 되었다. 펑유란 본인이 이 저작들을 접촉한 정황은 『20세기 중국 지식인을 말한다』 제1권 제2장에 보인다.

60) 61) 『北京大學校史 1898~1949年』, p. 37.

62) 嚴復,「上大總統和教育部書」,『北京大學校史 1989~1949年』, pp. 27~28에서 인용.
63) 嚴復,「論北京大學不可停辦說帖」, 위의 책, p. 28.
64) 沈尹默,「我和北大」,『五四運動回憶錄』(續), p. 158.
65) 北京大學校史檔案, 미출간.
66) 『五四運動: 現代中國知識分子的革命』, p. 47.
67) W. Duke,「차이위안페이: 근대 중국의 교육가」,『펜실베이니아 대학교 연구』, 第41期, 1977 참조.
68) 蔡元培,「五四前後的北大」,『新文學史料』第3冊(1979. 5), p. 15.
69) 蔣夢麟,『來自西方的潮流』, 紐黑文, 1947, p. 116.
70) 1983년 2월에『인민일보』(人民日報)에서 수많은 지식인이 차이위안페이를 회고하는 글을 실었다. 특히 唐振常,「蔡元培先生紀念結束後」(『인민일보』, 1983년 2월 28일자, 제5판)가 대표적이다.
71) 「我和北大」,『五四運動回憶錄』(續), p. 161.
72) 馮友蘭,「哲學回憶錄: 我在二十年代」,『中國哲學』, 第3期(1980. 8), pp. 360~61. 펑유란은 1980년 3월과 1981년 6월 우리와 한 대담에서 이러한 관점을 더 많이 강조하였다.
73) Y. S. 鄧(音), John King Fairbank,「차이위안페이 1912년의 교육 목표관」,『중국이 서방에 대답한다』, New York, 1966, p. 237; 蔡元培,「以美育代宗教說」,『新青年』, 第3卷 第6號(1917. 8).
74) 『北京大學校史 1898~1949年』, pp. 44~45.
75) 당시 사람들의 진덕회에 대한 견해는 康白情,「北京大學的學生」,『少年世界』第1卷 第1號(1920. 1)에 보인다.
76) 『北京大學校史 1898~1949年』, p. 45.
77) 『蔡元培近代中國的教育家』, pp. 54~55.
78) 傅增湘致蔡元培(1919. 3. 26),『五四時期的社團』(二), p. 65.
79) 蔡元培致傅增湘(1919. 4. 2), 위의 책, p. 66.
80) 傅增湘,「教育部嚴禁學生遊行集會咨」,『五四愛國運動檔案資料』, 北京, 1980, p. 183.
81) Antonio Gramsci,「지식인에 관하여」,『옥중수고』(獄中札記選), New York, 1971, Q. Hull & G. N. Smith(trans.), pp. 9~10.
82) J. B. Grieder,『지식인과 근대 중국 정부』, New York, 1981, 앞 두 장, pp. 1~47 참조.
83) 李大釗,「新的! 舊的!」,『新青年』, 第4卷 第5號(1918. 5).

84) 『吳虞』, (미)Howard L. Boorman 篇, 『민국인물전기사전』, New York, 1968. 후스가 序를 쓰고 교정한 『吳虞文錄』에 근거함―엮은이 주.
85) 陳獨秀致胡適, 『胡適來往書信選』, 北京, 1979, 위의 책, p. 6.
86) 陳獨秀, 「敬告靑年」, 『獨秀文存』, pp. 1~2.
87) 高一涵(語罕), 「靑年之敵」, 『新靑年』, 第1卷 第6號(1916. 9).
88) 陳獨秀, 「新靑年」, 『獨秀文存』, pp. 58~59.
89) 위핑보가 1980년 6월에 베이징에서 저자와 나눈 대화.
90) 羅家倫, 「靑年學生」, 『新靑年』, 第4卷 第1號(1918. 1).
91) E. 에릭슨, 「청년: 신앙과 다양성」, 『청년: 변화와 도전』, New York, 1963, pp. 1~19.
92) 93) 陳葛藹, 「新」, 『新潮』, 第1卷 第1號(1919. 1).
94) A. G. Müller, 위의 책, pp. 7~10.
95) Arthur W. Hummel, 『구제강: 한 중국 역사학자의 자서전』, 荣頓, 1931, pp. 6~7.
96) 張申府, 「致胡適」, 『胡適來往書信選』, 위의 책, p. 11.
97) 張申府, 「憶守常」, 『李大釗』, 北京, 1980, pp. 61~66.
98) 100) 105) 「新潮發刊旨趣書」, 『新潮』, 第1卷 第1號(1919. 1).
99) 107) 123) 李小峰, 「新潮社的始末」, 『文史資料選集』, 第61集, pp. 82~128.
101) 傅斯年, 「新潮之回顧與前瞻」, 『新潮』, 第2卷 第1號(1919. 10).
102) 이하의 서술에서 나는 1979년에서 1980년까지 신조사 회원 위핑보, 펑유란, 예성타오, 장선푸와의 대화 가운데 그들이 진술한 회고를 광범위하게 운용하였다. 이 밖에 리샤오펑의 『신조사의 시말』(新潮社的始末) 참조.
103) 李小峰, 『新潮社的始末』. 1980년 6월 예성타오와 작가의 대화.
104) 康白情, 「太極圖與Phallicism」, 『新潮』, 第1卷 第4號(1919. 4).
106) 余裴山, 「致記者」, 『新潮』, 第1卷 第3號(1919. 3).
108) 羅家倫, 「是靑年自殺還是社會殺靑年」, 『新潮』, 第2卷 第2號(1919. 12).
109) 陳獨秀, 「自殺論」, 『新靑年』, 第7卷 第2號(1920. 1).
110) 128) 魯迅, 「對於新潮一部分意見」, 『新潮』, 第1卷 第5號(1919. 5).
111) 傅斯年, 「答魯迅」, 『新潮』, 第1卷 第5號.
112) 辜鴻銘, 「回國學生與文學革命, 識字與教育」, 『密勒氏評論』, 第9卷 第11號(1919. 8. 16), p. 433.
113) 1980년 봄 베이징에서 『5·4계몽운동에서 마르크스주의까지의 전파』(從五四啓蒙運動到馬克思主義的傳播) 저자 잉쉬이(殷敍彝), 딩서우허(丁守和) 교수, 『5·4 이전 50년 중국 지식인이 지내온 길』(五四以前五十年中國知識分子所經

過的道路)의 저자 리칸(李侃) 선생은 나와 함께 대화를 나누었고, 따라서 나로 하여금 5·4 지식인의 자아의식에 주목하도록 만들었다.
114) 역사학자 쑤줘윈(蘇卓雲)(음)이 『변천 중인 고대 중국』(變遷中的古代中國, Stanford, 1960)이라는 책에서 지식인과 귀족 간의 관계 형성을 분석하였다.
115) 胡適, 「說儒」, 『胡適文存』, 第4冊, 上海, 1935, pp. 1~81 참조.
116) 수많은 중국의 근대 계몽선전가는 전국 시대 지식인의 정신이 훗날 지식인에게 자아 해방의 본보기를 제공한다고 보았다. 그들은 고대 '유'의 특징인 '절'(節)을 버리고 '사'의 '기'(氣)를 형성하였다. 이들 '사'는 20세기 지식인에게 '감히 알 것'을 고무하였다. 주쯔칭은 일찍이 다음과 같이 썼다. "기와 절은 원래 거의 두 개의 각기 독립적인 개념이었다. 『좌전』에 '一鼓作氣'라는 말이 있으며 전투를 말한다. 훗날 이른바 '사기'(士氣)가 바로 이 기이며, 말하자면 '투지'이다. …… 절이란 개념도 선진 시대에 있었다. …… 고대에 예악을 중시하였는데, 악의 정신은 '조화'이며 예의 정신은 '절제'이다. …… 청년 시대의 지식인은 …… 전통적 '기절'(氣節)을 무시하며, 특히 그러한 소극적 '절제'를 대체하는 것은 '정의감'이고, '정의감'을 잇는 것은 행동이다. 사실 '정의감'은 '기'와 '절'을 합쳤으며, '행동'은 여전히 '기'이다." 朱自淸, 「論氣節」, 『朱自淸選集』, 香港, 1964, pp. 190~93.
117) 중국 각 계급의 언어 차이 문제에 대한 진일보한 토론은 M. Goldmann 엮음, 『5·4 시기의 중국 근대문학』(五四時期的中國近代文學, Massachusetts, Cambridge, 1977)에 수록된 두 편의 논문 「청대 중국의 교육과 민간 언어문자」(清代中國的教育和民間語言文字)와 「10~20년대의 전통적 시민 통속소설」(一二十年代的傳統市民通俗小說)을 참조하였다. 그람시는 「지식인에 관하여」에서 중국의 상황에 대하여 논하였고, 이러한 논단은 좀 극단적이기는 하지만 역사의 진리적 요소를 포함하고 있다. "중국에서 지식인과 민중 사이에는 정신과 언어 표현 방면에서 모두 뚜렷한 경계선이 존재한다. …… 연구를 진행할 필요가 있는 문제는 사회상 다른 계층 중 특히 승려와 지식인과 민중 사이에 동일한 종교에 대하여 판이한 신념과 방식을 지녔다는 것이다. 이 문제는 각처에서 모두 어느 정도는 존재한다. …… 그러나 그것이 중국에서는 터무니없는 지경까지 이르렀으며, 거기에서 백성의 종교와 책에 실린 것들은 조금도 같은 점이 없었다. 비록 양자의 명칭은 같았지만"(p. 23).
118) 王堯(음), 『中國新文學史稿』(香港, 重版, 1972), p. 34; 고전문학과 속문학의 차이 및 그 영향에 관한 최신 토론은 S. Boswick, 『중국의 교육과 사회 변화』(中國的教育和社會變化, Stanford, 1983) 참조.
119) Ivan Illich, 「방언의 가치」(方言的價値) 참조. *Shadow Work*, Boston, 1981,

pp. 27~52에 수록.

120) 遺生,「時勢潮流中之新文學」,『每周評論』, 第19期(1919. 4. 2).

121) 胡適,「逼上梁山 — 回憶文學革命」,『文化』, 第1卷 第1期(1934).

122) 錢玄同,「中國今後之文字問題」,『中國近代思想史資料』, 北京, 1957, 香港, 재인쇄, p. 19.

124) 傅斯年,「給顧誠吾信」,『新潮』, 第1卷 第4號(1919. 4).

125) 傅斯年,「中國文藝界之病根」.

126) 1980년 3월 베이징에서 주쯔칭의 아들 주차오썬(朱喬森)과 나눈 대화.

127) 兪平伯,「社會上對于新詩的各種心理觀」,『新潮』, 第2卷 第1號(1919. 10).

129) 汪敬熙,「自序」,『雪夜』, 上海, 1925. pp. 1~5.

130) 羅家倫,「駁胡先嘯君的中國文學改良論」,『新潮』, 第1卷 第5號(1919. 5).

131) 고문에 대한 격렬한 비판은 胡適,「中國的文學革命」,『密勒氏評論』, 第8卷 第8號(1919. 4. 19), pp. 279~81 참조.

132) 許德珩,「講演團開第二次大會并歡送會紀事」,『五四時期的社團』(二), pp. 155~56.

133) 張國燾,『中國共産黨的産生 : 1921~1927年』, 第1冊, Kansas, Lawrence, 1971, p. 49.

134) 135) 교원이 국민사를 지지하였던 상황에 관해서는 許德珩,「回憶國民雜志社」,『五四時期的社團』(二), pp. 37~40 참조.

136) 高元,「非秘密主義」,『新潮』, 第1卷 第4號(1919. 4).

137)「北京大學平民敎育講演團徵集團員啓」,『五四時期的社團』(二), p. 135.

138) 강연단 성원이 한 가두연설의 다양한 제목은『五四時期的社團』(二), pp. 142~85에 보인다.

제15장 베이징 대학 교수의 다른 선택
– 루쉰과 후스를 중심으로

● 첸리췬錢理群

다음은 베이징 대학에서 일어난 이야기이다. 얼마나 많은 학생들이 재작년[1998]에 베이징 대학 100주년 개교 기념일 행사에 참가했는지 모르겠지만 당시에 '옛날 베이징 대학의 이야기'를 매우 많이 했었다. 주로 5·4 시기, 즉 베이징 대학이 가장 찬란했던 시대의 이야기를 주로 했다. 내가 보기에 이런 이야기들은 어느 정도 모두 신성화된 것으로 보인다. 그도 그럴 것이, 베이징 대학의 수많은 현실 문제에 직면해서 사람들이 과거의 휘황찬란했던 역사를 논하는 것은 바로 자신의 마음속에 있는 베이징 대학의 이상에 대한 일종의 추적과 방어이기 때문이다. 오늘 계속해서 5·4 시기가 아니라 그 이후 베이징 대학에 대해서 말하려 한다. 이왕 이야기를 하는 김에 내가 우선 적당히 말하면 여러분은 그냥 적당히 들어주기만 하면 된다. 오늘날의 베이징 대학 학생으로서 이전의 5·4 이후 베이징 대학 교수의 서로 다른 선택을 듣는 것도 재미있을 것이다.

5·4 시기 베이징 대학의 교수는 두 파로 구분되었다. 이른바 '신파'와 '구파'이다. 차이위안페이(蔡元培)의 '모든 것을 다 받아들이는' 사상적 지도 아래 두 파는 서로 경쟁하고 제약하면서 어느 정도 균형을 이루고 있었다. 오늘 말하려 하는 것은 신파 교수 내부의 서로 다른 선택이고, 차이위안페이 자신도 그 가운데 말려들어갔다. 또한 베이징 대학 교수의 서로 다

른 선택은 어떤 의미에서 5·4 이후 중국 지식인의 분화를 의미하기도 한다. 5·4 시기의 베이징 대학은 전체 사상문화계의 중심이었으므로 베이징 대학 교수의 분기는 그 영향을 과소평가할 수 없다. 논의는 루쉰과 후스를 중심으로 할 것이다. 그들은 모두 5·4 신문학의 주요 인물로서 청년학생들에게 중요한 영향을 끼쳤다. 그들 사이의 모순과 충돌 역시 물론 특별히 주목을 끈다.

1

그들의 서로 다른 선택에 앞서 나는 5·4 당시에 그들이 어떻게 지냈었는지를 먼저 좀 이야기해보려 한다. 루쉰과 후스를 우선 살펴보기로 하자.

루쉰(魯迅)이 어떻게 베이징 대학에 왔는지를 이야기하려면, 먼저 그와 차이위안페이의 관계를 말할 필요가 있다. 그들 두 사람은 사오싱(紹興)의 어린 시절 동무였다. 차이위안페이의 기억에 의하면, 그가 대략 1907년 독일에서 유학을 하고 있을 때, 처음으로 그 남동생의 편지에서 저우(周)씨 형제의 이름을 알게 되어서 주의를 기울이게 되었다고 했다. 나중에 차이위안페이가 중화민국의 초대 교육총장을 맡게 되자, 그는 쉬서우상(許壽裳)의 건의를 받아들여 루쉰을 교육부의 교육사서로 근무하게 했다. 그러다 나중에 국민 정부가 난징에서 베이징으로 옮겨 가자 루쉰도 함께 베이징에 왔고, 후에 사회교육사 제1과 과장을 맡으면서, 경사(京師)도서관(지금의 중국 국가도서관)을 정돈하고 건설하며 역사 박물관을 계획하고 꾸리는 책임을 맡았다. 또한 차이위안페이의 "미육이 종교를 대체한다"(美育代替宗教)는 사상의 강력한 지지자이자 실천자로서 교육부가 주관하는 '하계 미술 강습회'에서 루쉰은 네 차례 '미술약론'을 강의했다. 마지막 강연을 하던 날 큰비가 왔었는데 루쉰이 가 보니, 듣는 사람이 뜻밖에 한 사람도 없었다. 루쉰은 「미술 보급에 관한 초보적 의견서」(擬傳布美術意見書)를 쓰기도 했는데, 이것은 루쉰 초기 미학사상의 중요한 부분이다. 그 밖에도 루쉰은 전국 아동예술 전람회를 계획하여 실시했다.

1917년 차이위안페이는 베이징 대학을 관장하면서 일군의 교수들을 초빙했다. 저우쭤런(周作人)이 1917년 4월에 베이징 대학에 먼저 부임하여 루쉰의 협조 아래 '유럽문학사' 등의 과정을 개설했다. 1917년 8월, 루쉰은 차이위안페이의 부탁을 받고 중간에 한 사람과 양쪽에 두 사람의 옆모습으로 되어 있는 베이징 대학 학교 배지를 도안해주었는데, 이것은 지금도 쓰이고 있다. 루쉰은 1920년 12월 24일에야 베이징 대학의 강사를 맡았다. 당시에 수업을 겸임하는 교사는 강사만을 담당할 수 있을 뿐 교수로 초빙될 수 없다는 규정이 있었다. 루쉰이 베이징 대학에서 주로 강의했던 두 과목 중에 한 과목은 '중국소설사'(이 과목은 중국 대학 중문과 교육 가운데 그래도 초기에 개설된 것이었다)였고, 나중에 다시 『고민의 상징』(苦悶的象徵)을 주요 교재로 삼아 '문예이론'을 강의했다. 루쉰의 수업은 학생들에게 많은 환영을 받았다. 당시 학생의 기억에 따르면, 해당 과 학생뿐 아니라 타 과 학생들도 모두 와서 수업을 들었는데, 교실 안의 2인용 의자에 늘 서너 사람이 앉아 있었고, 자리가 없는 사람은 서 있기도 하고 창가나 바닥에 앉기도 했다고 한다. 루쉰은 수업 때마다 매번 30분 전에 교직원 휴게실에 먼저 오는 습관이 있었다. 그가 도착하기만 하면 그곳에서 기다리던 학생들이 에워쌌다. 루쉰은 검은 바탕에 붉은 격자무늬의 작은 보따리를 열어 청탁받아놓은 교열 원고와 수정 원고들을 꺼내어 일일이 자세하게 알려주는가 하면, 또 새로운 원고들을 받아놓기도 했다. 수업 종이 울리면 학생들이 떼 지어 둘러싼 채 교실로 들어갔다. 한 학생은 그의 처음 인상을 다음과 같이 기억했다.

　청년들 사이에 키가 작은 한 사람이 끼어 있었다. 아마 중화민국 초기에 '유행했던' 소매가 좁은 두루마기를 걸쳐 입은 중년 남자였을 것이다. 머리는 길었고, 얼굴에는 진지하고도 고달픈 깊은 주름이 새겨져 있었다. 그는 이 학생들을 벗어나 강단으로 걸어갔다. 빛나지는 않지만 무엇인가를 추궁하는 듯하면서도 약간 들어간 두 눈을 들어 점점 조용해져가는 학생들을 아무 소리 없이 천천히 훑어보고 있었다. 이 사람이 진정 중국의 평범하고도 정직하며 엄숙한 남자였다. 이름난 학자처럼 스스로 잘난 체하지도 않고 교수나 신사와 같이 뚱뚱한 풍모도 없었다. 이런 유형을 우리는 『외침』(吶喊)이라는 책 어디서나 찾아볼 수 있을 뿐 아니라, 중국 전역에서도 그 모습을 찾아볼 수 있었다.[1)]

베이징 대학 강단에 편안하게 서 있는 사람은 신사 스타일이 아니고 이름난 학자의 분위기도 아닌 평범한 중년 남성이었다. 그의 수업은 매우 자연스러웠다. 즉 말투는 그침 없이 이야기를 하는 것도 아니고, 큰소리를 지르는 것도 아니었다. 그저 태연자약하게 하나하나씩 말을 해 내려갔다. 가끔씩 우스갯말을 끼워 넣기도 하고, 몇 마디 사담도 하는 모양이 마치 봄날 맑은 하늘 속의 연이나 한 가닥 실처럼 편하게 이야기를 끌어갔다가 어느새 되돌아오곤 했다. 수업 분위기는 부담이 없어서 학생들은 편하게 들었다. 어떤 학생은 이야기를 듣지 않기도 하고 대단히 여유로웠다. 게다가 언제나 사제지간의 즉흥적인 대화를 나눴다. 예를 들어 그가 『홍루몽』에 대해 수업을 다 하고 나서, 내친김에 "여러분은 임대옥(林黛玉)을 좋아합니까?" 물으면, 학생들은 중구난방으로 말을 하기 시작했다. 그러다 어떤 장난스러운 학생이 "선생님께서는 사랑하십니까?" 되묻기도 했다. 루쉰은 아무 주저 없이 "나는 좋아하지 않습니다"라고 대답했다. 학생이 "왜 좋아하지 않으십니까?" 다시 물으면, "나는 그녀가 울며불며하는 것이 싫습니다" 하여 학생들의 큰 웃음을 자아내기도 했다.[2)] 수업 중에는 늘 대단히 심각한 토론을 하기도 하고, 다른 사람이 말할 수 없는 것을 말해서 종종 학생들이 평생 잊기 어렵게 하기도 했다.

당시 루쉰의 강의를 들었던 펑즈(馮至)는 만년에 이르러서도 '전통의 견해와 많이 달랐던' 루쉰의 '적확하고 합당한' 이론을 기억하고 있었다. "많은 역사서의 인물에 대한 평가는 모두 믿을 만한 것이 못 된다. 역대 왕조 가운데 통치 기간이 길고 평론가가 모두 그 시기의 사람이라면 자기 시대의 황제에 대한 태도는 대부분 그 공덕을 기렸다. 반대로 통치 기간이 짧을 경우 그 조대(朝代)의 황제는 '폭군'으로 폄하되기 일쑤였다. 왜냐하면 평론가가 다른 조대의 사람이기 때문이었다. 진시황은 역사적으로 공헌이 있었지만, 진나라 역사가 너무 짧은 까닭에 손해를 보았던 것이다."[3] 이런 담론은 당시에도 놀랄 만한 주장이었을 것이다. 루쉰은 수업 중간에 쉬지 않았다. 수업이 끝나게 되면 학생들이 그를 둘러싸고 이러저러한 질문들을 했다. 예를 들어 한 번은 한 학생이 루쉰에게 "선생님은 작가신데, 글쓰기에 무슨 비법이 있고, 어떻게 글을 쓰시고……" 따위의 질문들을 쏟아부었다. 루쉰은 끝까지 한 마디도 하지 않다가 칠판에 '刪'(삭제하다)이라는 한 글자를 썼다.[4]

베이징 대학에서 똑같이 환영을 받았던 사람은 후스(胡適)였다. 후스의 수업은 또 다른 특별한 분위기가 있었다. 학생의 기억에 의하면, "후 선생님은 키가 크지 않고, 안경을 썼고 두루마기와 양복바지를 입었다. 깨끗하고 단정하였으며 대단히 멋있는 분위기가 있었다"고 했다. 한 학생은 후스 수업 시간이 그에게 남긴 인상을 다음과 같이 말했다.

> 후 선생님이 대중이 많이 모인 공개적인 장소에서 연설을 잘하신 것은 그 연설의 대강이 분명해서가 아니라, 연설가로서 그 눈빛과 자세를 충분히 잘 활용했고, 안후이(安徽) 지시(績溪)의 지방화된 표준어의 높낮이와 변화감을 조화롭고 리드미컬하게 사용했기 때문이다. 게다가 그는 순수한 학자 분위기를 지닌 사람이었고, 말투가 대단히 진지하고 정중하면서 자연스러운 어수룩함이 있었기 때문에 특별히 사람을 감동시킬 수 있었다.

이 학생은 후스 수업의 실제 기록 한 부분을 간직하기도 했다.

> 지금은 『수호전』(水滸傳)을 말하겠습니다. 현재 『수호전』의 이야기는 완전히 4백 년에서 5백여 년에 걸쳐 변화해온 역사입니다. 그것은 처음에 극히 짧디짧은 수많은 이야기가 하나를 이루었습니다. 명나라(명나라 중엽)에 이르러 비로소 전체적인 하나의 큰 이야기가 되었습니다. 이때, 『수호전』의 저본은 100회본도 있고, 120회본도 있었으며, 125회본도 있었습니다. 나중에 다시 100회본, 71회의 이야기로 줄어들었지요. 원(元)나라 극 속의 이규(李逵)는

고상하고 멋이 있어 시를 읊고 산과 강으로 놀러 다닐 수 있었습니다. 이런 모양의 이규에서부터 두 손에 도끼를 휘두르는 흑선풍(黑旋風)의 이규로까지 변했고, 송강(宋江)의 경우는 모든 사람들이 경애하였다가 욕을 먹는 인물로 변했습니다. 이러한 변화는 모두 아주 조금씩 자그마한 차이(variation)에서 비롯되었습니다.[5]

확실히 한마디 쓸데없는 말 없이 뚜렷하고 간결하여 매우 멋들어진다.

당시 루쉰과 후스는 베이징 대학에서 서로 다른 지위에 있었다. 베이징 대학에서 후스는 차이위안페이처럼 모든 것을 주관하지도 않았고 천두슈(陳獨秀)처럼 두드러지지도 않았지만, 그는 확실히 베이징 대학의 중심 위치에 있었다. 베이징 대학의 몇 가지 큰 사건은 모두 그와 관계되어 있었다. 베이징 대학 평의회의 최초 발족 건의, 『베이징 대학 월간』(北京大學月刊)의 창간, 오늘날 우리가 알고 있는 커리큘럼 선택제도 등은 모두 후스가 처음 건의한 것들이었다. 나중에 후스가 베이징 대학 총장이 되면서 지위는 물론 더욱 높아졌다. 게다가 월급도 대단히 높았다. 당시 그는 아내에게 쓴 편지에서, 오자마자 베이징 대학 교수의 가장 높은 월급 280위안(元)을 받았노라고 의기양양하게 말했다.

하지만 루쉰의 상황은 어떠했는가? 그는 미미한 강사에 불과하여, 아마추어 배우가 임시로 전문 극단에 참가하여 연기를 하듯 주변 위치에 머물렀다. 사실상 루쉰은 『신청년』(新青年) 동인 가운데, 전체 5·4 신문화운동 중에서 줄곧 '타국 출신으로 그 나라에서 관리가 된 사람' 정도의 위치에 있었다. 천두슈는 『신청년』에서 저우 씨 형제의 위치와 역할을 객관적으로 평가했다.

루쉰 선생과 그 동생 계명(啓明: 저우쭤런의 필명) 선생은 모두 『신청년』 필진 중의 일원이다. 가장 주요한 필자는 아니지만 발표한 글 역시 적지 않다. 특히 계명 선생이 그러하다. 하지만 그들 두 분은 모두 자기만의 독립적인 사상이 있다. 『신청년』 작가 중의 어떤 한 사람에 부화뇌동해서 참가한 것이 아니기

에, 그들의 작품은 『신청년』 중에서 특별한 가치가 있다.[6]

『신청년』 집단 중에서 저우 씨 형제는 한편으로는 자신의 독립성을 유지했고, 동시에 가능한 한 주동적으로 협조했다. 루쉰의 말로 하자면 바로 '군령'(軍令)에 따랐기 때문에 5·4 시기에 그와 천두슈, 후스, 리다자오(李大釗) 사이에는 모두 일종의 훌륭한 묵계가 있었다. 「나의 절개관」(我之節烈觀)이라는 글은 바로 그가 저우쭤런과 함께 번역한 「정조론」(貞操論), 그리고 후스의 「정조 문제」(貞操問題)와 서로 호응한 것이었다. 루쉰이 5·4 시기에 「우리는 지금 어떻게 아버지 노릇을 해야 하는가」(我們現在怎樣做父親)라는 글을 쓰고, 후스도 「나의 아들」(我的兒子)이라는 시를 쓴 것 역시 서로 호응했다.

> 나는 정말 아들을 원치 않았는데, 아들이 스스로 왔기에
> '무자식주의'(無後主義)라는 간판을
> 지금은 세울 수 없게 되었다
> 마치 나무에 꽃이 피었다가
> 지고 나면 우연히 과실이 열리는 것처럼
> 그 과실이 바로 너고
> 그 나무는 바로 나다
> 나무는 본래 씨앗을 맺을 마음이 없었고
> 나도 네게 은혜라고 할 것이 없었지만
> 네가 기왕에 왔으니
> 나는 너를 부양하고 가르치지 않을 수 없다
> 그것은 나의 인간 된 도리로서의 의미이지
> 너에 대한 은혜와 우의가 결코 아니다
> 장차 네가 크게 되면
> 내가 아들을 어떻게 가르쳤는지 잊지 말라
> 나는 네가 나의 효성스러운 아들이 되기보다는

당당한 한 사람이 되기를 바란다.

여기서 나타내고자 했던 사상이라면 루쉰이 아버지는 아들에게 은혜가 없음을 강조한 것과, 부모가 자식에 대해서 첫째로 이해해야 하고 둘째로 지도해야 하며 셋째로 해방해주어 그들이 "합리적으로 사람 노릇을 하게 하여 행복하게 시간을 보낼 수 있도록" 강조한 것과 완전히 일치하는 내용이다. 그들 상호 관계를 더욱 잘 설명할 수 있는 것은 후스가 『상시집』(嘗試集, 4차 수정본)을 편찬 개정했을 때, 친구 다섯 명을 초대하여 자신의 시들을 가려 뽑게 했던 적이 있었는데, 옛 친구와 학생을 제외하면 저우 씨 형제가 있었다는 점이다. 후스는 일찍이 "내가 아는 '새로운 시인'이라면 후이지(會稽) 출신의 저우 씨 형제 말고는 대다수가 고시나 사(詞), 곡(曲)으로부터 다시 시작한 이들이다"[7]라고 말한 적이 있다. 여기서의 '대다수'에 그 자신도 포함되었다. 신시에 대해 자칭 "마음을 두었으나 창조에 힘이 부족했던" 후스는 일기에서도 저우 씨 형제가 "타고난 재주가 모두 대단하다"고 애써 찬양했고, "루쉰이 감상력과 창작력을 겸비했다면, 저우쭤런은 감상력이 높은 데 비해 창작은 상대적으로 낮았다"[8]고 평가했다. 천핑위안(陳平原) 선생이 말한 것처럼, 후스는 "일은 비중이 있었지만 문장은 가벼웠고" 그의 감상 능력은 충분치 못했다. 이는 그의 소설 연구에도 영향을 끼쳤다. 즉 전체적 기술과 구체적인 작가 작품의 평가 면에서 보자면, 후스는 루쉰보다 훨씬 모자랐다.[9] 그러나 영향 면에서 말하자면, 후스가 더 컸다. 중국 전통소설이 경학(經學)과 나란한 위치에 오를 수 있도록 한 것이 바로 후스의 공로였기 때문이다. 후스가 먼저 선하를 여는 역할을 했다면, 루쉰은 그의 연구 실천인 『중국소설사략』(中國小說史略)으로 후스를 지지했던 것이다. 학술연구뿐 아니라 창작에서도 그러했다. 루쉰은 자신의 공헌이 「광인일기」(狂人日記) 등의 소설 창작으로 "'문학혁명'의 실적을 드러낸" 데 있다고 말했다. 어떤 의미에서 말하면 5·4 문학혁명 중에서 천두슈, 후스는 영향력을 가지고 선두에 서서 외친 창도자라면 루쉰은 가장 뛰어난 실천자로서, 그들은 서로 돕고 보충하였기에 없어서는 안 될 존재들이었다. 5·4 신문학에는 후스도 없어서는 안 되었지만, 루쉰 역시 없어서는 안 될 인물이었다.

우리는 방금 전 루쉰이 주변 위치에서 신문화운동에 참여한 사람에 대해서 싸늘한 눈으로 방관했다고 말했다. 루쉰이 관찰한 후스가 어떤 모습이었는지를 살펴보는 것은 매우 흥미롭다. 루쉰은 류반눙(劉半農)을 기념하는 문장에서 다음과 같이 말했다.

『신청년』은 매호를 출판할 때마다 편집 회의를 개최하여 다음 호의 원고를 의논해서 결정했다. 그 당시 가장 내 주의를 끌었던 것은 천두슈와 후스(이로써 이 두 사람이 중심인물임을 알 수 있다)였다. 그들 각각의 책략을 창고로 비유하자면('사령관'이라면 당연히 '책략'이 있다), 천두슈 선생의 바깥에 깃발이 하나 세워져 있고, 그 깃발에 "안에 있는 것은 모두 무기이니 모두 조심하라!"고 크게 쓰여 있다. 그러나 그 문은 오히려 열려 있다. 안에 몇 자루의 창과 칼이 한눈에 들어오니 경계할 필요는 없다. 후스 선생의 창고는 문이 꼭 닫혀 있다. 문에는 작은 쪽지가 붙어 있다. "안에 무기가 없으니 의심하지 마시오!" 이것은 물론 사실이다. 하지만 몇몇 사람들은, 최소한 나와 같은 사람들은 가끔씩 고개를 갸우뚱하며 생각해보곤 했다. 류반눙은 하지만 '무기'가 있다고 느껴지지 않기에 나는 천두슈와 후스 두 사람에 대하여 탄복하지만 류반눙이 친근하다.[10]

여기서 우리는 루쉰의 싸늘한 방관적 태도를 볼 수 있다. 그의 '얕으면서 맑은' 류반눙에 대한 '친근함'과 '무기'가 있는 천두슈와 후스에 대한 탄복, 그리고 천두슈에 대한 "경계할 필요 없음"과 후스에 대한 "고개를 갸우뚱하며 생각해보는" 태도는 모두 매우 의미심장하다. 특히 후스에 대해서 루쉰은 좀 살펴보고 '생각해보고자' 했다. 이렇게 보고 살핀 후에는 많은 의견 불일치로 이어졌거나 혹은 이후의 여러 가지 불만과 분화가 이미 감추어져 있었다고 말할 수 있다.

2

　지금부터는 본격적 주제인 5·4 이후 '옛날 베이징 대학의 스토리' 속으로 들어가보자.
　나는 '강의 프린트 소동'부터 이야기할까 한다.[11]
　소동은 강의 프린트로부터 야기되었다. 차이위안페이가 베이징 대학을 주재한 후, 교수들에 대하여 수업에 반드시 강의 프린트 배부를 요구했다. 하지만 강의 프린트 배포의 경우에도 루쉰과 후스는 스타일이 달랐다. 학생들의 기억에 의하면, 루쉰의 요강(要綱)은 매우 간단해서 몇 글자 되지 않았지만, 후스의 강의 프린트는 언제나 매우 많은 분량의 참고 목록을 상세하게 기재했다. 이러한 강의 프린트는 물론 학생들의 환영을 받았다. 그러나 시간이 지나면서 학교 측에서는 두 가지 폐단이 있음을 알게 되었다. 한 가지는, 일부 학생들은 강의 프린트만 있으면 시험이 닥쳐도 외우기만 하면 대충 해결할 수 있다는 사실이었다. 이는 게으름을 피우는 학생들에게 기회를 주는 일이었다. 다른 한 가지는 베이징 대학 수업이 언제나 공개되어 있음으로써 야기되었다. 과거부터 현재까지도 지속되어 심지어 전통이 되기까지 했다. 때문에 수업을 들어야 할 학생은 듣지 않고, 듣지 않아도 될(학적이 없기에) 학생들은 오히려 더 열심이었다. 방청을 하는 학생들이 일찍 와서 강의 프린트를 모두 가져가버리면 수업을 듣는 학생들은 정작 강의 프린트를 받을 수가 없었다. 별수 없이 계속해서 인쇄를 하게 되면서, 강의 프린트 비용을 감당해낼 수가 없게 되었다. 이 두 가지 측면을 고려하여 베이징 대학은 차이 총장의 인준을 거쳐 대학 평의회가 결의를 통과시키면 강의 프린트 비용을 받도록 제기했다.
　하지만 뜻밖에도 학생들의 불만이 쏟아져 나왔다. 1922년 10월 17일 오후, 수십 명의 학생들이 학교 본관 건물 앞에 몰려들어 청원 시위를 했다. 차이위안페이 선생이 도착했을 때는 이미 학생들은 해산했다. 이튿날 오전, 또다시 수십 명의 학생들이 총장실로 가서 학교 측의 강의 프린트 비용 수납 취소를 요구했다. 학생들은 갈수록 많이 모여들어 마침내 수백 명에 이르자 질서가 엉망이 되었다. 차이위안페이는 학교 측의 입장에 대하여 해명했다. "강의 프린트 비용 수납은 평의회에서 하는 결정이고, 나는 다만 여러분들의 요구를 평의회에 전달할 수 있을 뿐입니다. 평의회가 마지막으로 결정을 할 것입니다." 그뿐 아니라 그는 잠시 먼저 비용을 받지 않을 것이고, 장차 평의회가 결정을 하게 되면 그때 가서 비용을 받을 것이며, 그 기간의 비용을 차이위안페이 개인이 지불하는 것은 성의를 다하는 것이라고 했다. 그러나 젊고 기력이 왕성한 학생들은 그의 말을 듣지 않고, 그에게 당장 결정할 것을 종용했다. 게다가 말이 갈수록 격렬해지고 극단으로 치달았다. 평소에 온화하던 차이위안페이는 갑자기 크게 화를 내며 써놓았던 문서를 찢어버렸다. 그 자리에 있었던 장명린(蔣夢麟)의 기억에 따르면, 차이 선생은 책상을 치며 일어나 화가 나서 큰소리로 "나는 너희들과 투쟁하겠다!"고 했다. 총장이 학생과 투쟁하려 한 것은 베이징 대학과 중국 교육사에서 이전에 없었던 일이다. 게다가 다음 날 사직을 선포했다. 그는 사직서에서 학생들이 "협박하고 큰소리를 치며 질서라곤 찾아볼 수 없었다. 도를 넘어선 이런 행동이 전국 최고 학부의 학생들에게서 일어난 것은 너무나 안타깝다. 강의 프린트 비용을 받는 것은 아주 작은 일이지만, 학교 기율을 파괴한 일은 실로 크다"고 하면서 "평소에 (학생들의 정신적 수양) 훈련에 아무런 방책이 없었기에" "오직 사퇴하고자 하는 마음뿐"이라고 밝혔다. 곧이어 총무처장과 기타 행정 책임자들이 모두 사퇴를 하고 전체 직원 역시 업무 정지와 사직을 선포하면서 사건이 커졌다.

이렇게 되자 학생들은 회의를 열어서 학교 당국의 태도에 대하여 의논했다. 그 당시 의견은 세 가지로 나뉘었다. 어떤 학생들은 우리 학생들이 다소 과격하긴 했지만 총장이 떠나려 한다면 우리도 만류하지 않는다고 했다. 또 어떤 학생들의 경우는 잘못을 인정하고 차이 총장을 극력 만류해야 한다고 주장했다. 셋째 파의 주장은 조건부로 만류하는 것으로, 그 조건은 강의 프린트 비용을 취소하고 재무를 공개하는 것이었다. 이 세 파는 한 시간 넘게 갑론을 박했으나 아무런 결과를 만들어내지 못했다. 이 역시 베이징 대학의 '전통'이었다. 왜냐하면 훌륭한 토론에도 불구하고 아무런 결실이 없어왔기 때문이었다. 그래서 어떤 학생이 모두 운동장에 가서 각자가 찬성하는 세 줄로 서보자고 건의했다. 당시만 해도 학생들은 민주의 절차를 이해하지 못했고 줄 설 줄도 몰랐기에, 그 결과는 더욱 엉망진창이었다. 하지만 만류와 조건부 만류가 다수를 차지하는 것 같았다. 이리하여 찬성자들은 다시 모여 대표자를 보내 차이위안페이를 만나기로 했다. 그러나 차이위안페이는 그날 당일로 시산(西山)으로 떠나버렸으므로 만나지 못했다. 게다가 교무 회의에서는 이미 이번 소란을 '학생 폭동'으로 규정하고 학생 펑성싼(馮省三)이 "외부의 학생들이 교실에 들어와 구타를 사주"했다고 '즉각 제적'을 결정했다. 동시에 "폭동 책임자의 성명을 확실히 알아내기 위하여 전체 학생이 이번 주 내로 모두 서면으로 학과 주임교수에게 속사정을 미리 알았는지 여부를 밝힐 것을 요구했다. 만약 밝히지 않을 경우, 폭동에 참여한 것으로 간주하여 총장에 의한 규정 징계를 받을 것"임을 선포했다.

 학교 측의 대대적인 압력 아래, 몇몇 학생 지도자들이 대책을 논의했다. 어떤 학생은 위안스카이(袁世凱)를 황제로 칭하자고 권유한 악명 높은 양두(楊度)에게 책임을 전가하자고 했는데, 그의 말인즉 그가 총장이 되고자 하여 그날 떠들던 인파 속에서 자기 사람을 파견해서 분위기를 잡았던 것으로 하자고 전해졌다. 이러한 근거 없는 모함은 분명 정당하지 못한 것이었다. 학생들은 최종적으로 다음과 같은 일치된 결의를 통과시켰다. 즉 "두세 사람의 난동분자들이 다른 목적이 있어 기회를 이용하여 강의 프린트 비용 취소를 요구할 때 여러 가지 일탈 행동을 했다"고 하면서, 이런 이유 때문에 펑성싼을 제적하는 데 동의하며 아울러 "만일 다시 난동 행위를 하는 자가 있을 경우 반드시 모두가 하나 되어 무뢰한을 쫓아낼 것"임을 천명했다. 차이위안페이와 평의회는 이 결과에 대하여 만족스러워했고, 차이 총장은 다시 학교로 돌아오고 이 소동도 모두가 크게 기뻐하는 가운데 일단락되었다.

 오늘날 이 '강의 프린트 소동'을 다시 살펴보면 몇 가지 매우 재미있는 문제를 발견할 수 있을지도 모른다.

우선 5·4 신문화운동 중의 몇몇 주요 인물인 차이위안페이, 후스, 저우씨 형제가 이 소동에 대해 각기 다른 반응과 태도를 보인 것은 매우 의미심장하다고 할 수 있다.

차이위안페이는 사건의 당사자였다. 그의 태도에서 주의할 만한 것은 두 가지였다. 하나는 그가 격분한 가운데 학생과 투쟁하려 한 것은 그의 독특한 사상과 개성을 잘 드러냈다고 할 수 있다. 나중에 그가 학교 전체 회의에서 이 소동을 일컬어 "타인의 인격을 멸시하는 것은 자기 인격을 포기하는" '폭거'라고 칭한 바 있다. 이로써 그가 자신에게 무례한 태도로 압력을 가한 학생들에 맞서 투쟁하겠다고 한 것은 바로 자신의 인격의 독립과 존엄을 지키기 위함이었음을 알 수 있다. 그가 보기에, 그와 학생은 총장과 학생의 다른 신분이 있을 뿐 아니라, 독립적이고 개체적인 인간 사이의 관계로서 피차간에 평등했다. 이런 맥락에서 학생은 자신이 학생이거나 혹은 다수 군중임을 내세워 그를 공격할 권리가 없으며, 그 역시도 자신의 학생을 포함해서 어떤 측면에서 오는 압력에도 굴복하지 않았을 것이다. 차이위안페이의 이런 태도는 분명 감명을 줄 만한 힘이 있다. 그러나 차이위안페이는 어디까지나 평범한 개인이 아니었다. 그와 학교 행정 부처는 학생들의 과격 행위를 '폭동'으로 선포했고, "트집을 잡아 말썽을 피우고 파괴에 의도가 있다"는 등의 죄명을 씌웠다. 충분한 조사를 거치지도 않은 상태에서 펑성싼을 희생양으로 삼아 제적했을 뿐 아니라, 모든 학생들이 속사정을 미리 알았는지를 밝힐 것까지 요구했다. 아울러 사퇴로 위협한 것은 총장의 권력을 이용하여 학생들에게 분명 압력을 행사한 것이었다. 차이위안페이는 일찍이 총장실의 비서 장촨다오(章川島)에게 그가 사퇴를 하는 까닭은 "종이호랑이가 어찌 구멍을 뚫을 수 있겠는가"라는 이유 때문이라고 말했다. 이때 그가 보호하려 했던 것은 개인의 인격이 아니라 총장의 권력과 권위였던 것이다.

이에 대한 후스의 반응은 매우 흥미로웠다. 사건이 발생했을 때, 그는 베이징에 없었다. 그러나 사건이 발생한 후, 그는 즉시 『노력주보』(努力周

報)에 글을 발표하여, 이것은 '소수 학생'의 '야만스러운 난동'이라고 보았고, 또한 "난동분자 몇십 명이 단체 2,600명의 명예를 더럽힐 수 있으니, 전교를 무정부 상태로 빠져들게 한 것은 얼마나 큰 위기인가?"[12]라고 했다. 그러나 개인 일기에서는 학교 측이 "전체 사직으로 기율을 집행하는 무기로 삼은 것"은 "전혀 도리에 맞지 않는다"[13]고 했다. 학내 소동이 가라앉은 후, 전교생 회의에서 후스는 "이번 소동은 완전히 건설적이지 않기" 때문에 이로부터 "건설의 길을 향하게 되면 베이징 대학을 위해서 하나의 신기원을 열 수 있으므로 다시는 강의 프린트 비용과 같은 작은 일에 신경을 쓰지 말기"[14]를 희망했다. 그는 학내 소동을 제도 건설로 이끄는 것을 희망하였다. 나중에 그는 학생들이 자치회를 조직할 것을 제의했다. 각 반 대표가 중의원(衆議院)을 구성하고, 각 과에서 한 사람, 매 학년에서 한 사람씩 참의원(參議員)이 되어 베이징 대학 내부에서 서양의 민주 실험을 실행하여 학생에 대해서 민주적 훈련을 진행함으로써 소수인에게 이용당하는 일을 방지하고자 한 것으로 전해졌다. 이는 전형적인 후스의 사고방식이었다. 그러나 그의 주장은 실제 학교 업무를 맡아보던 총무처장 장멍린의 반대에 부딪혔다. 그는 참의원, 중의원 따위를 만들게 되면 학생들이 더욱 소란을 피울 것이라고 말했다. 펑성싼은 제적된 후, 후스를 찾아와 학교에 돌아와 방청생이 될 수 있도록 도움을 청했지만, 후스는 거절했다. 후스는 펑성싼을 확실히 싫어했고, 그를 난동분자로 간주했기 때문이었다. 어떤 연구자는 후스는 제자의 사상적 이단은 용인할 수 있었지만, 행위 면에서의 과격성은 용납하지 않았다고 말했다. 이는 아마 후스 사상의 실제와 일 처리 원칙에 부합하는 말일 것이다.

가장 재미있는 것은 저우 씨 형제의 반응이었다. 우리는 루쉰과 저우쮜런은 『신청년』 내부에서나 아니면 베이징 대학에서도 모두 '주변 인물'이었다고 말한 적이 있다. 강의 프린트 사건은 본래 그들과 무관했기에 소동이 발생한 과정에서 그들 역시 한마디 말도 하지 않았고, 후스의 "태도를 표명하지 않으면 안 될" 심적 상태와는 완전히 달랐다. 그러나 소동이 지나가면서 총장, 교수, 학생을 포함한 거의 모든 사람들이 모두 좋아하며 아무 일 없던 것으로 여겼지만, 루쉰만은 문제를 제기했다. 그는 1922년 11월 18일, 소동이 끝난 지 한 달 후 『신보부간』(晨報副刊)에 「작은 것으로 큰 것을 본다」(卽小見大)라는 글을 발표했다. 이 글은 이미 사람들에게 까마득히 잊힌 '작은' 일을 붙들고 끝까지 캐묻고 있었다. 즉 강의 프린트 비용 수납 소동은 "유산나트륨의 불꽃처럼 일어났고, 유산나트륨의 불꽃처럼 사라졌다. 그 사이에 펑성싼이라는 한 학생이 제적되었다. 이 일은 대단히 특이하다. 한차례 소동의 발생과 소멸에 뜻밖에 단 한 사람만 관계되었다는 것이다. 만약 진실로 그러하다면 한 사람의 기백이 어떻게 그리 크고, 수많은 사람의 기백은 또 어찌 그리 없을 수 있는가." 이번 소동이 설마 정말 펑성싼 한 사람이 일으킨 것이란 말인가? 루쉰은 의문을 제기했다. 사실 모든 사람은 펑성싼이 희생양에 불과함을 마음속으로 분명히 알고 있었다. 모든 책임을 그에게 떠맡겨 사람들(소동의 장본인인 학생부터 사퇴를 선포한 총장과 교직원에 이르기까지)은 모두 자유롭게 빠져나올 수 있었다. 이는 본래 마음속으로는 알고 있으면서 말을 하지 않는 게임 규칙이었지만, 루쉰만은 감추어진 사실을 끝까지 폭로하려 들었다. 이것이 바로 눈치를 보지 않는 루쉰의 특징이자, 루쉰이 루쉰일 수 있도록 하는 대목이었다.

그는 한 걸음 더 나아가 이렇게 추궁했다. "지금 강의 프린트 비용이 이미 취소되었으니 학생들이 승리한 것이다(사실상 학교 측 역시 승리했다−필자). 그러나 누가 이번 일을 한 희생자를 위해 축복한다는 소리는 결코 들리지 않았다." 다시 말해서 당신들 모두가 만족했다. 학교 측은 학교의 위엄을 보호했기에 만족했고, 학생들은 자신들의 요구를 달성했기에 만족했다. 그러나 당신들은 희생자로서의 펑성싼, 그 개인의 처지와 고통을 생각해보지 않았다. 이것이 바로 문제의 핵심이다. "무릇 제단 앞에서 희생되어 핏방울이 떨어진 후, 사람들에게 남겨진 것은 사실상 '고기 쪼가리를 주워 먹는 일'일 뿐이다."[15] '남겨진 고깃덩어리를 주워 먹는 일'은 바로 중국 고대 제사 이후 제사에 사용된 고기를 나누어 주는 일이다. 군중을 위해서 희생한 사람이 최종적으로 오히려 군중에게 먹힌 것이다. "작은 것으로 큰 것을 본다" 함은 루쉰이 베이징 대학 강의 프린트 소동에서 보아낸 것으로서 바로 이 피비린내 나는 '인육을 먹는 파티'를 뜻했다. 이러한 역사적 비극은 신해혁명 중에 발생한 적이 있었고, 루쉰은 이 때문에 「약」(藥)을 썼다. 그런데 지금, 5·4의 발원지로 불린 베이징 대학에서 다시 그런 일이 벌어졌기에, 루쉰의 우려와 분노 역시 대단히 깊고도 컸던 것이다.

루쉰과 함께 희생된 사람에 관심을 가졌던 사람이라면 저우쭤런밖에 없다. 그가 관심을 기울였던 것은 사건 중에 소홀히 가렸던 진실한 개체적 존재로서의 펑성싼이었다. 그는 나중에 펑성싼이라는 '사람'을 위한 변론의 글을 특별히 썼다. 저우쭤런은 펑성싼을 이렇게 소개했다. "예로센코* 군이 중국에서 길러낸 세 명의 학생 가운데 한 사람이다. 그는 에스페란토어 운동에 매우 열심이었다. 발언이 가장 많았고 대단히 솔직하면서도 거칠었다. 처음 들어본 사람이라면 아마도 좋은 인상이 없었을지도 모르겠다." 그러나 접촉이 많아지면 "그가 나이만 든 어린아이라는 것을 알 수 있다. 그는 이 때문에 늘 사람들의 미움을 샀다. 하지만 나는 그의 귀여운 점도 바로 여기에 있다고 생각했다." 그는 산둥(山東) 사람이다. 그의 말에 따르면 집안은 농사를 지었는데, 다섯 살 때 아버지가 그에게 혼처를 정해버렸다. 그는 결혼을 피하기 위해 베이징으로 도망 나와 품팔이로 공부를 했고, 베이징 대학 불문과 예비반을 다녔으며, 학비를 낼 돈이 없어서 아직까지도 졸업을 못 했다고 했다. 이렇게 가난한 고학생은 강의 프린트 소동이 있던 그날, 교실에서 영어 수업을 듣고 있다가 수업이 끝났을 때 아래층에서 떠드는 소리를 듣고 무슨 일인지 보러 갔다가 얼떨결에 휘말려 들어갔다. 그는 산둥 사나이 특유의 격렬함으로 "우리가 쳐들어가서 그들을 에워싸고 이 일을 해결합시다"라는 선동적인 말을 몇 마디 했는데, 나중에 진짜 주동자는 빠져나갔지만 그는 그때까지도 그곳에서 소리를 지르다가 학교 측과 군중들에게 속죄양이 되고 말았다. 저우쭤런은 펑성싼이

---

*V. Y. Eroshenko: 러시아의 맹인 시인. 일본어와 에스페란토어로 시를 썼다.

그에게 열정적으로 물었다는 기억을 되살려 말했다. "저우 선생님, 제게 어떤 결점이 있다고 보십니까?" 저우쭤런이 대답했다. "네 결점은 바로 사람이 너무 좋다는 거야. 이것 역시 매우 큰 결점이네. 성선설을 너무 믿고 사람들에 대해서 방어 준비가 부족하거든."16)

차이위안페이나 후스의 눈에는 펑성싼은 한 명의 '폭도'였지만, 저우 씨 형제가 보기에 그는 결점이 있는 귀여운 '나이 든 아이'였다. 차이위안페이와 후스가 그를 제적하고 문밖으로 쫓아냈을 때, 저우 씨 형제가 글을 써서 그를 변호한 것은 매우 자연스러운 일이었다. 왜냐하면 그들이 중시한 것은 개체로서의 인간이었기 때문이다. 학생이기에 설령 그들이 잘못을 범했을지라도 이해와 동정적인 태도로 끌어안았던 것이다. 나중에 펑성싼이 에스페란토어 학교를 만들자 저우쭤런은 그가 쓴 『에스페란토어 독본』(世界語讀本)에 서문을 써주었고, 루쉰은 학교의 이사를 맡아주었을 뿐 아니라 1년 넘게 무료 강의까지 해주었다. 재미있는 것은 차이위안페이도 펑성싼 학교의 이사를 맡았다는 사실이다. 이전에 그는 총장의 권위를 보호하고자 펑성싼을 제적했다가 나중에야 아마도 그 내막을 알게 되었고, 그에 대한 동정과 지지를 표시하기 위해서 이사직을 맡아주었던 것이다. 이 역시 마찬가지로 차이위안페이의 사람됨을 잘 드러내준다.

여기서 한 걸음 더 들어가 토론할 수 있다. 강의 프린트 소동은 본래 조그만 사건이었다. 그렇지만 왜 차이위안페이와 후스는 그렇게 심각하게 보았고, 이 사건을 '폭동'이라고 여기면서 이러한 특별한 방법(사퇴로 위협한 일부터 속죄양을 향해 칼날을 휘두른 일까지)으로 그것을 제압하지 않으면 안 되었던 것일까? 이 문제는 차이위안페이의 기본 교육사상과 그 내재적 모순과 여기서 만들어진 5·4 이후의 베이징 대학 학내 모순이라는 두 가지 측면에 대한 심도 있는 고찰이 필요하다.

모두들 알고 있듯이, 차이위안페이는 '교육 구국'의 사상을 안고 베이징 대학에 부임했다. 때문에 그가 베이징 대학 총장으로 취임하면서 한 연설 가운데 우선 언급했던 것이 바로 '대학의 성격'이었다. 그는 "대학이라는 것은 깊이 있게 학문을 연구하는 곳"으로 학생들이 "벼슬을 하고 돈을 벌 생각을 깨뜨리고" "학문의 종지를 끌어안고 배우기 위해 와서", 대학에 다니는 동안 "그 뿌리를 내리고 부지런히 학문에 힘쓰며" "기초를 닦아 각고의 노력으로 학습할 것"17)을 요구했다. 이러한 이념에서 출발하였기 때문에 그는 학생들이 정치에 참여하는 것을 물론 반대했다. 1918년 5월, 베이징 대학과 베이징 사범대학 등의 학교 학생들이 베이양(北洋) 군벌 정부가 일본과 맺은 '중일공동방적군사협정'(中日共同防敵軍事協定)에 반대하여 시위 탄원을 결정하자 차이위안페이는 극력 제지하면서 "여러분이 의견이 있으면 내게 대표를 파견해서 말하면 내가 정부에게 전할 것이오"라고 말했다. 그러나 학생들은 그의 말을 듣지 않고 예정대로 가버렸다. 그러자 차이위안페이는 사퇴를 선포했다. 그가 보기에 대학에서 학생들은 의당 머리를 싸매고 공부를 해야지 정치에 관여해서는 안 되기 때문이었다. 지금 학생들이 공부는 하지 않고 거리 시위에 나섰으니 총장으로서 학생들을 통제하지 못한 것은 실책이므로 반드시 사퇴를 해야만 했다.

그러나 차이위안페이의 교육사상에는 모순이 존재했다. 한 외국 학자는 차이위안페이의 베이징 대학에 대한 기대에 모순되는 두 측면이 있다고 분석했다. 그는 베이징 대학이 "학술 연구에 헌신하고 자기 수양을 하는 봉쇄된 성지"가 되어 사회와 거리를 두고 조용히 학문에 힘쓰기를 바랐다. 그러나 동시에 그는 대학이(특히 베이징 대학이) '사회 지도'의 책임18)을 떠맡을 수 있기를 희망했다. 베이징 대학의 교수들이 『신청년』을 만들고 학생들이 『신조』(新潮)를 창간하는 일을 그가 지지했던 것은 현대 전파 매체들을 통하여 베이징 대학 캠퍼스 내의 사상을 사회 가운데로 전파하기 위해서였다. 그 외에 그는 평민교육을 제창하고 학생들이 학교 밖으로 나가 평민에 대해 선전하고 교육하도록 격려했다. 그는 이런 방식을 통하여 베이징 대학 캠퍼스 문화를 사회문화로 전화시킬 생각이었다. 이 배후의 이념은 바로 지식인은 반드시 국가와 사회에 대해 지도 역할을 해야 한다는 것이었다. 차이위안페이가 보기에 이것이 바로 중국의 '고결한 선비의 전통'이었다. 다시 말해서 "옛날 혼탁한 세상에는 반드시 사상이 고결한 선비들이 있어서 나쁜 풍속과 싸웠다. 예컨대 동한(東漢)의 당인(黨人),

남송(南宋)의 도학(道學), 명말(明末)의 동림(東林)이 그들이었다."[19] 이는 바로 베이징 대학 총장으로서 차이위안페이가 베이징 대학의 학교 문을 닫아걸고 봉쇄된 학술 성지로 삼고 싶은 동시에, 문을 열고 사회에 영향을 주고 싶었음을 뜻한다. 처음에 그는 베이징 대학이 사상·학술·문화 범위 내에 영향을 주고, 사상·문화·학술의 중심이 되기를 바랐다. 가장 좋기로는 정치에 관여하지 않는 것이었다.

그러나 사상·문화·학술은 정치와 때로는 구분하기 매우 어렵다. 예를 들어 유명한 린수(林紓)와 차이위안페이 사이의 논쟁만 해도 순수한 사상·문화·학술 문제인가? 그것에는 분명히 정치적 배경이 있는 것이었다. 학교가 사회에 영향을 끼치도록 하고자 하면서 또 영향을 사상·학술 범위 내로 제한하여 정치와 거리를 두려 한 것은 중국의 현실에서는 거의 불가능한 것이었다. 게다가 더욱 복잡한 것은 가장 관건이 되는 순간에 차이위안페이 자신조차도 학생들을 동원해서 정치에 관여하려 했다는 점이다. 현재 찾아볼 수 있는 자료에 근거하자면, 중국이 파리 평화회의의 외교 담판 가운데 불리하게 되었을 때, 차이위안페이의 평상시 태도가 돌변했다. 그는 1919년 5월 2일, 학생 대회를 개최하여 이는 국가 존망의 중대한 시기이므로 모두가 떨쳐 일어나 나라를 구해야 한다고 호소했다. 그날 저녁, 외교부장은 차이위안페이에게 비밀리에 사람을 보내 당시의 국무총리가 이미 중국 대표단으로 하여금 파리 평화회의에 서명을 하도록 결정했다고 말해주었다. 상황이 대단히 급박해지자 차이위안페이가 취할 수 있는 유일한 방법은 바로 학생들이 일어나 민중을 일깨우도록 하는 것이었다. 그리하여 그날 저녁 학생 대표회의를 소집하여 이 소식을 모두에게 알렸다. 곧이어 그는 다시 베이징 대학 교직원 회의를 소집하여 학생운동을 지지하고 학생들의 행동에 대하여 지장이 없도록 지지할 것을 만장일치로 결정했다. 이는 사실상 학생들의 거리 시위를 선동하는 것이었으며, 마침내 5·4 애국운동이 일어나게 되었다.

어느 면에서 5·4운동이라는 횃불은 차이위안페이가 점화한 것이었다. 비록 이것이 그의 초기 심정과 위배되기는 했지만, 부득이 선동을 하지 않을 수 없었다. 따라서 학생들이 체포되었을 때 차이위안페이가 느꼈을 고통을 충분히 이해할 수 있다. 그는 분명 일종의 양심의 가책이 있었을 것이다. 만일 학생들에게 어떤 사고가 생긴다면 사퇴로만 그칠 일이 아니었기 때문이다. 양식과 책임은 그로 하여금 떨쳐 일어나 학생들을 보호하도록 하게 했다. 그러나 학생들이 일단 석방이 되자, 그는 "공부하되 구국을 잊지 말고, 구국을 하되 공부를 잊지 말자"고 즉각 주장했다. 「베이징 대학 학생과 전국학생연합회에게 알리는 글」(告北大學生暨全國學生聯合會書)에서 그는 "학문 연구를 최고의 책임으로 삼아" "대학을 최고의 문화 중심이 되게 하자"고 거듭 밝히면서, 아울러 학생들에게 다음과 같이 훈계했다. "여러분이 국민을 일깨운 임무는 목표에 도달했고 책임을 다했으니 더 부가할 것이 없습니다." "대다수 국민 정치운동에 참가한다는 이유로 자신의 학업을 절대로 희생해서는 안 될 것"이며, 학생들이 교실로 돌아가 열심히 학업에 매진할 것을 주문했다.[20] 그러나 학생들은 구국을 하라 하면 구국을 하고, 공부를 하라 하면 돌아가서 공부를 하는 것이 결코 아니었다. 차이 총장이 아무리 위신이 있더라도 마음대로 학생들에게 손짓으로 오라면 오고 가라면 가게 한다는 것은 역시 불가능했다.

다른 한편으로, 5·4운동 발생 이후, 당시 교육부는 각 학교에 일제히 공문을 보내 학생 관리에 대한 책임을 엄격히 하여, 조금이라도 규율을 어기는 자에게는 관용 없이 즉시 훈계하도록 지시했다. 차이위안페이는 교육부의 지시를 물론 따르지 않았지만, 계속해서 거대한 압력을 받고 있었다. 더욱 중요한 것이라면 차이위안페이는 베이징 대학이라는 한 학교의 총장으로서 또 다른 차원의 고려가 있었다는 점이다. 장멍린의 기억에 의하면, 그는 당시 "학생들이 승리에 쉽게 도취할 수 있기 때문에 앞으로 질서를 유지하기 쉽지 않을 것이다. 그들은 권력의 맛을 보았기에 이후 아마도 그들의 욕망을 만족시키기 쉽지 않을 것"[21]임을 걱정했다. 나중에 차이위안페이가 베이징 대학을 떠나려 할 때 학생들이 극구 만류했고, 당시 그의 친한 친구 역시 그에게 돌아오지 말 것을 권유하면서, 지금 학생들은 '기세가 대단해서' 장차 '자기 본분을 되찾기는'[22] 어려울 것이라고 말했다.

차이위안페이 스스로는 사람들의 만류 중에서 마치 "차이위안페이가 있으면 베이징 대학 정신이 있고, 그가 없으면 베이징 대학 정신이 없게 되었음"을 알게 되었다. 총장 개인의 진퇴가 전체 학교의 존재와 면모에 영향을 끼치는 것은 그가 보기에 바람직하지 못한 것이었다.

바로 이상의 두 가지 측면의 고려, 즉 하나는 학생에 대한 통제이고, 다른 하나는 학교의 근본적 발전에 착안해서 차이위안페이는 안정적 질서와 완비된 조직 체계, 규범을 수립해야 할 중요성과 절박성을 느꼈다. 오늘날 우리가 하는 말로 학교 체제의 건설을 진행해야 했다. 그 주요한 임무는 바로 학생들이 언제나 외부 정치 활동에 참가하지 않고 캠퍼스에 돌아와서 열심히 공부하게 하는 일이었다. 또 다른 측면으로는 제도와 규율의 속박을 가하게 하는 일이었다. 이로부터 5·4 이후 차이위안페이가 베이징 대학을 정비한 전략사상과 기본 방침대로, 즉 베이징 대학을 학교답고 체제화된 궤도로 이끌게 되었다. 이는 아마 필요하고 합리적인 것이었지만, 체제화의 과정은 새로운 권력 관계의 확정과 질서 수립의 과정이기도 했기에 학생들과 어느 정도의 충돌도 필연적이었다. 앞서 말한 장멍린의 기억처럼, 차이위안페이가 가장 걱정한 것은 기율을 유지하기 쉽지 않다는 것과 학생들이 자기 본분으로 되돌아가기 어렵다는 사실이었다. 강의 프린트 소동에 대해 차이위안페이가 이처럼 강렬하게 반응하고 강경한 태도를 취한 것은 바로 그가 보기에 이것이 총장 권위를 유지할 수 있느냐의 여부와 직결되어 있고, 그가 장차 베이징 대학을, 특히 학생들을 학교 캠퍼스 안으로 불러들일 수 있느냐는 큰 국면과 더욱 긴밀하게 연관되어 있기 때문이었다.

그러면 5·4 이후 베이징 대학 학생들의 상태는 어떠했고, 어떤 동향과 선택이 있었는가?

여기서 한 가지 재미있는 세부적 이야기를 다시 하고자 한다. 차이 총장이 돌아온 후, 전체 학생과 교수 들이 환영회를 열었는데, 베이징 대학 학생운동의 지도자이자 저명한 연설가이기도 한 팡하오(方豪)라는 학생이 열정적인 연설을 했다.

고향에 돌아가 있었던 날을 되돌아보면 "차이 총장이 학교에 돌아왔느냐?" 고 사람들이 다투어 물었습니다. 우리는 대학의 앞날에 대해 탄식하면서 매번 슬퍼하며 답을 못 했습니다. 오늘 선생님께서 돌아오셨으니, 대학의 신기원이 될 것입니다. 우리의 새 생명이 탄생했습니다. 우리는 이에 무한한 기쁨과 흥분을 느낍니다. 선생님의 건강을 축복합니다! 대학 만세!

이어서 그는 한 대목을 다시 덧붙였다.

옛날에 선생님께서는 대학이라는 곳은 모든 것을 다 받아들여야 하고, 학생은 나라에 힘껏 보답해야 한다고 가르치셨습니다. 우리 역시 대학생의 공헌은 세계 문화 증진으로 인류의 행복을 도모함에 있음을 굳게 믿습니다. 또한 국가 사회의 현상에 대해서도 살피고 비판해야 할 책임이 있다고 생각합니다. 어떻게 중국에 살면서 국가의 위기와 절박함을 느끼는데, 신성한 학술의 빛을 희생해서라도 애국운동에 종사하지 않겠습니까.

이 말은 매우 흥미롭다. 한 연구자가 말한 것처럼, 이 지점에서 학생들과 총장의 인식과 선택에서의 차이가 드러났다. 즉 "학생들은 차이 총장의 고심을 이해하지 못한 것은 결코 아니었고, 그의 교육 이념을 수용할 수 없는 것도 아니었다. 다만 국가의 난이 목전에 있으니 열혈 청년이 창밖의 일에 두 귀를 막고 듣지 않을 수는"[23] 없었다. 표면적으로는 누구도 "공부를 하며 구국을 하는 것"에 반대하지 않았지만, 총장이 강조한 것은 "구국을 하되 공부를 잊어서는 안 된다"였고, 학생들이 강조한 것은 "독서를 하되 구국을 잊어서는 안 된다"였다. 그렇기 때문에 총장이 학생들에게 "돌아오라"고 했지만, 학생들은 그러고 싶어도 그럴 수가 없었던 것은 나라가 계속 그 모양에서 변하지 않았기 때문이었다. 여기서 학생들과 총장의 인식 면에서의 차이가 생겨났다.

그러나 원점에서 다시 말을 하자면, 이는 다만 소수 학생에 불과했다. 오히려 대다수 학생의 상황은 후스가 강의 프린트 소동이 발생한 후에 쓴 그 글에서 묘사한 것처럼, "5·4, 6·3 이후 베이징 대학의 '일 벌이기를 좋아하는' 흥미는 이미 모두 약해졌다. 일반 학생들은 '차례대로 졸업을 하는' 평범한 생활로 돌아갔고, 우수한 학생들은 지식 면에서 새로운 흥미를 찾고자 모두 책 속으로 빠져들었기에 바깥일을 접할 기회가 매우 드물었다. 때문에 베이징 대학 학생 단체들은 뜻밖에 조직이 아예 없는 상태에 빠져들어 3년 동안 학생회 하나 꾸리지 못했다."[24]

이런 상황에서 에너지가 왕성한 소수의 급진적 학생들이 학내에서 벌인 활동은 특별히 주목을 끌었다. 5·4 이후, 베이징 대학 학생 가운데 두 가지 사조의 영향이 가장 컸다. 하나는 무정부주의였고, 다른 하나는 마르크스주의였다.

무정부주의 경향을 띤 학생들은 『베이징 대학 학생 주간』(北京大學學生週刊) 주위에 주로 모였다. 1919년 겨울에서 1920년 봄까지 교육혁명에 관한 토론을 전개하고 글들을 발표하였다. 그들은 권력주의를 집중적으로 비판하고 베이징 대학이 "등급이 삼엄한 학부"라고 비평했다. 나아가 베이징 대학의 정규 졸업제도, 시험제도를 비판하더니 학교가 숙비(宿費)를 받는 일까지 비판했다. 이런 글들은 학생의 무정부주의 경향을 반영했고, 동시에 앞서 말한 학교 측의 체제화 노력에 대한 저지와 반항이기도 했다.

여기서 짧은 이야기를 하나 하고자 한다. 당시에 베이징 대학 철학과 2학년에 무정부주의를 신봉하는 주첸즈(朱謙之)라는 학생이 있었다. 그는 시험이 학생에 대한 일종의 속박이라고 생각하여 '시험을 거부'할 것을 주장했다. 학생들은 십중팔구 모두 시험을 싫어했으므로 많은 학생들이 그를 지지하거나 몰래 동정을 표시하면서 일이 커졌다. 그러다 드디어 역시 총무처장 장멍린이 나와서 절충안을 제시하면서 말했다. "학점을 원치 않으면 시험을 안 봐도 된다. 학점이 필요하다면 반드시 시험에 참가해야 한다." 그래서 주첸즈는 "나는 수업만 듣기 원할 뿐 학점은 원치 않는다"며 당연히 시험 볼 필요가 없다고 선포했다. 주첸즈는 그 외에 한 편의 글을 발표하여 학교의 제도를 반대했고, 한 걸음 더 나아가 '반지식주의'(反智主義)를 고취하기까지 했다. 그는 지식은 일종의 '더러운 물건'이라며, 지식 그 자체가 바로 지식 사유제도가 만들어낸 '죄악'이기 때문에 지식 사유제를 폐지하는 가장 좋은 방법이 '지식을 취소하는 것'이라고 했고, "지식을 소유한 자는 어떤 형식이거나를 막론하고 모두 도적에 불과할 뿐이다"[25]라고 했다.

  재미있는 것은 주첸즈의 지식과 지식인을 근본적으로 부정하는 이런 주장이 루쉰의 주의를 끌었다는 사실이다. 루쉰은 「지식이 바로 죄악이다」(智識卽罪惡)라는 잡문을 써서 반박했다. 최근 어떤 연구자의 연구에서 이 글은 사실상 한 편의 소설로 "『외침』(吶喊)에 들어가지 않은 루쉰 소설"[26]이라고 주장했다. 물론 이렇게 말해도 무방할 것이다. 이 글에서는 확실히 다음과 같은 허구적 스토리를 말했기 때문이다. 구체적으로 말하면 '나'는 본래 작은 술집에서 잡일을 하며 느긋하게 밥을 먹고 사는 사람이었다가 불행하게도 몇 글자를 알게 되었고 신문화운동의 영향을 받아 뜻하지 않게 베이징에 와서 배움으로써 지식을 늘리게 되었다. 갑자기 '허무철학자'가 지식이 죄악이라고 말하는 소리를 듣게 되었다. 도망도 가지 못했는데, 한밤중 '살아서 뭐해'(活無常)와 '죽을 만해'(死有分)에 의해 지옥으로 끌려오게 되었다. 염라대왕을 딱 보니 바로 옆집 살던 대부호 주랑(朱朗) 노인이었다. 대부호는 다짜고짜 나를 지옥으로 떠밀었다. 지옥에는 온통 동유(桐油)의 콩을 볶고 있었다. 나는 떨어지면서 줄곧 구르면서 무수한 사람들이 구르는 것을 보았는데, 모두가 지식인이었다. 그중 한 사람이 숨을 헐떡이며 내게 말했다. "당신은 세상에 있을 때 어떻게 좀더 어리석지 못했소? 어리석기만 하면 죄가 없었을 것을 ……"[27] 이 이야기는 물론 암시로 가득 차 있다. 이른바 '반지식주의'는 주랑 따위 통치자의 우민(愚民) 정책이 아니고 무엇이겠는가. 물론 루쉰은 아마 작가가 그래도 학생인 점을 고려하여, 글에서는 인정을 봐주어 짧은 이야기로 조롱하는 것으로 그쳤을 것이다. 그러나 루쉰 스스로는 계속 진지했다. 1927년 루쉰은 「지식계급에 관하여」라는 연설에서까지도 "지식은 마치 죄악과 비슷하다", "지식계급을 타도하자"는 논조를 줄곧 비판하고 있었다.[28]

  그 외 상당히 많은 급진파 학생들이 마르크스주의를 지향했다. 이것 역시도 본래 차이위안페이와 관계가 있다. 베이징 대학 학생 가운데 마르크스주의자는 대다수가 차이위안페이 평민교육 사상의 적극적 실천자들이었다. 그들은 평민 강연단을 조직하여 베이징의 교외로 가서 농민들과 접촉하고 '민간을 향하여'에서 마침내 마르크스주의를 지향하게 되었다. 하지만 이 역시 차이위안페이의 "도서관으로 돌아가라"는 대학화와 체제화의 지도사상에는 저촉되었다.

그리하여 5·4운동 이후, 베이징 대학 학생들의 정치 활동은 여전히 그만두고 싶어도 그럴 수 없었고, 베이징 대학은 시종 평정을 찾지 못했다. 1919년 10월, 베이징 대학 학생들은 '빵 운동'을 발동시켰다. 1919년 11월에서 12월까지, 그리고 1920년 봄까지 베이징 대학 학생들이 연속적으로 일본 제국주의 침략에 반항하는 운동을 추동하면서 학생들의 이러한 흐름은 줄곧 끊이지 않고 전국으로 파급되었다. 이 시기의 신문을 펼쳐본다면 전국 각 대학 학생 시위가 번갈아 일어났음을 알 수 있다. 게다가 처음은 주로 외국과 상층부에 대한 것으로서 애국적 격정이 이끌었다. 이는 그래도 차이위안페이를 비롯한 사람들이 이해할 수 있는 것이었다. 하지만 이후에는 창 끝을 점차 내부로 돌려서 많은 학교 학생들이 특정 교수 혹은 총장을 내쫓자는 시위를 벌였다. 이렇게 되면서 쫓아내자고 하는 학생들이 필연적으로 있는가 하면 어떤 학생들은 보호해야 한다고 하는 바람에 매우 큰 혼란이 빚어졌다. 학생들뿐 아니라 교수들 역시 소동을 부렸다. 베이양 정부는 급료를 항상 체불했다. 몇 년을 연이어 급료 청구 소동이 일어났고, 학교 내부에서도 교원 동맹파업을 할 것인지 말 것인지를 두고 논쟁이 끝이 없었다. 후스는 어찌 되었거나 교수는 파업을 해서는 안 된다는 입장을 고수했다. 이는 학생들의 학업에 영향을 끼치기 때문이었다.

학교는 주로 총장, 교수와 학생, 이 세 부분으로 구성되었다. 현재 학교 측의 대학화와 체제화의 노력은 학생들의 급진화와 항상 충돌이 빚어졌다. 이렇게 됨으로써 양자 사이에 있던 교수들이 어떻게 반응했는지는 주목을 끄는 문제가 되었다.

3

먼저 반응을 보인 것은 후스였다. 이는 어쩌면 너무도 당연한 것이었다. 후스는 베이징 대학 중심 위치에 있었을 뿐 아니라 그 스스로도 자칭 "나는 학계의 맹주가 되고 싶다"고 했기 때문이다. 이 '학계의 맹주'는 깎아내린 말이 아니라 전체 학계에 영향을 끼치고, 또한 나아가 "인민 사상 면에서 중대한 영향을 일으키고"[29] 자신을 학계의 지도자, 지식인의 대표와 민중의 지도자로 여긴다는 의미였다. 그는 이러한 야심이 있었기에 당연히 이렇게 어수선할 때 자기의 책임은 자기가 진다는 식으로 나서서 "학생들을 지도해야 한다"고 생각했다. 5·4운동 1주년이 되었을 때, 그와 장멍린은 함께 「학생들에 대한 우리의 희망」(我們對學生的希望)이라는 글을 썼다. 이 글은 우선 5·4학생 애국운동의 합리성과 거대한 작용을 긍정했다. 하지만 동시에 "사회가 만약 수준 이상의 청렴도를 유지할 수 있다면, 모든 정치적 선동과 시책, 제도의 평가 판단과 혁신은 모두 어른들이 알아서 처리를 해야만 한다. 미성년인 사람들(학생 시절의 남녀)은 의당 편안히 공부하는 권리를 가져야 하고, 사회도 그들의 학교 생활 외의 활동이 필요하지 않다." 오직 "비정상적 사회 국가에서만 정부가 비열하고 부패했고, 국민들에게는 정식으로 바로잡을 수 있는 기관(예컨대 민의를 대표하는 국회 따위)도 없다면, 그때 정치에 간여하는 운동은 반드시 청년학생들에게서 발생할 것이다." 그러나 글의 중심은 오히려 "이런 운동은 특수한 일로서, 변태 사회에서 부득이한 일이며", "장기간 존재할 수 없음"을 잊지 말아야 한다고 강조하고 있었다.

그렇다면 정상적인 상태로서 학생들은 무엇을 해야 할 필요가 있었는가? 후스는 세 가지를 들었다. 첫째, '학문의 생활'을 하며, 진지하게 공부해야 한다. 둘째, '단체의 생활'에 참가하여 기본적 민주 훈련을 진행해야 한다. 예를 들어 민주 질서를 중시하여 "반대 당의 의견을 용납해야 하고", "모든 사람이 책임을 져야 한다"는 것 등이다. 셋째, '사회봉사'에 참가해야 한다. 예를 들어 평민 야학(夜學)을 만들어 대중적 강연 등을 해야 한다. 이로써 후스의 지도는 차이위안페이의 기본 교육 이념을 그대로 견지했음을 알 수 있다. 즉 베이징 대학이 학술의 성지로서 사회 사상문화의 중심이 되도록 하고, 정치 참여를 일종의 '일시적이고 부득이한 응급 방법'으로 삼았다. 또한 현실적 차원에서 학교 측과 함께 학생들을 교실로 불러들여 베이징 대학의 대학화와 체제화를 실현하는 노력에 협조하기도 했다. 후스는 자신의 목적이 "활동 방향을 변화시켜, 5·4와 6·3의 정신을 교내외의 유익하고 유용한 학생 활동으로 쓰는 것임"을 결코 숨기지 않았다. 후스는 만년에 이를 때까지도 이런 관점을 줄곧 견지했다. 즉 5·4 신문화운동은 정치운동으로 발전했고 이는 신문화운동에 대한 일종의 간섭이었다. 때문에 그는 "잘못된 것을 바로잡으려 했다." 그러나 후스는 역사적 곤혹에서 내내 벗어날 수 없었다. 그의 이론과 주장의 전제는 정치의 청렴도였지만, 충분히 민의를 표현할 수 있는 현대적 민주제도가 중국에서는 시종 출현하지 않았기 때문이었다. 이와는 반대로 그는 정부에 희망을 계속해서 걸어보았지만, 그때마다 정부는 대외적으로 외국에 타협하고 투항하는가 하면, 대내적으로 국민을 탄압하는 파시즘 정권의 모습을 보여주었다. 1926년 베이양 군벌 정부가 만들어낸 3·18참사에서부터 국민당 정부의 1935년 12·9운동, 1948년 12·1운동 중 학생 도살은 모두 후스를 극단의 피동적 처지에 빠뜨렸다. 그는 학생들에게 정치에 관여하지 말라고 했지만, 정치는 학교를 간섭했고 게다가 학생들을 부단히 도살했다. 그의 '정치 불간섭' 주장은 마치 국민당 정부의 정식 발포 명령에도 학생들에게 정치 관여를 불허하는 것처럼, 정부의 관점과 사실상 경계를 긋기가 매우 어려웠다.

그러나 우리는 이런 상황에서도 후스가 전체적으로는 학생들 쪽에 계속해서 서 있었음을 보아야 한다. 3·18참사나 12·9운동이나 1940년대의 학생운동까지 후스는 그때마다 나와서 애써 학생들을 보호했고, 기본적으로 그의 민주적 자유 입장을 유지했다. 그러나 그는 학생들을 보호하는 동시에 학생들이 교실로 돌아갈 것과 정치에 관여하지 말 것을 계속 주장했다. 이렇듯 그의 일생과 학생의 관계는 다음과 같은 하나의 순환을 이루었다.

즉 학생이 문제를 일으키고, 정부가 진압하면 그는 학생을 지지했다. 그런 후, 학생들을 끝까지 지지하고 나서는 학생들에게 계속해서 돌아오도록 요구했다. 다시 정부가 진압을 하면 그도 다시 나섰다. 이 때문에 끝까지 후스는 양측 모두에게 좋은 말을 듣지 못했다. 그가 학생들을 위해 발언을 하면 정부가 물론 좋아하지 않았고, 그가 늘 학생들에게 교실로 돌아오라고 하면 혈기 왕성한 학생들은 언제나 "이렇게 큰 중국에 조용한 책상 하나 들여놓을 수 없는데" 어떻게 그의 말을 들을 수 있겠느냐고 생각했다. 게다가 그가 너무 연약하고 심지어 정부를 위해서 말을 한다고 여기기까지 했다. 이것이 아마도 후스와 같은 지식인의 비극적 처지일 것이다.

후스가 급히 나서서 한창 '치우침을 바로잡고' '학생들을 인도'할 때, 루쉰은 침묵을 지켰다. 『루쉰 연보』(魯迅年譜)를 뒤져보면 5·4 이후 몇 년간 루쉰은 창작과 번역 및 중국 소설사의 연구(1920년부터 시작해서 베이징 대학 수업 역시 주로 소설사를 강의했다)에 주된 정력을 쏟아부었지만, 잡문은 매우 적게 썼음을 알 수 있다. 다시 말해서, 그는 사회 문제와 사상문화계의 문제에 대해 자신의 의견을 발표하는 일이 적었다. 베이징 대학에 대해서도 다만 강의 프린트 소동에 대해 자못 특별한 견해를 단 한 번만 발표했을 뿐이었다. 즉 학교 측과 학생 집단에 대해서 그는 모두 질문하였다. 그가 관심을 가지고 동정한 것은 다만 희생물이 된 학생 개인이었다. 루쉰의 '침묵'에는 대단한 내공이 있다. 루쉰 연구는 당연히 그의 담론에 주의해야 하지만, 그의 '함구'도 역시 소홀히 해서는 안 된다. '함구'는 우선 그 자신의 위치와 관련되었다. 우리가 이미 말한 바 있듯이, 5·4 시기에도 루쉰은 상대적으로 주변적 위치에 놓여 있었다. 그는 '주된 인물이 아니었고', '군령을 좇아' 옆에서 응원을 하는 입장이었다. 그는 후스처럼 '학계의 중요 인물'이나 '지도교수'나, 사회를 이끌고자 하는 충동 그리고 '나 아니면 또 누가 있겠는가'(내가 어찌 말하지 않을 수 있겠는가)라는 의식을 가져본 적이 한 번도 없었다. 베이징 대학에 대해서도 그는 다만 몇 강좌만을 강의하는 강사였기에 말을 하지 않으면 안 되었을 때도 아무렇게나 발언하지 않았다. 이보다 더욱 내재적인 원인이라면 물론 남보다 깊고 넓은 루쉰의 사유 때문일 것이다. 그는 5·4와 그 이후의 중국(중국의 사상, 문화, 학술, 교육계를 포함하여)에 대하여 모두 좀더 보고 생각하려고 했다. 그래서 우리는 1920년 5월 4일, 즉 5·4 1주년이 되던 그날 루쉰이 저장(浙江) 2급사범학당에서 강의할 때 가르쳤던 한 학생에게 쓴 편지(이 편지를 앞서 기술한 같은 시기 후스 등의 글과 대조해서 읽어보면 대단히 흥미로울 것이다)에 주목을 기울였다. 편지에서 그는 자신의 냉정한 관찰을 다음과 같이 써내려갔다.

> 근간에 국내 상황이 평안치 않아 그 영향이 학계에까지 퍼져 어수선한 지 이미 1년이 되었네. 세상의 수구파들은 이 사실(5·4 신문화운동)이 혼란의 근원이라고 여겼고, 유신파는 극찬을 했네. 전국의 학생들은 재앙의 싹으로 불리는가 하면 지사로도 불렸네. 그러나 내가 보기에 그것은 중국에 사실상 대단한 영향 없이 다만 일시적 현상에 불과했네. 그런데도 지사라 함은 정말 지나쳤고, 또 혼란의 싹이라 한 것도 역시 부당했다고 보네.
>
> 요컨대 중국의 모든 옛 사물은 어찌 되었거나 반드시 붕괴하게 되어 있네. 만약 새로운 학설을 받아들여 그 변화를 돕는다면 개혁에 비교적 질서가 생겨 그 재앙이 자연적으로 격렬하게 붕괴되는 것만큼은 아니겠지만 말일세. 하지만 사회의 수구파와 신당이 자신의 말조차도 돌보지 않고, 모래알처럼 흩어져 있어 함께할 방도가 없으니 장차 없애는 것 말고는 달리 다른 방법이 없네.
>
> 요약해서 말하자면 옛 모습을 유지할 수 없음은 의심할 여지가 없다네. 그 변화라는 것도 관리들이 바라는 현상도 아니고 신학자들이 선전하는 신식 역시 아닌 엉망진창일 따름이네.
>
> 나는 근간이 되는 학문이나 애국 따위가 없는 부류는 모두 공론(空論)이라고 생각하네. 지금 신경 써야 할 것은 실제로 다만 고생을 참으며 공부를 하는 것인데, 이 또한 오늘날의 학자들이 듣기 원하는 바가 아님이 안타깝네.[30]

이러한 루쉰의 5·4에 대한 저평가, 현상에 대한 냉엄한 투시, '장래'에 대한 비관은 사실 모두 '개혁하지 않으면 안 된다'는 굳은 의지와 중국 개혁의 지난함과 복잡함에 대한 깨어 있는 인식을 포함하고 있었다. 그가 강조한 '근간이 되는 학문'이 주목한 것은 역시 중국 개혁의 기초 작업이었다. 계속해서 경솔하게 굴어온 중국 사상문화계에서 당연히 지음(知音)이 있기란 어려웠다.

그리하여 사람들은 5·4 이후 중국 사상문화계의 '문제와 주의' 논쟁, '과학과 현학'의 논전에서부터 '비종교 대동맹'의 논박에 이르기까지 몇 차례 자못 열띤 논쟁에 휘말리지 않았던 루쉰에게 다시 주의를 기울였다. 한편으로 이런 토론 배후에는 모두 '이것 아니면 저것'이라는 이원 대립의 패턴이 있어서, 어느 정도 사람들에게 태도를 표명하고 줄을 서도록 했다. 즉 '문제'에 찬성하지 않으면 '주의'에 찬성하거나, '과학'파가 아니면 '현학'파여야만 했다. 양자 가운데 반드시 하나를 택해서 선명한 태도와 입장을 가져야만 했다. 하지만 루쉰의 경우, 그의 사유는 다면적이고 사유 방식은 반복적으로 질의하면서 나선형으로 진행했다. 따라서 그의 관념은 복잡해서 어느 한쪽에 명확히 설 수 있는 방법이 없었다. 예컨대 과학과 현학의 논전만 해도 루쉰은 동양 문명을 강조하는 현학파의 복고주의 경향을 우려하여 쉽게 찬성하기 어려웠다. 동시에 과학파의 과학주의 선전에도 쉽게 동의하지 못했다. 제14장에서 말한 것처럼, 루쉰이 일본에 있을 때 '과학 숭배'에 대해 비판을 제기했으니, 당시의 요구대로 자신의 의견을 표시한다는 것은 물론 어려웠을 것이다. '비종교 대동맹' 문제에서도 루쉰은 저우쭤런의 '종교 신앙 자유 주장'에 대해 당연히 깊이 이해하고 동정하였지만, 그는 문제의 복잡성을 더욱 뚜렷하게 보았을 것이다. 현실 중국의 입장에서 보더라도 종교 문제의 배후에는 확실히 외국 세력의 관여와 이용 문제가 역시 존재하는데, 이는 바로 저우쭤런이 의식적·무의식적으로 소홀히 한 것이다. 그러므로 그는 저우쭤런의 관점에 단순하게 동의할 수 없었으며, 저우쭤런 비판자들의 독특한 논리에도 찬성하지 않고 다만 침묵할 뿐이었다. 루쉰 사유의 복잡화와 여기에서 결정된 입장의 상대화는 그가 중국 지식인의 습관적 이원 대립의 논쟁 중에서 항상 말하기 어려운 처지에 놓이도록 했다.

다른 한편으로, 루쉰의 중국 문제에 대한 사고에서 자신만의 독특한 사유 역시 그를 중심적 위치에 있는 지식인의 사고와 논쟁 범위 속으로 받아들이지 못하도록 했다. 즉 '주의'와 '문제'의 논전을 가지고 말하자면, 루쉰이 보기에 "중국인에게는 감염성이 없어서 다른 나라의 사조는 이식하기가 매우 어려우므로 '주의'의 제창과 수입은 완전히 헛수고이고, '주의' 수입에 대한 우려는 더욱더 불필요했다."[31] 후스와 같은 이들이 말한 '문제'는 구체적 제도 건설을 강조했지만, 루쉰은 중국이 '대형 염색 용기'이기에 어떤 좋은 제도라도 중국에 오면 역시 변질될 것임을 간파했다. 예컨대 앞서 재차 언급한 것처럼 루쉰이 관심을 기울인 것은 지금 중국인의 생존과 발전이었다. 루쉰이 보기에 현재 중국인에 대해서 말하자면, '문제'와 '주의'든 '과학'과 '현학'이든 모두 지나치게 먼 문제들이었다. 리다자오(李大釗)파가 '주의'를, 후스파가 '문제'를 크게 외칠 때, 루쉰은 인간의 '영혼'과 현재 중국인의 '생존' 곤경에 시종 관심을 기울였다. 루쉰의 '침묵', '불개입'은 실질적으로 그의 사고와 처지의 주변성을 반영했던 것이다.

4

우리는 5·4 이후 루쉰이 침묵하고 냉정하게 방관했지만, 후스는 사상문화계의 중심 위치에서 시종 활약하였으며, 자각적이면서 주동적으로 지도 위치, 그것도 모든 면에서의 지도를 추구했다고 말했다. 후스는 당시 비중 있는 일련의 글들을 썼다. 우리가 이미 언급한 「학생들에 대한 우리의 희망」, 「문제와 주의」 외에 「신사조의 의의」(新思潮的意義)가 있다. 이 글은 5·4 신사조에 대해 나름대로 해석을 시도했다. 그가 이 글에서 '문제 연구, 학문이론의 수입, 중국 문화와 학술의 정리, 문명의 재창조' 등의 강령을 주장한 것은 실제로 전체 신문화운동의 장기적 발전에 대한 총체적 설계였다. "신사조는 구문화에 대하여 소극적인 면으로 맹종을 반대하고 조화(때문에 여러분은 후스가 결코 전통문화를 미화한 것이 아니라 그에게 비판적 태도가 있었음에 주의해야 한다)에 반대하는 것이다. 적극적인 면은 과학적 방법으로 정리를 하는 작업"으로서, 그는 '신사조의 유일한 목적'이 '문명 재창조'[32)]라고 생각했다. 이런 사고는 루쉰이 20세기 초 주장했던 "오늘날의 것을 취하고 옛것으로 돌아가 새로운 근본을 달리 세운다"는 것과 대체로 일치하는 것으로서 결코 모순되지 않았다. 후에 후스는 「『국학계간』(國學季刊) 발간 선언」에서 국고(國故)를 어떻게 정리할 것인지에 대하여 구체적인 견해를 표시하면서, '전문 역사책과 같은 방식의 정리'를 특별히 강조했지만, 공교롭게도 '중국소설사 연구'의 최고 전문가는 루쉰이었다. 후스는 "역사가에게 필수 불가결한 정밀한 공력과 드높은 상상이라는 두 가지 능력"[33)]을 계속 강조했지만, 이 두 가지 측면에서도 루쉰이 모두 최고였다. 그러므로 후스가 루쉰의 중국 소설 연구에 대하여 시종 대단히 높이 평가하고, 게다가 재삼 루쉰을 위해 변론했던 것은 결코 우연이 아니었다.

후스 본인의 '국고를 정리하자'는 태도를 더욱 잘 설명할 수 있는 것은 「국고 정리와 '귀신 퇴치'」(整理國故與 '打鬼')라는 그의 글이다. "왜 '국고 정리'를 주장해야 하는가?" "내가 사람들에게 속 시원히 알려드리자면, 나는 다만 '썩은 종이 더미'의 무수히 많은 귀신들이 사람을 잡아먹고 홀린다고 강하게 믿고 있으며, 그것들이 사람을 해칠 위험성은 브뢰스고르(Kjeld Erik Brødsgaard)가 발견한 여러 가지 병균을 뛰어넘기 때문이다. 나 자신이 비록 병균을 죽일 수는 없지만 '요괴를 잡고' '귀신을 퇴치'할 수 있음을 믿기 때문이다."[34)] 루쉰처럼 후스는 중국 전통문화 중의 '기묘한 느낌'에 대해서, 중국 전통문화가 만들어낸 중국인의 정신적 창상, 정신병에 대해서 깊이 이해하고 있었다. 이렇게 볼 때, 중국 전통문화에 대한 비판의 견지와 최대한도의 외래문화 수용의 견지라는 두 측면에서 루쉰과 후스는 기본적으로 일치했다. 이는 5·4 신문화운동의 두 가지 기준점이기도 했다. 여기에 아래와 같은 한 가지 재미있는 현상이 있다. 루쉰과 후스의 관계를 연구하다 보면 루쉰은 가끔 후스를 비판할 때도 있었지만 후스는 한사코 루쉰이 그와 같은 길에 있다고 여겼다. 이는 일리가 없지는 않다. 후스는 아무리 큰 충돌이 있더라도 그들은 필경 모두 5·4 신문화운동의 동인들이며, 게다가 모두 5·4 정신을 끝까지 굳게 지킬 사람임을 똑똑히 알고 있기 때문이었다.

그러나 이 두 가지 기준점에서도 그들은 차이가 있었다. 예를 들어 '귀신을 퇴치하라'고 말한 것은 후스의 입장에서 말하면, 서양의 귀신 퇴치 무기를 훔쳐 온 문화 영웅과 전통문화 가운데 귀신의 혼의 전투로서 사상 문화 범위에 한정된 비판과 논전이었다. 그러나 루쉰의 경우, 그가 먼저 느낀 것은 자기 생명 중의 기묘한 느낌과 독기(毒氣)였다. 다시 말해서, 전통문화의 기묘한 느낌과 독기는 이미 국민 영혼의 깊은 곳으로까지 스며들었고, 그것도 먼저 자신의 영혼 가운데였다. 따라서 루쉰 입장에서 말하면 '귀신을 퇴치하라'는 것은 우선 자기 마음속의 귀신을 퇴치하는 것이었다. 이른바 '귀신 퇴치운동'은 학술이론적 논쟁, 비판일 뿐 아니라 영혼의 격투이자 생명의 격투이기도 했다. 루쉰의 '귀신을 퇴치하라'는 글 속에 아로새겨진 생명감은 후스에게는 부족했다. 바로 이런 이유로 후스는 일종의 초조함을 느꼈을 뿐이지만, 루쉰은 벗어날 수 없는 절망감으로 충만했던 것이다. 다른 한편으로 똑같이 '학술이론 수입'이었지만, 후스의 입장에서 말하면 사실 매우 간단했다. 미국의 학술이론을 수입해 오기만 하면 되었기 때문이다. 그는 미국의 사상문화, 제도에 대해 믿어 의심치 않았다. 다시 말해서, 후스가 회의주의를 제창하기도 했지만, 이는 미국과 그 자신 두 가지를 예외로 하는 회의주의였다. 그러나 루쉰은 무슨 일에 대해서도 생각을 해야만 했다. 20세기 초부터 시작해서 그는 한편으로 학술이론을 수입하면서 한편으로는 의심을 제기했다. '믿으면서도 의심하는' 태도였다. 그러므로 후스는 확고부동하게 아무런 동요 없이 자신감에 차서 자신의 선택에 따른 길을 걸어갈 수 있었다. 그가 기죽는 일이 좀처럼 없었던 것은 일종의 자신감이 있었기 때문이고, 좀처럼 동요하지 않았던 것은 굳센 믿음 때문이었으며, 실망하지 않았던 것은 매우 낙관적이었기 때문이었다. 그러나 루쉰은 그럴 수 없었다. 그는 한편으로 걸으면서 한편으로 의심했다. 깊은 비관과 실망을 끌어안고 앞으로 나아갈 길을 탐색하고 있었다. 두 사람은 모두 굳게 지키고 있었다. 후스가 희망으로 충만해서 굳게 지켰던 것은 사람을 끌어들일 만한 부분이 있다고 한다면, 루쉰이 절망 속에서 굳게 지켰던 것은 일종의 '절망에 반항하는' 몸부림으로서 더욱 놀랄 만한 힘이 있었다.

후스의 '국고를 정리하자'는 주장에 대해 루쉰은 확실히 비판했다. 그것도 매우 날카로운 비판이었다. 그러나 이미 후스가 '국고를 정리하자'는 구호를 주장한 지 5년 후의 일이었다. 이것은 아마도 루쉰이 후스의 언행에 대해 "고개를 갸웃거리며 생각해본" 이후의 결과였기 때문일 것이다. 이 모습은 루쉰의 태도를 전형적으로 반영했다. 한 가지 관점이나 구호가 제기되어 나오면 그는 그 즉시 반응하는 것이 아니라 냉정하게 이런 관점(구호)이 나온 후, 사회적으로 어떤 반응이 나오고 실제로 어떤 작용이 일어났는지를 살펴보고 나서 그것의 참된 의미가 무엇인지 생각해본 후에야 자신의 의견을 발표했다. 이렇게 조용히 관찰해서 얻은 결론은 더는 변하지 않았다. 만약 대국면에 관련되면 반드시 꼭 붙잡고 놓지 않았다가 기회가 있으면 그와 관련된 말을 몇 마디 언급하려 했다. '국고를 정리하자'는 구호는 이렇게 1924년부터 루쉰의 비평 대상이 되었다. 그의 첫 반응은 베이징 사범대학 부속중학교 동창회에서의 연설로, 그는 이렇게 말했다.

그러나 현재 사회적 논조와 추세는 한편으로 물론 천재를 요구하지만 한편으로는 그가 멸망하게 해서, 심지어 준비되어 있는 땅조차도 모두 없애버리려 하고 있습니다. 몇 가지를 들어 말하겠습니다.

그 하나가 '국고를 정리하자'는 것입니다. 신사조가 중국에 도착한 이후, 사실 언제 힘이 있던 적이 있었습니까. 그러나 일군의 노인들과 소년들은 국고를 벌써 정신없이 이야기합니다. 그들은 "중국에는 옛날부터 훌륭한 것들이 많았는데, 모두가 잘 보존하고 정리하지 않고 오히려 새로운 것을 구하려 하는 것은 마치 조상의 유산을 버리는 것처럼 현명하지 않다"고 말합니다. 조상을 들먹이는 화법은 당연히 대단한 위엄이 있습니다. 그러나 저는 어찌 되었거나 헌 마고자를 깨끗이 빨아 다 개놓기 전에는 새 마고자를 지어 입을 수 없다는 말을 믿지 않습니다. 현재의 상황에 대해서 말하자면, 일은 본래 각자의 편리함에 따라서 하면 됩니다. 나이 든 교수가 국고를 정리하고자 하면 당연히 남쪽 창가로 가서 죽은 책을 읽어도 무방합니다. 하지만 청년들의 경우에는 본래 그들의 살아 있는 학문과 새로운 예술이 있으니 각자는 자신의 일을 해도 큰 지장이 없을 것입니다. 그러나 이 깃발(국고를 정리하자는 구호)을 들고 호소하는 것은 중국이 세계와 영원히 단절토록 하자는 것입니다. 만약 여러분들이 이것이 아니면 안 된다고 생각한다면 그것은 더욱더 황당하고 기가 막힐 일입니다. 우리가 골동품 상인과 이야기를 나누게 되면 그는 언제나 당연히 자신의 골동품이 얼마나 좋은지 칭찬하고 조상을 잊었다고 말하면서도 화가나 농부 그리고 기술자 등의 사람들을 결코 욕하지 않을 것입니다. 왜냐하면 정말로 그는 국학(國學)을 하는 많은 사람들보다 훨씬 더 총명하기 때문입니다.[35]

루쉰의 이 말을 자세히 보면 주의할 만한 가치가 있는 두 가지가 있다. 루쉰은 우선 '국고를 정리하자'는 말을 일종의 사회사조로 간주했다. 그것은 물론 창도자로서의 후스와 관계가 있지만, 또한 더욱 넓은 범위를 포함한다. 예컨대 루쉰이 여기서 말한 것처럼, 후스와 같은 '소년'이 있고 '늙은이'도 있다. 그들 사이의 의견도 결코 완전히 일치하지 않는다. 예를 들어 루쉰이 여기서 말한 '보존'만 말하고 '새로운 것을 구하는 것'에 반대하는 것은 반드시 후스 본인의 의견이라고 할 수 없다. 하지만 일종의 사회 사조로서 고찰하자면, 이런 차이는 결코 중요하지 않다. 다시 말해서 루쉰이 관심을 가졌던 것은 현실 생활 중에서 발휘된 실제 작용과 만들어진 실제 영향 중에 가시적으로 나타난 실제 의의였으며, 이런 실제 의의는 창도자의 처음 생각과 꼭 일치하지는 않았다. 이전에 우리는 루쉰이 5·4 시기 유가 학설을 비판할 때, 공자가 당초에 어떻게 생각했었는지, 즉 '원초의 유학'의 교리에 결코 관심을 두지 않았고, '유교 효과', 유가 학설이 중국에서 만들어낸 효과에 착안했다고 말한 바 있다. 지금 루쉰은 다시 이러한 방법으로 후스의 주장을 고찰했다. 이것 자체도 매우 흥미롭다. 후스는 바로 공자와 똑같이 '당대의 성인'이 되는 것을 자신의 목표로 삼았기 때문이다. 그렇다면 일종의 사회사조로서 '국고를 정리하자'는 구호가 만들어 낸 실제 효과는 어떠했는가? 역시 1924년에 차오쥐런(曹聚仁)이 『민국일보』(民國日報)의 부간(副刊) 「각오」(覺悟)에 글을 발표했는데, 다음과 같이 묘사하고 분석했다. "국고(國故)라는 명사에 대하여 학자들은 각자 한 쪽을 붙들고 서로 응답했지만, 정확하고 합당한 정의가 아직도 없다. 그래서 그런 옛 풍습을 지키는 늙은이나 젊은이는 모두 이를 빌려 호신부로 삼아 국내 학자들이 국고를 연구하는 경향을 기회 삼아 '사상 복벽'을 기도하려 했다."36) 후스의 친구 천위안(陳源)도 후일에 말하기를, 후스는 "민중의 마음속에 신문학운동을 대표하는 유일한 인물"(이 말은 물론 다소 과장이 있다)로서, 그 자신이 국고를 연구하는 것은 괜찮지만, "그 밖의 사람들도 모두 고전 문헌을 끌어안고 중얼거리게 되면 큰일이다"37)라고 했다.

  사실, 일찍이 1922년에 저우쭤런은 글을 써서 지적했다. "국고를 정리하고자 해도 반드시 현대의 새로운 학설과 새로운 방법을 기반으로 할 필요가 있다." 만약 여전히 '중국의 구설(舊說)에 따라' '국고를 정리'한다면 "복고(復古)의 씨앗을 약간 배양해내는 결과만을 초래할 것이다." 그는 사람들에게 '국수주의의 발흥'에 주의할 것을 특별히 환기하였고, "현재 모든 국수주의 운동은 대체로 신문학에 대한 일종의 반항"으로서, "다른 문화에 대한 반항을 포함한 국가의 전통주의"38)로 발전할 것임을 강조했다. 후스는 그 즉시 글을 써서 '국수주의'는 '거의 과거가 되었고', 저우쭤런이 든 많은 예들은 "모두 퇴조기에 있는 약간의 메아리이고 음악의 코다(coda)일 뿐이다"39)라고 반박했다. 하지만 후스 자신은 후일 그의 주장이 가져온 다음과 같은 폐단을 발견했다. "지금 평범한 소년들이 우리를 따라 고전 문헌의 책 더미 속으로 마구 도망쳐 다니는 것은 가장 슬프고 안타까운 현상이다. 우리는 그들이 빨리 돌아가길 바란다."40) 그는 동시에 우리가 앞서 이미 언급했던 「국고 정리와 '귀신 퇴치'」를 다시 썼는데, 보완을 위해서 쓴 것이기도 했다. 이때는 이미 1927, 28년으로 루쉰 등이 비판을 제기한 3, 4년 후였다. 그러나 후스가 공개적으로 '이러한 현상'을 인정한 것 자체는 그의 솔직함을 표현했고, 그의 본의가 확실히 아니었음을 설명해주었다. 여기서 발생한 창도자의 최초 의도와 실제 효과 사이의 어긋남은 실로 '가장 슬프고 안타까운' 것이었고, 이 역시 후스의 비극인 셈이었다.

지금은 1924년 루쉰의 비평으로 돌아가기로 하자. 루쉰의 관점은 사실 매우 명확했다. 즉 개인으로서 흥미 차원에서 아니면 학술 연구의 필요 때문에 '중국 문화와 학술 정리'를 하려 하고, 심지어 '죽은 책'을 읽는 것은 모두 비방할 수 없는 일이다. 하지만 문제는 '중국 문화와 학술 정리'를 '깃발로 삼아 호소하고' 나아가 청년들을 인도하여 '모두가 이것이 아니면 안 된다'고 여기도록 하는 데 있다. 이것이 바로 후스의 약점이자 바로 루쉰이 논박한 부분이기도 했다. 루쉰이 보기에 그것은 사람의 생기를 죽일 것이고, "중국을 세계와 영원히 단절되게 할 것이기 때문이었다."

그리하여 1925년의 '청년 필독서' 사건이 다시 일어났다. 이는 본래 『경보부간』(京報副刊)에서 '청년 필독서'를 널리 구하는 활동에서 야기되었다. 이 이전에 후스와 량치차오(梁啓超)는 모두 각각 '최소한도의 중국 고전 문헌 서목'을 작성했지만, 루쉰의 대답은 어떤 의미에서는 '국고를 정리하자'는 사조에 대한 특정한 반응이었기에 후스에 대한 것이라고 간주할 수 있다. 루쉰은 먼저 다음과 같이 답했다. "이제껏 주의를 기울여본 적이 없어서 지금은 말할 수 없습니다." 그러면서 백지를 냈지만, 다음과 같은 짧은 추신을 덧붙이기도 했다.

그러나 저는 이번 기회에 저 자신의 경험을 간단히 말함으로써 독자들에게 참고로 제공하고자 합니다.

저는 중국 책을 볼 때면 늘 조용해지고 현실 생활에서 벗어난다는 느낌이 들지만, 외국 책(인도는 제외)을 볼 때면 종종 인생과 접촉하면서 무슨 일인가를 좀 하고 싶기도 합니다.

중국 책에도 사람들이 세상에 뛰어들도록 하는 말이 있기는 하지만, 대다수가 강시처럼 실질은 빠져 있는 형식적 낙관입니다. 이에 비해 외국 책은 설령 의기소침하고 염세적이더라도 살아 있는 사람의 의기소침과 염세입니다.

저는 중국 책은 적게 보고(혹은 아예 안 보고), 외국 책을 많이 보아야 한다고 생각합니다.

중국 책을 적게 보면 그 결과는 글을 지을 수 없을 뿐입니다. 그러나 현재 청년들에게 가장 중요한 것이라면 '행하는 것'이지 '말하는 것'이 아닙니다. 살아 있는 사람이기만 하면 글을 짓지 못한들 무슨 대수이겠습니까.[41]

루쉰의 이 의견은 그 당시부터 지금에 이르기까지 모두 매우 큰 논쟁을 불러일으켰다. 많은 사람들이 이 말로써 루쉰의 큰 '죄상'이기나 한 것처럼, "전반적으로 전통을 부정한" 증거로 삼았다. 그러나 원문을 자세히 읽어보면 루쉰이 여기서 주로 논한 것은 "어떻게 중국 전통문화를 평가할 것인가"라는 학술이론의 문제가 아니라, "현재 청년들에게 가장 중요한 것은 무엇인가"라는 현실적 문제였다. 이것이 바로 우리가 말한 '현재 중국인의 생존과 발전'의 확대라는 루쉰의 기본 명제였다. 그가 보기에 당시의 중국 청년에게 가장 중요한 것은 '강시'(僵尸)가 아니라 '살아 있는 사람' 노릇을 하는 것이었고, '말하는' 것이 아니라 '행하는' 것이었다. 이는 반드시 실제 생활과 서로 연결되어야 하며, 실제 생활을 벗어나서는 불가능했다. 바로 현재 중국 청년의 생존 발전에 유리한지 여부의 시각에서 그는 '중국 책'과 '외국 책'이 청년들의 정신에 끼치는 영향과 작용에 대하여 각기 다르게 평가했다. 그러나 중국 책은 늘 사람을 "조용하게 하고 현실 생활에서 벗어나게 한다"는 말은 일시의 치우친 감정의 소산이 아니라, 그가 오랫동안 고찰하고 사고해낸 결과였다.

여러분은 틀림없이 20세기 초 루쉰이 중국 문화에 대하여 "정면으로 인심에 맞서지 않는다"고 개괄하고 비판했던 일을 기억할 것이다.[42] 이는 가장 뼈에 사무치게 간절했던 루쉰의 생명 체험과 인생 기억이기도 했다. 때문에 그는 "내가 청년들이 중국 책을 적게 읽거나 혹은 아예 읽지 말 것을 주장한 것은 바로 수많은 고통으로 바꿔온 진심의 말이었지, 잠시간의 상쾌함 때문에 혹은 무슨 농담이나 홧김에 한 말이 아니었다." "스스로 마침 이런 오래된 망령들에 시달리며 벗어나지 못해 늘 숨 막히는 무거움을 느끼고 있었다." "나는 옛사람들이 책에 써놓은 증오스러운 사상이 내 마음 속에도 늘 존재한다고 느껴져서", "언제나 나의 이런 사상을 저주했고, 이후의 청년들에게서는 찾아볼 수 없게 되기를 희망했다."[43] 여기서 루쉰은 지도자의 자태로 나타난 것이 아니고, 자신을 '미래의 목표나 모범'으로 설정한 것은 더욱 아니었다. 그는 마음을 청년들에게 맡기고 자신의 고통스러운 경험을 젊은 사람들에게 말하면서, 일찍이 자신을 얽어매고 너무 큰 고통을 가져다준 옛날 망령들이 또다시 젊은 세대를 괴롭히지 않기를 희망했다. 그들은 자신의 전철을 다시 밟지 않고 자신과 이전 사람들과는 다른 새로운 길을 걸을 수 있기를 바라 마지않았다. 그는 "자신이 인습의 무거운 짐을 지고 암흑의 갑문을 짊어지고 그들을 드넓은 광명의 세계로 내보내는" 기본 입장과 태도를 계속 견지했다. 만약 청년들에게 고서를 읽고 옛날 책 더미 속으로 도망치도록 호소한다면, 청년들은 필요한 비판정신과 과학적 방법이 부족하므로 그 결과 '들어가면' '나올 수 없게' 됨으로써 옛날 책 더미에 사로잡히게 되면 아마도 '산 사람'이 '강시'로 변할지도 모른다. 여기에 대해서 그는 확실히 '큰 공포'가 있었다.

나중에 루쉰은 청년들을 옛날 책 더미 속으로 도피시켜 실제 생활에서 이탈하도록 격려하는 경향을 '연구실 진입'(進研究室) 주의로 다시 개괄하여 더욱 첨예하게 비판했다. 1925년 「통신」(通訊)에서 그는 이렇게 썼다.

"이전의 3, 4년간 한 종류의 사조가 일을 제법 많이 그르쳐놓았다. 학자들은 사람들에게 연구실로 걸어 들어가라고 권유하고, 문인들은 제일 좋기로는 예술의 궁전으로 옮기라고 하여 지금에 이르러서도 모두 나오려 하지 않으니 그들의 그 내부 상황이 어떠한지 알 수 없다. 이는 비록 스스로의 바람이기도 했지만 십중팔구는 역시 새로운 사상으로 말미암아 여전히 '옛날 방법'의 계략에 빠져든 것이다."[44]

여기서 말한 '학자들'은 의당 후스를 포함할 것이다. 하지만 후스의 저작을 조사하면 "연구실로 들어가라"[45]는 명확한 표현은 결코 없는 것 같다. 때문에 이것은 변함없이 일종의 사조에 대한 개괄로서, 대체로 다음과 같은 두 가지 함의를 포함한다. 하나는 젊은이들이 연구실로 들어가 창 바깥일에는 두 귀를 닫고, 실제 사회와 현실 생활에서 이탈하여 문을 닫아걸고 공부할 것을 격려하는 의미이다. 다른 하나는 바로 죽은 책을 읽는 것은 사람이 '책장'이 되도록 하여 그 결과 사상이 '점차 경직되고 점차 죽어간다'는 의미이다. 루쉰은 이후에 "내가 이전에 청년들이 연구실로 도피해 들어가는 것을 반대했던 것이 바로 그 의미였다"[46]고 말했다.

한 달 후, 루쉰은 「춘말한담」(春末閑談)에서 '연구실 진입' 주의를 중국 역사와 현실의 독재 체제 속에 두고 그 실제 작용을 고찰하여 더욱 날카롭게 비판했다. 그는 독재적 통치자는 신하와 백성(피통치자)에 대해 두 가지 측면을 요구한다고 말했다. 한 측면은 자신에게 절대 복종할 것, 다른 한 측면은 "진귀하고 맛있는 음식을 가져다 바쳐" 자신이 만끽하도록 하는 것이다. 이 양자는 아마 다음과 같은 모순이 있을지 모른다. 즉 "권위에 복종하려면 반드시 죽어야 하고, 진귀한 음식을 바치려면 죽어서는 안 된다. 그뿐 아니라 통치를 잘 받으려면 반드시 죽어야 하고, 다스리는 사람을 공양하려면 반드시 죽어서는 안 되었다." 그러므로 가장 좋은 방법은 바로 '기묘한 약품을 발명하는 것'이었다. 신하와 백성에게 주사하면 그 지각 신경이 '완전히 마비되어' 생각을 할 수 없도록 하면서도 운동 신경의 기능은 그대로 남겨두어 일을 할 수 있도록 하는 것이다. 다시 말해서, "머리는 없앴지만 그래도 부역하고 전쟁에 쓸 수 있는 기계로 삼을 수 있다." 루쉰은 이렇게 통치자를 위해 고안한 '양약'이 '유로들의 고문헌 전승법'을 제외하면 '학자들의 연구실 진입 주의'였고, 그 외에 "문학가와 찻물장수의 국사 의논 금지령, 교육자의 대충대충 보고, 듣고, 말하고, 움직이기" 따위가 있음을 지적했다.[47] 이러한 비판은 이미 구체적인 사람과 사물을 뛰어넘어 '연구실' 진입 주의를 정말 일종의 사회사조로 삼아 그 본질을 폭로했다. 처음 들으면 너무 비약인 듯하여 받아들이기 어려울 것 같지만, 자세히 생각하고 음미해보면 그것이 핵심을 찔렀음을 인정하지 않을 수 없다.

5

우리는 앞서 "현재 청년에게 가장 중요한 것은 무엇인가"라는 이 문제에 대한 다른 의견을 언급했다. 5·4 이후 후스와 루쉰이 청년에게 행한 몇 차례의 연설에서 나타난 사상 경향을 비교함으로써, 이 문제에 대하여 더욱 깊이 있게 토론해보기로 하자.

우선 후스에 대하여 말해보자. 5·4 이후, 그는 베이징 대학 학생들에게 몇 차례 강연을 계속했다. 오늘날 베이징 대학의 학생으로서 수십 년 전, 베이징 대학 연단 위에서의 소리를 다시 들어보면 재미있을지도 모른다.

1920년, 베이징 대학 개학식에서 후스는 베이징 대학은 진정으로 '신사조의 선구', '신문화의 중심'이 되어, 반드시 "현재의 이런 일천한 '보급' 사업에서 일종의 '질적 수준이 높아진' 학업 연구로 옮겨 가야 한다"고 명확히 주장했다. 그는 이렇게 말했다.

> 만약 베이징 대학이 움직이지 않는다고 욕하는 사람이 있더라도 신경 쓰지 말라. 또한 베이징 대학이 열성적이지 않다고 욕하는 사람이 있더라도 신경 쓰지 말라. 하지만 베이징 대학의 수준이 높지 않고 학생의 학문이 좋지 않으며 학풍이 불량하다고 한다면 그것이야말로 진정한 치욕이다. 나는 여러분이 그것을 깨끗이 불식해줄 것을 희망한다. 나는 베이징 대학이 그런 천박한 '보급' 운동을 하는 것을 바라지 않고, 베이징 대학의 동문들이 모두 힘을 합쳐 '학문의 질적 수준을 높이는' 방향으로 나아갈 것을 바란다. 문화, 학술과 사상을 창조하려면 오로지 참된 수준 향상이 있어야 비로소 보급할 수 있다.[48]

1921년, 베이징 대학 개학식에서 후스는 연설을 하면서 이렇게 재차 말했다. "근간에 여러 가지 소동으로 인하여 학교의 생명이 하마터면 유지되지 못할 뻔했다. 이런 까닭에 시험을 엄격하게 치르지 못했고, 기율 역시 주도면밀하게 지키기 어려웠기" 때문에 "엄격하게 시험을 치르고" 기율을 강화할 것을 강조했다. 이어서 "외부 사람들이 우리가 학벌(學閥)이라고 말하는"데 대하여 그는 이렇게 말했다.

나는 학벌을 만들고 싶다. 그러기 위해서는 반드시 군벌이나 재벌과 같이 무섭고 유용한 세력을 조성해야만 사람들에게 사상 면에서 중대한 영향을 끼칠 수 있다. …… 때문에 우리는 한편으로 차이 총장이 말한 지식을 위한 지식을 구하는 정신을 만들어야 하고, 다른 한편으로 실력 있는 중국을 위한 역사와 문화를 위한 신기원의 학벌을 만들어내야 한다. 이것이야말로 우리의 이상적 목적이다.[49]

1922년, 베이징 대학 24주년* 기념식에서 후스는 "가장 부끄러운 것은 (베이징 대학이) 학술 면에서 진실한 공헌이 너무 부족한 것이다"라고 재차 표명했다. 그는 공자진(龔自珍)의 시구 "다만 기풍을 개창하되 스승이 되지 않으리"를 인용하면서, "국립 대학이 기풍을 개창해야 할 뿐 아니라 대중의 귀감이 될 뜻을 세워야 한다. 최근 수년간 베이징 대학은 '기풍을 개창하는' 면에서는 늘 이미 성취가 있다고 할 수 있지만, 현재 우리는 베이징 대학이 '기풍을 개창하고 또 스승이 되는' 지위를 만드는 데 반드시 주의를 기울여야 한다"[50]고 했다.

이상에서 베이징 대학 학생들에 대한 후스의 인도와 요구에는 분명 두 가지 중점이 있었음을 어렵지 않게 알 수 있다. 하나는 "지식을 위한 지식을 구하라"는 정신으로 '고등 학문을 추구하고', '문화와 학술 및 사상을 창조하며', 동시에 엄격한 제도와 기율을 세워야 한다는 것이다. 이는 우리가 앞서 말했던 대학화, 체제화의 건설 사업에 치력하는 차이위안페이의 지도사상과 완전히 일치했다. 이러한 추구와 노력은 후스를 중국의 현대 대학파의 가장 주요한 대표가 되게 했고, 그 영향은 당연히 심각하고 거대했다. 다른 면에서 후스는 또한 교내의 교수, 학생 들이 '학벌이 되도록' 호소했다. 이는 당연히 그 자신을 가리키는 것이기도 했다. 다시 말하

---

* 원문에는 25주년으로 되어 있으나 실제로는 24주년이 맞다.

자면 후스가 대학파의 학술을 제창한 것은 그 의도가 결코 순수한 학술에 있는 것이 아니라, 학술을 통하여 일종의 "군벌이나 재벌처럼 무섭고 유용한 세력"을 조성하는 데 있었다. 학술 '실력'을 빌려 사회에 영향을 끼치고 "사람들에게 사상 면에서 중대한 영향을 끼치는", 이른바 '(세상의) 스승이 되고' 한 걸음 더 나아가 학술권력을 이용하여 정치권력을 잡는 것이다. 이후 후스의 연설로 표현하자면, 바로 "사회가 우리에게 지도의 자격을 선사한 것은 우리가 생사의 절박한 고비에서 나서서 말을 하고 일을 하여",[51] "중국에 역사를 만들고, 문화에 신기원을 개창하도록 하기 위함이다." 따라서 그는 베이징 대학 학생들에 대해 보통의 전문가가 될 것을 주문한 것이 아니라 '세력' 있는 '학벌', 그것도 '지도자'가 될 것을 요구하기도 했다. 지금의 말로 하자면 바로 '엘리트', 기술 엘리트와 정치 엘리트를 배양하는 것이고, 이 양자는 또한 상호 전화할 수 있는 것이었다.

　루쉰을 다시 살펴보기로 하자. 루쉰은 5·4 이후 두 차례 중요한 강연을 했다. 한 번은 1923년 12월 26일 베이징 여자고등사범대학 문예회에서의 「노라는 집을 나간 후 어떻게 되었는가」(娜拉走後怎樣)였고, 또 한 번은 1924년 1월 17일 베이징 사범대학 부속중학교 동창회에서의 「천재가 나오기 전에」(未有天才之前)였다. 그 외에 같은 시기의 잡문에서도 청년들에 관한 말들이 있었다.

　당시 루쉰의 연설에서 사람들이 우선 주목한 것은 그의 태도였다. 여러분은 「노라는 집을 나간 후 어떻게 되었는가」라는 연설문에서 그 시작부터 "인생에서 가장 고통스러운 것은 꿈에서 깨어났지만 더는 갈 곳이 없는 궁지에 빠진 상황이다"라는 말을 보게 된다. 후에 루쉰은 젊은이에게 보내는 편지에서도 말했다. "나 스스로도 마침 갈림길에 서 있으니" 어떻게 젊은이에게 길을 가르쳐주겠는가?[52] 그는 이어서 말했다. "지금 사회에서는 경제권이 가장 중요하게 보인다." 그러나 그는 즉각 다시 "안타깝게도 나는 이 권력을 어떻게 얻어야 하는지 모른다. 다만 계속해서 전투를 해야 함만을 알 뿐"이라고 인정했다. 마지막으로 그는 "매우 큰 채찍이 등에 떨어지지 않는다면 중국 스스로는 움직이려 하지 않을 것"이라고 하면서

"그러나 어느 곳에서 왔고, 어떻게 왔는지, 나도 확실히 알지 못한다"[53]고 솔직하게 토로했다. 스스로 무엇을 '아는지'를 말했을 뿐 아니라 자신이 무엇을 '모르는지'도 말했다. 자신의 손에 이미 진리가 있고 갖추어진 길로 학생들을 인솔해서 가는 것이 아니라, 자신도 역시 길을 찾는 탐색자였다. 다만 앞으로 가는 것만 알 뿐, 어떻게 가며, 어디까지 갈 것인지는 학생과 함께 찾아보고 실천해야 했음을 뜻한다. 루쉰의 강연을 들으면 아마도 후스의 강연보다 더 힘들게 느껴지는 것은 모든 것이 다 불분명해서 스스로 생각해봐야 하기 때문일지 모른다.

물론 루쉰은 자신의 관점이 있었다. 「천재가 나오기 전에」에서 그는 학생들에게 이렇게 말했다.

> 천재는 깊은 숲 거친 들에서 스스로 생장하는 괴물이 결코 아니고, 천재가 생장하도록 하게 하는 민중이 만들어내고 키워내므로 이런 민중이 없으면 천재도 없습니다. …… 이런 맥락에서 천재의 탄생을 요구하기 전에 반드시 천재가 생장할 수 있게 해주는 민중을 먼저 요구해야 합니다.
>
> 여기에 계신 여러분은 생각건대 역시 십중팔구는 천재의 탄생을 바라겠지요. 그러나 상황은 이렇습니다. 천재의 탄생이 어렵지만 천재를 배양하는 토양 역시 어렵습니다. 내 생각에 천재는 대부분 타고나는 것 같습니다. 다만 천재를 배양하는 토양만 여러분 모두가 만들 수 있을 것 같습니다. 토양을 만드는 효과는 천재를 요구하는 것보다 더 가깝습니다. 그렇지 않다면 설령 수백 수천의 천재가 있다 하더라도 토양이 없기 때문에 접시 위의 녹두처럼 자랄 수 없기 때문입니다.
>
> 토양을 만들자면 정신을 확대해야 합니다. 새로운 조류를 받아들이고, 옛날 격식을 벗어던지면서 충분히 수용하고 장차 탄생하게 될 천재를 이해해야 합니다. 또한 작은 일을 하는 것도 두려워해서는 안 됩니다. 창작할 수 있는 사람은 물론 창작을 해야 할 것이고, 그렇지 않으면 번역이나 소개, 감상, 독서, 관찰, 여가 선용도 모두 좋습니다. …… 토양은 천재와 비교하자면 물론 언급할 가치가 없는 것입니다. 하지만 괴로움을 꾹 참는 데 탁월한 사람이 아니라면

아마도 쉽게 해내기 어려울지도 모릅니다. 그렇다고 할지라도 일의 성공 여부는 사람의 노력에 달려 있으니 천부적 재능을 마냥 기다리는 것보다 내실이 있다고 하겠습니다. 이 점이 바로 토양의 위대한 지점이자 오히려 큰 희망이 있는 지점이기도 합니다.[54]

이는 확실히 다른 관점이었다. 후스가 관심을 가졌던 것은 소수의 엘리트와 천재였다. 이에 비해 루쉰은 비록 천재를 부인하지는 않았지만, 천재를 충분히 자라나게 할 수 있는 민중을 어떻게 길러내느냐에 더욱 관심을 기울였다. 즉 루쉰은 이것이 더욱 기초적인 사업이라고 여겼던 것이다. 그러므로 그는 청년들이 "새로운 조류를 받아들이고, 옛날 격식을 벗어던지는" 토양을 만들도록 격려했고, "작은 일을 하는 것에 두려워하지 않는" "괴로움을 감내하는 탁월한 사람"에게 더욱 큰 '희망'을 기탁했다. 그는 자신도 똑같이 집어넣었다. 아래에서 우리는 루쉰이 자신을 '보통 사람'과 '평범한 사람', 즉 '토양'으로 자리매김하면서, 자신은 결코 '천재'적 '지도자'가 아니라고 했음을 언급하게 될 것이다.

청년들의 문제를 포함하는 그들의 문제에 대해서, 루쉰도 자기 나름의 견해가 있었다. 또 다른 글에서 그는 이렇게 말했다.

  최근 몇 년간 학생들이 제멋대로 날뛴다고 하는 말을 늘 들었다. 노교수뿐 아니라 학교를 갓 졸업하고 하급 공무원을 하거나 교사를 하는 사람들조차도 이렇게 말했다. 하지만 나는 그렇게 느껴지지 않는다. …… 사실 현재의 학생들은 온순하거나 지나치게 온순하다고까지 말할 수 있다.[55]

이른바 '날뛴다' 함은 아마도 차이위안페이와 후스조차도 골머리를 썩게 하는 '학생 시위'가 '규정에 맞게 하기 어려움'을 가리켰을 것이다. 루쉰은 학생 시위에 대해서 결코 무조건 찬동하지 않았다. 그는 특히 시위와 청원에 찬성하지 않았다. 하지만 여기에는 다른 이유가 있었다. 그는 학생들의 생명을 아끼는 마음에서 의미 없는 '희생'에 반대했다. 그리고 학생들에게 강연하는 중에도 "우리는 그들에게 희생하도록 권유할 권리가 없다"[56]고 명확히 밝혔다. 그러나 그는 학생을 '규범에 집어넣자'고 결코 주장하지 않았다. 오히려 이와는 반대로 앞서 말한 바와 같이 그는 젊은이들이 지나치게 '온순한 것'이 더욱 걱정이었다. 그는 이런 모습은 "책 읽는 집의 가정 교육"에서 연유한다고 보았다. 즉 "숨을 죽이고 고개를 숙여서 조금도 경거망동해서는 안 된다. 두 눈은 아래로 하여 저승을 보고 하늘을 보면 오만한 것이다. 얼굴 가득 죽을상을 지어야지 웃고 떠들면 건방지니라." 루쉰의 교육 이념 가운데, 이런 "죽은 책을 읽고, 책을 읽으면 죽는다"는 우민 교육은 계속 이어져서는 안 되었다. 이와는 반대로,

> 세상에 정말 계속 살아가고자 하는 사람들이 있다면 우선 대담하게 말하고 웃고 울고 화내고 욕하고 때려야 한다. 이 저주스러운 곳에서 저주할 만한 시대를 물리쳐라![57]

이런 일종의 정신적 자유 상태와 생명의 구속 없는 반항의 상태야말로 '살아 있는 건전한 생명'이 의당 가져야 할 정신 상태였다. 루쉰이 보기에 진정한 교육이란 의당 "사람을 살리는 것이지, 죽이는 것이 아니다." 즉 이런 교육관에서 출발하여 루쉰은 '사람을 꼼짝 못하게 하는' '옛날의 가르침'에 대해 질의했다.

> 나는 인류가 향상, 즉 발전하기 위하여 반드시 활동해야 한다고 생각한다. 활동을 하다 보면 약간의 잘못이 있을 수도 있지만 괜찮다. 하지만 유독 반죽음이 된 구차한 삶만은 전체적으로 잘못된 것이다. 왜냐하면 인류가 생활의 팻말을 걸었지만 사실은 사람을 죽음으로 인도하기 때문이다.
> 나는 우리가 어찌 되었거나 청년들을 감옥에서 꺼내 와야 한다고 생각한다. 길 위의 위험은 물론 있다. 하지만 그것은 생을 추구하는 과정 중의 우연한 위험이라 피할 방도가 없기 때문이다.[58]

여기서의 의미는 매우 명확하다. 당연히 학생들을 '감옥' 속에 가둬두어서는 안 된다는 의미이다.

수많은 사람들(젊은이도 포함하여)의 '불만족 현상'을 언급할 때, 루쉰은 사람들이 '어떤 길을 향하여 걸을 것이냐' 하는 인도의 문제에 주의를 기울이도록 일깨웠다. 루쉰은 "국학자들이 국수(國粹)를 떠받들고, 문학가들이 고유 문명을 찬탄하며, 도학가들이 애서 부르짖는 복고(復古)"를 가리켜, 그들은 젊은 세대에게 과거를 향하도록 인도하여, 모두 "3백 년 전의 태평성대를 동경하게 하는 것"이라 하였다. 그러나 루쉰은 무엇이 '태평성대'냐는 회피할 수 없는 문제를 제기했다. 그러고는 한마디로 설파했다. 이른바 '태평성대'란 바로 "잠시 노예 생활을 잘하고 있는 시대"라고 했다. 사람들은 "노예가 되고 싶어도 될 수 없는 시대"에 생활하면서도 "잠시 안정적으로 노예 일을 잘하고 있는 시대"를 미화하고 마음속으로 동경했다. 그래서 중국도 영원히 "노예가 되고 싶어도 될 수 없는 시대"와 "잠시 노예 생활을 잘하고 있는 시대" 사이에서 순환하는 역사를 벗어나지 못했다. 이 역시 우리의 교육에 첨예한 문제를 제기했다. 학생들을 "과거 역사 속으로 걷게 하여" 역사의 순환 속으로 받아들일 것인가, 아니면 학생들을 "미래로 향하게 하여" 이 순환을 깨뜨릴 것인가? 루쉰의 관점은 선명했다.

뒤돌아볼 필요 없다. 왜냐하면 앞에도 길이 있기 때문이다. 또한 이 중국 역사에 미증유의 세 번째 시대를 창조하는 것이 청년들의 사명이기 때문이다.[59]

동시에 루쉰은 자신의 경험에 비추어 청년들에게 다시 경고했다. 자신의 생명을 아껴야 하고 "자신에게 비상한 초인적인 힘이 있어서 마음대로 성공할 것"이라고 생각하지 말고, 반드시 끝까지 "강인하게 전투[60]하도록 했다. 그는 "선동하는 청년들"에게 "군중에 대해서 그들의 공분을 야기하는 것 외에도 반드시 깊이 있는 용기를 심어줄 방도를 찾아야 하고, 그들의 감정을 북돋울 때도 반드시 힘껏 분명한 이성을 계몽해야만 한다"[61]고

했다. 이러한 부분에서 루쉰이 청년들과 교류하면서 5·4의 이성정신을 시종 견지했고, 도처에서 청년들에 대한 보호의식을 드러냈음을 모두 알 수 있다. 다시 말해서 루쉰은 어떤 사람이 말한 것처럼 과격한 선동가가 절대 아니었던 것이다.

6

우리는 청년들에 대한 다른 기대와 인도의 배후에 어떠한 차이가 있었는지에 대해서 한 걸음 더 깊이 들어가 토론을 할 수 있다.

비교적 분명한 것은 당연히 교육 이념과 대학 기능 추구에서의 차이였고, 그중에 베이징 대학 전통에 대한 각기 다른 해석과 상상도 포함되어 있었을 것이다.

후스의 대학관은 대단히 명확했다. 구체적으로 살펴보면, 대학의 직책은 바로 '전문적 기술 인재'와 '지도자 인재'를 길러내는 것이다. 1930년대에 이르러 그는 자신의 '전문가의 정치', '연구소의 정치' 이상을 더 깊이 있게 다시 주장했다. 즉 "고등한 '브레인 집단'이 신경 중추 역할을 할 필요가 있을 뿐 아니라, 백만 명의 전문적 인재가 수족과 이목 역할을 할 필요가 있다."[62] 이는 그가 추구한 것이 '전문가 정치'('연구소 정치')를 위해서 봉사하는 엘리트 교육이었음을 뜻했다.

하지만 루쉰에게는 다른 기대가 있었다. 1925년에 쓴 한 통의 편지에서 그는 이렇게 썼다. "내 생각에 현재의 방법은 우선 그 몇 년 전 『신청년』에서 이미 말했던 '사상혁명'을 아직도 사용해야 하고", "또한 '사상혁명'의 전사도 역시 준비를 해야 할 것 같다."[63] 그는 5·4 시기의 베이징 대학이 한 것처럼 대학이 "'사상혁명'의 전사를 준비하는" 면에서 특수한 역할을 할 것을 분명히 기대했다. 그러므로 그는 「중산대학 개학 축사」(中山大學開學致語)에서 이렇게 썼다.

중산대학과 혁명의 관계는 아마도 수많은 책과의 관계와도 같을지 모릅니다. 그러나 죽은 책이 아닙니다. 그것은 혁명정신을 분발시켜야 하고, 혁명정서를 증가시켜야 하며, 혁명의 박력을 공고화하는 역량을 가져야만 합니다.

지금 사방의 가까운 곳에서는 전쟁의 포성이 없고, 압제도 없습니다. 때문에 반항과 혁명도 없습니다. 모든 것이 대부분 이전의 혁명입니다. 장차 혁명을 한다거나 혁명을 동경하는 청년들은 조용한 공기 속에서 학술을 탐구하는 생활을 보내고 있습니다. 그러나 이 평정한 분위기는 반드시 혁명의 정신으로 가득 차야만 합니다. 이런 정신은 햇빛처럼 영원히 방출해도 멀리까지 닿지 않는 곳이 없습니다.

그렇지 않으면 혁명의 후방은 곧 나태한 자들이 복을 누리는 곳이 될 것입니다.

중산대학도 역시 의미가 없습니다.

하지만 국내에 수많은 보기 좋은 직함을 많이 보냈습니다.

마지막 축사는 이렇습니다. 저는 우선 중산대학의 사람들이 앉아서 일을 하더라도 전선(前線)을 영원히 기억하기만을 바랄 뿐입니다.[64]

여기서 말한 '혁명'은 물론 협의적인 것이 아니다. 내가 이해하기로 영원히 현재 상황에 만족하지 못하고, 부단히 혁신하고 향상하는 정신[65]과 비판과 회의 및 자유 창조를 의당 포함하는 것 같다. 대학의 기능은 결코 지식의 전달과 사회의 합법적 지식의 생산에만 국한된 것이 아니라, 사상·문화·학술과 사회의 변혁, 발전을 위해 비판적이고 창조적인 정신 자원을 제공해야만 한다. 루쉰이 '대학'과 '혁명'을 연결한 것은 대단히 의미심장한 것이었다. 루쉰은 학생들이 "조용한 분위기 속에서 학술적 생활을 보내는 것"에 대하여 분명히 반대하지 않았다. 이러한 '조용함'은 본래 정상적인 학습과 연구의 필요조건이기도 했다. 그러나 루쉰은 '조용한 분위기'에 잠재했을지도 모를 위험도 확실히 보았던 것이다. 즉 일단 그런 분위기가 고착되면 자기 봉쇄가 형성되어 교내의 학생, 교수 들이 "문제 없고, 결함 없고, 불평 없으며, 또 해결도 없고 개혁도 없고 반항도 없는"[66] 상태에 빠져들게 됨으로써 지식인의 비판과 창조의 기능을 근본적으로 상실하여 정신적 용속(庸俗)과 위축을 초래할 것이다. 그러므로 그는 "이 조용한 분위기가 반드시 혁명의 정신으로 가득 차야만 한다"고 하여, 생명과 학술의 활력을 시종 유지할 것을 강조했다. 루쉰은 그 밖에도 "학문이 있어야만 구국할 자격이 있다"는 관점(후스가 바로 이런 관점의 선동자 중 한 사람일 것이다)을 겨냥해서 다음과 같이 지적했다. "'머리를 땋은 서생'이 교수가 되어 연구실에서 빠져나오면 구국의 자격이 좀 주어질 수도 있을 것이다. 하지만 그래도 정신적으로 여러 측면에서 충분히 발달하지 못한 기형물이다."[67] 이것 역시도 바로 루쉰이 걱정했던 바였다. 만약 배양해낸 것이 지식과 정신으로 가득 찼지만 기형적인 이른바 전문가라면, 그 경우는 정말 보기 좋은 '학자'의 직함 몇 개를 더했거나 아니면 "직함은 없지만 일을 시키고 전쟁을 하는 기계"[68] 몇몇을 추가한 것에 불과하기 때문이었다. 이런 대학은 정말 "의미가 없었다."

여기서부터 베이징 대학의 전통에 대한 루쉰의 독특한 이해와 해석, 상상이 생겨났다. 1925년, 루쉰은 베이징 대학 학생회의 요청을 받고 「베이징 대학에 대한 나의 관점」(我觀北大)이라는 중요한 글을 써서 베이징 대학에 대한 관점을 제기했다.

첫째, 베이징 대학은 항상 새롭게 전진하는 운동의 선봉이었고, 중국이 훌륭하게 발전하는 길로 가도록 도와왔다. 비록 많은 비방을 받고 유언비어를 들었으며, 교수와 학생 역시 모두 해마다 약간의 변화가 있었지만, 발전을 향한 정신만은 계속 시종일관 느슨해지지 않았다. 물론 우연하게도 발전 방향을 돌리고자 하는 사람도 있었지만 역시 전체 국면에는 큰 변화가 없었으니, '모든 사람이 한마음'은 원래 책에서나 있는 겉치레의 말에 불과했다.

둘째, 베이징 대학은 언제나 설령 혼자일지라도 암흑 세력과 항전해왔다. 장스자오(章士釗)가 '학교 분위기 정돈'이라는 팻말을 제기하여 '모범으로 삼으려 했고', 더구나 돈을 나누어 보내온 이후에도 베이징 대학은 계속해서 그에게 펑윈이(彭允彝)와 같은 대우를 했다. …… 그 당시에 물론 동요하는 사람도 나타나기는 했지만 전체에 큰 손색이 없었던 것은 위에서 이야기한 바와 같다.

…… 내가 느낀 대로만 말하자면 요컨대 베이징 대학은 역시 살아 있고 그
것도 계속해서 자라나고 있다. 무릇 살아 있으면서 자라나고 있다는 것은 언제
나 희망의 전망이 있다.[69]

루쉰이 여기서 강조한 베이징 대학의 정신은 일종의 '발전'과 '살아 있
는' 정신이고, 교육은 '살아 있는 사람'을 배양하는 것임을 일관되게 강조
하고 "사람을 살리는 것이지 죽이는 것이 아니다"는 그의 사상과 완전히
일치했다. 아울러 베이징 대학은 늘 "새롭게 전진하는 선봉"의 역할을 하
고, 또한 "언제나 암흑 세력과 항전해왔음"을 강조한 것 역시 앞서 말한
'대학'과 '혁명'의 관계에 대한 사상과 일맥상통하는 것이기도 했다. 여기
서 말한 "새롭게 전진한다는 것"은 물론 우선 새로운 사상과 문화운동을
가리키지만, 동시에 강조한 것은 새로운 사회운동과의 연계였다. 이른바
'암흑 세력과의 항쟁'이 사상·문화·교육·정치적인 면에서의 '암흑 세
력'을 안으로 포함하기 때문이었다. 이는 본래 5·4 시기 베이징 대학의 전
통이었다. 당시 베이징 대학은 신문화운동의 중심일 뿐 아니라 5·4 애국
학생운동을 직접 촉발하였다. 지금 루쉰이 강조한 것은 베이징 대학이 '시
종일관' 이러한 5·4 전통을 견지해왔다는 사실이었다. 베이징 대학 내부에
서도 이 문제에 대한 논쟁이 있어왔고, 루쉰 역시 글 속에서 "모든 사람이
한마음"인 상황은 결코 있을 수 없다고 했으며, 또한 어떤 사람은 "발전 방
향을 돌리고 싶다", "동요하는 사람이 나타나기도 했다"고 하였다. 이는
확실히 그러했기 때문이다.

『후스 문집』(胡適文集)에 후스와 왕스제(王世杰), 딩서린(丁燮林), 리쓰
광(李四光), 천위안 등이 연명한 「교육부를 이탈하기 위한 본교의 이번 항
의의 전말」(這回本校爲脫離教育部事抗議的始末)은 베이징 대학이 교육총
장 펑윈이, 장스자오에 반대해서 교육부를 이탈하고자 항의한 것이다. 그
이유는 "본교는 반드시 하루빨리 일반적인 정치 시위와 학생 시위를 벗어
나서 학문의 노선으로 열심히 매진하여 국가를 위해 학문 연구의 한 기관
을 남겨야"[70] 하기 때문이라고 했다. 이는 확실히 베이징 대학에 대한 또

다른 종류의 관점으로서, 후스를 중심으로 하는 베이징 대학 교수들의 베이징 대학 정신, 베이징 대학 전통에 대한 다른 해석과 인도라고 말할 수 있다. 예컨대 우리가 앞서 말한 것처럼 후스가 만년에 가서도 다음과 같은 관점을 계속 견지한 것과 같다. 즉 5·4 신문화운동이 정치운동으로 발전한 것은 신문화운동에 대한 방해였다. 때문에 그는 신문화운동에 대해서도 역시 천박한 '보급 전파'에서 '향상'된 학문 연구로 극력 이끌었다. 다시 말해서, 차이위안페이는 베이징 대학의 좌표에 원래 '학술 연구와 개인 수양의 유폐된 성지'와 '정치문화 활동 중심'[71)]이라는 두 가지 측면을 정했는데, 이는 하나의 모순을 이루었다. 하지만 지금 후스와 같은 이들이 베이징 대학의 '정치문화 활동 중심'의 기능과 작용의 취소라는 방법으로 이 모순을 근본적으로 해소하고 베이징 대학이 순수한 '학문 연구의 기관'이 되도록 하고, 베이징 대학 전통 역시 순수 학술이라는 범위 내로 국한하려 했던 것이다.

7

루쉰과 후스의 교육 관념의 차이와 베이징 대학에 대한 서로 다른 상상은 사실 현대 중국 지식인의 두 가지 유형에 대한 그들의 서로 다른 선택과 자아 인식에서 기인했다.

이는 '훌륭한 정부 주의'(好政府主義)의 주장과 논쟁에서 집중적으로 드러났다.

후스 등은 전술한 「교육부를 이탈하기 위한 본교의 이번 항의의 전말」에서 베이징 대학이 "조속히 일반적인 정치 시위와 학생 시위를 벗어날 것"을 요구하는 동시에, "본교 사람들이 외부 활동을 하려면 개인 명의로 나가서 활동하되 학교를 끌어들이지 말아야 한다"는 한 가지 유보 사항도 있었다. 이와 같은 보충은 필요했다. 왜냐하면 그들 스스로가 이 이전에 이미 정치에 참여하였는데, 그것도 일반적 참여가 아니라 자각적, 주동적으로 '정치 시위'를 불러일으켰기 때문이었다. 이것은 바로 1922년 후스 등이 정치·사상·문화 간행물인 『노력주보』(努力周報)를 창간하고, 거기에 「우리의 정치 주장」을 게재하기까지 한 일을 말한다. 서명자 가운데 베이징 대학 신분을 밝힌 사람이 68.75퍼센트였는데, 그중에 베이징 대학 총장 차이위안페이, 교무처장 후스, 도서관장 리다자오 등이 있었다. 인문학자를 제외하면 상당수가 사회과학자였는데, 대다수가 구미 유학의 배경이 있었다. 따라서 「우리의 정치 주장」은 베이징 대학 구미파 지식인의 정치 선언으로 간주할 수 있다. 그것이 사람들의 이목을 끌었던 것은 '정치개혁'의 목표를 주장한 데 있다. 사상개혁의 주장에서 정치개혁의 강조로 전환된 것은 5·4 신문화운동의 지도자인 후스에게는 당연히 중대한 변화였다. 이는 후스가 '학벌' 노릇을 하는 데 만족하지 않고, 국가 정치를 지도하는 '국가의 스승' 역할을 맡기를 더 원했음을 뜻했다. 바로 '국가의 스승 콤플렉스'는 후스가 "정치를 논하지 않겠다"고 부단히 선언하고, 나아가 청년학생들의 정치 참여를 반대했으면서도 그 자신은 끝까지 정치를 논하면서 나아가 정치적, 내재적 사상과 심리적 동인을 실천하도록 했다. 즉 정치에 진정으로 열중한 것은 사실 바로 후스 그 자신이었다.

후스 등이 주장한 정치개혁의 핵심은 바로 '훌륭한 정부 주의'였다. 이는 후스 일생을 관통했던 정치 목표라고 말할 수 있다. 그 요점은 두 가지였다. 우선 '정부'(국가)의 지위와 작용을 강조하면서, "정부는 조직을 갖춘 공공의 권력이다. 권력은 한 가지 힘으로서 한 가지 일을 하자면 반드시 힘이 있어야 한다"[72]고 강조했다. 후스가 1922년에 쓴 「50년간의 세계 철학」(五十年來之世界哲學)의 마지막 절 "50년 정치철학의 추세"에서, "방임주의에서 간섭주의로"의 발전은 국가의 정치, 경제, 문화생활에 대한 전면적 간섭을 강조한 것이기도 하다. 후스는 '간섭주의'가 오해를 불러일으킬 수도 있기 때문에 '정치의 도구주의'로 부를 수 있다고 했다. 즉 "현대 정치의 문제는 어떻게 정부의 권한을 제한하느냐는 문제가 아니라 바로 이런 중요한 도구로 최대 다수의 복리를 도모할 수 있도록 운용하느냐는 문제"[73]라고 했다. 그러므로 후스 등은 일종의 "계획이 있는 정치"[74]를 주장하여 사람들의 사회, 정치, 경제, 문화생활을 모두 국가의 통일적 '계획' 속으로 받아들일 것을 요구했다. 1928년, 후스가 소련을 방문하여 소련식의 이상, 계획, 방법을 가진 대형 정치 실험에 대해 "충심으로 기쁘게 받아들인다"고 한 것은 결코 우연이 아니었다. 뿐만 아니라 후스는 '신자유주의' 혹은 '자유로운 사회주의'의 개념을 주장하기까지 했다.[75]

후스가 주장한 '강력한 정부'의 '계획정치' 배후는 중국의 현대화 실현의 모델이었다. 즉 국가의 강력한 권력과 강력한 정치 지도자에 의거하여 사회의 총동원과 고도의 조직화를 실행함으로써 전국의 인력과 물력을 집중시켜 현대화를 실현한다는 것이다. 이러한 사유 방식은 20세기에 계속 이어져왔다. 구체적으로 말해서, 최초의 양무운동과 무술변법이 청 왕조 내부의 변혁을 통해서 황제 권력의 권위를 다시 진작하거나 광서 황제의 개인적 권위를 수립함으로써 국가가 점차 현대화의 길로 향하도록 했다. 그러나 감당할 수 없을 정도로 부패한 만청 정부가 황제 권위를 진작할 가능성을 이미 상실하면서 황제제도를 뒤집는 신해혁명이 일어났다. 그러나 위안스카이가 개인 독재를 실행하여 공자의 가르침을 국교로 삼아 사상 통제를 강화한 복벽은 '권위로 나라를 세우려는' 환상을 깨뜨렸다. 사람들은 현대화를 실현할 새로운 사상 노선을 찾기 시작하였기에 차이위안페이의 베이징 대학과 5·4 신문화운동이 생겨났고, 지식과 지식인 자신의 역량에 의거하여 사상 계몽을 통해서 사람들의 자각을 일깨워 아래에서 위로 중국 사회의 변혁을 진행하게 되었다. 지금 후스 등이 주장한 '훌륭한 정부 주의'는 실제로 국가의 강력한 권력에 의지하여 현대화의 길을 실현하자는 것이었다. 그러나 루쉰은 역시 바로 이 점에서 의문을 제기했다. 그는 1925년에 쓴 편지에서 이렇게 지적했다. "아마 국민들도 그렇겠지만 절대 훌륭한 정부란 있을 수 없을 것이다. 훌륭한 정부는 오히려 쉽게 무너진다." "내 생각에 지금의 방법이라면 우선 그 몇 년 전 『신청년』에서 이미 말했던 '사상혁명'부터 해야 한다."[76] 분명 루쉰이 견지했던 것은 5·4 신문화운동의 국민 개조, 국민 각성에서부터 시작하고 아래에서 위로 향하는 민중의 개혁 노선이었으며, 이는 후스와 확실히 다른 사상 노선이었다.

그러나 후스와 같은 이들에 대해서 말하자면 위안스카이의 독재와 복벽의 역사적 교훈은 피할 도리가 없었다. 강력한 권력을 가진 정부의 수립이 권력의 남용이라는 결과를 초래할 것인가? 후스 스스로도 이 문제를 의식하고 이렇게 말했다. "인류에게 저열한 근성이 있다면 무한한 권력을 가져서는 안 된다", "하루아침에 권력을 수중에 넣게 되니 명령을 집행하고 권력을 남용해서 개인적 이익을 도모하지 않을 수 없다."[77] 후스의 대책은 '헌정의 정부'와 '공개된 정부'(재정 공개, 시험 공개 등)를 주장해서 이런 일련의 제도들로써 '감독'하고 '통제'하는 작용을 수립하는 것이었다. 그러나 그는 가장 근본적으로 "정치개혁의 유일한 기초 작업은" 역시 "훌륭한 사람"이 집정하는 것이라고 인식했다.[78] 이른바 '훌륭한 사람'이란 후스 등이 「우리의 정치 주장」에서 설명한 바에 따르면, "국내의 우수한 사람"을 가리키는 것으로, 사실상 그들 자신이 이러한 '지식인 엘리트'였다. 후스는 이를 의로운 일로 여겨 적극적으로 나섰다. 아울러 우리가 앞서 인용한 「학술 구국」의 강연에서 그는 이렇게 말했다. "사회가 우리에게 지도자의 자격을 선사한 것은 생사의 중대한 고비에서 앞에 나서서 말을 하고 일을 하게 한 것이므로", "우리는 반드시 우리의 양심, 지식, 도덕에 따라 말을 해야 한다."[79] 이것이 후스의 일관된 기본 사상이자 그의 '훌륭한 정부 주의'의 핵심이기도 했다. 즉 '양심, 지식, 도덕'을 갖춘 지식인 엘리트들이 정부에 대한 '감독'과 '지도' 역할을 해야 하며 민중과 젊은이들의 '리더'가 되어야 한다는 것이다.

1929년에 쓴 쑨중산(孫中山)의 '행하는 것은 쉽고 지식은 어렵다는 이론'(行易知難說)을 평하는 글에서 그는 "지식의 작용은 행하는 것을 돕고, 지도하며 개선한다. 정치가는 실행을 중요하게 여기지만 한 제도 혹은 정책의 시행은 모두 전문가의 지시에 따라야만 한다"[80]고 하였다. 그리고 「건국과 독재를 재론함」(再論建國與專制)이라는 다른 글에서, 그는 자신의 뜻을 더욱 분명하게 나타냈다. "일류의 인재가 집중되어 있는 정치가 있어야만 효율이 있고 수준이 가장 높은 '브레인 집단' 정치가 있다. 그렇기 때문에 일류의 총명한 인재들이 모두 과학 공업의 길로 가게 하여 남아 있게 된 용속한 사람들이 국가를 통치하게 해서는 안 된다."[81] 후스는 이로써 '전문가 정치'의 개념[82]을 주장했다. 그의 이른바 '훌륭한 정부'는 사실 '전문가 정치'를 실행하는 정부로서, 강자와 현자가 통치하는 정권이다. 앞서 말한 것처럼, 후스가 설계한 현대화 모델은 국가의 강력한 권력을 중심으로 한다. 이는 양무운동, 무술정변의 사유 방식과 내재적 공통점이 존재한다. 그러나 이 역시도 상대적이다. 그중 중요한 구분점 하나는 이러한 "국가의 강력한 권력을 중심으로 하는" 현대화 모델에서 지식인이 맡는 위치이다. 양무운동이나 무술정변을 막론하고, 지식인이 실제로 담당한 것은 모두 막료의 역할이었다. 그들은 중심 위치에 있는 황제 권력 혹은 정치적으로 강력한 권력형 인물에 대해서 여전히 일종의 의존적 관계를 맺고 있었다. 그러나 후스는 아마도 5·4 신문화운동 중 지식인으로서 민간의 중심 지위에서 역사적 경험의 격려를 받아서인지 모르겠지만, 그가 지금 추구하고자 하는 것은 국가 정권 중에서 지식인의 중심적 지위였다. 지식인은 정치가의 지도자가 되어야 하고, 심지어 자신이 강력한 권리를 가진 '지도자'가 되고자 했다. 양무운동 이후 지식인의 위치가 국가, 정부 권력 중심의 주위에 있었다면 5·4 신문화운동은 지식인이 최초로 국가, 정부로부터 민간을 향했고, 아울러 베이징 대학과 같은 민간 사상문화 중심을 세우고자 시도함으로써 자신이 중심 위치를 점령하고자 하였다. 이러한 지식인의 '위치 이동' 자체가 매우 흥미롭다.

우리가 한 걸음 더 깊이 토론한다면 다음과 같은 두 가지 문제를 맞닥뜨리게 될 것이다. 첫째, 후스와 같은 이들의 '전문가 정치'의 실질은 무엇인가? 그 다음으로 현대 중국의 역사적 조건에서 이들의 '전문가 정치' 이상이 충분히 실현될 수 있는가? 중국 현대 정치의 구조 가운데 앞으로 그(그들)가 최종적으로 맡게 되는 것은 어떤 역할이겠는가?

우선 첫째 문제에 대해서 토론해보자.

우리는 먼저 앞서 인용한 그「건국과 독재를 재론함」이라는 글이 1930년대 '깨어 있는 독재'(開明專制) 문제에 관한 논쟁 중에 발표되었던 것임에 주의하자. 재미있는 것은 이 논쟁을 촉발한 사람들이 모두 후스 주변의 친구였다는 점이다. 그들은 '깨어 있는 독재'를 선전하면서 "국가가 '공업화'의 목적에 도달하려면 극단적 권력국가가 소유한 역량이 없으면 안 된다"[83]고 하였다. 이는 후스의 '훌륭한 정부 주의'가 강조한 '강력한 국가'와 같은 맥락이었다. 그러나 후스 본인은 이에 대한 반대 의견을 명백히 표시했다. 그가 「건국과 독재를 재론함」에서 진술한 '이유'는 자못 흥미롭다. 그는 이렇게 말했다. "중국에 오늘날 독재를 잘할 수 있는 사람이나 당, 혹은 독재를 잘할 수 있는 계급이 있다고 믿지 않는다." 또한 "오늘날 전 국민의 정서 혹은 이지에 호소할 수 있는 살아 있는 화제나, 전국에 어떤 지도자 혹은 특정 당, 특정 계급의 지도 아래 새로운 독재의 국면을 만들 것이라고 믿지 않는다." 이로써 그가 오직 '중국이 오늘날' '깨어 있는 독재'를 실행할 조건을 갖추지 않았다고만 여겼지, '깨어 있는 독재' 자체를 부인한 것이 아님을 어렵지 않게 알 수 있다.

그의 관점을 좀더 깊이 있게 해석해보면 다음 사실을 더욱 분명하게 알 수 있다. 즉 "민주 헌정은 다만 일종의 유치한 정치제도이며, 정치 경험이 모자란 민족을 훈련시키기에 가장 적합하다." 그것은 "뛰어난 인물이 그다지 필요하지 않고", "다수의 평범한 사람들에게 정치에 참가할 기회를 줄 수 있으며", "우리의 이런 유치한 아두(阿斗)*를 받아들이는 데 가장 적합하므로", 따라서 지금 중국에 필요한 것이다. 그러나 근본적으로 말하자면 후스가 추구하는 것은 역시 '영웅호걸의 정치'[84]였다. "이런 정치적 특색은 정권의 집중과 확대에 있을 뿐 아니라, 전문 인재에 충분히 집중되어 있다. 이들은 정부를 하나의 완전한 기술적 기관으로 만들고, 정치를 일종의 가장 복잡하고 번잡한 전문기술 사업으로 변화시키며, 진전이 빠른 방법으로 국가 인민의 복리를 경영한다."[85] 이것이 바로 후스가 줄곧 선전하던 '전문가 정치'였다. 그는 그것을 다시 '연구소 정치'라고 불렀다. 이런 이름이 드러낸 것은 바로 '연구실 진입 주의'와 '훌륭한 정부 주의'의 내재적 연계였다. 다시 말하면, 후스는 '현대 교육'(대학 교육과 대학원 교육)이란 바로 '전문 인재의 훈련이고', '지도 인재의 교육이며',[86] '중국의

---

* 삼국시대 유비의 아들. 무능한 인물을 대표함.

제갈량을 훈련하는 것이라고 말했다. '아두' 같은 사람들의 '민주 헌정'에서 제갈량 같은 사람들의 '깨어 있는 독재'로 넘어가기 위해 조건과 기회를 만들어야 한다고 했다.[87]

후스는 그가 주장한 '전문가 정치'가 바로 '깨어 있는 독재'이고, 그것은 그가 말한 '현대식의 독재' 혹은 '신식의 독재정치'[88]임을 결코 회피하지 않았다. 이것은 본래 '전문가 정치'의 필연적 논리였다. 다시 말하면 기왕 "정치를 일종의 가장 복잡하고 번잡한 전문기술 사업으로" 만들려면 필히 '아두'의 참여를 배제하여 권력을 소수의 정치 엘리트(지도 인재), 기술 엘리트(전문기술 인재)의 손에 집중시켜 엘리트 독재 전횡을 실행해야만 했던 것이다. 그렇지만 후스는 이러한 '독재'는 '깨어 있는' 것이고, 대다수 인민의 복리를 충분히 도모하기 위한 것임을 다시 한 번 선언했다. 사실 이는 중국 전통 중의 '백성을 위해 결정권을 가지는 것'에 불과했다. 분명하게도 후스는 지식인 엘리트의 '깨어 있는 독재'에 의한 현대화 모델에서 공민(즉 그가 말한 '아두')의 정치 참여를 아예 거절했고, "독재정치의 요점은 장기간의 전정(專政)에 있으며, 절대다수의 '아두'가 찬성 투표를 못 하도록 하는 데 있음"[89]을 직접적으로 말했다.

일찍이 어떤 학생이 후스의 「애국운동과 학문 탐구」를 읽은 후, 『현대평론』에 후스의 관점에 대하여 다음과 같이 개괄하는 편지를 썼다. "민족 해방의 운명은 완전히 정부의 손에 달려 있다. 인민은 민중의 의기(意氣)를 드러낸 것으로 해야 할 일을 다 한 셈이다. 그 나머지는 모두 묻지 않고 개인의 수양에만 매달려 있다." 이 개괄은 상당히 정확했고 게다가 후스의 급소를 틀어쥐었다고 말해야 할 것이다. 그러나 후스는 편지로 답장을 할 때, 무의식적으로 회피해버렸다.[90] 후스처럼 이렇듯 엘리트의식이 강한 지식인의 눈에는 민중과 민중운동은 언제나 비이성적이었고, 그들은 거의 본능에서 나온 방어 심리와 의구심을 품고 있었다. 그들이 보기에 민중운동이 만약 의미가 있다면 그것은 이용할 수 있는 '민중의 의기'를 표현하는 데 불과했고, 최종적으로는 역시 자기들처럼 '지도 책임이 있는 자'에게 의지해야만 했기 때문이었다. 그러나 이는 사실 모든 독재 통치자의 논리이기도 했다. 즉 국가 대사는 그들이 관할하고 백성들은 자기 본분의 일만 하면서 "너 자신을 구출하면"(이는 후스가 「애국운동과 학문 탐구」에서 한 말이다) 되었다. 이는 어떤 연구자가 말한 것처럼, 자칭 '5·4', '과학'과 '민주'정신을 대표하는 후스의 '잠재적 반민주 경향'이 그에게 내재된 모순을 이루었음을 드러냈던 것이다.[91]

후스를 더욱 난처하게 한 것은 그가 회피할 수 없는 현실이었다. 그가 아무리 '훌륭한 정부 주의'를 선전하고, '전문가 정치'를 주장하더라도 그가 생활한 시대와 그가 맞닥뜨린 중국 정부는 1920년대의 베이양 정부나 1930년대에서 60년대에 이르는 국민당 정부를 막론하고 모두 그 스스로가 말한 '지도자 독재', '일당 독재' 정권이었다.[92] 후스의 이상에 따르면, 지식인의 정부에 대한 책임은 "감독하고 지도하며 지지하는 것"이었다. 그러나 독재 정권은 '감독'을 근본적으로 허락하지 않았으니, '지도'는 말할 나위도 없었다. 이렇게 되면 '지지'만 남을 뿐이었다. 1930년대에 후스가 쑹칭링(宋慶齡) 등과 '인권 보장' 문제에서 논쟁할 때, 후스는 이런 원칙을 주장했다. "한 정부가 존재하자면 정부를 전복하거나 정부에 반항하는 행위를 자연히 제재하지 않을 수 없다. 정부를 향하여 혁명의 자유권을 요구하는 것은 어찌 호랑이에게 호피를 달라는 것이 아니겠는가?"[93] 이렇게 해서 국민당 독재 정권의 반항 세력에 대한 '제재', 진압은 후스에게는 합법성을 지녔고, 후스 역시 모든 '사실상의 통치 정권'을 위해 변호하는 입장을 가지게 되었다. 1920년대에 후스는 처음 '훌륭한 정부 주의'를 주장했을 때, "정부가 나빠지면 좋은 정부로 바꾸면 된다"는 것과 같은 '간명한 혁명 원리'[94]를 일찍이 주장하기도 했고, 심지어 "(정부가) 너무 나빠서 개량할 수 없거나 악의 세력이 이런 자그마한 개량마저도 기어이 용납하려 들지 않으면 혁명의 수단을 취할 필요가 있다"[95]고 했다. 그러나 1930년대에 들어 그는 "독재 정부가 반항을 진압하는" 것에 대해서는 뜻밖에 합법적 변호 입장으로 전향했다. 이는 후스가 정치적으로 갈수록 보수화되어감을 뜻했다. 어떤 의미에서는 그의 '훌륭한 정부 주의'라는 논리 발전의 필연적 결과이기도 했다.

후스의 '훌륭한 정부 주의'의 이해할 수 없는 다른 모순이라면 그의 '전문가 정치', '지식인의 정치 참여와 국가, 정부의 지도' 주장은 독재 체제 아래 시종 자신의 주관적인 생각에만 빠져 객관적인 조건을 고려하지 않은 몽상이라는 점이었다. 후스 등이 「우리의 정치 주장」에서 '훌륭한 정부 주의'를 주장한 지 얼마 되지 않아 서명자 중의 왕충후이(王寵惠), 뤄원간(羅文干), 탕얼허(湯爾和) 등은 우페이푸(吳佩孚)의 지지 아래 조각(組閣)할 기회가 한 번 있었다. 후스와 같은 이들 역시 한동안 확실히 흥분해서 비정기적 간담회를 조직하고 정치에 대해서 항상 함께 의논했다. 그렇지만 바로 얼마 후, 왕충후이 내각은 아무런 수확 없이 실각했고, 뤄원간은 무고로 투옥되기도 했다. 후스의 말에 따르면 탕얼허가 왕충후이 내각에서 실각한 후 그에게 이렇게 말했다고 했다. "이전에 나는 당신들의 시사 평론을 읽으면 역시 일찍이 어느 정도 이치가 있다고 생각했는데, 정부 안으로 들어가 보니 모두 그렇지가 않더란 말이오! 당신들의 말은 거의 한 마디도 가려운 곳을 긁어주지 못했소. 당신들이 한 말이 하나의 세계라면 우리가 간 것은 또 다른 세계였소. 그래서 나는 당신에게 아무래도 정치를 논하지 말라고 권하는 것이오."[96]

정치(정치가)와 학술(학자)은 사유와 행위 논리가 완전히 서로 다를 뿐만 아니라, 더 중요한 것이라면 대권이 군벌 수중에 있으면 이런 '훌륭한 사람'으로 여겨지던 학자가 정치에 참여하더라도 사실상 어떠한 역할도 할 수 없으며, 오히려 반대로 이용당할 가능성이 있다는 점이다. 후스는 이 점에 대해서 어느 정도 경각심이 생긴 것처럼, 방향을 전환하여 차이위안페이의 '비협조주의'(不合作主義)에 찬성했다. 특히 후스는 "이익을 주는 사람이면 누구에게나 들러붙어" "악인을 도와 나쁜 일을 하는" "말단 관리적이고 기계적인 학자"에 대한 비판과 "최소한 정부를 위해 돕겠다는 결심을 가지지 말아야 한다"[97]는 차이위안페이의 호소를 지지했다. 후스는 독재 체제 아래 지식인의 정치 참여가 독재정치에 '도움'을 줄 수 있는 위험을 확실히 보았으므로 초안을 작성하는 위치에 대해서 한 가지 조정을 했다. 즉 정치를 논하되 참여하지 않는다는 것이었다. 사실 이에 앞서 쓴 「정론가와 정당」(政論家與政黨)이라는 글에서 그는 이미 "'초연'하고 독립적으로 정당 외부에서", 하지만 '여론 조성'을 통해서, "조정하고 판단하면서 감독하는" 작용을 하는 '정론가'[98]를 구상했다. 후스는 더욱 결연히 『노력』(努力)을 정간하고 "도적에게 조목조목 쓴 진술서를 올리는 것은 우리가 좋아하는 일이 아니다", '우리 이후의 사업'은 『신청년』이 3년 전에 미처 다하지 못한 사명을 직접 완수하고, 20년 끊이지 않는 노력을 기울여 사상문예 면에서 중국 정치에 믿음직한 기초를 세우는 데 있다"[99]고 선포했다.

그러나 후스는 사실상 정치를 논하고 참여하는 노력을 결코 포기하지 않았다. 1930년대에 그는 먼저 『현대평론』을 창간하여 정론가의 신문으로 여론의 감독에 종사했다. 하지만 동시에 국민당 정부와 그 지도자와의 대화를 몇 차례 시도했고, 그 이후에도 국민당 정부와 가까이 있는 것 같기도 하고 떨어져 있는 것 같기도 한 관계를 시종 유지했다. 이로써 그는 정치권력 중심에 직접 들어감으로써 국가에 대한 '지도'적 역할을 하려 했음을 알 수 있다. 이 '전문가 정치'라는 이상은 후스에게는 영원한 유혹이었기 때문이었다. 그러나 그는 또한 지식인으로서 자신의 독립성을 때때로 유지하려 했다. 이것이 후스의 선택에서의 기본 모순을 구성했다. 그는 이 때문에 정치 참여(입각入閣, 조각組閣)를 여러 차례 해보고 싶어 했다가도 가장 중요한 시점에 다시 빠져나가곤 해서 최종적으로 자신의 상대적 독립성을 계속 유지했다. 이렇듯 현대 중국의 정치 구조 가운데, 후스가 최종적으로 담당한 역할, 혹은 그의 최종적 위치라면 국가의 '간신'(諫臣)과 권력자의 '쟁우'(諍友)*[100] 역할이었다.

그러나 루쉰은 다른 종류의 선택을 했고, 후스의 선택에 대해 의문을 제기했다.

루쉰이 먼저 물었던 것은 그의 엘리트의식, '지도교수' 콤플렉스였다. 「지도교수」(導師)라는 글에서 루쉰은 이렇게 말했다.

---

* 잘못을 솔직하게 충고해주는 친구.

앞으로 나아가려는 청년들은 대체로 지도교수를 찾고 싶어 한다. 그러나 나는 감히 이렇게 말하련다. 그들은 영원히 찾을 수 없을 것이라고. 찾지 못하는 것이 차라리 운이 좋은 것이다. 왜냐하면 자신을 아는 사람은 스스로가 불민함에 감사하지만, 스스로 자부하는 사람이 과연 길을 알까 하는 의문 때문이다. 대체로 스스로 길을 안다고 여기는 자들은 늘 '나이 서른'을 보내고 나면 애매한 입장과 늙은 티를 물씬 내면서 원만하고 안정적이 될 뿐이다. 그러면서 스스로는 길을 안다고 오해한다. 정말 길을 안다면 자기 스스로 일찍이 그 목표를 향해 매진했어야 할 일이지, 어찌 아직껏 지도교수가 되는 일에 머물고 있는가. …… 그러나 가끔 나는 이런 사람들 모두를 결코 감히 말살하지 않는다. 그들과 편하게 이야기하는 것은 괜찮기 때문이다. 말하는 사람은 역시 말을 잘하는 것에 불과하고, 글재주를 부리는 사람도 글을 잘 쓰는 것에 불과하기 때문이다. 다른 사람이 그에게 주먹을 휘두르기를 바란다면 그것은 자신의 잘못이다. 그가 주먹을 잘 썼다면 일찌감치 주먹을 휘둘렀을 것이다. 하지만 그 당시 다른 사람은 아마도 그에게 공중제비를 돌기를 요구했을지도 모른다.[101]

이것이 바로 루쉰의 일관된 관점이었다. 지식인은 반드시 일종의 자기 한계를 가져야 한다는 것이다. 스스로 무엇을 잘할 수 있고, 무엇을 할 수 없는지 분명히 알아야 하고, 함부로 "한계를 넘어서는 안 된다"는 것이다. 루쉰이 보기에 문인학자는 "말을 잘하고", "글재주를 부릴 줄"만 아는 것에 불과했기에, 후스와 같은 이들처럼 '지도교수' 내지는 '국가의 스승'이 되어 청년부터 국가에 걸쳐 '지도'를 하고자 한 것은 정말 스스로의 능력을 너무도 모르는 것이었다.

여기에는 역시 루쉰의 자아 투시와 뼈아픈 체험이 포함되어 있다. 즉 그는 여러 글에서 말했듯이 "스스로도 기로에 서 있고", "정치적인 일을 사실 잘 알지 못하기에", "만약 장님이 눈먼 말을 타고 벼랑처럼 위험한 길에 들어선다면 나는 수많은 사람의 생명을 죽인 죄를 얻게 될 것이며",[102] 또한 "내가 우주와 인생의 큰 담론만을 전적으로 말하고 구(舊)사회만을 전적으로 자극해서 새로운 청년들에게 보여주어 소수의 사람들에게 오해에서 온 '신앙'을 보존하기를 기도한다면 그것은 오히려 '독자를 기만하는 것'으로, 내게는 고통일 것이라고 생각한다."[103] 젊은이의 '생명'을 죽일까 봐 두려워하고, "독자를 기만하는 것"을 걱정하는 '죄책감'과 '고통'은 전형적인 루쉰의 심리였고, 대단히 심각한 중국 역사의 고통스러운 경험이 축적되어 있었다. 그러므로 루쉰이 "그래도 자신이 그다지 믿을 만하지 못한 사람임을 아는 것이 차라리 비교적 믿음직하다"[104]고 말한 것은 일종의 역사적 책임감을 내포하였다.

따라서 루쉰은 후스처럼 스스로가 '믿음직하다'고 여기고 스스로의 사명을 '지도교수', '지도자', '선각자'로 여기는 문인학자에 대해서, 당신들은 정말로 그렇게 믿음직하냐는 대단히 첨예한 의문을 제기했다. 「쓸데없는 말」(碎語)이라는 글에서, 루쉰은 후스를 예로 들어 지적했다. 당시에 당신들이 "하라, 하라, 하라"는 '명언'과 '폭탄, 폭탄!'의 구호(후스의 「네 열사 무덤 위에 글자 없는 묘비의 노래 四烈士塚上的沒字碑歌」에 보인다)를 크게 외치지 않았던가! 또한 실제로 청년들은 당신들의 말을 듣고 '바보'처럼 가서 권총을 샀지만, 당신들은 관점을 다시 바꾸어 청년들에게 "구국을 하려면 먼저 반드시 학문을 탐구해야 하니", "연구실로 들어가라"고 호소했다. 그러나 '바보' 같은 청년들은 정말로 다시 당신들의 가르침에 따라서 우선 연구실로 도피하여 '새로운 한 혜성'(이 역시도 후스의 말이다. "한 글자의 옛 의미를 발명하는 것과 새로운 항성을 하나 새로 발견하는 것은 모두 하나의 큰 공적이다")을 발견한 후, 다시 "뛰쳐나와 구국을 하려 할 때", 아마도 당신 같은 '선각자'들이 '행방이 묘연해서' 어디로 가버렸는지 알 수가 없었을 것이다. 루쉰은 말했다. "만약 자기 자신만이라면 그것은 괜찮다. 다시 말해서 오늘의 나와 어제의 내가 전투를 해도 좋고, 오늘 이렇게 말했다가 내일은 저렇게 말해도 괜찮지만", "'지도자', '정인군자'로 자부하며 젊은 세대를 지도하고자 한다면, 얼마나 성실한 사람들에게 재앙을 입히고", 일종의 사기가 되지 않겠는가. 나아가 문인학자들이 본래 이리저리 변하는 '특권'이 있다고 선전한다면 '보통 사람'과 '평범한 사람', 즉 보통 국민들에게는 "천재에게 희생을 좀 해줄" '의무'가 있으며,

이는 "천재 혹은 천재의 노예의 탁월한 논리"[105]에 불과할 것이라고 날카롭게 지적했다.

루쉰이 질의한 또 다른 측면은 후스와 같은 이들과 권력자의 관계였다. 후스가 국민당 정부가 인권을 위반한 것을 비판하다가 전향해서 "어떠한 정부라도 자신을 보호하고 자신에게 위해를 끼치는 운동을 진압할 권리를 가져야만 한다"(앞의 분석에 상세히 드러나 있음)고 선전했을 때, 취추바이(瞿秋白)는 루쉰의 필명으로 발표한 「왕도시화」(王道詩話)에서, 이것이 바로 "인권을 버리고 왕권을 말하는"[106] 것임을 즉각 날카롭게 지적했다.

장제스(蔣介石)가 후스 등을 불러들여 "큰 국면에 대해 하문(下問)하자", 후스는 역시 글을 써서 '전문가 정치'를 선전하면서, 국민당 정부가 "충분히 전문가에게 가르침을 구할 것"(앞의 분석에 상세히 드러나 있음)을 희망했다고 했을 때, 루쉰은 다시 글을 써서 다음과 같이 지적했다. 이는 황제가 '재수 없이', "병이 위독하여 아무렇게나 의사를 찾자", "문인학사들은 말다툼을 잠시 하다 화해한 것"에 불과하다고 했다. 또한 문인학사 진영에서는 오히려 "정치적 의견을 희생하는" 대가로 정치에 참여하려 한 것이니, 이것이 또한 장차 어떤 '정부'이겠는가?[107]

루쉰은 일찍이 다음과 같은 비유를 한 적이 있다. "예수는 마차가 뒤집히려 하면 떠받쳐주라고 말했다. 니체는 마차가 뒤집히려 하면 밀어버리라고 말했다. 나는 물론 예수의 말에 찬성하지만, 만약 떠받쳐주기 싫으면 억지로 받칠 필요까지는 없다고 생각한다. 그냥 내버려두기만 하면 될 뿐이다."[108] 스스로 구제할 수 없을 만큼 부패한 정부(예컨대 베이양 정부와 국민당 정부)에 대하여 루쉰은 권력 중심에서 멀리 떨어져 있는 민간의 비판자로서 스스로 무너져 내리도록 내버려두고 억지로 떠받칠 필요는 없다는 것이 그의 태도였다. 이에 비해 권력 중심에 가까이 있는 '간신'이자 '쟁우'로서 후스의 태도는 "그것을 해서는 안 되는 줄 알면서도 하는" 것이었기에, 기성 정부의 권위를 옹호해야 했고 정부에게 비판할 폐단이 있어도 어찌 되었거나 떠받쳐 세우려 했다. 이것이 아마도 그들 사이의 차이일지 모르겠다.

이 배후에는 지식인과 권력, 권력을 가진 자의 관계에 대한 서로 다른 이해와 추구가 존재했다. 1922년에 후스는 「나의 기로」(我的岐路)를 썼고, 1927년에 루쉰은 「문예와 정치의 기로」(文藝與政治的岐途)를 썼는데, 이 두 편의 글을 대조해 보면 틀림없이 재미있을 것이다. 후스는 그의 기로가 '정치 논의'냐 아니면 '사상문학 논의'냐 하는 선택상의 곤혹이라고 말했다. 이는 후스(와 지식인)의 자기 위치 인식이라는 문제와 연관되어 있다. 즉 자신의 작용을 사상문예의 범위에만 국한할 것인가, 아니면 정치 영역으로까지 확대할 것인가의 문제였기 때문이다. 아울러 만약 정치를 문화 외부로 구분 짓게 되면 게으르고 현실에서 벗어난 비인생의 문화가 되기 때문에 그는 '정치에' 더욱 주의를 기울였던 것이다. 그러나 그는 자신의 "정신이 정치적으로 일관되게 관심을 기울일 수 없는" 것은 "철학은 나의 직업이고, 문학은 나의 오락이기" 때문이라고도 말했다. 더욱 중요한 것은 후스가 그의 사상문예 활동과 정치 활동을 "자신의 주의를 실험해보는 것"[109])과 같이 통일적으로 생각했다는 사실이다. 다시 말해서 후스가 중시하고 강조한 것은 정치와 사상문예의 통일성이었다.

그러나 루쉰의 경우는 정치와 문예 자체의 '기로'(岐路)에 주의를 더 기울였다. 그가 보기에 "정치는 현재 상태를 유지하고자 하므로 자연히 현재 상태에 안주하지 않는 문예와 다른 방향에 존재한다." "정치는 현재 상태를 유지하고자 그것을 통일하려 하지만, 문예는 사회 진화를 촉진하여 그것이 점차 분리되도록 한다. 게다가 문예는 사회를 분열하게 하지만 사회는 이렇게 해야 진보하기 시작한다."[110]) 같은 시기에 쓴 「지식 계급에 관하여」(關於知識階級)에서 루쉰은 더욱 명확하게 지적했다. "지식과 강력한 힘은 상충적이고 병립할 수 없다. 또한 강력한 힘이 사람들에게 자유사상을 가지지 못하게 하는 것은 이렇게 하면 능력이 분산될 수 있기 때문이다."[111]) "각 개인의 사상이 발달하고 사람마다 사상이 하나같지 않으면, 민족의 사상이 통일될 수 없어서 명령이 이행되지 않고 단체의 역량이 감소하여 점차 멸망에 이르게 된다." 이는 사실 무심결에 후스의 내재적 모순을 말한 것이다. 즉 후스의 사상문예관은 자유를 강조한 것이었다. 그러나 그의 정치관은 앞서 말한 것처럼 '강력한 힘'을 강조하고 '강력한 힘'은 필연적으로 어느 정도 개인의 자유를 제한하게 된다. 여기에 '분리'와 '자유'를 강조하는 사상의 논리와 '통일'과 '강력한 힘'의 정치권력의 논리 사이의 근본적 구별이 존재한다. 루쉰이 보기에 이 양자는 함께할 수 없는 것이었다. 그는 진정한 지식인은 반드시 사상문화 면의 '혁명'적 비판 입장을 견지해야 하지만, 일단 "권력을 가진 자를 칭송하게 되면" 더는 지식인이 아니라고 여겼다. 그 스스로는 바로 이렇게 자각적으로 영원히 '현재 상태에 안주하지 않음'을 선택했기 때문에 영원한 비판정신의 독립적이고 자유로운 지식인의 입장을 유지했고, 그렇기 때문에 자신을 권력 체제 밖으로 내쫓음으로써 권력을 장악한 정치가의 '눈엣가시'가 되어 계속 배제되고, 박해받다가 도망가는 운명에 처했다.[112] 후스는 이 양자를 모두 가지고자 했다. 현대 중국의 독재 체제 아래 그는 정치권력을 갈망하면서 사상 자유를 추구함으로써 자신을 모순과 난처한 지경으로 빠뜨렸다.

마지막으로 이 글의 제목으로 돌아가자. 5·4 이후, 후스와 루쉰은 끝내 서로 다른 선택을 했고 각기 다른 길을 걸었다. 이것 자체만으로 5·4 신문화운동을 발동시킨 베이징 대학 교수의 문화를 의미하고 있다.

그래서 연구자들은 1925년의 후스와 루쉰의 서로 다른 방향에 주의를 기울인다.

2월 1일, 후스는 돤치루이(段祺瑞) 정부가 조직한 '선후회의'(善後會議)에 참가했다.

2월 13일, 베이징 각계의 국민회의 결성 촉구회에서 편지를 보내와 후스가 국민회의 조직법 연구위원을 맡아줄 것을 요청했다.

3월, 후스는 '중국, 영국의 1900년 경자배관(庚子賠款) 반환 고문위원회' 중국 위원으로 초빙되었다.

4월 중순, 태평양 연안 각국이 하와이에서 국민회의를 거행하였는데, 후스는 대표로 추천되었다.[113]

1925년 초, 루쉰은 「글자를 음미하며」(咬文嚼字, 1월), 「청년 필독서」(2월)를 써서 포위 공격을 받았다. 루쉰은 자신이 "두 가지 큰 방해를 받았다", "이름을 밝히거나 밝히지 않은 호걸들의 매도 편지를 한 묶음이나 받아"[114] '매국'[115]의 죄명까지 뒤집어썼다고 말했다.

8월 14일, 베이징 여자사범대학 학생들을 지지했기 때문에 돤치루이 정부 장스자오 교육총장에 의해 교육부 검사직을 불법적으로 박탈당했다.

9월 1일에서 다음 해 1월까지 분노와 과로, 과도한 음주, 흡연, 수면 부족으로 전후 모두 넉 달 넘게 폐병이 재발되어 시달렸다.[116]

후스가 날로 권력 중심에 근접해가면서 자신만만해하고 있을 때, 루쉰은 파직되고 심신이 엉망인 상태로 빠져들어갔다. 이것이 혹시 어떤 상징적 의미가 있지는 않을까. 〔김경남 옮김〕

• 錢理群, 『與魯迅相遇』, 三聯書店, 2003.

주註

1) 尙鉞, 「懷念魯迅先生」, 『魯迅回憶錄』, "散篇", 上冊, 北京出版社, 1999, pp. 133~34.
2) 孫世哲, 『魯迅敎育思想硏究』, 遼寧敎育出版社, 1988, p. 120에서 재인용.
3) 馮至, 「笑談虎尾記猶新」, 『魯迅回憶錄』, "散篇", 上冊, pp. 331~32.
4) 孫席珍, 「魯迅先生怎樣敎導我們的」, 『魯迅回憶錄』, "散篇", 上冊, p. 353.
5) 柳存仁, 「記北京大學的敎授」, 原載 『宇宙風乙刊』, 第27, 29, 30期(1949. 8, 9, 10).
6) 陳獨秀, 「我對魯迅只認識」, 原載 『宇宙風』, 第52期(1937. 11).
7) 胡适, 「談新詩」, 『胡适文集』, 第2卷, 『胡适文存』, 北京大學出版社, 1998, p. 138.
8) 『胡适日記全編』, 第3卷, 安徽敎育出版社, 2001, p. 755.
9) 陳平原, 「作爲文學家的魯迅」, 收 『魯迅硏究的歷史批判』, 河北敎育出版社, 2000, p. 357.
10) 魯迅, 「憶劉半農君」, 『魯迅全集』, 第6卷, pp. 71~72.
11) 장화(張華)와 궁옌빙(公炎氷) 선생이 『魯迅硏究月刊』(2000. 12)에 「1922年北京大學講義風潮述評」을 썼다. 이하의 내용은 이 글에서 인용하였기에 특별히 밝혀둔다. 아울러 필자들에게 감사드린다.
12) 胡适, 「這一周 43」, 『胡适文集』, 第3卷, 『胡适文存』, 第2集, pp. 438~39.
13) 『胡适日記全編』, 第3卷, p. 856.
14) 胡适, 「在北大學潮平定後之師生大會上的講話」, 『胡适文集』, 第12卷, pp. 445~46.
15) 「卽小見大」, 『魯迅全集』, 第1卷, p. 407.
16) 周作人, 「世界語讀本」, 『自己的園地』, 河北敎育出版社, 2002, pp. 118~19.
17) 蔡元培, 「就任北京大學校長演說詞」, 『蔡孑民先生言行錄』, 山東敎育出版社, 1998, pp. 163~64.
18) 魏定熙, 「北京大學與中國政治文化」, pp. 191, 171.
19) 蔡元培, 「北京大學之進德會旨趣書」, 위의 책, p. 172.
20) 蔡元培, 「告北京大學學生及全國學生聯合會書」, 위의 책, pp. 190~91.
21) 蔣夢麟, 「西潮」, 收 『西潮・新潮』, 岳櫪書社, 2000, pp. 125~26.
22) 장쥐성(張菊生)이 차이위안페이에게 편지를 보냈다(『蔡元培年譜長編』, 中冊,

人民教育出版社, 1996, p. 221에서 재인용).

23) 鄭勇,「蔡元培: 在 '讀書'和 '救國'之間」(『觸摸歷史: 五四人物與現代中國』, 廣州出版社, 1999, p. 65).
24) 胡适,「這一周 43」,『胡适文集』, 第3卷,『胡适文存』, 第2集, p. 438.
25) 朱謙之,「敎育上的反智主義」,『京報』副刊,『靑年之友』, 1921. 5. 19.
26) 胡尹强,「「智識卽罪惡」:『吶喊』에 들어가지 않은 루쉰의 소설」,『魯迅硏究月刊』, 1999, 第2期.
27)「智識卽罪惡」,『魯迅全集』, 第1卷, pp. 371~74.
28)「關于知識階級」,『魯迅全集』, 第8卷, p. 187.
29) 胡适,「在北大開學典禮上的講話」,『胡适文集』, 第12卷,『胡适演講集』, p. 439.
30) 쑹충이(宋崇義)에게,「書信: 200504」,『魯迅全集』, 第11卷, pp. 369~70.
31) 위의 글, p. 370.
32) 胡适,「新思潮的意義」,『胡适文集』, 第2卷,『胡适文存』, p. 558.
33) 胡适,「『國學季刊』發刊宣言」,『胡适文集』, 第3卷,『胡适文存』, 第2集, pp. 14, 15.
34)「整理國故與打鬼」,『胡适文集』, 第4卷,『胡适文存』, 第3集, 北京大學出版社, 1998, p. 117.
35)「未有天才之前」,『魯迅全集』, 第1卷, p. 167.
36)『民國日報』, "覺悟"(1924. 3. 26) 부간(副刊)에 보임.
37) 西瀅,「閑話」,『現代評論』, 第3卷, 第63期(1926. 2. 20).
38) 周作人,「思想界的傾向」,『周作人自選文集·談虎集』, 河北敎育出版社, 2002, pp. 88~89.
39) 胡适,「讀仲密君「思想界的傾向」」,『胡适文集』, 第11卷,『胡适時論集』, pp. 64, 66.
40) 胡适,「治學的方法與材料」,『胡适文集』, 第4卷,『胡适文存』, 第3集, p. 114.
41)「靑年必讀書」,『魯迅全集』, 第3卷, p. 12.
42)「摩羅詩力說」,『魯迅全集』, 第1卷, pp. 67, 68.
43)「寫在「墳」後面」, 위의 책, pp. 286, 285.
44)「通訊」,『魯迅全集』, 第3卷, p. 25.
45) 1919년 6월 29일, 후스는 일찍이『매주평론』에「연구실과 감옥」(硏究室與監獄)이라는 글을 발표했다. 그는 천두슈의 말을 인용했다. "청년들은 뜻을 세워 연구실에서 나와서 감옥으로 들어가라. 감옥에서 나오면 연구실로 들어가라. 이것이야말로 인생 최고의 아름다운 생활이다"(『胡適文集』, 第11卷,『胡適時論集』, p. 17). 그러나 이 말은 루쉰이 개괄한 '연구실 진입' 주의와 무관한 것 같다.
46)「讀書雜談」,『魯迅全集』, 第3卷, p. 443.
47)「春末閑談」,『魯迅全集』, 第1卷, pp. 204, 205, 206.

48) 胡适,「普及和提高」,『胡适文集』,第12卷,『胡适演講集』, pp. 436, 437.
49) 胡适,「在北大開學典禮上的講話」, 위의 책, pp. 438, 439.
50) 胡适,「在北大成立二十五周年紀念會上的講話」, 위의 책, pp. 447~48.
51) 胡适,「學術救國」, 위의 책, p. 454.
52) 「北京通信」,『魯迅全集』,第3卷, p. 51.
53) 「娜拉走後怎樣」,『魯迅全集』,第1卷, p. 159, 161, 164.
54) 「未有天才之前」,『魯迅全集』,第1卷, pp. 166, 169.
55) 「華盖集 後記」,『魯迅全集』,第3卷, pp. 177~78.
56) 「娜拉走後怎樣」,『魯迅全集』,第1卷, p. 163.
57) 「忽然想到(五)」,『魯迅全集』,第3卷, p. 43.
58) 「北京通信」,『魯迅全集』,第3卷, pp. 52~53.
59) 「燈下漫筆」,『魯迅全集』,第1卷, p. 213.
60) 「補白」,『魯迅全集』,第3卷, p. 106.「노라는 집을 나간 후 어떻게 되었나」의 강연에서 루쉰도 마찬가지로 '강인한' 정신을 강조했다.『魯迅全集』,第1卷, p. 162.
61) 「雜憶」,『魯迅全集』,第1卷, p. 225.
62) 胡适,「中國無獨裁的必要與可能」,「一年來關于民治與獨裁的討論」,『胡适文集』,第11卷,『胡适時論集』, pp. 504, 509~10.
63) 「通訊」,『魯迅全集』,第3卷, p. 22.
64) 「中山大學開學致語」,『魯迅全集』,第8卷, pp. 159~60.
65) 루쉰은 일찍이 말한 바 있다. "'혁명'이라는 두 글자를 어떤 사람은 무섭다고 여긴다. 사실은 그저 '혁신'에 불과할 뿐으로, 한 글자를 고치면 평화로워진다"(「無聲的中國」,『魯迅全集』,第4卷, p. 13).
66) 여기서는 루쉰이「눈을 뜨고 바라보라」(論睜了眼看)에서 한 말을 차용했다(『魯迅全集』,第1卷, p. 238).
67) 「碎話」,『魯迅全集』,第3卷, p. 161.
68) 「春末閑談」,『魯迅全集』,第1卷, p. 206.
69) 「我觀北大」,『魯迅全集』,第3卷, p. 158.
70) 胡适 等,「這回爲本校脫離教育部事抗議的始末」,『胡适文集』,第11卷,『胡适時論集』, p. 123.
71) 72) 魏定熙,「北京大學與中國政治文化」, 北京大學出版社, 1998, p. 191.
73) 78) 95)「好政府主義」,『胡适文集』,第12卷,『胡适演講集』, pp. 716, 191.
74) 「五十年來之世界哲學」,『胡适文集』,第3卷,『胡适文存』,第2集, pp. 308~10.
75) 79) 「我們的政治主張」, 위의 책, pp. 328, 329.

76)「歐洲道中寄書」,『胡適文集』,第4卷,『胡適文存』,第3集, pp. 42~43, 47. 후스는 만년에 여기에 대하여 반성하면서 "모든 계획 경제는 모두 자유와 양립하지 않고 모두 반자유적이다"라고 지적했다(「"到奴役之路"說起」,『胡適文集』,第12卷,『胡適講演集』, pp. 831~32).
77)「通訊」,『魯迅全集』,第3卷, pp. 21~22.
80)「學術救國」,『胡适文集』,第12卷,『胡适演講集』, p. 454.
81) 83)「知難, 行也不易」,『胡适文集』,第5卷,『人權論集』, pp. 598, 600.
82)「再論建國與專制」,『胡適文集』,第11卷,『胡適時論集』, p. 376.
84) 錢端升,「民主政治乎? 集權政治乎?」,『東方雜志』,第31卷,第1號.
85) 88) 93) 胡适,「再論建國與專制」,『胡适文集』,第11卷,『胡适時論集』, pp. 374~78.
86) 胡适,「一年來關于民治與獨裁的討論」,『胡适文集』,第11卷,『胡适時論集』, p. 509.
87) 89) 胡适,「中國無獨裁的必要與可能」, 위의 책, p. 506, 504~05.
90) 胡适,「答丁在君先生論民主與獨裁」, 위의 책, p. 530.
91) 劉治熙,「愛國運動與求學」及胡适'附言'(『現代評論』,第2卷,第42期, 1925. 9. 26) 참조. 후스의 '附言'은『胡适文集』,第11卷,『胡适時論集』의「劉治熙의 "애국운동과 학문 탐구"라는 편지의 부언」이라는 제목으로 수록되었다.
92) 格里德,「胡适與中國的文藝復興―中國革命中的自由主義(1917~1950)」, pp. 206, 249.
94) 胡适,「民權的保障」,『胡适文集』,第11卷,『胡适時論集』, p. 295.
96) 胡适,「這一周 63解嘲」,『胡适文集』,第3卷,『胡适文存』,第2集, p. 456.
97) 胡适,「這一周 55 蔡元培:「不合作主義」」,『胡适文集』,第3卷,『胡适文存』,第2集, p. 455.
98) 胡适,「政論家與政黨」,『胡适文集』,第11卷,『胡适時論集』, pp. 70~71.
99) 胡适,「與一涵等四位的信」,『胡适文集』,第3卷,『胡适文存』,第2集, pp. 397~98.
100) 1935년에 쓴「학생운동을 위한 한마디」(爲學生運動進一言)에서 후스는 명확하게 지적했다. "우리 나라가 오늘날 부족한 것은 고분고분한 백성이 아니라 힘이 있는 충직한 신하와 의로운 선비들이다"(『胡適文集』,第11卷,『胡适時論集』, p. 660).
101) 104)「導師」,『魯迅全集』,第3卷, pp. 55, 56.
102)「可笑與可慘」,『魯迅全集』,第3卷, p. 270;「北京通信」,『魯迅全集』,第3卷, p. 52.

103)「咬嚼之余」,『魯迅全集』,第7卷, p. 60.
105)「碎語」,『魯迅全集』,第3卷, pp. 160~61.
106)「王道詩話」,『魯迅全集』,第5卷, p. 47.
107)「知難行難」,『魯迅全集』,第4卷, pp. 339~40.
108)「渡河與引路」,『魯迅全集』,第7卷, p. 36.
109) 胡适,「我的岐路」,『胡适文集』,第3卷,『胡适文存』,第2集, pp. 363~66.
110) 111)「文藝與政治的岐途」,『魯迅全集』,第7卷, pp. 113, 114, 119.
112)「關于知識階級」,『魯迅全集』,第8卷, p. 189.
113) 孫郁,『魯迅與胡适』,遼寧人民出版社, 2000, p. 254 참조.
114)「「華盖集」題記」,『魯迅全集』,第3卷, p. 4.
115)「聊答"……"」,『魯迅全集』,第7卷, p. 248 참조.
116)『魯迅年譜』(增訂本),第2卷, 人民文學出版社, 2000, pp. 173, 181, 232~33, 242.

제16장 문학계의 등장

● 리어우판 李歐梵

1917년 2월 1일, 천두슈(陳獨秀)는 그의 잡지 『신청년』(新靑年)에서 처음으로 '문학혁명'의 큰 깃발을 높이 펼쳤다. 이에 따라 발생한 일들은 이미 오늘날 모든 사람이 다 아는 역사가 되었다. 초기에 천두슈, 후스(胡適), 첸쉬안퉁(錢玄同)으로 구성된 '문학혁명군'은 논쟁의 창끝을 대응하기에 어렵지 않은 적(문언문 文言文)으로 향하는 데 성공하였다. 백화문(白話文)이 차츰 전국적으로 쓰이고 문학 잡지가 잇달아 생겨나면서 이른바 '신문학'도 정식으로 형성되었다.[1]

1915년 『신청년』 창간 이전에 상하이의 출판업은 최소한 20년간 지속적으로 발전해왔다. '문학혁명'이라는 흥미로운 레퍼토리(어쩌면 '5·4 운동'의 가장 찬란한 한 페이지이자 가장 중요한 유산 가운데 하나일지도 모른다)에 적합한 배경을 찾기 위해 반드시 먼저 상하이의 출판 시장과 그것의 선구자인 신문업을 이해할 필요가 있다.

1. 무역항의 문학 간행물

당조(唐朝) 시기 이래로 여러 형식의 관방 신문이 있었는데 수도 범위에서 황제의 명령과 국정을 전파했다.[2] 만청(晚淸) 기간, 특히 19세기 마지막 10년 동안 티모시 리처드(Timothy Richard), 존 프라이어(John Fryer), 길버트 리드(Gilbert Reid) 등 선교사들의 건의로 비정부, 반(半)정부 신문을 출판했다.3) 베이징의 간행물들은 개혁 의지가 있는 정부 관리와 문인학사(文人學士)들에게 정견과 의견을 발표할 통로를 제공하였고, 이 때문에 때때로 조정에 의해 금지당하기도 했다.4)

그러나 중국의 비관방 신문을 발전시키는 데는 서양의 선교사들도 개척자의 역할을 담당했다. 1815년 로버트 모리슨(Robert Morrison)이 말라카에서 『찰세속매월통기전』(察世俗每月統紀傳, *Chinese Monthly Magazine*)을 출간해 민간 간행물 출판의 효시가 되었다. 이후 19세기 후반, 무역항의 외국어 신문과 잡지의 수량이 급증했고, 1850년에 창간되어 널리 사랑받은 『북화첩보』(北華捷報, *North China Herald*)는 이 같은 발전의 최고봉을 상징한다. 이로써 상하이는 처음으로 중국의 신문업이 서양 선교사와 미디어 종사자의 지도 아래 출현한 모습을 목도한 도시가 되었다. 1870년대, 왕타오(王韜)가 홍콩에서 중국어 신문업을 성공적으로 개척했다. 상하이에서는 『신보』(申報, 1872년 창간)와 『신문보』(新聞報, 1893년 창간)가 세기말 가장 유명한 신문이었고, 모두 초기에는 외국 자본의 지원을 받았다.5)

1896년, 량치차오(梁啓超)가 상하이에서 『시무보』(時務報)를 창간해 신문이 차츰 새로운 사상을 주입하고 사회와 정치 변혁을 추진하는 가장 강력한 매개체가 되도록 하는 선례를 남겼다.6) 하지만 그가 고군분투한 것은 아니었다. 1904년에는 일본에서 귀국한 유학생 디추칭(狄楚靑)이 『시보』(時報)를 창간했고, 1905년 미국 의회가 중국 노동자에 대한 불평등 대우 법안을 통과시켰을 때 『시보』는 미국 제품 보이콧 운동을 일으키는 데 중요한 역할을 하였다.7) 신해혁명이 막 출발할 무렵 형형색색의 혁명자들은 량치차오와 디추칭의 대오에 가입했다. 장빙린(章炳麟)은 상하이에서 『소보』(蘇報)의 편집을 주관했다. 1903년 그와 다른 편집자가 투옥된 후에 다른 구성원들은 『국민일보』(國民日報)를 창간했는데 쑤만수(蘇曼殊)가 이 신문에 투고한 적이 있다. 또 다른 혁명가인 위여우런(于右任)은 단명하고 만 『신주일보』(神州日報)를 포함하여 네 개의 신문을 발행했다.8) 민국의 성립과 함께 많은 신문들이 이들의 행렬에 참여했는데 그중 가장 유명한 신문은 『태평양보』(太平洋報)이다.

이들 무역항의 신문은 정치적인 무기였을 뿐 아니라 세기가 전환된 이후에 점차 형성된 새로운 대중문학이 번식할 수 있는 온상을 제공하였다. 민간 신문의 시작 단계에서부터 뉴스 속에 시가(詩歌) 혹은 현지 풍속, 희곡의 한담(閑談)을 끼워 넣어 재미를 더하는 수법이 이미 신문 발행의 상용 수단이 되었다. 1897년 상하이의 한 신문이 『소한보』(消閑報)라는 이름으로 특별 부록을 발간해 이로부터 문학란을 끌어들였는데 금세 모든 주요 신문의 고정란이 되었다. 문학란에 대한 시장의 수요가 증대함에 따라 사업 마인드를 가진 신문업 종사자가 독립된 잡지를 출판하기 시작했다. 실질적으로 이들 잡지는 신문에서 분리되어 나와 콘텐츠를 증가시킨 문학 부간(副刊)이 되었다. 1897년에 리바오자(李寶嘉)가 『유희보』(遊戲報)를 창간했고, 뒤이어 더 많은 유사 잡지가 등장했다.9)

새로운 '대중문화'는 바로 이들 문학 부간과 소형 신문인 '소보'(小報) 속에서 성장·발전하였다. '기자 문인'이라 부를 수 있는 사람들이 편집을 맡았는데 그들은 서양 문학과 외국어를 어느 정도 알고 있었지만 그보다는 중국 전통문화적 배경이 더욱 강했다. 이들 간행물은 특히 지나치게 많은 가짜 번역과 시가, 그리고 민중의 사회와 정치의식을 일깨우겠다는 공언으로 가득 찼다. 하지만 그와 동시에 오락을 목적으로 하는 문장도 제공되었다.

대중문학 잡지의 구상과 그 의식형태의 미명은 모두 량치차오에서 비롯되었음은 의심할 여지가 없다. 량치차오는 1903년에 막대한 영향력을 지닌 『신소설』(新小說)을 창간하고, 발간사의 형식으로 그의 명문(名文)인 「소설과 사회 통치의 관계론」(論小說與群治之關系)을 실었다. 그는 서양의 사례를 인용해 소설이 한 나라의 사회, 정치, 종교와 도덕 상황 방면에서 결정적인 역할을 한다고 말했다.10) 『신소설』의 내용은 흥미로운 혼합체로, 정치와 사회의 정보를 담은 소설, 극본, 시가, 가곡, 그리고 일부 수준이 들쭉날쭉한 서양 공상과학소설과 탐정소설의 번역본을 포함한다. 잡지는 톨스토이(Lev Tolstoi), 빅토르 위고(Victor Marie Hugo), 조지 바이런(George Byron, sixth Baron), 셸리(Percy Bysshe Shelley), 괴테(Johann Wolfgang von Goethe), 프리드리히 실러(Friedrich von Schiller), 마테를링크(Maurice Maeterlinck), 그리고 폴란드의 낭만파 작가 헨리크 시엔키에비치(Henryk Adam Aleksander Pius Sienkiewicz, 1846~1916)의 초상화를 표지로 하지만 그들의 작품을 번역한 적은 없다.[11]

훗날 린수(林紓)가 바로 이 잡지에 헨리 해거드(Henry R. Haggard)의 소설을 번역하여 발표했고, 일부 재능이 넘치는 '기자 문인' 역시 이곳에서 처음으로 목소리를 냈다. 어쩌면 뛰어난 정치 풍자소설인『20년간 내가 목격한 괴이한 일들』(二十年目睹之怪現狀)을 쓴 우워야오(吳沃堯)가 어쩌면 그 가운데 가장 유명한 사람일지도 모르겠다. 격주 간행물『수상소설』(繡像小說)의 편집장 리바오자는『관장현형기』(官場現形記),『문명소사』(文明小史),『활지옥』(活地獄) 등 인기 연재소설에 힘입어 전통 풍자소설을 완벽의 경지로 끌어올렸고, 아울러 번역에 발을 들여『태서역사연의』(泰西歷史演義)('연의'는 전통 의협 혹은 역사소설 제목에서 자주 볼 수 있는 단어)와 같은 서양의 통속 역사를 소개하기 시작했다. 또 저우구이성(周桂笙)이 있는데 그는 우워야오와 합작하여『월월소설』(月月小說)을 편집했고, 아울러 번역계의 선구자로서 아서 코넌 도일(Arthur Conan Doyle)의『셜록 홈스』와『아라비안 나이트』,『이솝 우화』를 번역했다.[12]

이들은 원고 마감일을 맞추고 돈을 벌기 위해 책임감 없이 대충대충 글을 써댔다. 한 잡지의 편집자인 동시에 어느 기(期), 어느 작품의 작가임이 발견되어도 전혀 이상할 바 없었다. 그들의 작품은 도시 인구 가운데 식자(識字)층과 반(半)식자층까지 포함하는 광범위한 독자층을 형성했다.

'기자 문인'과 그들의 창의적이고 독특한 무역항 문학 간행물의 유행은 중대한 역사적 의미를 지닌 현상을 의미한다. 다시 말해 일찍이 현대 백화문 문학이 '문학혁명'과 함께 등장하기 전에 이미 반(半)현대화된 대중문학이 신문업의 뒷문을 거쳐 몰래 무역항의 문학계로 숨어든 것이다. 신문에 포함되는 혹은 독립적인 문학 부간이 대폭 증가했고, 독자층도 끊임없이 확대되어 5·4 시기에 신문학에 종사하던 사람들을 위한 시장을 개척해주었다. 게다가 이들 무역항의 '기자 문인'은 힘들게 생계를 꾸려가면서도 새로운 업종을 만들었다. 그들의 사업적 성공은 문학에 종사하는 것을 하나의 직업으로 삼는 것이 가능할 뿐 아니라 이익을 얻을 수도 있다는 사실을 증명해주었다. 다시 말해 문인도 이익을 취할 수 있을 뿐 아니라 숭고한 사회적 지위를 누릴 수 있었으며, 그들을 기다리는 5·4 계승자가 있었다.

2. 5·4 시기의 신문업과 문학

천두슈가 자신의 새로운 잡지를 지원하도록 상하이 출판업자를 설득했을 때, 대부분의 문학 부간은 여전히 '기자 문인'에 의해 통제되고 있었다. 민국 건립 후 처음 10년 동안 그들이 쓴 가장 유행하는 대중문학이 이미 사회 정치의 개량주의에서 훗날 '원앙호접(鴛鴦胡蝶)—토요일(禮拜六)파'라 불린 소설로 퇴화되었다.[13] 상하이의 3대 주요 잡지, 즉 『신보』, 『신문보』와 『시보』의 문학 부간은 모두 저우서우쥐안(周瘦鵑), 장헌수이(張恨水), 옌두허(嚴獨鶴), 쉬전야(徐枕亞)와 바오톈샤오(包天笑) 등의 원앙호접파 문인이 편집을 주관했다. 그들의 '재자가인'(才子佳人)식의 스토리는 탐정소설, 가짜 번역 및 기타 '기자 문인'에게서 나온 애정(哀情)소설과 대중의 관심과 인기를 다퉈야 했다. 이들 애정소설을 싣는 잡지로는 『월월소설』(月月小說), 『소설림』(小說林), 『소설세계』(小說世界), 『수상소설』(繡像小說)과 『소설시보』(小說時報) 등 반(半)문학 잡지가 있었다. 이들은 모두 발행량이 매우 많았는데 이들처럼 안정적인 지위를 누리는 간행물과 경쟁하기란 결코 쉬운 일이 아니었다.[14]

『신청년』이 '신문학'을 더욱 소리 높여 부르짖음에 따라 작가들은 더 다양한 통로를 통해 그들의 이상을 널리 알리고 글을 써야 했다. 그들은 운이 좋게도 영향력 있는 세 개의 신문에서 탄탄한 바탕을 찾을 수 있었다. 상하이에서 국민당의 『국민일보』는 다른 문학 부간인 『각오』(覺悟)를 통해 그들을 지원했다. 갓 이름을 알리기 시작한 중국 현대 시인 류다바이(劉大白)가 바로 이 부간에서 처음으로 그의 반백화 애정시를 시도하였다.[15] 다른 유명한 투고자로는 차이위안페이(蔡元培), 후스(胡適), 저우쬐런(周作人), 루쉰(魯迅), 궈모뤄(郭沫若), 존 듀이(John Dewey)와 러셀(Bertrand Russell)이 있다.[16] 동시에 신문학은 『학등』(學燈)에서 다른 발표 경로를 찾았다. 1918년에 창간된 『학등』은 『시사신보』(時事新報)의 문학 부간이자 량치차오의 제자로 구성된 '연구계'의 대변인이었다. 1대 편집장 쭝바이화(宗白華)는 서신 교류를 통해 궈모뤄와 좋은 벗이 되었고, 또한 궈모뤄가 보낸 모든 시를 실어 그를 전국적인 유명인이 되게 했다. 위다푸(郁達夫)의 초기 작품인 『은회색 죽음』(銀灰色的死)이 처음 연재된 곳도 『학등』이었다. 1921년 『시사신보』는 또 다른 문학 잡지인 『문학순간』(文學旬刊) 부간을 다시 발행했는데 편집장은 정전둬(鄭振鐸)였고, 주요 투고자는 새롭게 성립된 '문학연구회' 회원들이었다.

이처럼 문학연구회와 창조사라는 1920년대 가장 중요한 두 문학 조직의 초기 엘리트는 모두 량치차오가 세운 이 강대한 출판 기관이 키워냈다고 할 수 있겠다.

신문학의 셋째 투사는 베이징의 『신보』(晨報)이다. 『신보』의 문학 부간이 누린 숭고한 지위와 거대한 영향력은 모두 자신을 우스갯소리로 '작품 없는 작가'라 불렀던 열정적인 문인 쑨푸위안(孫伏園)의 노력 덕분이다.[17] 그는 선교사 같은 열정을 품고 베이징의 새로운 작가의 작품, 특히 저우씨 형제, 즉 루쉰(저우수런周樹人)과 저우쭤런의 작품을 널리 알렸다. 루쉰의 『아큐정전』(阿Q正傳)이 처음으로 연재된 곳이 바로 이 『신보』이다. 1923년, 다른 편집자가 인쇄를 넘기기 전에 쑨푸위안의 동의도 구하지 않고 루쉰의 풍자시 「나의 실연」(我的失戀)을 빼버리자 그는 분노하여 사직을 했다.[18] 그러나 그의 사직으로 인해 널리 격찬을 받던 잡지의 명예가 떨어지지는 않았다. 오히려 쉬즈모(徐志摩)가 편집장을 맡고 있던 1925년에는 새로운 정점에 도달하기까지 했다. 『신보』를 떠난 후 쑨푸위안은 베이징 『경보』(京報)의 문학 부간을 주관하고 곧이어 이를 새로운 신문학의 보루로 변모시켰다.

이 세 신문이 길을 열어준 덕에 다른 간행물은 금세 그 뒤를 쫓아갈 수 있었다. 신문학을 널리 알릴 목적으로 수많은 '문학 부간'과 잡지가 창간되었다.[19] 이미 세상에 선을 보인 다른 간행물만 해도 토요일파 문인의 손에서 뺏어와 신문학을 위해 기여하도록 전환시킨 것이다. 예컨대 상무인서관(商務印書館)에서 출판된 『소설월보』(小說月報)는 본래 원앙호접파 소설의 든든한 근거지였으나, 1921년에 문학연구회에 의해 관리되면서 가장 유행하는 신문학 잡지가 되었다. 『신보』의 문학 부간인 『자유담』(自由談) 역시 유사한 변화를 거쳤다. 따라서 '기자 문인'이 세운 옛 무대는 새로운 것처럼 꾸며져 계속하여 새로운 연극을 공연하게 되었다.

3. 경파(京派)

문학 간행물의 폭발적 발전에 따라 문학 단체의 수도 대폭 증가하였다. 마오둔(茅盾)의 예측에 따르면 1922년부터 1925년까지 주요 도시에 100개가 넘는 문학 단체가 존재했다. 이들은 '별'(星星), '어린아이'(嬰孩), '장미'(玫瑰), '작은 풀'(淺草), '푸른 파도'(綠波), '미소'(微笑), '부드러운 새싹'(嫩芽), '봄'(春), '새벽 햇살'(晨曦), '화염'(火焰), '무지개'(彩虹), '새벽빛'(曉光), '상서로운 구름'(卿雲), '팽배'(澎湃) 등 젊고 생기 넘치는 단어로 이름을 지었다.[20] 이들 단체 구성원의 대부분은 대학생과 중고등 학생이었고, 이를 이끈 이는 당연히 베이징의 교수와 학생이었다. 1918년 1월 이후의 『신청년』 편집위원회는 처음에는 천두슈, 후스, 첸쉬안퉁, 리다자오(李大釗), 류푸〔劉復, 류반눙劉半農이라고도 함〕, 선인모(沈尹默)를 포함했는데, 모두가 국립 베이징 대학의 교수였다. 1918년 12월, 천두슈와 리다자오가 베이징에서 『매월평론』(每月評論)을 창간했다. 11월에는 푸쓰녠(傅斯年)과 뤄자룬(羅家倫)을 포함하는 베이징 대학 학생들이 천두슈, 리다자오와 후스의 협조를 받아 신조사(新潮社)를 창립하고 동명의 월간 간행물을 발행했다.21) 신조사의 다른 구성원으로는 시인이자 산문가인 주쯔칭(朱自淸), 소설가 예사오쥔(葉紹鈞), 출판업자이자 북신(北新)서점 점주 리샤오펑(李小峰), 그리고 쑨푸위안이 있었다. 쑨푸위안이 『신보』의 문학 부간을 맡기 전에 신조사의 첫 편집자는 바로 리다자오였다. 이 부간은 훗날 널리 이름을 떨친 작가들, 즉 저우 씨 형제, 캉바이칭(康白情), 예사오쥔, 쉬즈모, 선충원(沈從文)의 작품을 널리 알리는 데 지대한 역할을 했다.

베이징의 잡지 편집자와 투고자가 구성한 느슨한 신문화 옹호자 그룹을 '경파'라 부를 수 있다. 어느 문학사가는 그들을 학원파(學院派)라 명시했는데 이는 그들 대부분이 베이징의 대학과 직접적인 관련이 있기 때문이다.22) 1920년대 초반만 해도 이들 그룹은 조직의 틀을 갖추지 못했지만 신문화와 신문학의 지도자로서는 명확한 단체정신을 보여주었다. 그러나 차츰 그 안의 서로 다른 계급 사이에서 마찰이 일어나기 시작했다. 1925년 겨울, 쉬즈모가 『신보』 문학 부간의 편집장이 되면서 쉬즈모, 천위안(陳源), 자오위안런(趙元任), 원이둬(聞一多) 및 그들과 가까운 제자 혹은 동료, 예컨대 링수화(凌叔華, 천위안의 부인)와 선충원과 같은 엘리트 교육 배경의 사람들로 구성된 새로운 진영을 형성했다. 1921년에는 후스와 천두슈 및 그의 『신청년』 동료들이 사이가 틀어진 후에 이 진영에 합류했고, 훗날 신월사(新月社)의 핵심이 되었다. 나머지는 루쉰, 저우쭤런과 쑨푸위안의 잡지를 중심으로 최초 '경파'의 핵심이 되었다.

두 파벌은 예외 없이 모두 학술적인 성격의 도시화를 특징으로 한다. 영미파의 정치와 문학관이 서양을 중심으로 한다면, 핵심파는 전통 중국학에 더욱 관심을 가지고 차츰 전통 학자의 특색을 띠었다. 이는 시정(詩情) 혹은 소설의 창조가 아닌 박학함, 노련한 취향, 정치적인 절제, 그리고 연구와 주석에 대한 열중을 뜻한다. 그중 일부, 예컨대 위핑보(兪平伯)와 구제강(顧頡剛)은 완전히 문학 전선에서 물러나 '국수'(國粹)의 새로운 정비에 투입되었으며, 이를 위해 이들과 후스 사이에 유일하게 남아 있는 관계를 제공했다. 후스 역시 자신에게 '역사적 취미'가 있음을 인정했다.

'경파'의 핵심, 즉 저우 씨 형제, 쑨 씨 형제(푸위안과 푸시伏熙), 리샤오펑, 류푸, 첸쉬안퉁, 그리고 일부 사람들은 훗날 어사사(語絲社)와 『어사주간』(語絲週刊, 1924~30)의 창간인이 되었다. 그들은 "자유로운 사상, 독립적인 판단"을 주장하는 동시에[23] 당시 사람들의 태도, 도덕과 품격에 대해 약간의 비난과 공격을 가하기를 좋아했고, 격렬한 구호 혹은 건설적인 의견 제시를 애써 피했다. 이런 유명한 어사사 스타일은 과거 중국 문인의 청담(清淡) 전통을 떠올리게 한다. 물론 루쉰도 예외는 아니었다. 비록 그는 의식형태가 내포하는 의미를 희미하게 하려 했지만,[24] 그와 이 조직의 관계는 여전히 그의 성격에서 모순되는 점의 하나이다. 루쉰의 참여로 어사사는 좌익과 좌파 역사학자로부터 불합리하게 온건한 대접을 받았다.[25]

'경파'는 결코 베이징의 문학계를 독점하지도 않았으며, 아무도 그들의 주도적인 지위에 도전하지 않은 것은 아니다. 루쉰에 따르면 1925년 쑨푸위안의 『경보』 부간에 대한 불만에서 시작되어 소수 신진 작가와 학생들이 소형 문학 단체인 '망원'(莽原)을 만들었다.[26] 루쉰은 그들이 만든 주간(週刊)의 편집장으로 초청되었고, 이 주간 역시 『경보』의 부록으로 보내졌다. 하지만 금세 내부 투쟁이 잇따르기 시작했는데 그중 스스로 책임을 진 지도자 가오창훙(高長虹)은 상하이에서 또 잠깐 나타났다 사라진 단체를 조직해 '광표'(狂飆, 대폭풍)라는 화려하고 낭만적인 이름을 붙였다. 루쉰도 웨이쑤위안(韋素園), 리지예(李霽野) 등이 이끄는 또 다른 작은 조직인 '미명사'(未名社)와 연관을 맺었다. 이는 '망원'의 연장이나 마찬가지였지만 가오창훙과의 개인적인 충돌 때문에 지속적으로 자신의 독립성을 부르짖었다.[27] 이와 유사한 금세 사라져버린 문학 단체들이 베이징과 상하이를 가득 채웠지만 '문학연구회'와 '창조사'의 세력이 나날이 커지면서 혼란과 형태를 갖추지 못했던 처음의 국면은 차츰 두 개의 강대한 문학 조직이 표면적으로 대치하는 형태가 되었다.

4. 문학연구회

1920년 11월, 신문학에 흥미를 가진 이들이 베이징 대학에 모여 문학단체의 조직에 대해 토론하였다. 마오둔(선옌빙沈雁氷)이『소설월보』의 편집장으로 임명되고, 베이징에 있는 그의 친구들에게 원앙호접파 소설 잡지를 철저히 개혁할 기회가 주어졌을 무렵 그들의 상상은 현실이 되었다. 1921년 1월 4일, 문학연구회가 베이징에서 정식으로 성립되었는데 총 21명, 즉 12명의 창립회원과 9명의 새로운 회원이 중산공원(中山公園)에서 창립회의를 진행하였다.[28] 일주일 후, 간략한 규정과 문학연구회의 성립을 이끈 기본 원칙 3항을 열거한 선언을 담은 혁신적인 제1기『소설월보』(12권 1호)가 상하이에서 출판되었다.

첫째, 감정을 교류한다. 연구 토론회의 창시자는 신구 문학의 옹호자 사이에 의견 불일치가 존재하는 것을 보았는데 이 불일치는 서로 다른 신문학을 지지하는 사람들 사이에서도 존재한다. "그래서 우리는 본회의를 발기하여 모두 수시로 모여 의견을 교환하여, 서로 이해할 수 있는 문학 중심 단체의 결성을 기대한다."

둘째, 지식을 증진한다. 획득해야 하는 지식은 외국에서 온 것이다. "구문학을 정리하는 사람도 반드시 새로운 방법을 응용해야 하고, 신문학을 연구하는 사람은 더욱이 외국의 자료에 오직 의존해야 한다." 그래서 연구회는 "공공 도서관 연구실과 출판부를 조성하여 개인과 국민 문학의 발전을 도울 수 있기를" 희망한다.

셋째, 저작 모임의 기초를 세운다. "문학을 기쁠 때의 유희물 또는 실의에 빠졌을 때의 소일거리로 취급하는 때는 이미 지났다. 우리는 문학도 일종의 일이며, 인생에서도 절대적으로 필요한 작업임을 확신한다. 문학에 종사하는 사람들은 이 일을 농사짓는 일과 똑같이 평생의 일로 여겨야 한다."[29]

이 선언은 이정표라고 평가되어야 한다. 첫째 원칙은 정식으로 현대 중국 작가가 등장했음을 선언했다. 그들은 신문학을 위해 일치단결했다. 둘째 원칙은 옛 중국 문학의 전통으로는 부족하므로 현대 문인은 서양 문학을 본보기로 삼아야 한다는 『신청년』의 주장에 호응한다. 셋째 원칙은 문학이 엄숙하고 독립적이며 영광스러운 업무로 간주되어야 한다는 진정한 전대미문의 새로운 입장을 제기한다. 무역항의 간행물 선배들이 주춧돌을 깔아놓았으니 문학연구회는 창간자가 생각한 대로 이 기초를 탄탄히 하고, 맹아의 의미를 지닌 연합을 조직함으로써 작가의 흥미를 확대해야 한다.

문학연구회의 창간인인 작가로는 저우쭤런·마오둔·쉬디산(許地山)·왕퉁자오(王統照)·예사오쥔, 편집자와 번역가로는 쑨푸위안·겅지즈(耿濟之), 학자로는 정전둬·주시쭈(朱希祖)·취스잉(瞿世英)·궈사오위(郭紹虞), 심지어 군인 장바이리(蔣百里) 등 모두 12명이다. 그들은 모두 베이징에 적을 두었다. 이로 인해 시작 단계에서 문학연구회의 구성은 '경파'와 겹치는 모습을 보인다. 그러나 회원 수가 증가하고 광둥(廣東)과 기타 도시에 각 분회가 생기면서 그 틀이 매우 넓어졌고, 이 때문에 매우 모호해 보였다.[30] 게다가 연구회의 정식 주소가 베이징이면서도 그 정기 간행물인 『소설월보』, 『문학순간』(文學旬刊), 『문학주보』(文學週報)와 『시』(詩)가 상하이에서 발행되거나 상하이의 『시사신보』(時事新報)로 합병해 들어갔다. 그 결과 베이징의 영향은 한층 더 옅어졌고, 문학연구회의 첫째 중요한 공헌은 바로 문학 활동 장소의 범위를 넓힌 것이 되었다.

문학연구회의 둘째 공헌은 신문학 종사자의 새로운 역할을 공고히 하고 보급한 것이다. 그 출판물, 특히 『소설월보』가 청년 사이에서의 지위가 나날이 높아지고, 발행량도 늘어나 연구회의 간행물에 작품을 발표하며 문인이 엘리트권으로 진입을 허가받는 것과 같았다. 문학연구회의 출판물은 창조사의 간행물과 비교해 볼 때 테두리 밖의 능력 있는 사람들에게 비교적 개방적이었다.

문학연구회의 셋째 공헌은 외국 문학의 소개와 번역으로 이에 대해서는 어느 정도 의심의 여지가 있기는 하다. 연구회의 가장 야심찬 생각은 '문학연구회 총서'를 기획·출판하는 것이다. 출판이 공표된 101종의 도서

목록에서 71종이 번역 작품이었다.[31] 그러나 이것이 마지막 결과에서는 완전한 데이터가 아니었다.[32] 전체적으로 보면 소련과 동유럽의 작품이 주도적인 지위를 차지했지만 프랑스 작가도 무시할 수 없었다.『소설월보』는 톨스토이, 타고르(Rabīndranāth Tagore), 바이런, 안데르센(Hans Christian Andersen), 롤랑(Romain Rolland) 및 억압받는 민족의 문학, 반전문학, 프랑스 문학과 러시아 문학의 특집호를 출판했다. 투르게네프 (Ivan Turgenev), 체호프(Anton Chekhov), 도스토옙스키(Fyodor Mikhailovich Dostoevskii), 고골(Nikolai Vasilievich Gogol), 모파상 (Guy de Maupassant), 졸라(Émile Zola), 프랑스(Anatole France), 블레이크(William Blake), 예이츠(William Butler Yeats), 로티(Pierre Loti), 메리메(Prosper Mérimée), 보예르(Johan Bojer), 로런스(D. H. Lawrence), 심지어는 단테(Alighieri Dante)와 베르길리우스(Publius Vergilius Maro)까지도 소개했다. 이처럼 많은 작가의 리스트를 통해 문학연구회가 단독으로 어느 한 작가, 한 유형 혹은 한 나라의 작품을 옹호한 것이 아님이 명확히 드러난다. 또한 넓은 범위를 통해 이 단체의 집중도와 깊이가 부족함을 알 수 있다. 문학연구회의 활동은 1925년에 정점에 도달한 후 서서히 내리막길을 걷다가 1930년에 이르러 소리도 없이 사라져버렸다.

5. 창조사(創造社)

창조사는 친구들끼리 모여 만든 조직으로 최초에는 궈모뤄, 위다푸, 청팡우(成仿吾)와 장쯔핑(張資平)을 포함한다. 그들이 아직 동경제국대학(東京帝國大學) 학생일 때 비공식 토론을 거친 후에 잡지를 출판해 그들 자신의 신문학을 널리 퍼뜨리기로 결정했다. 그들이 중국으로 돌아온 후 태동(泰東)이라는 이름의 상하이의 소형 인쇄공장 사장이 처음으로 그들의 재능을 이용해 이익을 꾀했다. 1921년 여름, 태동도서국(泰東圖書局)에서 총 4편의 작품으로 이루어진 첫째 창조사 시리즈가 발간되었다. 궈모뤄는 기억을 더듬어 창조사가 처음 정식으로 성립된 날짜는 1921년 7월이라며, 상술한 네 명의 창립자 외에 허웨이(何畏)와 쉬쭈정(徐祖正)이 위다푸의 상하이 거주지에서 회의를 열어 계간(季刊)을 발행하기로 결정하고, 궈모뤄의 제의에 따라 『창조』(創造)로 이름 지었다고 한다.[33] 창조사는 33년 동안 지속되다가 1929년 2월 7일 정부에 의해 폐간되었다.

창조사 구성원은 처음에는 확실히 창작에 중점을 두었다. 6기 『창조계간』(創造季刊, 1922~24)에서는 창작 시가와 소설의 숫자가 비평과 평론을 크게 앞질렀다. 아울러 번역은 극소수만이 수록되었는데 그 가운데 한 기(제1권 제4호)에는 셸리만을 전문적으로 다루었다. 두 권의 새로운 정기 간행물인 『창조주보』(創造週報, 1923. 5~1924. 5)와 『창조일』(創造日, 1923. 7. 21~10. 31, 『中華日報』의 부록으로 증정됨)의 등장으로 번역은 서양 문학, 철학에 대한 소개와 동등한 중요성을 띠게 되었다. 두 잡지가 소개한 서양 문학과 철학의 주요 인물로는 니체, 롤랑, 슈티르너(Max Stirner), 헤르젠(Alexandr Herzen), 타고르, 페이터(Walter Pater), 로세티(Christina Georgina Rossetti), 『옐로 북』(*Yellow Book*) 동인, 마테를링크, 하이네(Heinrich Heine), 괴테, 셸리, 워즈워스(William Wordsworth), 라마르틴(Alphonse de Lamartine), 위고, 모파상과 슈토름(Theodor Storm)이 있다. 이들 명단에는 뚜렷한 낭만주의적 관점이 반영되었고, 일부분은 신월사가 서양 주요 작가를 소개하며 편찬한 명단과도 중복된다. 이 때문에 1922~25년까지 창조사의 첫째 단계는 통상적으로 '낭만 시기'로 불린다.[34] 창조사의 한 구성원은 훗날 사람들이 창조사의 방향을 질문할 때 궈모뤄가 명확히 '신낭만주의'라고 대답했다고 회상했다.[35]

궈모뤄가 1924년 마르크스주의에 투신함에 따라 창조사의 둘째 단계(1925년 5월부터 1928년 6월까지)와 셋째 단계(1928년 6월부터 1929년 2월까지)는 좌익으로의 이동, 즉 '문학혁명에서 혁명문학으로' 움직였다고 여겨진다.[36] 그 범위는 이데올로기뿐 아니라 조직성에까지 미친다.

1924년 저우취안핑(周全平), 징인위(敬隱漁)와 니이더(倪貽德)를 포함하는 젊은 창조사 구성원은 새로운 격주 간행물인 『홍수』(洪水)를 창간했는데, 『창조주간』에 발표되지 못하고 남겨진 글을 발표하기 위한 목적도 있었다. 이 간행물은 몇 기를 출판한 후에 정간되었다. 1년 후, 1925년 9월, 과거의 동일한 일부 젊은이들이 이 격주 간행물을 부활시켜 "젊은이를 위한 공개 논단"으로 삼고, "사상에서든, 생활에서든, 정치에서든, 경제에서든 젊은이들의 심성 발전을 방해하는 모든 것"[37]을 공격했다. 이 잡지로 인해 젊은 창조사 구성원은 옛 창간자의 손아귀에서 권력을 '찬탈'하는 데 기초를 탄탄히 할 수 있었다. 『홍수』가 복간된 지 반년 후에 저우취안핑은 판매량의 상승에 힘입어 잡지를 독립 잡지로 전환해 출간했다. 저우취안핑이 주관한 창조사 출판부는 1926년 4월 1일에 영업을 시작했다.[38] 3월 초 궈모뤄, 위다푸는 막 프랑스에서 돌아온 왕두칭(王獨淸)과 광저우로 갔다. 청팡우는 이미 그곳에서 그들을 기다리고 있었고, 정보치(鄭伯奇)와 무무톈(穆木天)은 몇 달 후에 합류했다. 이렇게 창조사의 창회 구성원 대부분이 광저우에 모여 상하이의 옛 본부를 그들의 '어린 동료'들에게 남겨주었다. 날이 갈수록 넓어진 균열이 신구 창조사 구성원 사이에서 퍼져나갔다. 초기 창조사 간행물 세 개가 정간되자 옛 구성원들은 1926년 새로운 『창조월간』을 창간했는데 이는 1929년 1월까지 지속되었다. 그러나 새로운 구성원이 엄격하게 출판부를 통제했다. 저우취안핑은 그의 친구 판한녠(潘漢年)을 데려와 창회 구성원의 동의도 구하지 않은 채 스스로 결정을 내려 "무의미한 서적"[39]을 몇 권 출판했다. 스승들은 책임감 없는 제자들에게 격노하여 위다푸를 상하이로 보내 "깨끗이 정리"하도록 했다. 그러나 무절제한 음주 때문에 오히려 위다푸 자신이 창조사에서 쫓겨나고 말았다.[40]

 1928년, 젊은 창조사 구성원의 계층은 일본에서 돌아온 리추리(李初黎), 주징워(朱鏡我), 펑나이차오(馮乃超)와 리톄성(李鐵生) 등 청년 급진주의자 때문에 한층 더 강화되었다. 이톄성은 청팡우에게 창조사의 간행물을 "사상전(思想戰)의 기지"로써 "변증법적 유물론과 역사적 유물론을 명백하게 하는 업무에 종사"[41]하도록 권고했다. 아울러 옛 구성원 사이의 상호 오해와 의견 대립은 창조사의 기초를 파괴하여 젊은 구성원들이 그들의 세력을 공고히 하도록 도움을 줬다. 1928년 이후, 그들은 순식간에 사라져버린 『문화비평』(文化批評), 『환주』(幻洲), 『일출』(日出), 『A11』 등의 간행물을 출판했다. 그들은 온전히 마르크스주의를 이데올로기의 기본 틀로 삼았다.

창조사는 1920년대 후기의 좌경주의에 변화를 가져오는 데 도움이 되었다. '프롤레타리아 문학'과 관련된 구호는 처음에는 젊은 창조사 구성원과 그들의 동료에게서 시작되었다. 그러나 같은 시기에 창조사의 세력과 영향이 점차 약해지면서 오만하고, 자기만 옳다고 믿던 창조사 구성원은 '무서운' 도전자를 만났다. 루쉰은 1928년부터 1929년 사이에 젊은 창조사 구성원을 비판하는 잡문을 썼는데 그 논조는 순수한 악의에 가까웠다.[42] 어사파(語絲派)는 루쉰의 혐오에 멸시를 더했다. 그러나 정면의 도전자는 1928년 성립된 이른바 신월사(新月社)로 그들은 젊은 창조사 구성원의 급진적 좌익주의 이외의 또 다른 유형이었다.

6. 신월사(新月社)

1924년, 개인 클럽이 베이징에서 만들어졌는데 그 이름 '신월'(新月)은 타고르의 시집 제목에서 차용하였다. 신월사는 영국과 미국 유학생을 위주로 구성되었는데 처음에는 단순한 연회와 오락 클럽이었다.[43] 막 영국에서 귀국한 쉬즈모가 이 클럽의 영혼 같은 인물이었는데 1925년 그가 『신보』 문학 부간의 편집장이 되면서 다른 구성원도 이로 인해 문학 창작에 참여하게 된 셈이다. 쉬즈모는 또한 베이징 대학 교수이자 『현대평론』(現代評論)의 편집자 천위안(陳原, 또는 천시잉陳西瀅)과 친구가 되었다. 이 주간은 문학성을 띤 간행물은 아니었지만 문학을 위해 다양하고 충분한 공간을 제공하였고, 연경(燕京)대학의 한 학생의 작품을 널리 알렸다. 이 학생이 바로 링수화로 훗날 천위안의 아내가 되었다.[44] 천위안이 여자사범대학의 학생 시위 사진으로 루쉰과 개인적인 충돌을 빚게 되었을 때 쉬즈모는 루쉰을 비판하는 친구의 서신을 싣기를 꺼렸다.[45] 바로 이 두 개인 단체가 신월사의 핵심 역량이다.

　1927년, 북벌군의 세력이 장강(長江)에까지 미치자 공황 상태에 빠진 군벌 정부는 베이징 대학 교수에게 임금을 지불할 수 없었다. 혼란한 국면으로 인해 클럽의 여러 회원이 다른 교수를 따라 떠날 수밖에 없게 되었다. 그들은 모두 상하이로 가 보호를 구했고, 그곳에서 난징(南京)에서 온 두 젊은 교수, 즉 문학평론가 량스추(梁實秋)와 희극가 위상위엔(余上沅)의 모임에 가입했다. 사회학자 판광단(潘光旦)의 거처에서는 문학 간행물의 출판을 목표로 하는 토론 팀이 구성되었다. 팀의 구성원은 쉬즈모, 량스추, 위상위엔, 후스, 시인 원이둬, 희극가 딩시린(丁西林), 번역가 라오멍칸(饒孟侃)과 예궁차오(葉公超)였다. 쉬즈모는 다시금 계획을 세울 사람과 경비를 모집할 사람을 구성했다. 그는 친구들에게서 충분한 돈을 끌어들이는 데 성공하여 1928년 신월서점(新月書店)을 개설했다.[46] 잡지 『신월』은 1928년 3월 10일 제1기를 출판한 뒤 1933년까지 지속되어 총 4권 43기의 좋은 성적을 거두었다.

　신월사 구성원은 대부분이 컬럼비아 대학 출신으로 이 때문에 그들의 잡지는 영국과 미국의 취향을 뚜렷이 반영하는데 영국적 요소는 쉬즈모 개인의 취향이었다. 잡지의 형식은 본래 유명한 영국 잡지 『옐로 북』을 모방하고자 했다. 이 잡지는 1894년부터 1897년까지 출판되었고, 투고자로는 헨리 제임스(Henry James), 고스(Edmund William Gosse), 비어봄(Sir Max Beerbohm), W. H. 데이비스(W. H. Davies), 어니스트 다우슨(Ernest Christopher Dowson) 등이 있다.[47] 『신월』은 6년 동안 셰익스피어(William Shakespeare), 바이런, 키츠(John Keats), 로세티와 전기 라파엘파, 번스(Robert Burns), 블레이크, 브라우닝(Elizabeth Barrett Browning), 맨스필드(Katherine Mansfield), 스윈번(Algernon Charles Swinburne), 하디(Thomas Hardy), W. H. 데이비스, 스트레이치(Giles Lytton Strachey), 골즈워디(John Galsworthy), 버나드 쇼(George Bernard Shaw), 메이스필드(John Edward Masefield), A. E. 하우스먼

(Alfred Edward Housman), 오닐(Eugene O'Neill), E. D. 포(Edgar Allan Poe), 오 헨리(O. Henry), 타고르, 입센(Henrik Johan Ibsen), 보들레르(Charles Baudelaire), 모루아(André Maurois)를 소개했는데 이들은 대부분이 영미권 작가였다. 1920년대 후기의 뜨거운 분위기 속에서 좌익분자가 '프롤레타리아 문학'을 소리치며 마르크스주의의 구호가 온 세상을 뒤덮었을 때 『신월』은 '상아탑'의 소양밖에는 전달하지 못했다. 이들 영미 작가들은 산문보다는 시가를, 현실보다는 환상을 더 많이 전수했다. 시가 영역에서 쉬즈모와 원이되는 주제와 내용보다는 압운과 격률에 더 관심을 가졌고, 천멍자(陳夢家)와 팡웨이더(方瑋德) 등 그들의 신도가 그 뒤를 바짝 뒤따랐다. 소설 영역에서는 링수화와 선충원이 가장 많은 원고를 투고했다. 링수화와 천시잉(陳西瀅)의 로맨스는 이해하기 힘들다는 점에서 케서린 맨스필드와 존 미들턴 머리(John Middleton Murry)를 연상시킨다. 링수화는 무의식적으로 이 영국 여류 작가를 통해 자신의 스타일을 만들어냈다. 아울러 맨스필드와 마찬가지로 여성의 심리를 세밀하게 폭로하는 데 많은 흥미를 느꼈다. 선충원은 가난한 학생으로 베이징에서 쉬즈모와 천시잉의 도움을 받으며 잡지에 단편소설 약 15편과 장편소설 1편을 썼다. 그는 대부분의 작품에서 그가 사랑하는 중국 남방 향촌의 사랑 이야기와 생활 풍습을 묘사했다.

1929년 겨울, 『신월』이 결국 환경적인 압력에 못 이겨 정치로 전향했을 때도 정치적 의견만큼은 영미 스타일을 유지했다. 후스는 국민당 정부에 즉각 헌법을 공포할 것을 요구하고, 뤄룽지(羅隆基)는 미국 공무원 제도에 따라 해석한 '전문가의 정치'를 통해 미국식 실용적 자유주의를 명확히 밝혔다. 그러나 그들의 정부에 대한 보수파 성격의 온화한 비판과 건의가 좌익 작가의 눈에는 헛수고로만 비쳤다.[48]

1931년 11월, 쉬즈모는 비행기 사고로 갑작스럽게 목숨을 잃고 말았다. '영혼'이 사라져버린 신월사는 금세 쇠퇴했지만 그래도 5기로 이루어진 시가 잡지(『詩刊』이라 이름 지어졌지만 『신보』에서 출판된 동명의 시가 부간과 구별해야 함)와 약 백 편의 시가, 소설, 문학비평, 여러 주제의 산문, 그리고 18세기와 19세기의 영국 소설과 희곡을 위주로 하는 번역 작품을 출판했다.

7. 논쟁과 개성

4대 문학 단체의 구성과 그들 사이의 상호 영향에 따라 1920년대의 신문학계는 종종 이데올로기의 충돌이자 개인의 충돌인 일련의 크고 작은 충돌로 인해 중단되었다. 고전 전통과 문학 풍격(文言)의 수호자, 예컨대 장스자오(章士釗)와 그의 『갑인』(甲寅), 그리고 『학형』(學衡)을 중심으로 하는 일파의 후미에서 싸우다 보니 연합한 신문학의 역량에 쉽게 굴복하고 말았다. 그러나 더욱 자극적인 '희극'은 신문학 영역에서 비롯되었는데 개중 가장 강력하고, 대립적이었던 진영은 당연히 문학연구회와 창조사였다.

이미 많은 이들이 문학이론에서 이 두 단체 사이의 이분법, 즉 '인생을 위한 예술' 대 '예술을 위한 예술'에 대해 논한 바 있다. 그러나 이 시기 최초의 문서에서 이런 이론적인 대립은 실제보다 표면적인 것이 더 많아 보였다. 문학연구회의 문건이 이를 예증할 수 있다. 예컨대 문학연구회의 핵심 창립자인 마오둔은 1924년에 허심탄회하게 쓴 회고록에서 문학연구회의 '이데올로기'와 관련해 다음과 같이 말했다.

> 한때 문학연구회는 '인생을 위한 예술'을 제창한다고 간주되었다. 특히 창조사 성립 이후 많은 이들이 창조사를 '예술파'로 간주해 '인생파'의 문학연구회와 대립시켰다. …… 1926년 봄, 내가 광저우에 갔을 때 그곳의 한 젊은이가 이 일에 대해 물었다. "지금 문학연구회는 왜 인생과 예술을 제창하지 않습니까? 지금 문학연구회는 무엇을 주장합니까?" 당시 내가 이렇게 답변했던 걸로 기억한다. "문학연구회는 무엇을 주장해본 적이 없다네. 하지만 문학연구회 회원 개인은 많은 것을 주장했지. 만약 자네가 나의 문학에 대한 개인적인 의견을 묻는다면 이야기해줄 용의가 있네."[49]

문학연구회의 또 한 명의 지도자이자 이론가인 저우쭤런은 '인생을 위한 예술' 이론의 대표 주자였다. 일찍이 1918년 그는 『신청년』에 「인간의 문학」(人的文學)이라는 글을 발표한 바 있다. 이리저리 뒤섞여 분간할 수 없는 자화자찬의 분석 이후에 그는 다음과 같이 결론을 내렸다. "이 인도주의의 문학을 우리 이전에는 인생을 위한 문학이라 불렀다. …… 다시 말해 개인은 인류의 일부분으로서, 예술의 방법을 통해 개인의 감정을 표현한다"[50]고 하였다. 「신문학의 요구」(新文學的要求)에서도 동일한 관점을 상세히 설명했다. "(인생파에 대한) 바른 해석은 여전히 예술을 궁극적인 목적으로 삼는다. 그러나 문예는 저자의 감정을 통해 인생과 접촉해야 한다. 다시 말해 저자는 예술적인 방법을 사용해 인생에 대한 감정을 표현함으로써 독자가 예술의 향유와 인생의 해석을 얻도록 해야 한다."[51]

저우쭤런의 이 '바른 해석'은 '인생을 위한 예술'을 설명하는 불변의 진리에서 중요한 역할을 했다. 20세기 초의 흐름에서 문학연구회가 활약하던 때, 저우쭤런의 관점은 보편적인 태도를 충분히 반영했다. 그의 삶을 통하지 않는다면 작가는 어디서 자신의 감정과 사상을 표현하고, 그의 개성을 표현한단 말인가? 그가 삶, 특히 자신의 삶을 쓰지 않는다면 새로운 작가가 어떻게 거짓이 아닌 진실한 중심 사상을 쓸 수 있단 말인가? 이 때문에 천두슈가 그의 문학혁명의 기치로 삼고, 당시 사람들과 학자들이 문학연구회의 진부한 글귀로 공을 돌린 '현실주의'가 그저 상식에 지나지 않는다고 보인다.[52] 이 공동 주제에 일어날 수 있는 변화는 어쩌면 마오둔에게서 비롯된 '자연주의'일지도 모르겠다. 마오둔은 의식적으로 다른 사람의 삶에 대해 쓰고자 했고, 대다수 그의 동료들은 그들 자신에 대해 썼다.[53] 예사오쥔, 빙신(氷心), 왕퉁자오, 황루인(黃盧隱)과 쉬디산 등 문학연구회 회원의 '현실' 작품은 모두 그들 자신 혹은 그들이 익숙한 경험과 관련이 있다. 창작에서는 대체로 '인생'보다는 작가의 '인생에 대한 감정'이 훨씬 더 이해득실과 관계가 많다. 『소설월보』 제15권 제2호의 간단한 말머리에서 또 다른 연구회의 중요 인물인 정전둬는 다음과 같이 말했다. "우리가 뛰어난 문예 작품을 문예라 부를 수 없는 작품과 구별할 때 이지적인 도덕적 기준을 사용할 수 없으면, 그가 표현하는 정서가 진실한지 간곡한지, 그가 표현한 기술이 정밀한지 아름다운지를 보기만 하면 된다."[54]

'인생을 위한 예술'과 상반된 관점은 일반적으로 초기 창조사 구성원과 함께 연관 지어진 '예술을 위한 예술' 관점이다. 설령 오스카 와일드(Oscar Wilde)와 프랑스 상징주의파를 좋아한다고 해도 창조사의 창시자는 문학연구회의 지도자와 마찬가지로 이것이 창조사의 정식 격언임을 한 번도 인정한 적이 없다. 궈모뤄는 이미 이 점에 대해 설명한 바 있고, 청팡우는 거듭 다음과 같이 말했다. "우리 단체는 고정적인 조직도 없고, 장정도 없고, 기관도 없으며, 획일화된 사상적 주장도 없다. 우리는 몇몇 친구가 자유롭게 뭉친 것으로 우리 내면의 요구에 따라 문예 활동에 종사하는 것에 지나지 않는다."[55]

저우쭤런에 견줄 만한 「신문학의 사명」(新文學之使命)이라는 글에서 청팡우는 이를 한층 더 명확히 해명했다. "이른바 예술을 위한 예술파가 바로 이와 같다. 그들은 문학에는 본래 내재된 의미가 있어 오랫동안 이를 공리주의의 계획 안에 둘 수 없다고 여겼다. …… 필자는 최소한 모든 공리주의의 계획을 제거하고, 문학의 '완벽'과 '아름다움'만을 추구해야 우리가 평생을 종사할 가치가 있는 가능성이 있다고 생각한다. 아울러 아름다움의 문학이 가령 우리에게 가르쳐줄 것이 없다고 하더라도 그것은 우리에게 아름다움의 쾌감과 위안을 준다. 이 같은 아름다움의 쾌감과 위안은 우리의 일상생활을 새롭게 하는 효과가 있다는 사실은 인정할 수밖에 없다. 게다가 문학이 우리에게 아무런 적극적인 이익을 주지 않는 것도 아니다. 우리 시대는 우리의 지혜와 의견의 역할에 과중한 세금을 부과한다. 우리의 삶은 이미 건조한 막다른 길에 도달했다. 우리는 아름다운 문학으로 우리의 아름다운 감정을 키워 우리네 삶을 씻어내기를 갈망한다. 문학은 정신생활의 양식이다. 문학으로 우리는 얼마나 많은 삶의 기쁨을 느낄 수 있는가! 또한 얼마나 많은 삶의 생동감을 느낄 수 있는가!"[56]

이와 유사한 궈모뤄와 위다푸의 성명을 인용하여 이 '예술을 위한 예술' 논점의 중심을 명확히 할 필요는 없다. 예술은 삶을 재건할 수 있을 뿐 아니라 새로운 웅대한 건축물을 지어 예술가가 삶을 벗어날 수 있도록 해준 다는 것이 프랑스 상징주의파의 관점이다. 그러나 청팡우의 논점은 사실 이와 거리가 멀어 다른 한끝을 지향한다고 말할 수 있다. 그의 심미는 삶의 견고한 기초 위에 세워졌다. '완벽'과 '아름다움'에 대한 추구, 즉 청팡우가 정의 내린 예술은 결국에는 삶을 윤택하게 하고, 저우쭤런이 이야기한 '예술적 향락'을 제공하기 위함이다. 그러나 청팡우의 개요에서 '삶'에 대한 정의는 결코 일반적으로 말할 수 없지만, 우리의 '감정'을 통해 인지한, 다시 말해 '경험'을 통한 '우리 일상생활'을 가리킨다. 청팡우와 저우쭤런의 차이점은 시각과 관심의 차이다. '개인의 감정'이 저우쭤런에게는 어쩌면 더욱 이지적이고 현실적인 기초에 기반을 두어 구상된 것이고, 아울러 창조사 구성원은 마르크스 이전 시기 그들의 '일상생활'에 더욱 매료된 시각이 있었던 것이다. 그들은 어쩌면 창조의 과정을 우상으로 삼아 숭배했을지도 모르겠다. 그러나 그들의 심미는 여전히 그들 자신의 생활 경험을 토대로 했다. 간단히 말해 청팡우의 논점은 예술이 비록 내재적 의미와 가치를 갖고 있다 하더라도 처음에는 삶을 기초로 창조되었고, 마지막에도 즐거움을 줌으로써 삶에 기여하는 것이라고 이해할 수 있다. 두 개의 '삶'을 언급하면서 청팡우가 생각한 것은 모두 자신의 삶이었다.

궈모뤄는 두 단체의 구성원이 제기한 이론적 변명의 전체 범주를 조소 어린 어조로 결론 내린 바 있다. "문학연구회와 창조사에 근본적인 차이가 있는 것은 아니다. 이른바 인생파와 예술파는 모두 그저 투쟁에서 사용하는 명분에 불과하다."[57] 두 조직 간의 대항에서 진짜 문제는 성격상의 모순에 있다. 현대 중국의 명인 사이, 특히 정치가와 작가 사이의 미궁과도 같은 인간관계는 여러 시대의 역사학자들에게 가장 적절히 처리하기 힘든 일일지도 모르겠다. 그러나 제아무리 대략적인 내용일지라도 이들 사이에 존재하던 극심한 갈등을 드러내 보인다. 궈모뤄는 창조사와 관련된 회고록에서 처음에 문학연구회의 창시자, 특히 정전둬는 분명히 창조사 구성원 가입을 청한 바 있다고 서술했다. 그는 도쿄의 톈한(田漢)에게 요청 서한을 부쳤지만 톈한은 알 수 없는 이유로 답변을 하지도 않았고, 다른 창조사 구성원에게 이에 대해 언급하지도 않았다. 상하이에서 정전둬와 마오둔은 궈모뤄를 식사에 초대해 다시금 가입을 권했다. 서한의 존재를 알게 된 상황에서 궈모뤄는 톈한이 요청을 거절한 것이라 추측하고 그들의 우호적인 감정에 상처를 주지 않기 위해 완곡하게 거절했다.[58] 이로부터 두 단체 사이에 불화의 씨앗이 심어지게 되었다.

그러나 두 조직의 관계는 처음에는 그래도 우호적이었다. 1922년 궈모뤄의 『여신』(女神) 발표 1주년을 기념하기 위해 위다푸가 성대한 연회를 열자 마오둔, 정전둬와 황루인을 포함한 일부 문학연구회의 회원이 초청을 받고 자리에 참석했다. 마오둔은 민심을 진작하는 연설을 발표하고 기념사진도 찍었다. 진정한 불화는 위다푸가 곧 출판될 『창조계간』의 광고를 게재했을 때 나타났다. 광고에서 그가 한 조직이 "문단을 독점하고 있다"고 언급해 자연스레 문학연구회 일부 회원의 분노를 일으켰다. 위다푸를 "육욕 묘사자"로, 궈모뤄와 톈한을 "맹목적인 반역자"로 지칭한 글이 문학연구회의 간행물에 등장했다.[59] 그러자 창조사의 구성원도 이에 반격하고 나섰다. 위다푸는 풍자적인 글을 써 마오둔, 정전둬와 그들 무리의 "피눈물의 문학"(血淚文學)을 익살스럽게 모방했다. 궈모뤄와 청팡우는 번역에서 억지로 결점을 꼬치꼬치 잡아냈다. 슈토름의 평온한 「호반」(湖畔)은 이 두 진영의 구성원에게 생각지도 못했던 전쟁터를 제공하여 그들이 각자의 독일어 지식을 맘껏 뽐내게 했다. 문학연구회의 한 번역자가 실수로 '무신론'(atheism)을 'atheninaism'으로 보자 청팡우는 이를 비꼬며 번역의 '이즘'ㅡ'아테네이즘'으로 과장했다.[60] 번역을 비판하던 창조사 구성원의 행동은 그들 적수의 창작을 헐뜯는 것으로 전환되었다. 청팡우 자신은 한 번도 일류 시인이었던 적이 없지만 「시의 방어전」(詩之防禦戰)이라는 날카로운 평론을 써서 저우쭤런, 위핑보, 캉바이칭, 쉬위눠(徐玉諾), 심지어는 후스와 같은 명사까지도 헐뜯었다.[61] 진취적인 용기라는 면에서 본다면 창조사가 첫 라운드는 승리를 거둔 듯하다. 그러나 그들의 젊음과 경솔함은 더 많은 친구가 아닌 더 많은 적을 만들어내기도 했다.

창조사 구성원과 신월파의 '신사'(紳士) 사이의 모순 역시 유사한 패턴으로 움직였다. 신월파의 지도자인 후스, 쉬즈모와 량스추는 처음에는 창조사 구성원에게 우호적이었다. 쉬즈모와 량스추의 서신 왕래는 『창조주보』에 게재되었고, 량스추는 미국에서 글을 투고하기도 했다.[62] 후스가 위다푸의 독일어 문장에 오류가 있음을 지적했을 때 위다푸는 낙담하면서도 분노하여 자살까지 생각했고, 이로부터 두 파의 혼전이 시작되었다. 위다푸는 황푸 강(黃浦江)에 뛰어들 용기를 내지는 못했지만 반박의 글을 썼다. 후스가 이에 반격했고, 뒤이어 궈모뤄와 청팡우도 논쟁에 뛰어들었다. 후스의 친구인 장둥쑨(張東蓀), 천위안과 쉬즈모도 앞다투어 지원에 나섰다. 천위안은 「호반」의 번역을 근거로 궈모뤄를 공격했고, 쉬즈모는 경멸의 어조로 궈모뤄의 시구(詩句) "눈물이 물결쳐 넘치네"(淚浪滔滔)[63]를 언급하여, 궈모뤄의 친구인 청팡우의 분노를 샀다. 그는 『창조주보』에 쉬즈모에게 보내는 공개 서한을 실어 파멸된 자신의 환상을 애도했다. "쉬즈모 형! 나는 인간의 위선이 이와 같은 결말에 이를 것이라고는 생각지도 못했습니다! …… 당신은 우리를 가짜라고 공격했지만 …… 당신이야말로 '가짜 사람'이란 호칭이 어울립니다. 제가 가장 혐오하는 이가 바로 위선적 인간입니다." '가짜'라 불리는 것은 자신의 진실과 솔직함을 자랑스럽게 여기는 사람에게는 분명 무의식적인 상처, 그 이상일 것이다.[64]

위다푸 외에도 창조사의 구성원이라면 신구를 막론하고 루쉰을 싫어했다. 두 사람 모두 상하이에 살았지만 궈모뤄와 루쉰은 고의로 서로를 피한 듯하다.[65] 루쉰의 「상하이 문예 일별」(上海文藝之一瞥)에서 창조사 구성원은 비길 데 없는 "재자(才子)이면서 부랑자"라는 칭호를 얻었고, 청팡우는 "극우(極右)의 흉악한 면모를 내보이고 있다"[66]고 비난받았다. 루쉰 특유의 거칢으로 가득한 또 다른 글에서 젊은 급진주의자도 이 늙은이의 보복적인 성격의 요란함을 피하지 못했다. "'혁명문학'의 전쟁터에서 나는 '낙오자'이다. 그러므로 중심과 앞의 상황을 알 방법이 없다. 하지만 그들의 엉덩이 쪽을 바라보면 청팡우 사령(司令)의 『창조월간』, 『문화비평』, 『유사』(流沙), 장광×(蔣光×)(지금은 어느 글자로 바꾸었는지 알지 못함을 양해 바란다) 원수의 『태양』(太陽) …… 청년 혁명예술가 예링펑(葉靈

鳳) …… 청년 혁명예술가 판한녠 ……이 있다."⁶⁷⁾

이 대가의 날카로운 이에 숨겨진 독액은 누구도 따라갈 수 없다. 루쉰이 벌인 수많은 싸움은 문학 단체와 개인의 복잡한 구조 사이의 혼란스러운 관계를 명확하게 드러냈다. 그들은 서로 다른 방식을 통해 무궁무진한 불화 속으로 휩쓸려들었다.

이 복잡한 패턴 배후의 배경 요소 역시 이 패턴 자체와 마찬가지로 복잡하다. 그중 한 시각은 교육과 지리의 두 축을 통해 보는 것이다. 신월사는 영미 스타일의 조직이다. 논쟁 때 이들 구성원은 여전히 '신사' 변론자의 태도를 반영하였다. 이와 달리 창조사의 구성원은 소수를 제외하고는 모두 일본에서 교육을 받은 학생으로, 영미 일파를 질투하고 멸시했다. 그 외 한 번도 출국한 적이 없는 이들, 예컨대 문학연구회의 일부 구성원은 양쪽 모두에 대해 비슷한 감정을 품었다. 동일한 일본 '전통'에서도 상황은 나이와 등급에 따라 더욱 복잡하게 변한다. 예컨대 루쉰과 저우쭤런 같은 초기의 '퇴학자'는 도쿄 대학 출신의 오만방자함을 참을 수 없었다. 유럽 '전통'에서는 문화 영역이 문제가 되는 듯하다. 어쩌면 메이지 유신 때부터 일본은 유럽 대륙, 특히 독일을 거울로 삼은 전통이 있어서인지 창조사 구성원은 유럽의 전통도 받아들인 듯하다. 그러나 프랑스 교육을 받은 왕퉁자오는 영국 교육을 받은 쉬즈모를 존중할 수 없었다.

지리적으로 말하자면 구조는 완전히 '중국화'의 특징을 반영한다. 경극에는 오랫동안 '경파'와 '해파'의 이원 대립이 있어왔다. 이 개괄적인 두 단어는 문인에게도 응용할 수 있다. 어느 전문가는 일찍이 경파를 '의고파'(擬古派)로, 해파를 '낭만파'로 보았고⁶⁸⁾ 경파를 '전통'으로, 해파는 '현대'로 보았다. 경파가 더욱 박학한데 이는 그들이 교양 있는 품위를 영예롭게 생각했기 때문이다. 그들은 늘 학식이 얕고 저속한 '상하이탄(上海灘)의 시인'을 무시했다.⁶⁹⁾ 루쉰, 저우쭤런과 경파의 다른 초기 구성원은 경파의 가장 좋은 대표로 간주할 수 있다. 그들의 눈에 비친 창조사 구성원은 "기회주의적인 태도", 술과 여자, 특히 명리에 대한 추구와 함께 전형적인 매판(買辦)식의 '해파'였다.⁷⁰⁾ 이 때문에 문학연구회는 보통 경파의 중요 구성원, 예컨대 어사사와 평화롭게 공존했지만 창조사 구성원은 흔히 자신이 둘과 대립된다는 사실을 발견했다. 신월사는 문학연구회와 유사한 패턴을 드러냈는데, 만약 그들이 받은 영미 교육에 따라 자신을 구별하지 않는다면 어쩌면 경파 학자들과 일정한 인식의 일치를 볼 수 있을지도 모르겠다.

결국 논쟁과 결합은 모두 개인의 성격 때문이었다. 비교적 점잖고 너그럽다고 평가되는 쉬즈모와 후스가 결합할 수 있었던 주된 이유는 그들의 교육적 배경이 유사했기 때문이다. 창조사 구성원은 각자 자신만의 독특한 스타일이 있는데 모두 동일하게 가지고 있던 열정과 자기영웅주의로 한데 연결되었다. 위다푸의 '침륜'(沈淪)도 결국에는 자아 보존의 영웅 현상이다. 어느 전문가의 진귀한 서적과 희소성 있는 경치에 대한 감상은 저우쭤런과 쑨 씨 형제의 글과 생활 태도의 특징으로서 그들은 모두 현대 중국의 걸출한 산문가이며 여행 작가이다. 마지막으로 루쉰이 그들 가운데서 가장 고통 받고 신임을 받지 못하고 고독한 사람으로서, 그는 모든 동맹과 특성을 멸시한 고립된 위인이었다. 물론 그는 매우 존중을 받기는 하지만 그의 마음속 걱정과 고통의 깊이를 가늠할 수 있는 이는 매우 적다. 그는 수수께끼로 남아 유일무이한 존재이자 어느 한 부류로도 분류될 수 없다.

루쉰은 1881년 급격히 몰락해버린 신사 가정에서 태어나 황혼 녘의 중국 전통의 화려함 속에서 성장했다. 일본에서 서양 의학을 배우면서 차츰 서양 학설을 흡수하면서부터 그는 갓 인식하기 시작한 유년 시절 환경 속의 미신과 우매함에 반대했다. 일본군이 만주에서 중국인을 참형에 처한 것을 서술한 뉴스 슬라이드를 본 후 루쉰은 1906년 돌연 센다이 의학원(仙臺醫學院)을 퇴학하였다. 그는 문학을 동포의 '영혼'을 치료하는 매개로 삼기로 결정하고, 1909년 중국으로 돌아가 신해혁명(辛亥革命)의 슬픈 방관자가 되었다. 『신청년』은 1917년 문학혁명의 깃발을 높이 들면서 루쉰도 오랜 슬픔에서 끌어냈다. 단편소설 「광인일기」(狂人日記)를 발표했다는 이유로 본인의 의지와는 상관없이 신문학의 행렬에 참여하게 되었다. 이후 다른 소설과 잡문이 잇따르면서 그는 신문학운동의 최전방으로 던져졌다.

그러나 루쉰은 무의식적으로 전통과 전통주의의 역량과 대항할 때 주기적으로 정신적 허무주의의 습격에 지배당했다. 그는 계속해서 그를 방해하는 전통적 마음의 마귀에서 벗어날 수 없는 듯했다. 베이징에서 14년 동안 강의하며 글을 쓴 그는 1926년 남쪽 푸젠(福建)으로 내려갔다. 1927년 그는 다시 푸젠에서 광저우로, 결국에는 상하이에 정착해 그곳에서 문학계의 대선배가 되었다. 그는 젊은이들에 의해 스승으로 떠받들렸지만 그의 지도를 바라는 젊은 작가와의 모순된 관계로 고통스러워했다. 그는 그들을 기꺼이 도와주고자 하면서도 한편으로는 또 앞으로의 발전을 위한 길을 가르쳐주지 못할까 봐 기꺼워하지 않기도 했다. 그가 새로운 작가를 보살피는 노력은 실로 아낌없고 세심했다. 그러나 학생이 그가 동의할 수 없는 이론을 제기할 때면 분노하고 거칠었다. 이 때문에 1920년대 말, 루쉰은 자신이 사면초가에 처했음을 발견했다. 1928년 그와 젊은 창조사 구성원이 프롤레타리아 문학을 두고 논쟁을 벌였는데 이를 계기로 그는 플레하노프(Georgy Valentinovich Plekhanov)와 루나차르스키(Anatoly Vasilyevich Lunacharsky)의 일부 문학비평을 번역했다. 이로 인해 이데올로기에서 그는 한층 더 좌측으로 고정되었다. 1930년 성립된 좌익작가연맹은 그를 지도자로 선포하였는데, 그는 이 조직과 관계가 별로 좋지 않았다. 1936년 세상을 떠날 때 그는 절망하고 고통스러워하며 훗날 그를 신처럼 떠받든 사람들로부터 멀리 떠나갔다. 〔한혜성 옮김〕

- 李慧嬈 譯, 李歐梵, 『李歐梵自選集』, 上海教育出版社, 2002.

주註

1) 周策縱,『五四運動史』, Cambridge, Massachusetts, 1960, 第11章.
2) 林語堂,『中國新聞及輿論史』, 上海, 1936, p. 11.
3) 袁昶超,『中國報業小史』, 香港, 1957, p. 13.
4) 위의 책, p. 14.
5) 위의 책, p. 26.
6) 賴光臨,『梁啓超與近代報業』, 臺北, 1968 참조. 량치차오의 생애와 사상에 관해서는 張灝,『梁啓超與中國知識變遷』, Cambridge, Massachusetts, 1971; 黃宗智,『梁啓超及現代中國自由主義』, 西雅圖, 1972 참조.
7) 包天笑,『辛亥革命前後的上海新聞界』,『辛亥革命回憶錄』, 第4卷, p. 8 참조.
8) 9) 袁昶超, 위의 책, p. 43.
10) 張靜慮 編,『中國現代出版史科』, 北京, 1954~57,「附錄」, p. 106.
11) 阿英,『晚淸文藝報刊述略』, 上海, 1958, pp. 14~16.
12) 楊世驥,『文苑談往』, 重慶, 1945, p. 11.
13) 이 명칭은 저우서우쥐안(周瘦鵑)이 창간한『토요일』(禮拜六)이라는 잡지명에서 비롯되었다. 잡지는 "가벼운 소설과 중요하지 않은 글"을 부르짖으며(周策縱, 위의 책, p. 284) 극장과 영화의 유명 여배우, 사교계의 꽃과 패션모델의 사진을 실어 독자를 끌어들였다. 애정소설의 주제는 통상적으로 창백하고 폐병을 앓는 재자(才子)가 매력적이지만 학대받는 가희(歌姬) 혹은 곤경에 빠진 가인(佳人)을 사랑하게 되는 감상적인 연인의 시련과 고난을 중심으로 한다. 후스는 이들 이야기의 전형적인 공식을 다음과 같이 풍자했다. "어느 날, 씩씩한 청년이 유원지로 놀러간다. 한 여자를 발견하고 눈여겨 바라보다가 여자가 매우 아름다움을 발견한다. 여자는 고의로 손수건을 땅에 떨어뜨리고, 청년은 이를 주워 집으로 돌아온다. 밤이고 낮이고 여자를 그리워하던 청년은 앓아눕고 만다." 신문학 진영의 평론가는 문언 혹은 반백화문으로 쓰인 소설에 '원앙호접파'라는 꼬리표를 붙여주었다. 그들의 비판에도『토요일』은 20세기 첫 30년 동안 최대 발행량을 자랑했다. 동일 유파에 속하는 다른 잡지로는『제비꽃』(紫羅蘭),『홍잡지』(紅雜誌),『반월』(半月),『빨간 장미』(紅玫瑰) 및 여러 신문과 함께 증정된 문예 부간 등이 포함되며, 모두가 상하이에서 출판되었다. '원앙호접파'의 도서 목록은 웨이사오창(魏紹昌) 엮음,『鴛鴦胡蝶派硏究資

14) 자세한 내용은 阿英, 위의 책 및 그의 다른 작품『晚淸小說史』, 香港, 重印, 1966, p. 2 참조.
15) 예는 曹聚仁,『文壇三憶』, 香港, 1954, p. 25 참조.
16) 周策縱,『五四運動研究指引』, Cambridge, Massachusetts, 1963, p. 128.
17) 方靑,『現代文壇百象』, 香港, 1953, p. 95.
18) 孫福園,『從晨報副刊到京報副刊』,『中國現代出版史科』, 第1卷, pp. 223~29 참조.
19) 周策縱은 1915년에서 1923년까지 587권의 정기 간행물을 포함하는 목록을 편찬했다. 그중 최소 3분의 1이 문학 혹은 반(半)문학 간행물이었다. 周策縱, 위의 책, pp. 26~124 참조. 또 다른 목록은 1919~27년 사이에 출판된 641개 주간(週刊)의 명칭을 나열했다. 그중 3분의 1 혹은 4분의 1 정도가 본질적으로는 문학 간행물이다.『中國現代出版史料』, 第1卷, pp. 86~102 참조. 1927년까지의 순문학 정기 간행물의 목록은 총 284종을 기록했다.『中國新文學大系』, 第10卷, pp. 381~88 참조. 비교적 후기인 1935년에 편찬된 목록은 상하이에만 70종이 넘는 문학 정기 간행물이 있음을 드러낸다. 胡道靜,『上海的定期刊物』, 上海, 1935, pp. 41~48 참조. 마지막으로 또 다른 연구 방향에서 편찬된 1919년부터 1927년 사이의 문학 정기 간행물의 목록에는 출판된 상세 자료를 포함한 104종을 기록했다.『中國現代文學期刊目錄』, 第1卷, 上海, 1961, pp. 6~14 참조.
20) 茅盾,「導言」,『小說一集』,『中國新文學大系』, 第3卷, pp. 5~7.
21) 周策縱, 위의 책, pp. 44~45.
22) 王平陵,『三十年文壇滄桑錄』, 臺北, 1965, p. 88.
23)『語絲發刊詞』,『中國新文學大系』, 第10卷, p. 112.
24) 魯迅,『我與語絲的始終』,『中國現代文學史參考資料』, 第1卷, 北京, 1959, pp. 172~78 참조. 5·4 사건 이후, 저우 씨 형제 사이에는 뚜렷한 의견 갈등이 생겨났다. 루쉰은 일본인의 폭행에 항의하고자 했고, 저우쭤런은 정치적인 쟁론은 피하고자 했다. Amitendranath Tagore,『現代中國的文學論爭, 1918~1937』, 東京, 1967, p. 61 참조.
25) 예컨대 王瑤,『中國新聞學史稿』, 第1卷, 上海, 1951, pp. 46~47 참조.
26) 魯迅,「導言」,『小說二集』,『中國新文學大系』, 第4卷, p. 12.
27) 李霽野,『記未名社』,『中國現代出版史料』, 第1卷, p. 171 참조. 상세한 내용은 Tagore, pp. 64~66 참조.
28) William Ayer,『文學硏究會, 1921~1930』,『論中國』, 第7期(1953. 2), pp.

39~40 참조.

29) Ayer, 위의 책, p. 41;『中國現代出版史料』, 第1卷, pp. 173~74.

30) 趙景深에 따르면 문학연구회의 등록 회원은 총 172명이다. 그러나 인쇄된 회원 명단에서는 131명을 열거했다.『中國現代出版史料』, 第1卷, p. 177.

31) Ayer, 위의 책, p. 43.

32) 1919~23년까지의 초보적인 출판 목록은 '문학연구회 총서'에 속하는 소설 6종, 시가 3종, 문집 1종, 서양 문학사 연구 1종, 번역 작품 17종이다. 번역 17종 가운데 타고르가 3종, 안드레예프와 마테를링크가 각 2종, 톨스토이, 와일드, 모파상, 슈토름, 골즈워디, 몰리에르와 슈니츨러가 각 1종.『中國新文學大系』, 第1卷, pp. 107~20.

33) 郭沫若,『創造十年』,『革命春秋』, 上海, 1951, pp. 113~14.

34) Clarence Moy,「郭沫若與創造社」,『論中國』, 第4期(1950. 4), p. 132.

35) 陶晶孫,「記創造社」, 楊之華 編,『文壇史料』, 上海, 1944, p. 408 참조.

36) Moy, 위의 글, pp. 135~38.

37)『編輯部』,『洪水』 2. 10: 491(1926. 2. 5).

38) 郭沫若,『創造十年續編』, 上海, 1928, pp. 188~89.

39) 王獨淸,「創造社―我和它的始終與它底總帳」, 黃人影 編,『創造社論』, 第2版, 上海, 1936, p. 17 참조.

40) 제5장 참조.

41)『中國現代出版史料』, 第1卷, p. 190.

42) 루쉰과 다른 사람들이 쓴 논쟁 글, 李何林,『中國文藝論戰』, 上海, 1929 참조.

43) 梁實秋,「憶新月」, 그의『文學姻緣』, 臺北, 1964, p. 294 참조.

44) 王哲甫,『中國新文學運動史』, 香港, 1965, p. 68.

45) 천위안이 쉬즈모와 저우쭤런에게 보낸 개인적 서신과 쉬즈모가 꺼렸던, 스스로 해명한 소개는 본래『晨報副鑴』에 실려 있다. 阮無名,『中國新文壇秘錄』, 上海, 1933, pp. 110~40 참조.

46) 梁實秋,「憶新月』, pp. 292, 299.

47) 위의 책, p. 294.

48) 강력한 증거는 李何林,『近二十年中國文藝思潮論』, 上海, 1945, 第5章 참조.

49) 茅盾,「關于文學研究會」,『中國新文學大系』, 第10卷, pp. 89~90.

50)『新青年』, 第5期(1918. 12. 15), p. 6,『中國新文學大系』, 第2卷, p. 144.

51) 李何林, 위의 책, p. 89 참조.

52) 천두슈 편액의 第二大主義에는 "진부하고 과장된 고전문학을 뒤집고, 신선하고 진실한 사실문학을 세우자"라고 쓰여 있다. 周策縱,『五四運動史』, p. 276

참조.

53) '자연주의'에 대한 그의 중요한 해설 참조.「自然主義與中國現代小說」,『小說月報』13. 7(1922. 7. 10).
54)『小說月報』15. 2(1924. 2. 10), 初版.
55) 郭沫若,「編輯餘談」,『創造季刊』1. 2: 21(1922, 冬); 成仿吾,「創造社與文學硏究會」,『創造季刊』1. 4: 13(1924. 2. 28).
56) 李何林, 위의 책, pp. 98~99 참조.
57) 郭沫若,『創造十年』, p. 133.
58) 위의 책, pp. 92~93.
59) 위의 책, pp. 133~36.
60) 王哲甫, 위의 책, p. 62.
61) 成仿吾,「詩之防御戰」,『創造周報』1: 1(1923. 5. 13).
62)『創造周報』, Nos. 4, 13, 15 참조.
63) 郭沫若, 위의 책, p. 156.
64)『創造周報』4: 15(1923. 6. 3)
65) 차오쥐런(曹聚仁)은 루쉰과 궈모뤄가 한 번도 서로를 본 적이 없다고 말했다.『文壇五十年』, 香港, 1955, p. 166 참조.
66) 魯迅,『魯迅全集』, 第4卷, 北京, 1957, pp. 229, 234.
67) 위의 책, p. 96.
68) 曹聚仁 ,『山水, 思想, 人物』, 香港, 1956, p. 136.
69) 이 구절은 류푸가 만든 것으로 특별히 궈모뤄를 지칭한다. "상하이탄의 시인은 스스로를 괴테라 불렀다." 이 칭호가 궈모뤄의 감정을 상하게 했음은 분명하다. 郭沫若, 위의 책, pp. 73~74 참조.
70) 이러한 평가와 용어는 선충원에게서 비롯되었다. 또 다른 경파 작가 차오쥐런이 그의『山水, 思想, 人物』에서 인용했다. pp. 136~37.

제17장 루쉰과 창조사(創造社)·태양사(太陽社)의 논쟁

●첸리췬錢理群

1

이전 시간에 우리는 루쉰(魯迅)이『들풀』(野草)에서 현존하는 사회 질서, 사상 질서와 언어 질서에 대하여 전체적으로 의심하고 부정하고 거절한 이후, 절대적이고 근본적인 지령에만 따를 것, 즉 "(혁명 노선을) 걷겠다는 것"을 선언했다고 말했다. 아마도 이는 다음 '행동'에서 그의 발전을 결정했을 수도 있다. 그는『들풀』서문에서『들풀』시대의 종결을 선포하는 동시에 다음과 같은 기대를 드러내기도 했다.[1] "땅속의 붉은 지하에서 움직이다가 느닷없이 솟구친다. 용암이 분출하게 되면 모든 들풀과 관목을 태워버린다." 사실 이에 앞서 1926년에 쓴「메모식 일기 두 번째」(馬上日記之二)에서 루쉰은 "산이 무너지고 땅이 갈라질 새로운 큰 파도를 일으킬 만한" "혁명 시대"에 대한 기대를 일찍이 표시한 바 있다. 이렇듯 우리가 1926~27년이라는 시간 동안 루쉰 사상의 발전에 관심을 가질 때, 우선 주의해야 하는 것은 그의 저작 중에 출현한 새로운 단어이다. 즉 '혁명' 이외에 '대중'(민중/노동자 농민 대중工農大衆)에 주의해야 한다.

사실 '혁명'은 보기 드문 것이 아니다. 그것이 있어야만 사회가 비로소 개혁

되고 인류가 진보하고 병원균에서 인류로 변화할 수 있다. 야만에서 문명으로 진화할 수 있는 것은 한순간도 쉼 없이 혁명하고 있기 때문이다.[2)]

여기서 말한 '혁명'은 '변혁', '혁신'으로 이해할 수 있다. 거의 같은 시기에 쓴「소리 없는 중국」(無聲的中國)에서 5·4 시기 '문학혁명'을 말할 때 루쉰은 이렇게 말했다.

> '혁명'이라는 두 글자는, …… 어떤 곳에서는 듣기만 해도 무서워들 한다. 그러나 문학 두 글자와 합쳐진 이 '혁명'은 프랑스 혁명의 '혁명'만큼 무섭지 않다. 그것은 혁신에 불과하다. 한 글자를 고치면 부드러워지니 우리는 '문학혁신'이라고 칭한다.[3)]

루쉰 스스로 "나는 사실 급진적인 개혁론자가 아니라서 사형을 반대해 본 적이 없다. 그러나 능지처참과 멸족에 대해서는 대단히 큰 증오와 비통을 표시한 적이 있다. 나는 20세기의 사람들에게는 있어서는 안 된다고 생각한다"[4)]고 말했다. 이는 루쉰의 혁명(개혁, 혁신)에 대한 이해가 처음부터 인도주의 색채를 짙게 띠었으며, 나중에 태양사·창조사와 벌인 논쟁이 결코 우연이 아니었음을 설명해준다. 다른 측면에서, 3·18참사와 광둥(廣東)의 4·15대도살처럼 평화적 개혁을 요구하는 젊은 혁명가들에 대한 통치자의 폭력적 진압을 겪은 후, 온건한 문학혁명(혁신)의 작용에 대하여 심각하게 다시 회의하게 되었다. 그는 앞서 말한「혁명 시대의 문학」(革命時代的文學) 강연에서, "문학, 문학은 가장 쓸모없는 것으로, 힘이 없는 사람이 말하는 것"이라고 재차 언급하고, 여기에서 다음과 같은 결론을 내렸다. "현재 중국의 사회적 상황은 오직 실제적 혁명전쟁이 있어야 합니다. 시 한 편으로는 쑨촨팡(孫傳芳)을 놀라게 할 순 없지만, 대포 한 방으로는 내쫓을 수 있습니다"고 하면서 '혁명전쟁'에 대하여 희망을 기탁했다.[5)] 쑨중산(孫中山)이 지도하는 북벌전쟁 지지와 이후 공산당이 지도하는 노동자·농민 무장반항에 대한 동정과 지지는 모두 그의 이러한 사상

논리에서 비롯된 것들이었다. 루쉰은 이런 연고로 피압박자의 폭력 반항을 위하여 변호하기도 했다. 그는 "차르의 채찍과 교수대, 고문과 시베리아로는 원수에 대해서도 극히 자애로운 인민을 만들 수는 없다"[6]고 여겼다.

루쉰의 이 시기 혁명에 대한 이해에는 주의할 만한 가치가 있는 몇 가지 사실이 더 있다.

그가 '대혁명 성공 이후'의 '사회 상태'를 언급할 때, "구사회에 대한 파괴가 있을 뿐 아니라", '신사회의 건설'도 있으며, 사회의 변화와 '발전을 향해 걸어가도록' 한다고 했다. 루쉰이 여기서 '혁명'을 '건설'과 서로 연결시킨 사고는 '대혁명' 이후의 건설에 대한 기대이며, 1925년 "온통 쓸모없는 물건들만 남기는 것은 건설과 관계없는", '도적식의 파괴' 그리고 '노예식의 파괴'라는 그의 경각심 및 비판과 일맥상통한다. 루쉰이 이해하는 혁명가는 바로 그가 말한 "내심에 이상의 빛이 있는" "혁신의 파괴자"[7]였던 것이다.

루쉰은 1926년에 쓴 「중산 선생 서거 1주년」(中山先生逝世後一周年)에서, '영원한 혁명가'라는 개념을 제기했다. 이는 "중화민국을 창조한 전사"이자 '최초의 인물'인 쑨중산의 정신적 유산에 대한 그의 결론과 개괄이다.

> 중산 선생의 일생 역사는 세상으로 걸어 나온 것도 혁명이고 실패한 것 역시 모두 혁명이다. 중화민국이 성립된 후에도 만족하지 않고 안주한 적이 없이 줄곧 완전에 가까운 혁명 업무에 계속 매진했다. 임종에 이를 때까지도 그는 "혁명이 아직 성공하지 않았으니 동지들은 계속 노력해야 한다"고 말했다.
> 그는 전체요, 영원한 혁명가이다. 그가 행한 어떤 일이거나 모두가 혁명이었다. 후인들이 아무리 그의 결점을 들추어내고 푸대접을 하더라도 그의 모든 것은 마침내 혁명이 되었다.[8]

여기서 강조한 것은 다음과 같은 '혁명정신'이다. 현상에 '만족'하지 않고, 개인 생활의 '안일'을 추구하지 않으며, "완전에 가까운 혁명"의 이상을 견지하면서 사회, 사상, 문화의 변혁을 부단히 추동하는 것이다. 또한 '혁명가'에 대해서 루쉰은 두 가지 요구를 제기했다. 하나는 '영원히'이다. 루쉰이 이해하기에 이른바 "완전에 가까운 혁명"의 목표는 피안의 궁극적 목표로서 부단히 다가설 수는 있어도 완전히 이를 수는 없는 것이다. 그러므로 이 이상이 진행하는 혁명(혁신, 개혁)에 다가서는 것은 바로 영원히 정지되지 않고 응고되지 않은 채로 살아 숨 쉬는 운동 과정이었던 것이다. 때문에 '혁명'은 영원히 "아직 성공하지 않은" 상태에 있었고, "동지들" 역시 영원히 "계속 노력해야만"[9] 했던 것이다. 부단히 앞을 향해서 '걸어가는' 상태에 있다고 하면, 사람들은 루쉰이 쓴 「나그네」(過客)를 자연스럽게 연상하게 된다. 동시에 이러한 혁명정신은 의당 내재적 생명의 심처에서 비롯되어야 하고, 그것도 생명의 '전체'를 관통해야만 한다. 즉 '인격분열자들', '혁명 연기자들'은 절대로 진정한 혁명가가 아닌 것이다. 루쉰이 후에(1927년 3월) 「중산대학 개학 축사」(中山大學開學致語)에서, 대학의 "평온한 공기는 반드시 혁명의 정신으로 가득 차야 합니다"[10]고 한 것도 같은 맥락이다. 1925년에 루쉰이 강조한 "베이징 대학은 항상 새로운 것을 위하고, 운동을 발전시키는 선봉이다"[11]와 1927년 「지식계급에 관하여」(關於知識階級)에서 "사회에 대하여 영원히 만족하지" 않는 것은 '진정한 지식계급'의 가장 기본적 특질[12]이라고 한 것은 모두 일관된 발전 노선을 지니고 있다.

하지만 가장 주목을 끄는 것은 당연히 루쉰이 「혁명 시대의 문학」(1927년 6월)에서 제기한 "평민의 세계가 혁명의 결과입니다"라는 논단이다. 같은 강연에서 루쉰은 "노동자 농민이 진정한 해방을 얻은 후에라야 진정한 평민문학이 있다"[13]고 강조하기도 했다. 같은 시기에 쓰인 「틀에 박힌 말은 이미 다 했다」(老調子已經唱完, 1927년 2월)에서 루쉰은 다시 "민중을 주체로 삼은" 사상을 주장했다.[14] 우리는 앞에서 루쉰이 1926년 11월에 쓴 「「무덤」(墳) 뒤에 쓰다」(寫在「墳」後面)에서, 일찍이 "세상은 바보로 이루어졌지만, 똑똑한 사람은 특히 중국의 똑똑한 사람들은 세상을 결코 지지할 수 없다"[15]는 명제를 주장했다. 이는 물론 루쉰의 5·4 시기 '하등인'(下等人)에 대한 긍정과 관심의 한 발전이다. 하지만 1927년에 이르러 루쉰은 '민중'의 '주체'적 지위를 이처럼 명확하게 강조했다. 아울러 '노동자 농민'의 '진정한 해방'을 처음으로 언급한 것은 대혁명 근거지 광저우(廣州)의 짙은 노동자 농민 혁명 분위기의 영향(루쉰은 1927년 1월 18일에 광저우에 도착했다)을 분명히 받았을 뿐 아니라, 그에 대한 마르크스주의 사상의 영향(1927년 4월에 쓴 「상하이 난징 수복을 경축하면서慶祝滬寧克復的那一邊」에서 레닌의 말을 인용한 것은 최소한 그의 마르크스주의 사상에 대한 관심을 드러냈다)을 어렵지 않게 볼 수 있다. 이는 의심할 나위 없이 루쉰 사상 중의 새로운 요소이다. 여기서도 스스로 발전해온 한 노선이 있다. 즉 20세기 초, '인간 정립'(立人) 사상의 제기로부터 5·4 시기 견지한 "하등인(下等人), 약자, 나이 어린 자"에 이르기까지는 "현재는 대다수 중국인의 생존과 발전"에 대한 관심이었고, 현재는 "민중을 주체로 삼는 것"을 명확히 하고, "노동자, 농민의 진정한 해방"에 관심을 갖는다. 1930년대에 이르러 루쉰은 더욱 자각적으로 "수억 명의 군중 스스로가 자신의 운명을 지배하는 것"을 자신의 이상과 목표로 삼았다.[16] 이 모든 것은 내재적인 일관된 흐름을 가지고 있었고, 부단히 발전하는 운동 과정이기도 했다. 그러나 루쉰은 그 특유의 깨어 있는 회의정신을 줄곧 견지했다. 「상하이 난징 수복을 경축하면서」에서 그는 다음과 같은 숨은 우려를 표시했다.

> 혁명을 경축하고, 구가하며 도취해 있는 사람들이 많다. 좋기는 물론 좋지만 혁명정신이 가끔씩 겉만 번지르르하기도 한다. 혁명의 세력이 커지면 혁명하는 사람들이 틀림없이 많아지기 시작한다. …… 이런 사람들이 많아지면 혁명의 정신은 도리어 실속 없고 희박해지다가 멸망에 이를 것이고, 그 다음에 가서 복구될 것이다.
> 광둥은 혁명의 발원지이기 때문에 우선 이곳은 혁명의 후방이기도 하며, 이런 까닭에 위에서 말한 위기가 우선적으로 존재하기도 한다.[17]

위기감은 혁명 변질의 위험에서 야기된다. 루쉰은 그러므로 사람들이 진짜와 가짜 혁명, 진짜와 가짜 혁명문학 그리고 진짜와 가짜 혁명문학가 등 진짜와 가짜를 구분하도록 다시 한 번 촉구했다.

세상 사람들은 종종 다음과 같은 두 가지 문학을 혁명문학이라고 잘못 생각한다. 하나는 일방적 지휘 아래 그의 적을 질책하는 것이고, 다른 하나는 지면에서 "쳐라, 쳐", "죽여라, 죽여", "피다, 피"와 같은 글귀가 수없이 쓰인 것이다.[18]

전자는 루쉰이 말한 바처럼, "포악한 세력에 대한 혁명이 아니라 실패자에 대한 혁명이며", '혁명'이란 이름으로 약자를 제거하는 것에 불과하다. 후자에 대해서 루쉰은 "하나의 북에 불과한"[19] 장난일 뿐이라고 한마디로 잘라 말했다. 사람들이 대면한 것은 여전히 '가짜 전사'요, 변함없이 "장난을 치는 허무당"인 것이다.

그러나 중국의 토양은 공교롭게도 이러한 가짜 혁명가의 성장에 적합했으므로 루쉰은 자신이 본 역사와 현실에 대하여 다음과 같이 모질게 개괄하였다.

혁명한 사람과 혁명에 반대한 사람 그리고 혁명하지 않은 사람이다.
혁명한 사람은 혁명에 반대한 사람에게 살해당했다. 혁명에 반대한 사람은 혁명한 사람에 의해 죽임을 당했다. 혁명하지 않은 사람도 간혹 혁명한 사람으로 간주당하여 혁명에 반대한 사람에게 살해당하거나 혹은 혁명에 반대한 사람으로 간주되어 혁명한 사람에 의해 죽임을 당하거나 아니면 아무것으로도 간주되지 않았으면서도 혁명하거나 혁명에 반대한 사람들에 의해 피살되었다.
목숨을 죽이고, 목숨을 죽이는 이를 죽이고, 목숨을 죽이는 이를 죽이는 이를 죽이고……[20]

이것이 바로 '혁명'의 깃발 아래 자신과 다른 사람을 마음대로 살해했던 순환의 역사이다. 아마도 피비린내가 너무 심해서 누구도 감히 직시하지 못한 채로 겹겹이 가려 있다가 지금 루쉰 한 사람에 의해 사정없이 찢겨 나간 것일지도 모른다.

'민중'에 대해서도 루쉰은 깨어 있는 의식을 지니고 있었다. 1927년 10월에 쓴 「여우형 선생께 답하며」(答有恒先生)에서 그는 끝이 보이지 않는 '피의 유희'를 논하면서, 다시 이렇게 말했다.

> 민중들이 악을 징벌하는 마음은 학자나 군벌보다 결코 작지 않다.[21]

루쉰에게서는 의심할 만한 아무것도 없다. '혁명'과 '민중'에 대해서도 모두 마찬가지였다. 그는 그것을 한 번도 이상화하거나 신성화하지 않았다.

이렇듯 1926년과 1927년 사이에 루쉰은 한편으로 자신이 말한 '대혁명 시대'를 동경하고 추구했지만 다른 한편으로 근심 걱정이 끝이 없었다.

2

수많은 의심과 우려가 있었고 대가를 치러야 한다는 것을 명백히 알고 있었지만, 루쉰은 분명히 정해지기만 한다면 흔들림 없이 달려들었다. 1926년 11월 7일, 루쉰은 쉬광핑(許廣平)에게 쓴 편지에서 다음과 같은 소식을 전했다.

> 사실 내게도 약간의 야심이 있소. 광저우에 간 다음에 '기득권층의 신사'들에 대하여 나도 공격하는 것이오. 기껏해야 베이징으로 다시는 못 돌아오겠지만, 나는 전혀 개의치 않소. 둘째는 창조사와 연합하여 하나의 전선을 만들어 구 사회를 향해 공격하고, 그 다음에 글을 열심히 쓰는 것이오.[22]

루쉰은 왜 창조사를 미래의 연합 동반자로 삼으려 했을까? 이는 창조사도 이 당시 혁명을 향한 변화를 겪고 있었기 때문이다. 1927년 4월, 루쉰은 청팡우(成仿吾)와 왕두칭(王獨淸) 등 창조사 작가들과 함께 「영국 지식계급과 일반 민중에 대한 중국 문학가들의 선언」(中國文學家對于英國知識階級及一般民衆之宣言)을 연명해서 발표했다. 또한 같은 해 12월 3일, 상하이 『시사신보』(時事新報)에 『창조주간』(創造周刊) 복간 광고를 발표하면서 '특별 계약 필진' 명단을 열거했다. 첫째는 루쉰, 둘째는 마이커양(麥克昂: 궈모뤄郭沫若의 가명), 셋째는 장광츠(蔣光慈)였다. 그러나 창조사 내부에서는 다음과 같은 급격한 변화가 발생했다. 처음 루쉰과 합작하자고 제의를 했던 것은 정보치(鄭伯奇, 창조사 전기를 대표하는 '노인')였다. 그런데 창조사 후기의 '신흥 세력'(리추리李初梨, 양한성楊翰笙 등의 인물들이 창조사에 가입한 것은 저우언라이周恩來의 지시로 당의 지도를 강화하기 위한 목적이었다고 전해진다)은 이때 와서 루쉰과 함께할 수 없다고 했다. 그들은 합작할 수 없을 뿐 아니라 루쉰을 타도 대상으로까지 삼으려 하였다. 이와 같은 창조사 내부의 분화는 청팡우와 궈모뤄가 창조사 내부의 단결을 보호 유지하기 위하여 안타깝지만 루쉰과 갈라선다고 하는 최후의 결정에 따른 것이다. 합작을 기다리고 있던 루쉰은 그 결과를 듣지 못했을 뿐 아니라, 반대로 1928년 1월 창조사·태양사로부터 평상시와는 다른 맹렬한 집단 공격을 받았다. 혹자의 연구 통계에 따르면, "1928년 초에서 1929년 말까지 혁명문학 논쟁과 관련된 글이 270편 발표되었는데, 루쉰과 직접 '논쟁하면서' '전쟁'했던 것 역시 100여 편이 넘었다." "'포위 공격'을 기도했던 많은 사람들과 방대한 규모, 강도 높은 수단 그리고 높은 정치적 원칙에 입각한 비판은 루쉰을 놀라게 했다."[23] 『삼한집』(三閑集) 서문에서 루쉰은 이렇게 썼다.

> 나는 1927년 피에 놀라 어안이 벙벙해져서 광둥을 떠났다. …… 그러나 상하이에 와서도 문호들의 날카로운 포위 공격에 맞닥뜨리게 되었다. 창조사·태양사 그리고 '정인군자'(正人君子)들이 모여 있는 신월사(新月社) 사람들은 모두 내가 나쁘다고 말했고, 문파를 표방하지 않고 현재 작가나 교수가 된 선생들은 그 당시의 문장 속에서 역시 시류를 타서 남모르게 나를 비웃는 몇

마디 말로 자신들의 고명함을 드러냈다.[24]

이런 포위 공격 가운데, 신월사의 공격은 루쉰이 예상한 것이라고 할 수 있지만, 루쉰과의 합작을 준비했던 창조사와 태양사의 느닷없는 습격은 분명 예상외라고 할 것이다. 일찍이 '3·18참사' 발생 이후, 루쉰은 다음과 같이 토로했다. "나는 지금까지 최대의 악의를 품은 채, 중국인들에 대해 이렇다 저렇다 서슴없이 진단을 내려왔다." 그러나 많은 일들은 여전히 예상할 수 없고, 꿈에도 생각할 수 없다.[25] 지금 루쉰은 자신의 선량함('악의'로는 충분치 못하다) 때문에 또다시 대가를 치르게 되었다.

그렇다면 창조사와 태양사는 왜 갑자기 루쉰을 표적으로 삼게 되었는가? 이는 후기 창조사가 만든 간행물 『문화비판』(文化批判)에서부터 이야기를 해야 한다. 구체적으로 말해서 청팡우는 창간 「축사」에서 '위대한 계몽'의 '역사적 임무'를 떠맡을 것을 선포했다. "그것은 장차 자본주의 사회의 합리적 비판에 종사하게 될 것이고, 근대 제국주의의 행락도(行樂圖)를 묘사해낼 것이며, 우리에게 '무엇을 할 것인지'의 문제에 대한 해답을 주어 우리가 어디서부터 할 것인지를 지도하게 될 것이다."[26] 그는 루쉰의 이름을 거명한 다른 한 편의 글 「우리의 문학혁명을 완성하자」(完成我們的 文學革命)에서, 역시 구구절절 "우리는 진리를 천명해야만 한다"고 하면서 걸핏하면 "이것이 문예의 바른 궤도인가?" "이것이 중국 문화 진화 과정에서 이러해야만 하는가?" "우리에게 지금 필요한 것이 이러한 문학인가?"[27]라고 물었다. 「루쉰의 '제거하라'를 제거하라」('除掉'魯迅的'除掉'!)라는 제목의 글에서, 비판자는 역시 "역사적 사명은 필연적인 것이고, 역사의 발전은 최후의 승리를 가져올 것이다"[28]라고 목소리를 높였다. 이와 같은 기세등등한 '혁명 담론'은 보기에 자못 새로워 보였다. 입만 열면 '역사적 사명', 역사의 '필연성' 따위의 최신 유행 어휘들을 거들먹거리지만, 뼛속은 오히려 낡았다. 즉 '진리'의 농단자, 도덕의 화신으로 자처하고, 모든 것에 '해답을 충분히 하고', 모든 것을 '지도하며' 구세주의 자태로, '의당 이와 같다'는 '바른 궤도' 질서를 세우고 보호하는 것을 자신의 임무로 삼는 자들이 자신과 다른 자들에 대하여 각박한 정치 도덕적 판결을 하는 노예 총감독과 같은 자세야말로 바로 중국 전통 가운데 도학자 유령이 부활한 것이며, 루쉰의 방금 전 가르침을 받은 자칭 '특수한 지식계급'이라고 하는 '정인군자'와 사실상 똑같다. 그러나 루쉰과 같은 정신계의 전사는 바로 신구 도학자의 천적이었다. 그는 '지도자'로 자처하는 자들에 대하여 온 힘을 다하여 반대했고 진리에 대한 농단에 반대했으며 이른바 '바른 궤도' 질서의 건립과 보호를 반대했다. 중국 지식인 중의 이단아로서 루쉰이 '특수한 지식계급'에서부터 '혁명적 지식계급'에 이르기까지 연합 포위 공격을 받으며, 창조사·태양사 여러 사람의 비판 담론을 빌려 쓴 것은 아마도 '필연'적인 것일지도 모른다.

다른 한편, '혁명적 지식계급'이 정한 목표는 자본주의 비판과 제국주의 비판이었다. 왜냐하면 그들이 '반자본주의'의 깃발을 높이 쳐들 때, 5·4 신문화운동에 대한 부정이 필연적으로 따라오기 때문이었다. 따라서 그들이 보기에 5·4 신문화운동은 실제로 부르주아 계급의 계몽운동, 즉 유럽화 운동이었고, '자본과 봉건의 전쟁'이었으며, "과학과 민주라는 두 개념은 자본주의 의식의 대표였기 때문이었다."29) 이런 까닭에 5·4는 다만 "구사상에 대한 부정이 불완전하고 신사상에 대한 소개는 더욱 무책임한" '천박한 계몽'일 뿐이었다. 그들은 이런 계몽이 오늘날에 와서는 마땅히 "수명이 다하여 잠이 들어야" 한다고 생각했다. 따라서 필연적으로 '문학혁명'에서 '혁명문학'30)으로 발전해야 했다. 프롤레타리아 계급 계몽운동으로써 5·4 시기의 부르주아 계급 계몽운동을 대체하고, 후일 취추바이(瞿秋白)의 말로 하자면 바로 '프롤레타리아 계급의 5·4운동'을 발동해야만 했던 것이다. 이는 필연적으로 '부르주아 계급 5·4'의 대표 인물을 수술하는 것이 필요했기에, 그들에 대하여 하나씩 '계급 분석'을 진행했다.

제일 먼저 '분석'한 것이 후스(胡適)이다. 이런 '혁명적 지식계급'들은 후스 등의 '관료화된 신흥 자본'의 대표자들이 봉건 세력과 이미 합류하여 "각 관료 대학과 각 문화기구를 점령했다"31)고 보았다. 그들이 보기에 대학 교수는 모두 부르주아 계급이었다. 그들은 다음과 같이 똑같이 캐물었다. "루쉰은 도대체 몇째 계급의 사람이고, 그가 쓴 것은 또 몇째 계급의 문학인가?"[32] 분석 결과는 두 가지로 위치가 정해졌다. 한 가지는 루쉰은 "사회변혁기 낙오자의 비애를 반영하여, 무료하게 그 동생과 함께 인도주의의 아름다운 말을 몇 마디 한 것"[33]이라고 여겼다. 주의할 만한 것은 그들의 루쉰에 대한 자리매김은 루쉰 본인으로부터 출발한 것이 아니라 저우쭤런(周作人)으로부터 출발했다는 사실이다. 이 역시 나름대로 일리는 있다. 왜냐하면 당시 저우쭤런의 영향이 더 컸기 때문이다. 이런 까닭에 궈모뤄는 아예 그를 '봉건 잔당'이라고 칭했다. 다른 한 가지는 여전히 루쉰을 "어사(語絲)를 중심으로 하는 저우쭤런 일파"로 집어넣고, '표어는 취미'로서 "주장하는 내용이라면 '한가로움, 한가로움, 셋째도 한가로움'이지만"(나중에 루쉰이 『三閑集』이라고 명명한 것은 여기서 유래되었다), "한가로운 부르주아 계급이거나 북 속에서 잠자는 프티 부르주아 계급"[34]이라는 다른 종류의 계급 꼬리표가 붙었다. 궈모뤄는 시인 특유의 낭만적 상상으로 '세 등급 뛰기'라고 했다. 다시 말해서 루쉰은 "자본주의 이전의 봉건 잔당"이고, "자본주의는 사회주의에 대한 반혁명"이므로 "봉건 잔당의 사회주의에 대한 관계는 이중 반혁명"이라고 했다. 여기서 얻어진 결론은 깜짝 놀랄 만한 죄명이었다. 즉 루쉰은 "이중의 반혁명 인물이고", "뜻을 이루지 못한 파시스트이다."[35]

태양사·창조사의 '혁명적 지식계급'이 보기에 "자본주의는 이미 그 마지막 날에 도달하여 세계에는 두 개의 진지가 구축되었다. 한쪽은 자본주의 여독인 파시스트의 외로운 성이고, 한쪽은 전 세계 노동자 농민 대중의 연합 전선이다." "누구도 중간에 서 있도록 용납할 수 없다. 이쪽으로 오거나 아니면 저쪽으로 가야 한다."[36] 이러한 '혁명적 지식계급'은 '노동자 농민 대중'(그리고 '세계 노동자 농민 대중')의 대표로 자처하는 이들이었다. 이처럼 매우 단순한 이원 대립 모식은 자신을 지지하는 주장은 바로 혁명이라는 의미의 '이쪽으로 온' 것이고, 이의가 있는 것은 반혁명 혹은 파시스트라는 '저쪽으로 가는' 것으로 변화시켰다. 그뿐 아니라 모든 사람이 이것 아니면 저것(옹호 혹은 반대)의 선택을 반드시 하도록 요구했고,

이것으로써 줄을 세우고 그림을 그려내어 적과 나를 양분하였다. 이후의 중국 사회는 줄곧 이러한 논리에 직면하게 되었다.

독립적인 루쉰은 이러한 '명령'을 물론 따르지 않았다. 그는 창조사, 태양사와의 '혁명적 지식계급' 논쟁에 아무런 주저 없이 뛰어들었다. 이 논쟁의 가장 큰 특징이라면 바로 루쉰이 '혁명'과 '민중'에 관심을 가지고 실제 사회운동과 연결하려 할 때, 창조사와 태양사 사람들은 두 가지 깃발을 앞세워 그를 반대했다는 점이다. 이런 현실은 루쉰이 '혁명'과 '민중'을 더욱 깊이 있게 사고하도록 촉구했고, 동시에 이러한 사고 가운데 창조사·태양사의 '혁명적 지식계급'과 구분을 분명히 하도록 해주었다. 이 두 문제는 쌍방 논쟁의 초점이 되었다.

'혁명'에 관해서는 주로 다음의 세 가지 문제가 있다.

우선, 혁명은 무엇을 하는 것인가? 혁명의 목적은 무엇인가?

논쟁을 마무리하는 글 「상하이 문예 일별」(上海文藝之一瞥)에서 루쉰은 창조사·태양사의 '혁명적 지식인' 문제가 다음과 같다고 지적했다.

> 그들, 특히 청팡우 선생은 일반 사람들이 혁명을 대단히 두려운 일로 이해하도록 했다. 극좌의 흉악한 면모를 펼쳐 보임으로써 혁명이 도래하기만 하면 모든 비혁명자들은 죽어야만 하고, 사람들로 하여금 혁명에 대한 공포만을 느끼도록 했다. 사실상 혁명은 결코 사람을 죽이는 것이 아니라 살리는 것이다.[37]

"혁명은 사람을 죽이는 것이 아니라 살리는 것이다"는 상식적으로 보이는 것 같지만 실제로는 오히려 대단히 심각한 의미가 있다. 즉 루쉰이 20세기 초 제기한 '인간 정립'(立人)을 포함하고, 그가 5·4 시기에 제기했던 사람이 "행복하게 지내고 합리적으로 사람 노릇을 하는" 내용과 5·4 이후 주장한 "첫째는 생존, 둘째는 배부르고 따뜻하며, 셋째는 발전"을 포함한다. 1926년에 이르러서 주장한 '노동자 농민의 해방'이라는 명제는 사실 앞에서 말한 일련의 명제들의 자연스러운 발전으로서, 그것들을 전체적으로 내포한다. 다시 말해서 인간의 건전한 생존과 발전이야말로 혁명의 목적이라는 것이다. 바꾸어 말하자면, 혁명은 절대로 인간의 생존권, 발전권 박탈을 대가로 해서는 안 된다. 여기서 '인간'은 '인간 정립' 중의 '인간'처럼 대단히 구체적인 인간이다. 즉 혁명의 핵심은 의당 개체의 생명이어야 하고, 전 사회 모든 개별 생명체로 하여금 다양한 압박과 노예 상태에서 해방되어 나오도록 촉구하여 자유롭고 건전한 발전을 얻어야 한다. 수십 년간 루쉰이 입이 아프도록 강조해온 하나의 상식이 있다. 인간의 생명을 중시해야 한다는 것이다. 그것도 인간의 개체 생명인 경우에는 더욱더 그러하다. 3·18참사 후, 그는 "죽은 시체의 침통함을 느끼는" 민족이라야 비로소 희망이 있다[38]고 했고, 4·15대도살 이후 그는 "개별 인물에 대하여 다시 창조할 수 없는 생명과 청춘이기에 더욱 안타까운" 잔인함 때문에 극도의 비애를 느꼈으며,[39] 지금은 다시 "혁명은 결코 사람을 죽이는 것이 아니라 살리는 것"임을 주장했으니, 이는 더욱더 중요한 하나의 각성이다. 왜냐하면 혁명의 목적을 위해서 살인을 하는 것을 당연한 도리로 여기는 것은 일종의 사이비 '이론'이기 때문이다. 이것은 이른바 "전체의 이익을 위해서 무조건적으로 개인의 생명을 희생할 수 있다"는 총체적 사유를 포함할 뿐 아니라, '혁명의 목적' 자체가 매우 편의성이 크기 때문이기도 했다.

이른바 "혁명을 위해 희생한다"는 것은 "자칭 혁명을 대표하는 개인 혹은 특정 집단의 이익을 위해서 희생하는 것"으로 가장 쉽게 조절되고, 이른바 "혁명을 위해 반혁명을 살해한다"는 것은 사실 루쉰이 말한 "혁명이 시작되면 비혁명가들은 모두 죽어야 한다"는 논리이다. 이는 앞의 문장에서도 분석한 것처럼, 자신과 다르다고 무고한 이를 마구 살해하는 구실이 종종 되기도 했다. "혁명은 사람을 살리는 것이지 죽이는 것이 아니다"는 명제 속에 포함된 "혁명은 반드시 인도주의의 기초 위에 세워져야 한다"는 의미는 더욱 중요한 이론과 실천 문제였고, "혁명과 인도주의의 관계 다시 말해서 혁명가는 인도주의자여서는 안 된다"는 것은 중국 혁명사에서 거의 반세기 동안 논쟁이 되어왔다. 창조사·태양사의 '혁명적 지식계급'이 루쉰에게 씌운 가장 심각한 '죄명' 중 하나는 바로 '그 동생'(톨스토이도 있음)을 따라서 "인도주의의 아름다운 말을 한 것"이었다. 루쉰은 다음과 같이 폭로하였다.

오직 중국만이 특별히 남들을 따라 톨스토이가 '비열한 설교자'라고 하는 것을 알고 있다. 그러나 중국의 '목전의 상황'에 대해서는 "사실상 사회 각 방면 역시 먹구름이 짙게 깔린 세력의 지배를 받고 있어서", "그(톨스토이)가 정부의 폭력을 제거하고 행정의 우스꽝스러운 가면을 재판하는" 용기의 몇 분의 일조차도 없다. 인도주의가 확실한 대안이 아님을 알고 있지만, "사람을 아무런 소리 없이 죽이는" 이때, 인도주의식의 항쟁조차도 없다.[40]

이는 다음과 같은 한마디 설파이기도 했다. 즉 '철저한' 혁명의 이름으로 인도주의를 부정한 것은 어두운 현실을 마주할 용기를 감춘 나약함에 불과하고, 심지어 (최소한 객관적으로) "사람을 아무런 소리 없이 죽이는" 피비린내 나는 도살을 위한 엄호였다. '혁명 지식인'들에 대해서는 이른바 '철저한' 혁명은 일종의 자태요, 자신과 남을 기만하는 연기에 불과함을 폭로했다. 그러나 루쉰의 경우는 차라리 자신이 "타고난 것은 혁명가가 아님을 인정했다." 그는 다른 사람들더러 희생하라고 하는 것을 가장 두려워했다. "만약 혁명의 중요 인물이었다면 이런 정도의 희생을 보더라도 대수롭지 않게 여겼을 것이기 때문이다."[41]

이러한 '혁명' 태도를 앞에 두고 의심 많은 루쉰은 다음과 같은 한 가지 의문이 생기지 않을 수 없었다. 즉 그들이 혁명에 참가한 목적은 무엇이냐는 것이었다. 그래서 청팡우의 글 「문학혁명에서 혁명문학으로」(從文學革命到革命文學) 가운데서 아래와 같은 한 단락의 말을 루쉰은 꼭 움켜쥐고 놓지 않았다. "다시 뒤에 뒤처지지 말고, 이 사회 변혁의 역사적 과정에 자각적으로 참가하라", "당신의 등을 장차 지양(Aufheben)될 계급을 향해서 발걸음 떼어 저 불결한 농민 노동자 대중을 향하도록 하라." 아울러 "대중을 획득하려면 그들에게 부단히 용기를 주고 그들의 자신감을 유지하라", "이렇게 하면 당신은 최후의 승리를 보장할 수 있다. 그뿐 아니라 당신은 장차 특별한 공훈을 세우고 한 전사로서 부끄러움이 없게 될 것이다."[42] 루쉰은 '대중을 획득하다'와 '최후의 승리를 보장하다'라는 이 두 핵심어로부터 '혁명적 지식계급'의 내심 깊은 곳에 있는 그들 자신조차도 자각하지 못했을 의식을 민감하게 간파하였고, 바로 그 가운데에서 모종의 새로운 사회 전형을 발견해냈다. 예전에 천위안(陳源) 부류의 '특수한 지식계급'에 대해서와 마찬가지로 루쉰은 끝까지 파고들기 시작했다. '최후의 승리를 보장하다'라는 말에 대해서 루쉰은 다음과 같이 물었다.

만약 "최후의 승리가 보장되기" 어렵다면 당신은 갈 것인가 말 것인가?[43]

이는 상대방을 자못 난감하게 하는 정곡을 찌르는 문제이다. 루쉰의 비판은 더욱 예리해진다.

바로 암흑 때문이 아니라 출로가 없기 때문에라도 혁명을 해야 하는 것이 아닌가? 만약 '광명'과 '출로'라는 보증서가 앞에 붙어 있어야만 신이 나서 혁명을 한다면, 혁명가가 아닐뿐더러 투기꾼보다 나을 것이 없다. 비록 투기라 하더라도 성패의 경우는 역시 예측할 수 없는 법이다.[44]

루쉰이 여기서 얻은 결론은 오히려 대단히 심각했다.

혁명이 무엇인가를 보장하는 경우는 매우 드물다. 혁명의 완성은 아마도 투기꾼의 잠입으로 말미암을 뿐이다.[45]

이는 확실히 혁명의 성격과 전망에 관련된 것이다. '혁명'은 어디까지나 암흑에 반항하고 대중을 해방하는 사회운동인가, 아니면 장래의 이익을 도모하여 투자하는 매매이거나 자신의 목적을 달성하기 위한 '출세 수단'의 투기 사업인가. 이는 또 '진짜 혁명'이냐 아니면 '가짜 혁명'이냐는 문제이기도 하다. 다시 말해서, 진짜 혁명가는 뒤의 결과를 고려하지 않고

"최후의 승리가 보장되는지"를 묻지 않지만, 가짜 혁명 즉 투기 혁명가는 최후의 승리 전망이 보이지 않으면 도중에 당황하여 도망간다. 설령 최후의 승리까지 버틴다고 해도 혁명의 성과를 틀림없이 농단하려 할 것이고, 혁명 중에서 가장 큰 이익을 취하려 들 것이다. 이것이 바로 루쉰이 「학계의 세 가지 혼」(學界的三魂), 「「아큐정전」의 생성 원인」(「阿Q正傳」的成因)을 앞서 기술하면서 다시 한 번 숨은 우려를 표시했던 것이다. "일본 유학을 할 때, 같은 반 친구가 내게 중국에서 가장 이윤이 나는 장사가 무엇이냐고 묻자 나는 '혁명'이라고 대답했다."[46] 이것은 본래 중국 역사에서 농민이 혁명을 하는 논리였기 때문이다. 자세히 말해서, '혁명'은 "다른 사람이 대체할 수 있도록" 하기 위한 것이다. 이른바 "천하를 차지하는 사람이 천하에 군림하고", "아버지가 세상을 차지하면 아들이 세상을 다스린다" 등의 의미이다. 신해혁명을 겪은 이후, 루쉰은 중국의 근대혁명이 '아큐 혁명'에 불과하며 떠받들고 있는 것은 여전히 이런 농민의 혁명 논리라는 것을 다시 발견했다. 지금 루쉰은 이런 자칭 "불결한 농민 노동자 대중을 향해 가는" '혁명적 지식계급'의 술술 쏟아져 나오는 선언 중에서 농민의 혁명, 아큐 혁명의 논리를 발견했지만, 그는 제법 상업사회의 투기꾼 분위기(이는 그들의 '반자본주의' 기치에 대한 조롱이 되었다)를 다시 덧붙였다. '투기꾼의 잠입' 가운데 '완성'된 '혁명'에 대한 그의 걱정은 바로 여기에서 만들어졌던 것이다. 이러한 논쟁 속에서 루쉰은 재차 경고했다.

지금까지 통치계급의 혁명은 구식 의자를 두고 서로 다투는 것에 불과했다. 서로 밀칠 때는 마치 이 의자가 증오스러운 것처럼 하다가, 손에 넣게 되면 또 보배처럼 여기고 또 동시에 자신이 이 '구식'과 같은 것처럼 느끼기도 했다. …… 노예가 주인이 되면 '나리'라는 호칭을 결코 없애지 않을 것이다. 그의 거드름은 아마도 그 주인보다도 더 대단할 것이고 웃길 것이다.[47]

루쉰은 "한 통치자가 다른 통치자를 대체하는" 무서운 역사의 순환을 다시 보면서 더욱 깊은 우려 속에 빠지지 않을 수 없었다. 중국에 가장 발생하기 쉬운 혁명은 자신과는 다른 자를 도살하는 '혁명'이거나 투기꾼, "다른 사람이 대신하는" "구식 의자를 쟁탈하는" '혁명'임을 발견했을 때, 그는 다음과 같이 자신에게 되묻지 않을 수 없었다. 이러한 '혁명' 승리 후에 자신처럼 이렇게 "영원히 현재 상태에 만족하지 못하기" 때문에 "영원히 혁명하는" 지식인은 장차 어떤 운명을 가지게 될까? 현대평론파와 같은 '특수한 지식계급'과의 논쟁에서도 변함없이 외재적 암흑에 대한 모든 비판은 모두 자기 내심의 암흑으로 변화하게 되고, 루쉰도 마찬가지로 분명한 의식을 지니게 될 것이다. 바로 창조사·태양사와의 이런 논쟁 속에서 루쉰은 자신의 미래에 대한 운명을 다음과 같이 예언하였다.

걱정되는 것은 다만 청팡우 그들이 정말 블라디미르 일리치 레닌처럼 뜻밖에 '대중을 획득하는' 것이다. 그렇게 된다면 그들은 아마 더욱더 펄펄 날뛰면서 나가지도 귀족이나 황제 계급 속으로 올라가겠지만, (그렇지 않고 대중을 획득하지 못할 경우) 기껏해야 북극권으로 보내 군인으로 충당하게 할 것이다. 번역 저서는 모두 금지됨은 물론 말할 필요도 없다.[48]

여기서 루쉰은 '혁명' 승리 후 자신에게 닥칠 수 있는 재난을 명백히 알고 있었으면서도 계속 '혁명'을 지지했음을 알 수 있다. "최후의 승리를 반드시 말하고 얼마를 내면 얼마의 이윤을 얻는다는 생명보험 회사와 같은" '혁명가'[49]들과 다르게, 루쉰의 논리는 "사람이 압박을 받는데도 왜 투쟁하지 않는가?"[50]였다. 그가 혁명을 지지한 것은 다만 암흑과 싸우기 위해서였고, 공산당이 지도한 혁명은 1930년대 중국 사회 현실 중에서 국민당 독재 정권에 거의 유일하게 공개적으로 반항한 역량이었으며, 그 가운데에서도 진정한 혁명가는 확실히 있었다. 반항의 결과 '장차' 어찌 될지에 대해서 그는 결코 희망을 품지 않았다. 여기에 확실히 루쉰의 모순이 있다. 즉 그는 '절망에 반항하기'를 다시 한 번 시험해보는 것에 불과했던 것이다.

그리하여 실제 경험 중에서 자신의 사고력 높이기에 가장 능했던 루쉰은 '혁명'에 대해서도 이로써 다음과 같이 체득하게 되었다.

모든 혁명 부대의 갑작스러운 출현과 전사(戰士)는 대체로 현재 상태에 반항한다는 의미에 불과함은 대체로 같지만, 궁극적 목적은 판이하게 다르다. 혹자는 사회를 위해서, 또는 소집단을 위해서, 사랑하는 사람을 위해서, 아니면 자신을 위해서, 그것도 아니면 자살을 위해서 혁명을 한다. 그러나 혁명군은 계속해서 앞으로 행군할 수 있다. 왜냐하면 진군하는 도중에 적에 대해서 개인주의자가 발사한 총알은 집단주의자가 쏜 총알과 함께 그들의 목숨을 제압할 수 있기 때문이다. 어떠한 전사가 사상을 입게 되면 병력 중의 전투력 감소는 양자가 똑같다. 그러나 물론 최종 목적이 다르기 때문에, 행진할 때 행군 대오에서 이탈하고 낙오하기도 하고 의기소침하기도 하며 변절하기도 한다. 하지만 진행에 방해가 없는 한, 뒤로 갈수록 이 대오도 갈수록 순수해지고 정예 병사가 되어갈 것이다.[51]

혁명은 고통이다. 그중에는 또한 필연적으로 시인이 상상한 것처럼 결코 재미있고 완전무결한 것이 아니라 더러움과 피가 섞여 있다. 또한 혁명, 특히 현실의 일은 시인이 상상한 것처럼 낭만적인 것이 아니라 여러 가지 비천하고 골치 아픈 일이 필요하다. 그뿐 아니라 혁명에는 물론 파괴가 있다. 그러나 건설이 더욱 필요하다. 파괴는 통쾌한 것이지만 건설은 골치 아픈 일이다. 때문에 혁명에 대해서 낭만적 환상을 품은 사람이 혁명에 접근하고 혁명과 함께해가면 이내 실망하기 일쑤이다.[52]

만약 매사가 온당하고 기세가 파죽지세라면 혁명이나 전투라고 할 수 없다. 대중이 먼저 모두 혁명하는 사람이 되어 팔을 휘두르면 수많은 대중이 호응하고, 한 명의 병사도 잃지 않고 한 개의 화살도 쓰지 않고 혁명 천하를 이루었다면 그것은 고인들이 예교를 선양하여 수많은 백성이 정인군자로 교화되어 자연스럽게 '중국 문물의 나라'로 변한 것과 같은 유토피아 사상이다. 혁명에는 피가 있고, 더러움이 있다. 그러나 아이가 있다. …… 새로 태어난 아이가 있기만 하면 '궤멸'은 바로 '신생'의 일부분이다. 중국의 혁명문학가와 비평가 들은 아름다운 혁명과 완전한 혁명가를 줄곧 요구하는데, 그 뜻은 물론 고매하고 완벽하기 그지없으나, 그들도 이로써 마침내 이상주의자인 셈이다.[53]

여기서 제기한 명제는 다음과 같다. 혁명의 '최종 목적'에 관하여, 혁명 대오의 분화에 관하여, 혁명 중의 '더러움'과 '아이'의 관계에 관하여, 혁명과 건설의 관계에 관하여, 이른바 '혁명 낭만주의', '혁명 이상주의'에 대한 비판 …… 은 모두 대단히 큰 이론과 실천적 의미를 지닌다. 또한 절대적 '완벽', '완전', '완전무결'에 대한 질의는 더욱이 우리가 앞서 이미 언급한 루쉰의 '역사 중간물 관념'에 대한 새로운 발전이다. 루쉰은 일찍이 「'페어플레이'는 늦추어야 함을 논함」(論'費厄潑賴'應該緩行)에서 "비록 나의 피가 쓴 것은 아니지만 내 동년배와 나보다 어린 청년들의 피가 쓴 것을 보았다"[54]고 말했다. 또한 지금 '혁명'에 관한 몇 가지 명제들도 똑같이 중국 혁명의 피의 경험의 결정으로 볼 수 있으니, 절대로 가볍게 보아 넘겨서는 안 된다.

우리가 다시 한 번 살펴볼 루쉰과 창조사·태양사의 '혁명적 지식계급'의 두 번째 논쟁 초점은 다음과 같다. 즉 중국의 '민중' 혹은 '지식인과 민중의 관계' 문제를 어떻게 볼 것이냐는 문제이다.

루쉰은 청팡우의 '대중 획득'이라는 핵심어에 깊이 주목하여 그 배후의 정감과 심리를 파고들었다. 그것은 높은 곳에서 낮은 곳을 내려다보면서 대중에게 은혜를 베푸는 귀족의 태도였고, 동시에 투기성도 포함하고 있었다. 즉 대중에게 은혜를 베풀었으니 혁명 승리 후에는 대중들이 반드시 자신에게 되갚을 것을 요구하게 될 것이다. 루쉰은 이러한 발상을 '꿈꾸기'라고 칭했다. 그는 「좌익작가연맹에 대한 의견」(對於左翼作家聯盟的意見)이라는 유명한 연설에서 여지없이 지적했다.

시인과 문학가가 모든 사람보다 높고, 그의 일이 모든 일보다 고귀하다고 여기는 것도 부정확한 관념입니다.

시인 혹은 문학가가 지금 노동 대중을 위해 혁명을 하다가 장차 혁명이 성공하게 되면 노동계급이 반드시 충분하게 사례하고, 특별히 우대하여 그들에게 최고급 열차, 최고급 식사 혹은 노동자가 버터 빵을 들고 와 바치면서 "우리의 시인이시여, 드십시오!" 할 것으로 생각한다면 이 역시 부정확한 것입니다.

지식계급은 지식계급의 해야 할 일이 있으니 특별히 경시해서는 안 된다는 것은 말할 필요가 없습니다. 그러나 노동계급이 특별히 시인 혹은 문학가를 예외적으로 우대할 의무는 결코 없습니다.[55]

여기서 "노동 대중을 위하여 혁명하는" "혁명 지식인"에 대한 '혁명관'과 지식인과 노동자 관계에 대해 예기되었던 비판 역시 마찬가지로 정곡을 찔렀다.

그렇지만 창조사 · 태양사의 가장 중요하고 핵심적인 문제는 바로 노동자에 대한 그들의 미화였다. 아잉(阿英)은 논쟁 중에 많은 글을 썼는데, "잃어버린 아큐 시대"(失掉了的阿Q時代)에 대해서 비중 있게 언급했다. 루쉰이 비판한 병태(病態)적인 국민성을 지닌 '아큐'는 '이미 죽었고', "현재의 중국 농민은 첫째, 아큐 시대의 유치함과 다르게, 그들 대다수는 모두 매우 엄밀한 조직이 있고", "둘째, 중국 농민의 혁명성이 이미 충분히 표출되어", "아큐처럼 시골 향신들에게 복종하는 정신이 절대 없으며", "셋째, 중국의 농민 지식은 이미 아큐 시대 농민의 단순함, 나약함과는 다르고" "울분에 차서가 아니라, 그들은 의미가 있고 목적이 있는 정치투쟁을 한다." 아잉의 결론인즉, 의당 혁명적 농민을 써서 "일찌감치 아큐를 매장해버려라"[56]는 것이었다. 이처럼 '혁명화'한 농민에 대한 상상은 아마도 대혁명 시기 후난(湖南) 농민운동을 근거(그러므로 아잉의 글은 마오쩌둥의 「후난 농민운동의 고찰 보고 湖南農民運動的考察報告」를 연상케 한다)로 했을지도 모른다. 그러나 이는 분명 이상화되고 낭만화된 것이고, 게다가 굴절을 포함한다. 즉 농민은 5·4 시기 계몽 대상에서 1930년대 칭송 대상으로 변했고, 이후 줄곧 지식인이 빈하중농(貧下中農)의 개조를 받아야 하는 대상 등으로까지 발전하면서 스스로 현대 사상에서 하나의 노선으로 자리 잡았던 것이다.

이러한 이상화, 낭만화 경향이 막 두각을 나타낼 때, 루쉰은 태양사·창조사와 격렬한 논쟁을 벌이면서 그들이 "사회 현상을 감히 직시하지 못하고", 암흑을 회피하고 민중의 미각성 상태를 회피하는 것을 비판했다고 할 수 있다. 루쉰은 신문에 후난 창사(長沙)의 거리 사람들이 모두 나와 공산당원의 시체를 '구경하느라' '교통이 마비되었다'는 보도를 인용하여, '눈을 감은' '혁명적 지식계급'의 각성을 촉구했다.

> 우리 중국의 현재(현재이다! 시대를 뛰어넘은 것이 아니고) 민중은 사실 무슨 당에 그다지 신경 쓰지 않고, '머리'와 '여자 시체'를 보고 싶어 할 뿐이다. 그런 것이 있기만 하면 누구의 것이 되었거나 다 보고 싶어 한다. 의화단의 난이나, 청말 도당의 사형이나, …… 이 짧은 20년 가운데 나는 몇 차례나 벌써 목도했거나 들었다.[57]

아잉과 같은 이들의 눈에 비친 역사적 비약은 루쉰이 보기에 오히려 역사의 순환에 불과했다. 20년간 죽인 대상이 다르지만, 민중의 '보기'만은 시종 변함없었던 것이다. 역시 루쉰의 "군중, 특히 중국의 군중은 영원히 연극의 관객이다"[58]라는 말과 같다.

「태평가」(太平歌訣)에서 루쉰은 예리하게 지적하였다. "다른 사람에게 소리치지 못하게 해놓고 스스로 돌무덤을 지고 있다"는 말이 "수많은 혁명가의 전기와 중국 혁명의 역사를 포괄하였다." 반드시 민중의 미각성 상태에서 거의 아무런 원조가 없는 상태에서 혁명을 견지하고, 홀로 모든 고난을 감당해야만 했다. 이는 본래 진정한 중국 혁명가의 진실한 생존 곤경이었다. 하지만 이러한 '혁명문학가'들은 감히 직시하지 못하고, "까치를 환영하고 올빼미를 미워하여, 길한 조짐만 골라 스스로 도취되었으면서도", 자칭 "시대를 넘어섰다"고까지 했다. 루쉰은 다음과 같이 비웃었다.

> 축하하는 영웅이여, 당신은 앞으로 가면 되오. 버림받은 현실적 현대가 뒤에

서 당신의 출정을 배웅하리니. 하지만 사실은 역시 함께 있는 것이라오. 당신이 눈을 감은 것에 불과하니까. 그러나 눈을 감기만 하면 '돌무덤을 지는' 데까지 이르지 않을 것이오. 이것이 바로 당신의 '최후의 승리'라오.[59]

여기서 '현실적 현대'의 중국인과 중국 혁명가의 진실한 생존 곤경에 대해서 절대 '눈을 감아서는 안 됨'을 강조한 것은 루쉰의 일관된 사유를 표현한 것이다.

루쉰은 그 자신의 모순을 결코 회피하지 않았다. 한 통의 편지에서 그는 이렇게 썼다.

> 나는 하등인(下等人)이 상등인(上等人)보다 낫고, 청년이 노인보다 낫다고 생각한다. …… (그러나) 나는 또한 이해관계가 있을 때, 그들도 종종 상등인이나 노인과 별로 다르지 않다는 것도 알고 있다. 하지만 이는 이런 사회조직 아래서는 추세가 그렇게 되기 마련이다.[60]

이것이 바로 루쉰 마음속에 있는 진실하면서도 비논리적인 '하등인'이었고, 자기 자신과 그들 사이의 진실한 관계였다. 구체적으로 말하자면, 한편으로 그는 생명 밑바닥에서부터 자신이 중국 사회등급 구조 가운데 하층에 있는 보통 사람들의 혈맥과 상통한다고 느껴서 감정과 가치 판단 면에서 '하등인'으로 경도되어 있었으나, 그들을 결코 이상화하고 예술화하지는 않았다. '하등인'은 결코 진공 상태에서 생활하는 것이 아니라 현실의 중국 '사회조직' 구조 가운데 있다. 자연 생명의 형태를 유지할 수 없다면 이해관계 면에서 '상등인'과의 사이에 대립이나 공모도 있을 수 있다. 이는 확실히 '그럴 수 있는' 일이며, 모든 중국의 개혁자들이 대면해야 할 생활의 진실이기도 하다.

나중에 루쉰은 1936년의 「문외문담」(門外文談)에서 지식인과 대중의 관계에 대하여 더욱 깊이 파고들었다. 그는 지식인이 "대중 가운데 한 사람"이지, 대중 밖에 있는 자신과 다른 역량이 결코 아님을 강조했다. 보통 말하는 '지식인과 대중의 관계'는 어떤 의미에서 대중 속의 두 가지 부분의 관계로서 그들은 상호 평등하고 보완적이기 때문이다. 그러므로 진정한 지식인은 "자신을 대중들의 광대라고 여기고 경시하지도 않으면서 동시에 다른 사람을 자신의 부하로 삼아 그들을 경시하지 않아야 한다." 루쉰은 말했다. "모든 개혁의 최초는 언제나 깨어 있는 지식인의 임무이다. 또한 지식인의 계몽은 대중에 대한 신념, 즉 대중은 새로운 지식을 요구하면서 끊임없이 충분히 흡수할 수 있음을 믿는 전제와 기초 위에 세워져야 한다. 그러나 동시에 지식인은 대중에 결코 영합해서도 안 되고, 대중의 구미에 맞는지를 생각해보고 매사를 처리해서도 절대 안 되며, 욕 몇 마디를 더하지 않음으로써 대중의 환심을 두루 얻으려 해서도 안 될 것이다. 다시 말해서 지식인, 특히 대중 역량을 중시하는 혁명적 지식인이라면 '대중에 영합하는' 새로운 어용 문인이 되는 것을 시시각각 경계해야 한다."[61] 이는 당연히 대단히 중요한 명제였다. 루쉰과 창조사·태양사 '혁명적 지식계급'의 진정한 분기가 바로 여기에 있다.

 1930년대 중국 사회 배경에서 루쉰과 창조사·태양사의 작가들은 모두 각기 다른 경력에 근거해서 지식인이 노동자 농민 대중을 주체로 하는 사회 혁명운동과 결합할 필요를 깨닫고 있었음은 인정해야 한다. 이런 사실에서 그들 사이에는 확실히 공통점이 있었다. 이것은 그들이 후에 좌익작가 운동을 함께 창도한 내재적 원인이었다. 그러나 '혁명'과 '대중'에 대한 인식에서 창조사·태양사의 작가들은 다음과 같은 새로운 맹목성에 빠져들었다. '혁명'과 '대중'을 이상화하고 낭만화할 때, 실제로는 자신을 위해 새로운 하나의 우상을 수립했던 것이다. 그것은 단지 '혁명'과 '대중'의 우상이 아닐 뿐 아니라, 더욱 치명적이게도 '혁명의 대변인'과 '대중의 대변인'의 우상이었던 것이다. 이로써 지식인 자체의 독립성을 근본적으로 포기해버렸다. 게다가 우상화의 또 다른 일면으로 '혁명'과 '대중'을 절대화하고 고착화하여 지식인의 비판과 회의라는 기본적 품격을 근본적으로 잃어버렸다. 그 결과는 바로 루쉰이 경고한 것처럼, 혁명(혁명의 대변인)과 대중(대중의 대변인)의 '새로운 어용 문인'이라는 함정에 빠지고 만 것이다. 이후 역사의 여러 가지 복잡한 사건을 겪고 난 오늘날, 루쉰의 당시 경고를 다시 돌이켜보면 수많은 느낌이 절로 든다.

3

우리는 루쉰이 현대평론파와 논쟁을 벌일 때, 루쉰이 가장 관심을 가진 것이 인간의 영혼이라고 일찍이 말한 바 있다. 때문에 그는 논쟁 상대에 대하여 그 말을 논하고 그 행동을 관찰했을 뿐 아니라, 그 영혼까지 그려내기도 했다. 창조사·태양사와 논쟁할 때, 루쉰은 '혁명 커피점'이라는 그림을 다음과 같이 그렸다.

> 멀리 보면 서양식 건물이 우뚝 솟아 있고 그 앞에 넓은 거리가 있다. 입구에 투명하게 반짝이는 유리 간판과 이층에서는 '오늘 우리 문예계의 명사가 큰 소리로 장광설을 늘어놓기도 하고, 혹은 깊은 사색에 잠겨 있기도 하다. 그 앞에 큰 잔에는 뜨거운 김이 피어오르는 프롤레타리아 계급 커피가 있다. 저 먼 곳에는 수많은 '더러운 노동자 농민 대중'이 있다. 그들은 마시고, 생각하고, 이야기하고, 지도하고, 획득하고 있다. 그곳은 그러면서도 진정한 '이상적인 낙원'인 것이다.[62]

상하이의 커피점은 바로 당시 학술계의 주요 쟁점 중 하나인 것 같지만, 연구자들이 루쉰의 '혁명 커피점' 그림에 주의를 기울였는지는 모르겠다. 내가 보기에, 이 그림은 1930년대 상하이 도시문화에 대한 토론을 위해 소홀히 할 수 없는 시각을 제공한다. "서양식 건물 …… 넓은 거리 …… 간판"은 전형적인 '현대 도시' 배경을 구성했고, '간판'(그것도 투명하게 반짝이는) 또한 상징이었다. 다시 말하면, 이 '현대 도시' 사회에서는 모든 것이 다 '간판'이 되어버렸다. 이른바 '혁명 커피점'은 바로 이런 '현대 도시문화'의 산물이거나 '새 간판'이라 할 수 있다. 루쉰이 창조사·태양사의 '혁명적 지식계급'을 '상하이탄'(上海灘)이라는 배경 아래 두고 고찰했다는 것 자체가 의미 깊다. 하지만 루쉰이 중점적으로 관심을 기울였던 것은 이런 '간판' 뒤에 무엇이 감추어져 있는가 하는 것이었고, 이것이 그가 전심전력 폭로하려는 것이었다. 그래서 그는 다음과 같이 분석하고 논의했다.

> 하물며 커피를 마실 뿐 아니라 '교훈과 이익'까지 얻는가? 상하이탄에는 일거양득하는 장사가 본래 많다. 크게는 잡지를 몇 개 만들면 혁명이라고 하는가 하면, 작게는 푼돈으로 책을 사면 실크양말이나 아이스크림을 공짜로 주기도 한다. 나는 지금까지도 그런 사람들의 심리를 헤아릴 수 없다. 도대체 책을 사는 데 뜻이 있는 것인지, 아니면 실크양말을 신는 데 있는 것인지. 커피점에 대해서 이전에 댄서나 웨이트리스를 "실컷 눈요기할 수 있다"고만 들었을 뿐이다. 그런데 이번에 뜻밖에도 '명사'가 사람들에게 '교훈과 이익'을 주고 또 "큰 소리로 장광설을 늘어놓고" '깊은 사색'에 잠기는 여러 가지 재미있는 놀이를 보여준다고 하니, 그것은 정말이지 현실의 낙원이 아닐 수 없다.[63]

'장사'와 '놀이'라는 이 두 개의 단정적인 핵심어에 주의하라. 이것은 진실로 핵심을 간파한 말들이다. '혁명적 지식계급'을 자칭하는 "오늘날 문예계에서의 명사"들과 그들의 '혁명'은 일종의 '장사'에 불과했기 때문이다. 우리는 여기서 루쉰이 말했던 "중국의 최고 유망한 사업은 혁명이다"라는 명언을 쉽게 떠올리게 된다. 하지만 이번에는 "김이 피어오르는 프롤레타리아 커피"에는 서양식 현대 문명을 상징하는 '커피'가 있기도 하고, '프롤레타리아 계급'의 혁명 상표가 붙어 있기도 하다. 루쉰이 말한 것처럼, "커피를 마실 뿐 아니라", 현대 물질문명을 충분히 누리고, '교훈과 이익'을 얻기까지 하면서 혁명에 대한 허황된 담론 속에서 정신적 만족에 이르는 이러한 '일거양득'은 상하이탄의 사업 가운데 '훌륭한 장사'라 하겠다. 그러나 "김이 피어오르는 프롤레타리아 커피" 뒤에 숨어서, '더러운 노동자 농민 대중'을 멀리하고, '혁명', '대중'을 크게 떠들면서, '깊은 사색'과 '지도' 따위를 하는 척하는 모양은 '재미있는 놀이'에 불과하다. 왜냐하면 그것은 또 하나의 "장난을 치는 허무당"이기 때문이다.

　루쉰은 여기서 '혁명적 지식계급'과 그의 적수 현대평론파의 '특수한 지식계급'에 내재된 일치성을 발견했다. 자세히 살펴보자면, 이들은 똑같이 중국의 '가짜 전사' 전통에 속한다. 하지만 다른 것이 있다면 이번에는 "커피잔 뒤에서 사람을 속일 뿐"이며, 현대적 색채를 약간 갖추었을 따름이다. 루쉰은 여기서 이런 '혁명적 지식계급'의 본질적 특징을 발견해내기도 했다. 이것은 그가 나중에 「좌익작가연맹에 대한 의견」에서 개괄한 것이다. 그들은 한 무리의 '살롱(Salon) 사회주의자'로서 '응접실에 앉아', 이번에도 또 '혁명의 커피점'이 있고, "대단히 고상하고 아름답게 사회주의를 논하지만, 실천을 염두에 두지 않았다." 이것이 바로 그들의 치명적 약점이다. 루쉰이 말한 것처럼, "만약 실제적 사회 투쟁과 접촉하지 않고 유리창 속에(심지어 "투명하게 반짝이는 유리 간판" 아래-인용자) 갇혀 문장을 쓰고 문제를 연구한다면 그것이 아무리 격렬한 '좌'(左)라고 해도 모두가 쉽게 해낼 수 있다. 그러나 실제에 맞닥뜨리면 즉각 부딪혀 깨져버릴 것이다. 방 안에 갇혀 있으면 철저한 주의를 쉽게 크게 떠들 수 있지만, 가장 쉽게 '우경화'될 수 있기도 하다."[64]

　나중에 루쉰은 이런 '살롱 사회주의' 특징을 가진 '혁명적 지식계급'에 대해 한 걸음 더 나아가 다시 분석하고 새로운 이름을 붙여주었다. 그것을 일컬어 '비혁명적 과격혁명론'의 '개인주의 논객'이라고 하였다. 루쉰은 이렇게 썼다.

　　나는 여기서 철저한 혁명가와 흡사하지만 사실은 극히 비혁명적이거나 혁명에 유해한 개인주의 논객을 지적해내고자 한다. ……
　　그 하나는 퇴폐자이다. 자기 스스로 특정한 이상과 힘이 없기에 타락하고 찰나의 쾌락에 빠진다. 일정 정도의 향락에 또 싫증을 느끼게 되면 그는 시시때때로 새로운 자극을 찾게 된다. 그러나 이 자극은 또 반드시 더 심해져야만 통쾌함을 느낀다. 혁명 역시 이 퇴폐자의 새로운 자극 중 하나이다. 마치 탐식하는 사람이 맛있게 배불리 먹으면 맛에 질리고, 위가 약해지면 후추와 고추 따위를 먹으려 들고 이마에 땀이 좀 맺혀야 밥 반 그릇을 먹을 수 있는 것과 같다. 철저하고 완전한 혁명문예를 하고자 하여, 시대적 결함이 있으면 이맛살을 찌푸리며 비웃을 가치도 없다고 여긴다. 하지만 사실과 거리가 있는 것은 무방하다고 여긴다. 상쾌하기만 하다면……

    그 하나에 대해 나는 아직 그의 명칭을 정하지 못했다. 요컨대 그는 아무런 편견이 없으면서 세상에 옳은 것은 하나 없고, 자신은 옳지 않은 것이 없다고 여기면서 따지고 보면 역시 현재 상태가 제일 좋다고 여기는 사람들이다. 그가 지금 비평가를 위해 말을 할 때면 아무렇게나 한 가지를 가지고 반대되는 것을 논박한다. 상호원조설을 반박할 때 생존투쟁설을 쓰고, 생존투쟁설을 반대할 때 상호원조설을 쓴다. 그런가 하면 평화론을 반대할 때 계급투쟁설을 쓰고, 투쟁을 반대할 때면 인류의 사랑을 주장한다. 논적이 유심론자일 경우 그의 입장은 유물론이고, 유물론자와 논쟁할 때는 오히려 또 유심론자로 변하곤 한다.(65)

여기서의 '과격혁명론', '비혁명'과 '개인주의 논객'이라는 세 가지 단정적인 핵심어는 자못 음미할 만하다. 이는 루쉰의 '중국식 혁명'과 중국의 '혁명적 지식계급'에 대한 3대 발견이라고 할 수 있다. 이것은 세 층위의 발견이다. 사람들이 가장 쉽게 주의를 기울이는 것은 '혁명적 지식계급'의 '과격혁명론'에 상응하는 자세이다. 이른바 '급진'의 의미란 첫째, 앞서 말한 "극좌적 흉악한 면모를 띠고", "혁명이 시작되기만 하면 모든 비혁명가들은 다 죽어야만 한다"를 고취하고 떠받드는 이른바 혁명의 논리이다. 둘째는 "철저히 완전하게 그리고 결점이 없는" 혁명을 요구하면서 '혁명의 유토피아'의 환각 속에 깊이 빠져 있다. 셋째는 "오직 자신만이 혁명을 하는" 자세를 드러내면서 자신의 의견에 동의하지 않는 자는 모두 비혁명 혹은 반혁명이라고 한다. 이로써 중국 혁명 중 벗어나기 어려운 '좌경 고질병'이 생겼다. 이는 루쉰이 생활했던 시대와 루쉰 이후의 중국 역사와 현실에 의해 이미 재차 증명된 것이다. 이런 맥락에서 루쉰이 이로 말미암아 한 충고는 영원히 후인의 경각심을 일깨울 만했다.

대개 극단적 이론, 장광설을 입에 달고 사는 사람은 반드시 조심해야 한다.[66]

이는 아주 평범한 말 같지만, "수많은 생명이 죽은" 이후에야 깨달은 도리였다. 루쉰이 말한 "수많은 역사의 교훈은 모두 크나큰 희생으로 바꿔온 것이다"[67]라는 말이 옳다.

이러한 '과격혁명론자'가 위험한 까닭은 그들이 "정해진 이상이 없이" 그저 혁명 중에서 '자극'을 찾고, 특정한 이론과 신념도 없이 수시로 주장과 구호를 바꿀 수 있다는 데 있다. 그들에게는 특정한 신조도 없으므로 "혁명가의 명성을 가지고자 하면서도 혁명가들이 종종 벗어나기 어려운 고통을 조금도 맛보려 하지 않기에 웃음이나 울음도 모두 허위일뿐더러 정치적 입장으로서의 좌우가 달라지며, 심지어 …… '어정쩡한 얼굴'조차도 그들 자신의 모습을 남김없이 다 표현하기에는 부족할 정도다."[68] 그들의 '과격성'은 대단히 허위적이고 과시적 성격을 띤 이른바 '혁명 자태'이다. 때문에 루쉰은 이렇게 형용하였다. "격렬해지는 것이 빠르면 평화로워지는 것도 빠르다." 언제나 흉악한 모양을 하고 있는 '늑대'는 본래 '개의 조상'이었지만, "사람에 의해 길들여지면서 변하여 개가 된 것이다."[69] 이런 '혁명적 지식계급'에게는 가장 '과격한 혁명'의 '좌'측 극단에서 혁명을 배반하고 잡아 죽이는 '우'측 극단으로 뛰어넘어가는 데 거의 과도기가 필요 없다. 사실 그들의 '철저하고 완전한' 혁명론은 실현될 가능성이 없을 뿐 아니라, 그들 자신도 실행하려 들지 않았다. 그들 마음속의 진정한 의도는 "현재 상태가 가장 좋으니", "꼼짝하지 않기"를 주장한다.[70] 이와 같은 몇 겹의 분석을 통해 루쉰은 그들이 "모양은 흡사 철저한 혁명가 같지만, 사실은 극히 비혁명적이거나 혁명에 유해한 자"[71]임을 마침내 폭로해냈다.

이런 '비혁명적 과격혁명론자'는 이상도 신념도 없고 특정한 신조도 없다. 그렇다면 무엇이 그들의 언론과 행동을 지배하고 있는가? 그들은 다만 '개인주의 논객'에 불과하며 가장 과격하고 흡사 가장 이타적이며 가장 숭고한 언사 배후에 감추어진 것이 사리사욕임을 루쉰은 지적했다. 이렇듯 루쉰은 이른바 '혁명적 지식계급'의 본질이 바로 '가짜 전사' 가족의 새로운 한 성원임을 다시 발견했다. 이에 앞서 루쉰은 20세기 초 유신파의 '별 보잘것없는 무리'들이 "신문명의 이름을 빌려 자신들의 사욕을 대대적으로 추구하였음"[72]을 일찍이 명시했다. 또한 1920년대의 '정인군자' 역시도 "대의를 빌려 명분을 훔치기"를 잘하는 '이기적인' 사람이기도 했다.[73] 첫째 내용에서 말한 바와 같이 루쉰은 나중에 "채찍을 휘두르는 것을 유일한 업적"으로 삼는 혁명의 '노예 총감독' 역시 "혁명을 빌려 자신의 이익을 도모했던 사람"[74]임을 다시 드러냈다. 이로써 보건대, 항상 모든 시대에 가장 유행하는 '대의'로 자신의 사욕을 만족시킬 수 있었던 '가짜 전사'는 중국에서 영원히 대가 끊어지지 않을 것이다.

루쉰은 또한 창조사·태양사의 '혁명적 지식계급' 정신 기질에서의 '재자(才子)+룸펜(流氓)' 스타일을 드러냈는데, 이는 아마도 더욱 중요한 발견일 것이다.

여기서 나는 「상하이 문예 일별」이라는 글 한 편을 여러분에게 신중하게 소개하고자 한다. 루쉰은 대단히 중요한 강연을 두 차례 하였다. 한 번은 「위진 풍도와 문장, 약과 술의 관계」(魏晉風度及文章與葯及酒之關係)이고, 다른 한 번은 「상하이 문예 일별」이다. 전자는 이미 학술계의 주목을 받았지만, 후자의 경우는 충분한 관심을 끌지 못했던 것 같다. 이 강연에서 루쉰은 근대 중국 사상문화사의 배경에서 창조사·태양사를 고찰했다. 이는 대단히 독특한 관점으로 그 자체만으로도 매우 큰 학술적 가치가 있다. 만청 이후, 중국 사상문화와 문학의 발전은 근래 학술계 연구에서 인기 있는 소재였는데, 루쉰은 이 강연에서 이 방면에도 매우 중요한 시각을 제공했다. 현재의 연구를 루쉰의 분석과 비교해 보더라도 역시 대단히 흥미로울 것이다.

루쉰의 강연은 근대 신문 『신보』(申報)의 작자군에서부터 시작되었다. "그곳에서 문장을 쓰는 사람은 대다수가 다른 곳에서 온 '재자'(才子)이다." 여기서부터 만청 중국 지식인의 분화를 언급했다. "그 당시 글을 읽는 사람은 대체로 군자(君子)와 재자 두 종류로 구분될 수 있었다. 군자는 사서오경(四書五經)만을 읽고 팔고문(八股文)을 지으며 규율이 매우 엄했다. 하지만 재자는 이 밖에도 예컨대 『홍루몽』(紅樓夢)과 같은 소설을 보기도 하고, 시험에서 필요 없는 고금시체(古今詩體) 따위를 보기도 했다." "상하이 조계(당시 '양장洋場'과 '이장夷場'이라고도 했고, 나중에 이런 명칭을 꺼리는 사람들은 종종 '이장彝場'으로 썼다)가 생긴 이후, 군자들은 외국인의 물건에 대해 늘 혐오감을 좀 가지고 있으면서, 바른길로 가는 공명을 추구할 생각 때문에 결코 함부로 돌아다니지 않았다." 이에 비해 '활달한' 재자들은 상하이라는 "서양 분위기가 물씬 나는" 외국인 조계지로 분분히 와서 『신보』의 작가가 되기도 하고, "신보관(申報館)을 도와 명청(明淸)의 소품(小品) 책들을 내기도 하면서", 스스로도 '재자가인의 책'을 쓰기도 했다. 이른바 근대소설도 이렇게 발생했는데, 그것도 하나의 발전 과정이 있었던 것이다.

책의 주인공은 처음에는 '재자+바보'였다가, 나중에 '재자+룸펜'으로 변했다. '재자'는 물론 중국 전통 중에서 발전해온 것이었고, '룸펜'은 상하이 조계지의 신 '영웅'이었다. 루쉰이 말하기를, 당시 제법 영향력이 있던 우유루(吳友如)가 주편한 『점석재화보』(點石齋畵報)는 외국 사정과는 늘 거리가 있는 그림과 "룸펜이 부녀자를 길에서 희롱하는" 따위를 그렸지만 정말 잘 그렸다. "이것은 그가 너무 많이 보아왔기 때문이며", 사실상 당시 상하이 사회에 룸펜이 넘쳐나는 현실을 반영했다. 나중에 '새로운 재자+가인'이 있는 소설이 생겨났는데, 이것이 바로 원앙호접파(鴛鴦蝴蝶派)의 문학이다. 루쉰은 계속해서 다시 말했다. "이것은 나중에 새로운 재자파 창조사로 나타났다." 얼핏 보면 이런 역사 발전 노선의 정리는 다소 특별해 보인다. 왜냐하면 창조사는 철저히 반역적인 자태로 출현하여 스스로 그들 이전의 역사와 단절적인 관계라고 여기고 있었기 때문이다. 그러나 루쉰은 상하이 조계지 문화와 시민계층의 관계에서 창조사와 만청 이후 상하이 시민문학의 내재적 연관성을 발견했고, '재자+룸펜'이라는 정신 기질의 공통점까지 발견해냈다.

이전에 취추바이가 창조사와 루쉰의 논쟁을 분석할 때, 그들은 두 가지 유형의 지식인이라는 관점을 제시한 적이 있다. 루쉰과 같은 지식인은 "중국의 농촌, 사기당하고 착취당해온 어리석은 중국의 농민 군중"과 대단히 밀접한 관계였다. 그러나 창조사·태양사의 작가들은 대다수가 '중국 도시'에 모여 사는 '보헤미안'(프티 부르주아 부랑자 지식청년)으로서, 그들과 농촌의 연계는 희박하다. 하지만 '도시화와 현대화' 경향은 짙다.[75] 루쉰이 여기서 강조한 것 역시 바로 창조사·태양사의 '혁명적 지식계급'이 만든 '혁명문화'와 상하이라는 이러한 현대 도시, 현대 시민(도시 부랑자) 사이의 연계였다. 이는 대단히 의미 있는 명제이다. 이것은 아마 우리가 창조사·태양사의 창작과 혁명문학, 혁명문화를 이해하는 중요한 돌파구가 될 것이다.

 루쉰이 중점적으로 관심을 가진 것은 분명 '재자＋룸펜' 스타일이었다. 루쉰은 스스로 가장 두려워하는 것이 있다면 창조사 동인들의 '얼굴 창조'(다만 위다푸郁達夫만이 유일한 예외라고 알려졌으므로 루쉰은 그와 친한 친구가 되었다)라고 말했다. "언제나 거드름을 피우고, 땀 흘리고 재채기를 하는 것조차도 모두 '창조'해낸 것 같다."[76] 이것은 물론 일종의 전형적인 재자 스타일이다. 아마 더욱 주의할 만한 것이라면 이른바 '룸펜 스타일'일 것이다. 루쉰은 청팡우와 같은 이들이 "혁명을 일반 사람들에게 대단히 무서운 일로 이해하도록 하였고", "이렇게 사람으로 하여금 혁명의 무서움을 알게 하면서 스스로 통쾌하게 말하는 것만을 도모하는 태도는 역시 재자와 룸펜의 독에 중독되었다"고 지적했다. 앞서 말한 어떠한 이상과 신념도 없이 주장과 구호를 되는대로 변화시키는 것에 대해서, 루쉰은 일종의 '룸펜 스타일'이라고 명확히 지시하면서, 다음과 같이 완벽하게 분석했다.

 고금을 막론하고 모두 특정한 이론이 없다. 간혹 주장하는 변화는 찾을 수 있는 단서가 없어서 수시로 각양각색의 이론을 가지고 무기를 삼는 사람을 모두 룸펜이라 부를 수 있다. 예를 들어 상하이의 룸펜은 시골 남녀 한 쌍이 걷고 있는 것을 보고, "어이, 당신들의 이 모양은 풍속을 해친 것이니, 법을 어겼소!"라고 말한다. 이때 그가 쓴 것은 중국 법이다. 만약 시골 사람이 길가에 소변을 보고 있는 것을 발견하면 그는 말한다. "어이, 이건 용납될 수 없어. 당신은 법을 어겼으니, 경찰서에 잡혀가야 해!"라고 말한다. 이때 쓴 것은 또 외국 법이다. 그러나 그 결과가 합법이거나 불법이거나 상관없다. 그냥 그에게 돈 몇 푼을 뜯기기만 하면 해결되니까.[77]

여기서 말한 상하이탄의 룸펜이 마음대로 '중국 법'과 '외국 법'을 적용하고, 실제로 "합법이거나 불법이거나 상관하지 않으며", 그저 "돈 몇 푼을 뜯기면 해결되는 것"이 바로 상하이 조계의 특징이다. 다시 말해서 상하이의 반식민지라는 사회적 성격이 그 문화를 결정한 것도 또한 필연적으로 중국 전통문화와 서양 식민문화, 상업문화가 혼합된 결과이다. 룸펜 문화의 경우도 이 몇 가지 문화의 악성 교접이며, '재자＋룸펜' 스타일은 바로 봉건 전통 문인 분위기와 조계지 룸펜 분위기의 혼종인 것이다. 하지만 그럼에도 그들은 상하이 도시문화의 '영웅'이다. 상하이탄에서 살아가려는 사람이라면 반드시 다음 두 가지 조건을 갖춰야 한다. '재자 스타일'이 없으면 안 되고, '룸펜 스타일'이 없으면 더욱 안 된다. '샌님 스타일'이 뚜렷하면 절대로 상하이에 발붙일 수 없다. 혹여 한 가지 스타일을 더해야 한다면 이른바 '제왕 스타일'일 것이다. 재사 스타일, 룸펜 스타일, 제왕 스타일 이 세 가지 '스타일'이 있으면 상하이뿐 아니라 전체 중국 사회에서 거리낌 없이 활개를 치고 다닐 수 있다. 이것은 중국의 역사와 현실에 의해 재차 증명되었던 것이다. 이와 같이 루쉰의 발견과 개괄은 창조사·태양사의 '혁명 지식인'에만 그치는 것이 아닌 일종의 초월적 의미를 지녔다. 〔김경남 옮김〕

- 錢理群, 『與魯迅相遇』, 三聯書店, 2003, 第9章.

주註

1) 「馬上日記之二」, 『魯迅全集』, 第3卷, p. 343.
2) 「革命時代的文學」, 『魯迅全集』, 第3卷, p. 418.
3) 「无聲的中國」, 『魯迅全集』, 第4卷, p. 13.
4) 「答有恒先生」, 『魯迅先生』, 第3卷, p. 454.
5) 「革命時代的文學」, 위의 책, pp. 417, 423.
6) 「「爭自由的波浪」小引」, 『魯迅全集』, 第7卷, p. 304.
7) 「再論雷峰塔的倒掉」, 『魯迅全集』, 第1卷, pp. 193, 194.
8) 「中山先生逝世後一周年」, 『魯迅全集』, 第7卷, pp. 293, 294.
9) 1927년 3월에 쓴 「黃花節的雜感」에서 루쉰은 "이른바 '혁명의 성공'이란 잠시의 일에 대하여 말한 것으로 사실은 '혁명이 아직 성공하지 못했음'을 뜻하며, 혁명에는 멈춤이란 없으며, 만약 세상에 정말로 '지극한 선함에 멈춤'이 있다면, 이 인간 세상은 그와 동시에 응고한 것으로 변하게 될 것이라고 지적했다" (『魯迅全集』, 第3卷, p. 410).
10) 「中山大學開學致語」, 『魯迅全集』, 第8卷, p. 159.
11) 「我觀北大」, 『魯迅全集』, 第3卷, p. 158.
12) 「關于知識階級」, 『魯迅全集』, 第8卷, p. 191.
13) 「革命時代的文學」, 위의 책, p. 422.
14) 「老調子已經唱完」, 『魯迅全集』, 第7卷, p. 309.
15) 「寫在「墳」後面」, 『魯迅全集』, 第1卷, p. 236.
16) 「林克多『蘇聯聞見錄』序」, 『魯迅全集』, 第4卷, p. 426.
17) 「慶祝滬寧克復的那一邊」, 『魯迅全集』, 第8卷, pp. 162, 163.
18) 「革命文學」, 『魯迅全集』, 第3卷, p. 543.
19) 위의 글, pp. 543, 544.
20) 「小雜感」, 『魯迅全集』, 第3卷, p. 532.
21) 「答有恒先生」, 위의 책, p. 457.
22) 「兩地書・第二集・廈門―廣州」(六九), 『魯迅全集』, 第11卷, p. 191.
23) 衛公, 「魯迅與創造社關于'革命文學'論爭始末」, 載 『魯迅研究月刊』, 2000, 第2期.
24) 「『三閑集』序言」, 『魯迅全集』, 第4卷, p. 4.
25) 「紀念劉和珍君」, 『魯迅全集』, 第3卷, p. 275; 「空談」, 『魯迅全集』, 第3卷, p. 279

참조.

26) 成仿吾,「祝詞」, 載『文化批判』, 月刊 第1號, 1928. 1. 15.
27) 成仿吾,「完成我們的文學革命」, 載『洪水』, 半月刊 第3卷 第25期, 1927. 1. 16(『'革命文學'論爭資料選編(上)』, 人民文學出版社, 1981, pp. 18, 19에서 재인용).
28) 彭康,「'除掉'魯迅的'除掉'」, 原載『文化批判』, 第4號, 1928. 4. 15(『'革命文學'論爭資料選編(上)』, p. 311에서 재인용).
29) 李初梨,「怎樣地建設革命文學」, 載『文化批判』, 月刊 第2號, 1928. 2. 15(『'革命文學'論爭資料選編(上)』, p. 159에서 재인용).
30) 成仿吾,「從文學革命到革命文學」, 載『創造月刊』, 第1卷 第9期, 1928. 2. 1(『'革命文學'論爭資料選編(上)』, pp. 130, 132에서 재인용).
31) 李初梨, 위의 글(『'革命文學'論爭資料選編(上)』, pp. 161, 160에서 재인용).
32) 위의 글(『'革命文學'論爭資料選編(上)』, p. 164에서 재인용).
33) 馮乃超,「藝術和社會生活」, 載『文化批判』, 月刊 第1號, 1928. 1. 15(『'革命文學'論爭資料選編(上)』, p. 116에서 재인용).
34) 成仿吾, 위의 글(『'革命文學'論爭資料選編(上)』, p. 135에서 재인용).
35) 杜荃(郭沫若),「文藝戰線上的封建餘孼 — 批評魯迅的「我的態度氣量和年紀」」, 載『創造月刊』, 第2卷 第1期, 1928. 8. 10(『'革命文學'論爭資料選編(上)』, pp. 578, 579에서 재인용).
36) 成仿吾, 위의 글(『'革命文學'論爭資料選編(上)』, p. 136에서 재인용).
37)「上海文藝之一瞥」,『魯迅全集』, 第4卷, p. 297.
38)「死地」,『魯迅全集』, 第3卷, p. 267.
39)「答有恒先生」, 위의 책, p. 453.
40)「'醉眼'中的朦朧」,『魯迅全集』, 第4卷, p. 62.
41)「通信」,『魯迅全集』, 第4卷, p. 98.
42) 成仿吾, 위의 글(『'革命文學'論爭選編(上)』, pp. 136~37에서 재인용).
43)「'醉眼'中的朦朧」, 위의 책, p. 63.
44) 45)「鏟共大觀」,『魯迅全集』, 第4卷, p. 106.
46)「學界的三魂」,『魯迅全集』, 第3卷, p. 207.
47)「上海文藝之一瞥」, 위의 책, pp. 301, 302.
48)「'醉眼'中的朦朧」, 위의 책, p. 66.
49)「通信」, 위의 책, p. 99.
50)「文藝與革命」,『魯迅全集』, 第4卷, p. 83.
51)「非革命的急進革命論者」,『魯迅全集』, 第4卷, p. 226.

52)「對于左翼作家聯盟的意見」,『魯迅全集』,第4卷, pp. 233~34.

53)「「潰滅」第二部一至三章譯者附記」,『魯迅全集』,第10卷, p. 336.

54)「寫在「墳」後面」, 위의 책, p. 283.

55)「對于左翼作家聯盟的意見」, 위의 책, pp. 234~35.

56) 阿英,「死去了的阿Q時代」, 載『太陽月刊』, 1928. 3. 1(『'革命文學'論爭資料選編(上)』, p. 192에서 재인용).

57)「鏟共大觀」, 위의 책, p. 106.

58)「娜拉走後怎樣」,『魯迅全集』,第1卷, p. 163.

59)「太平歌訣」,『魯迅全集』,第4卷, pp. 103, 104.

60)「通信」, 위의 책, p. 97.

61)「門外文談」,『魯迅全集』,第6卷, p. 102.

62) 63)「革命咖啡店」,『魯迅全集』,第4卷, p. 116.

64)「對于左翼作家聯盟的意見」, 위의 책, p. 233.

65)「非革命的急進革命論者」, 위의 책, pp. 227, 228.

66) 致姚克,「書信·340412」,『魯迅全集』,第12卷, p. 385.

67)「今春的兩種感想」,『魯迅全集』,第7卷, p. 387.

68)「文壇的掌故」,『魯迅全集』,第4卷, pp. 122~23.

69)「上海文藝之一瞥」, 위의 책, pp. 297, 298.

70)「非革命的急進革命論者」, 위의 책, p. 228.

71) 위의 글, p. 227.

72)「文化偏至論」,『魯迅全集』,第1卷, pp. 54, 56.

73)「十四年的'讀經'」,『魯迅全集』,第3卷, p. 129.

74)「答徐懋庸幷關于抗日統一戰線問題」,『魯迅全集』,第6卷, pp. 538, 530.

75) 瞿秋白,「『魯迅雜感選集』序言」,『魯迅雜感選集』, 青光書局, 1933, pp. 18, 19.

76)「「僞自由書」前記」,『魯迅全集』,第5卷, p. 3.

77)「上海文藝之一瞥」, 위의 책, pp. 297~98.

제18장 '학술사회'의 건설과 지식인의 '권력 네트워크'
– 『독립평론』 집단 및 그들의 역할과 신분

● 장칭 章清

"가죽이 없으면 털이 어찌 붙을 수 있는가!"라는 말이 있다. 『좌전』(左傳)에 나오는 이 말은 역사에 조예가 깊은 마오쩌둥이 중국의 지식인에 대해 말할 때 즐겨 인용하곤 했던 구절이다. 어찌 되었든 '털'과 '가죽'의 관계에 대한 논증은 지식인의 운명과 관련된 문제를 지적한 것이고, '사'(士)에서 '지식인'으로의 변화를 주목하는 데 착안점으로 삼아야 할 내용이기도 하다. 1905년의 과거제 폐지는 역사의 한 단락이 종결된 사건이었으니, 사실상 근본적으로 '사'라는 계층을 파괴하는 일이었다. 그럼에도 독서인은 여전히 존재하였기 때문에, 현대 사회에서 그들의 새로운 역할과 신분을 어떻게 정립해야 하는가 하는 문제가 과거제 시대를 벗어난 학인들이 고민하지 않을 수 없는 초미의 관심사가 되었다. 1927년 6월 왕궈웨이(王國維)가 이화원(頤和園)에 빠져 자살하자, 당시 구제강(顧頡剛)은 누가 왕궈웨이를 죽음으로 내몰았는지를 따져 물었다. 그런데 그의 추도문 말미의 다음과 같은 평가는 실로 당시 독서인의 운명을 짐작하게 하는 기본 시각이라고 할 수 있을 것이다. "국가에 전문적으로 학문을 연구하는 기관이 없었던 것이 왕궈웨이를 죽인 것이다! 따라서 우리는 전문 연구기관을 설립해야 한다. 사대부(士大夫)라는 계급의 틀이 왕궈웨이를 죽게 만들었던 것이다! 따라서 우리는 사대부계급을 타도해야 한다! 우리는 사대부가 아니다! 우리는 모두 민중이다!"[1)]

'사'와 '지식인'의 문제는 이제 전혀 새로울 게 없는 논제가 되었지만, 현대 중국 독서인의 새로운 역할과 신분에 대해 모색한 논설은 그다지 많지 않다.[2)] 내가 보기에, 20세기 초반에 시작된 독서인의 새로운 역할과 신분에 대한 탐색은 1930년대를 전후하여 초보적인 결과가 나왔고, 일부는 지식인들이 '학술사회'라는 이상을 건설하는 과정에서 나타난다. 독서인들의 자부심에서 비롯된 이 '학술사회'라는 것은, 간단히 말하면, 변모하는 사회 속에서 지식의 장엄함을 중건함으로써 '학술'이 미래 사회의 중심이 되도록 하면서, 동시에 독서인의 지위를 새롭게 확립하려는 것이다. 그러므로 '학술사회'의 건설을 분석하는 일은 어쩌면 현대 중국의 지식인을 보다 잘 이해할 수 있는 하나의 방편이 될 것이며, 특히 '사'에서 '지식인'으로의 변화를 살펴보는 데 도움이 될 수 있을 것이다. 물론 이와 같이 광범위한 과제를 한 편의 글로 다 다룰 수는 없을 것이다. 나는 1930년대 발행된 『독립평론』이라는 잡지에 관련된 일군의 학자들을 중심으로, 그들의 학술 활동과 공공 업무에의 개입으로 인해 형성된 '권력 네트워크'의 분석을 통해 이 문제에 대한 소견을 제시해 보고자 한다.

1. 일군의 독서인과 그들의 다중 신분

『독립평론』은 1932년 5월 22일 창간되었고, 1937년 7월 25일 244호를 출간한 후 정간되었다. 이 잡지는 9·18사변이 계기가 되어 창간되었는데, 국난을 당한 시기에 베이징에 거주하고 있던 지식인들이 이를 통해 국가를 위해 조그마한 힘이라도 보태려고 한 데서 비롯된 사업이었다. 초기의 회원은 후스(胡適, 主編)를 비롯해, 딩원장(丁文江), 장팅푸(蔣廷黻), (이상 2인은 助編) 푸쓰녠(傅斯年), 런훙쥐안(任鴻雋), 천헝저(陳衡哲), 웡원하오(翁文灝), 우징차오(吳景超) 및 편집 사무를 맡은 주야오성(竹垚生), 뤄얼강(羅爾綱), 장시뤄(章希呂) 등이었으며, 후에 천즈마이(陳之邁), 장시뤄(張奚若), 허롄(何廉), 저우빙린(周炳琳), 저우이춘(周詒春) 등의 새로운 회원이 추가되었다. 식사하고 담화하기 편하도록 할 목적으로 회원의 수도 시종 십이삼 인으로 제한했다.[3] 그렇지만 현대 중국의 많은 간행물들과 같이 『독립평론』도 자기들만의 생각을 발표하는 동인(同人) 간행물은 아니었으니, 후스의 통계에 의하면 244호가 출간될 때까지 발표된 총 1,309편의 글 중 55퍼센트 이상은 정식 회원이 아닌 외부 인사가 투고한 원고였다. 따라서 정식 회원 이외에 타오시성(陶希聖), 왕징시(汪敬熙), 샤오궁취안(蕭公權), 천다이쑨(陳岱孫), 구위슈(顧毓琇), 우셴(吳憲), 장충푸(張忠紱), 쉬빙창(徐炳昶), 장포취안(張佛泉), 천쉬징(陳序經), 둥스진(董時進), 정린좡(鄭林莊) 등 이 잡지에 10편 이상 기고한 사람들도 여기서는 고찰의 대상으로 삼았다.[4]

1930년대 영향력이 대단했던 『독립평론』을 선택한 것은 여기에 모인 지식인들을 통해 현대 중국 독서인의 새로운 역할과 신분을 분석해보고자 하는 이유에서였다. 본문에서 이 독서인들의 교육 배경, 직업, 학술 활동과 공공 업무 참여, 실제 정치 개입 등을 열거하는 까닭은 바로 이를 통해 이 독서인들의 역할과 신분이 '드러나게' 되기를 기대하기 때문이다(아래의 표 참고).[5]

『독립평론』에 모인 지식인들은 현대 독서인의 새로운 역할과 신분을 잘 보여준다. 이들의 교육 배경, 직업, 학술 활동, 출간 경력, 정치 활동 등은 독서인들의 다양하고 다채로운 생활상을 '드러내고' 있다. 이를 통해 알 수 있듯이, 20세기에 들어선 중국 독서인들의 경우, 상층부 인사들은 구미에 유학했던 학자들이 대부분이고, 이들은 대학과 연구기관에서 안정된 직업을 가짐으로써 신분을 확고히 하였으며, 그 명성 또한 대단해서 많지 않은 학술 기금회를 장악하는 데 그 영향력을 발휘하는 경우가 많다. 학술적 요새에 서로 모이는 것 외에도 그들은 간행물을 창간하는 식으로 모여서 공공 사무에 대한 견해를 표현하기도 한다. 그리고 이러한 과정에서 일부 인사들은 모종의 계기로 현실 정치에 직접 뛰어드는 경우도 있었다. 왕판썬(王汎森)이 지적한 바와 같이, 현대 중국의 특수한 조건 속에서 '학벌'(學閥) 혹은 '학술 패권'(學術覇權)을 이루기 위해서는 반드시 학술 이

성명	교육 배경	직업	학술 활동	창간 간행물	정치 활동
후스 (胡適)	컬럼비아 대학 철학 박사	베이징 대학 문학원 원장	중기회(中基會) 이사, 중연원평의회 평의원(中研院評議會評議員), 원사(院士)	『노력』(努力), 『국학계간』(國學季刊), 『신월』(新月), 『독립시론』(獨立時論)	국민참정회 참정원(國民參政會參政員), 주미 대사
딩원장 (丁文江)	영국 글래스고 대학 동물학, 지질학 학사	베이징 대학 지질학 연구 교수	중기회 이사, 중연원 총간사, 평의원, 중국 지질학회 발기인	『노력』	
장팅푸 (蔣廷黻)	컬럼비아 대학 철학 박사	칭화(淸華) 대학 역사계 주임		『중국 사회와 정치학 평론』, 『신경제』(新經濟)	행정원 정무처 처장, 주소(駐蘇) 대사
푸쓰녠 (傅斯年)	런던 대학, 베를린 대학	베이징 대학 교수	중연원사어소(中研院史語所) 소장, 총간사, 평의원, 원사	『신조』(新潮), 『노력』, 『역사어언연구소 집간』(集刊)	국민참정회 참정원
런훙쥐안 (任鴻雋)	컬럼비아 대학 석사	중앙대학 교장, 쓰촨(四川) 대학 교장	과학사(科學社) 사장, 중기회 이사, 중연원 총간사 겸 화학연구소 소장, 평의원	『과학』(科學), 『노력』, 『현대평론』(現代評論)	국민참정회 참정원
천헝저 (陳衡哲)	시카고 대학 문학 석사	베이징 대학, 쓰촨 대학 교수		『노력』, 『현대평론』, 『신월』	
웡원하오 (翁文灝)	루벤 대학 물리학 및 지질학 박사	칭화 대학 대교장(代校長)	지질조사소 소장, 중기회 이사, 중연원 평의원, 원사	『신경제』	행정원 비서장, 경제부 부장 겸 자원위원회 주임위원
우징차오 (吳景超)	시카고 대학 사회학 박사	칭화 대학 사회학계 주임		『신월』, 『신경제』, 『독립시론』	행정원 비서, 경제부 비서
허롄 (何廉)	예일 대학 경제학 박사	난카이(南開) 대학 경제학원 원장	중연원 평의원	『신경제』	행정원 정무처 처장, 경제부 차장
저우빙린 (周炳琳)	컬럼비아 대학 문학 석사	베이징 대학 법학원 원장			교육부 상무차장, 국민참정회 참정원
천즈마이 (陳之邁)	컬럼비아 대학 박사	베이징 대학, 칭화 대학 교수		『신경제』	행정원 참사, 주미대사관 참사

성명	교육 배경	직업	학술 활동	창간 간행물	정치 활동
장시뤄 (張奚若)	컬럼비아 대학 석사	칭화 대학 정치계 주임		『현대평론』, 『독립시론』	국민참정회 참정원
저우이춘 (周詒春)	예일 대학 학사, 위스콘신 대학 석사	연경(燕京) 대학 대리교장	중기회 이사, 미국 로슈기금 중화의약(中華醫藥) 이사회 이사		실업부(實業部) 상무차장, 농림부 부장, 위생부 부장
타오시성 (陶希聖)	베이징 대학 법률과	베이징 대학 정치계 교수		『식화』(食貨), 『중앙일보』(中央日報) 총주필	국민참정회 참정원, 선전부 부부장
왕징시 (汪敬熙)	홉킨스 대학 박사	베이징 대학 심리계 교수	중연원 심리학연구소 소장, 원사	『신조』	
샤오궁취안 (蕭公權)	코넬 대학 철학 박사	칭화 대학 정치계 교수	중연원 원사	『중국 사회와 정치학 평론』, 『독립시론』	
천다이쑨 (陳岱孫)	하버드 대학 박사	칭화 대학 경제계 교수		『독립시론』	
구위슈 (顧毓琇)	매사추세츠 공과대학 과학 박사	칭화 대학 공학원 원장			교육부 정무차장
우셴 (吳憲)	하버드 대학 박사	베이징협화 의학원 원장	중국생리학회 회장, 중연원 평의원, 원사		
장충푸 (張忠紱)	홉킨스 대학 정치학 박사	베이징 대학 정치계 교수		『외교월보』(外交月報) 총편집	군사위원회 참사, 국민참정회 참정원
쉬빙창 (徐炳昶)	파리 대학	북평(北平) 사범대학 교장			
장포취안 (張佛泉)	홉킨스 대학 박사	베이징 대학 정치계 교수		『국문주보』(國聞周報), 『독립시론』	
천쉬징 (陳序經)	일리노이 대학 박사	난카이 대학 사회학계 교수		『독립시론』	
둥스진 (董時進)	코넬 대학 농학 박사	베이징 대학 교수			국방설계위원회 위원
정린좡 (鄭林莊)	컬럼비아 대학 경제학 석사	연경대학 경제계 교수			

외의 관계망을 갖춰야 하는데, 정부와 긴밀한 관계를 맺으면서 중기회(中基會)나 영경관위원회(英庚款委員會)와 같은 얼마 되지 않는 재단과도 친밀한 관계를 유지해야 했다.[6] 『독립평론』에 모인 일군의 독서인들이야말로 바로 현대 중국의 '학벌'이 확립한 새로운 역할과 신분을 보여주는데, 이것은 과거제 시대에서 벗어난 독서인들이 20세기에 기울인 노력의 결정으로서, 곧 그 시대 독서인들이 '학술사회'를 건설한 결과였던 것이다.

그러나 이 정도의 표만으로는 '사'에서 '지식인'으로의 변화와 관련된 여러 문제들에 충분히 답했다고 할 수는 없을 것이다. 그들의 새로운 역할과 신분은 어떻게 형성되었는가 하는 문제, 특히 독서인들이 자신의 다양한 역할과 신분 속에서 어떻게 그들의 사회적 위치를 확립하였는가 하는 문제 등을 보다 심층적으로 다루어야 할 필요가 있다.

2. "학벌을 만들도록 노력해야 한다"

고요한 연못 한가운데 돌 하나를 던지면 동심원의 작은 물결들이 출렁이기 시작하는데, 그 물결들은 출렁일수록 더 멀리 가고 더 커지게 된다. 장멍린(蔣夢麟)이 차이위안페이(蔡元培)가 베이징 대학에 취임한 사건을 "고요한 연못 속에 지식혁명의 돌 하나를 던진 것"으로 비유한 것은 더없이 적절한 표현이라고 할 수 있다.[7] 차이위안페이는 베이징 대학 총장 취임 연설에서 "대학은 고매한 학문을 연구하는 곳"이라고 말한 바 있다. 그는 학생들에게 대학은 전문학교와 다르기 때문에 학생들은 모름지기 자신의 신념을 견지하여 학문에 전념해야 한다고 수차 강조하였다. 법학과에 입학하는 학생들은 관료가 되는 것을 목표로 삼아서는 안 되고, 상과에 입학하는 학생들은 돈 버는 것을 목표로 삼아서는 안 된다는 것이다. 만약 관료가 되거나 돈 버는 것이 목표라면 다른 전문학교들로 가면 될 것이므로 굳이 이 학교에 올 필요가 무엇인가 하는 것이다.[8] 물론 처음부터 차이위안페이가 대학 교육의 방향을 완전히 돌려놓을 수 있었다고 말하기는 어렵겠지만, 그가 대학의 성격을 기존의 입신출세를 지향하는 명리(名利)

의 장에서 고매한 학문을 연구하는 전당으로 변화시키는 데 힘썼다는 점은 인정할 수 있는데, 이는 의심할 여지 없이 독서인들이 새로운 역할과 신분을 찾아나가는 데 가장 중요한 첫걸음이 되었다고 평가할 수 있다. 후스는 귀국 후, "향후 20년은 정치를 논하지 않을 것이며, 중국의 정치변혁을 위한 사상과 문화의 기초를 닦는 데 전념하겠다"는 신념을 밝힌 바 있다. 그런데 이는 그만의 생각이 아니라 차이위안페이 역시 전적으로 같은 생각이었고, 이것이 대학 교육의 이상이라는 대문을 열어젖히는 데 중요한 동력으로 작용하였다. 그는 베이징 대학 총장에 취임한 후 얼마 되지 않아 왕징웨이(汪精衛)에게 보낸 서신에서, "제가 보기에 우리가 진실로 교육에 힘을 쓴다면 우리나라를 위기에서 구하는 것이 불가능하지만은 않은 것 같습니다. 제가 베이징에 온 후 각 정치 단체로부터 많은 제의를 받았지만 전부 거절하고 정계에 진출하지 않겠다는 결심을 밝혔습니다"[9]라고 적고 있다.

차이위안페이가 지식혁명의 돌을 던지자 이에 대한 반향이 있었을 것이다. 어떻게 대학이 고매한 학문 연구의 장소가 되도록 만들 것인가 하는 문제가 당시 독서인들이 고민하는 방향이 되었다. 차이위안페이는 베이징 대학에 취임한 후 곧 대학을 "위대한 저작들을 망라하고 여러 학자들의 학문을 모두 포괄하는 곳"으로 규정하고, '사상자유'(思想自由)와 '겸용병포'(兼容幷包)를 대학의 운영 방침으로 채택하였는데, 이러한 방침 덕에 베이징 대학은 학문에만 전념하면서 훌륭한 학문적 업적을 이룬 적지 않은 인사들을 망라할 수 있게 되었고, 그 결과 베이징 대학은 신속하게 중국의 학술적 기지가 되어갔다. 그러나 베이징 대학이 이룬 학술적 성과에 대해서는 당시에 유보적인 입장을 가진 사람들도 있었다. 왕스제(王世杰)는 이와 관련해, "보통 교육이라는 안목에서 당시의 베이징 대학을 평가한다면 결코 베이징 대학의 성과를 특별히 우수한 것이라고 할 수는 없다. 사상혁명이라는 측면에서 베이징 대학을 평가한다면 베이징 대학의 성과는 당시 어떠한 학교도 이에 비견할 만한 것이 없었을 뿐 아니라, 중국 역사상 어떠한 학교도 이에 비견할 만한 것은 없었다"[10]고 술회한 적이 있다. 루쉰(魯迅)은 1925년에 쓴 글에서 차이위안페이가 베이징 대학 총장에 취임한 이후의 성과를, "첫째, 베이징 대학은 항상 새롭고 진취적인 운동의 선봉이 된 것이고 둘째, 베이징 대학은 항상 어두운 세력과 맞서 싸운 것이다"[11]라고 평가하고 있다. 루쉰도 마찬가지로 사상혁명이라는 측면에서의 역할은 긍정적으로 평가하였지만, 학술적인 면에 대해서는 언급하지 않았다. 그러므로 베이징 대학이 중국의 최고 대학이라는 점은 이미 이론의 여지가 없는 사실이기는 하였지만, 베이징 대학의 학술 수준에 대한 독서인들의 우려는 오히려 적지 않았는데, 이제는 어떻게 하면 베이징 대학의 수준을 제고할 수 있을까 하는 문제를 고민하기 시작하였다. 1920년의 개학식에서 후스는 의미심장한 말을 하였는데, 근래 몇 년간 베이징 대학은 '신사조의 선구', '신문화의 중심'이라는 간판을 내걸었다고 할 수 있지만, 학술계의 대파산이라는 현상에 대해서는 응당 부끄러워해야 할 것이고, 베이징 대학의 동문들은 천박한 '전파' 사업에서 벗어나 학술 수준을 '제고'할 수 있는 연구 사업으로 돌아와야 한다고 강조하였다.[12] 그의 말이 암시하는 바는, 베이징 대학의 학술 수준은 아직 '보급'을 말할 자격이 없기 때문에 베이징 대학은 '보급'이 아니라 '제고'에 힘을 쏟아야 한다는 것이었다. 다음 해 개학식에서 후스가 행한 연설의 중심 내용도 여전히 '제고'에 대한 것이었다. 그리고 당시 그는 사람들이 자신들을 학벌(學閥)이라고 욕하는 것을 들었는데 '학벌'이 왜 나쁘냐고 반문하면서, "학벌을 만들도록 노력해야 한다! 그것도 학벌 중의 최고의 학벌을 말이다!"[13]라고 주장하였다.

"학벌을 만들도록 노력해야 한다"는 이 말은 참으로 당당하고 호기로운 말이다. '학술 패권'에 반대하는 목소리가 사방에서 일어나고 있는 오늘날 이런 말을 한다면 그다지 좋게 들리지는 않겠지만, 당시 상황에서는 이 말이 아직 학술적 신예라 할 수 있는 후스의 입에서 함부로 나온 소리가 아니라 지식계를 대표하는 보편적 견해였다. 현대 중국 교육계의 또 한 명의 풍운아였던 메이이치(梅貽琦)도 1931년 칭화(淸華) 대학 총장에 취임하였을 때, 맹자(孟子)의 "오래된 나라라는 것은 교목(喬木)이 있다는 것을 말함이 아니라 세신(世臣)이 있음을 말하는 것이다"라는 말을 모방하여, "대학이라는 것은 큰 건물이 있다는 것을 말함이 아니라 큰 스승이 있음을 말하는 것이다"14)라는 명언을 남겼다. 그 역시 후스와 마찬가지로 칭화 대학의 학술 연구가 높고 심오한 목표를 지향해야 한다고 강조하였던 것이다. 사실, '지식 엘리트'의 육성을 통해 사회적 풍조를 바꾸려는 이러한 의식은 5·4 시기 교육계의 지도층 인사들로부터 싹텄지만, 이에 그치지 않고 그들을 통해 새로운 지식청년 세대들에게도 전해졌다.

베이징 대학의 학생들이 발기하여 만든 신조사(新潮社)와 그들이 창간한 잡지 『신조』(新潮)는 신문화운동에서 세인들의 이목을 집중시킨 '주목받는 사건'이었지만, 이 구성원들이 5·4운동 후 집단으로 '이탈'하였다는 사실이 더욱 5·4 시기의 독특한 장면이 되게 하였다. 푸쓰녠(傅斯年)은 1919년 겨울 영국으로 가는 선상에서, "나는 이번에 유럽에 가면서 많은 기대를 하고 있다. 한마디 하자면, 사상의 복잡한 문제들을 명확히 함으로써 나 스스로 신뢰할 수 있는 나 자신을 만들겠다고 하는 것이다"라고 자신의 심경을 밝히고 있다. 그의 이러한 생각은 『신조』에 참가했던 학생들의 향후 행보의 축소판이기도 하다. 중국 최고 대학의 학생이었던 그에게, 대학 교육에 관한 스승들의 이상은 이미 그의 마음속 깊이 뿌리를 내리고 있었으니, "10년 안에 오늘날의 대학은 장차 중국의 모든 학술의 발상지가 될 것이며, 대학의 사조가 나라 안에 널리 퍼져 엄청난 영향력을 발휘하는 것도 불가능하지는 않을 것이다"라고 하였다.

그는 또한 학술의 건설을 대학의 이상을 떠받치는 중요한 요소라고 생각하여, 학문적 동료들에게 "진실하게 학문을 구하고", "졸업 후 다시 외국에 갈 것이며", "30세가 되기 전에는 사회에 진출하지 말 것"을 요구하였다.15) 푸쓰녠 본인 역시 바로 자신이 이러한 목표를 향해 매진하던 절정의 시기에 멀리 유럽에 유학하였던 것인데, 우선 런던 대학에서 실험심리학의 대가인 스피어먼(Charles E. Spearman)에게 사사하면서 프로이트 학설에 많은 관심을 가지고 이를 연구하였으며, 아인슈타인(Albert Einstein)의 상대성 이론과 플랑크(Max Plank)의 양자론에 매료되어

1923년에는 다시 베를린 대학으로 옮겨서 유학하였다. 서방의 학술을 광범하게 섭렵한 것을 토대로 푸쓰녠은 이미 "금침〔金針, 즉 자신의 기술과 학문〕을 다른 사람에게 전수하고자" 하였으니, "현재 우리는 유럽의 역사를 우리의 역사로 만들어야 하고, 유럽의 유산을 우리의 유산으로 만들어야 하며, 유럽의 꾀를 우리의 꾀로 만들어야 한다. 이는 '명령(螟蛉)이 알을 낳으면 나나니벌은 이를 업어 간다'는 옛말과 같은 것으로, 유럽인들에게 문명이 있다면 우리는 이를 업어 와야 하는 것이다. 만약 우리가 이렇게 하지 못한다면, 결과는 오히려 새로운 식으로 명령이 알을 낳으면 나나니벌이 업어 가는 일이 생기게 될 것인즉, 우리에게 있는 토지를 유럽인들이 업어 갈 것이다"[16]라고 하였다. 그가 귀국하는 도중에 한 이 말에는 이미 일류의 학술을 창건하여 유럽과 중국의 학문이 자웅을 겨루게 하겠다는 웅장한 염원이 담겨 있다.

푸쓰녠은 1926년 말 귀국하여 광저우(廣州) 중산(中山)대학의 교수가 되었다. 바로 이곳에서 그는 필생의 사업과 밀접한 관계가 있는 행보를 내딛게 된다. 1927년 8월에 중산대학의 어언역사연구소(語言歷史研究所)가 창설되었다. 그리고 얼마 되지 않아, 중화민국대학원 중앙연구원 조직조례(中華民國大學院中央研究院組織條例)가 통과되면서 중앙연구원(中央研究院)을 국가의 최고 과학 연구기구로 확정하는 한편, 차이위안페이를 원장으로 임명하였다. 예민한 감각의 소유자였던 푸쓰녠은 이 소식을 접하자 즉시 상하이(上海)로 가서 차이위안페이를 만나, "광저우의 어언연구소가 기왕에 이룩한 성과와 계획을 이용해서 중앙연구원의 어언역사연구소를 만들자"고 설득하였다. 이렇게 하여 1928년 10월, 역사어언연구소가 정식으로 창립하게 되었고, 동시에『역사어언연구소집간』(歷史語言研究所集刊)도 창간하게 되었다. 푸쓰녠이 쓴「역사어언연구소 공작의 취지」(歷史語言研究所工作之旨趣)를 보면, 그가 새로운 문제를 발굴하고, 새로운 자료를 찾아 모으고, 새로운 방법을 사용함으로써, 과학적인 동방학의 정통을 중국에 수립하는 데 힘썼다는 것을 알 수 있다. 그는 "역사학과 언어학의 발달은 당연히 교육 문제와도 상당한 관계가 있지만, 이 일이 무슨 국가 경영과 관련된 대업도 아니고 불후의 사업이라 할 수도 없는 까닭에, 그저 십수 개 서원의 학자들로 하여금 그들의 일생을 이익도 생기지 않는 이 일에 바치게 한다면, 그런대로 국가의 숭고한 학술을 엮어낼 수 있을 것이다"[17]라고 하였다. 그는 역사어언연구소의 일이란 학문에만 매진함으로써 중국 학술의 수준을 끌어올리는 것이며, 이것이 본래 소수 학자의 일이기 때문에 당연히 다른 사람들에게 이 일을 좋다고 권유할 필요도 없다는 점을 처음부터 분명히 밝히고 있다. 그리고 바로 푸쓰녠, 천인커(陳寅恪), 리지(李濟) 및 자오위안런(趙元任)과 같은 학계의 엘리트들이 한데 모여 '서로 의기투합하는' 학술 단체를 구성하고 중국 신학술의 여정을 전개함으로써, 역사어언연구소가 20세기 중국 인문학의 새로운 학술적 기지가 되게 하였다.[18]

　푸쓰녠과 역사어언연구소는 바로 현대 중국의 지식인이 신학술을 낳고 기른 과정의 축소판이라 할 수 있다. 이러한 이상은 이미 그 시대의 독서인들에게 완전히 뿌리를 내려서, 학계의 지도층 인사들 또는 오랫동안 학계의 관련 부문에 책임자로 일했던 차이위안페이, 후스, 푸쓰녠 같은 사람들이 동의하였을 뿐 아니라, 순수하게 학자적 기질을 지닌 구제강 같은 사람들 역시 이러한 학술의 방향에 동조하였다. 구제강은 1926년의 「고사변 제1책자서」(古史辨第一冊自序)에서 학문과 방법을 존중하는 '학술사회'에 대한 기대를 표명하면서, 학문을 소홀히 하는 중국 사회에서 열정을 가지고 "학문의 지위를 끌어올릴 것"[19]을 역설하였다. 그는 1929년에 「중산대학 어언역사연구소 연보」(中山大學語言歷史研究所年報)에 서문을 쓰면서 당시 독서인들이 '학술사회'를 건설하고자 하는 이상과 의도를 정식으로 거론하였는데, "우리는 서방에서 전래된 과학 교육을 받고 학문에 대한 우리의 인식에 눈을 뜨게 되었는데, 지식 탐구의 필요성을 느끼지 못하는 정신을 더는 참을 수 없어서 중국에 학술사회를 건설하게 되었다. 이러한 학술사회에서는 중국에서 종래 극히 부족하였던 자연과학을 창건하려고 하였을 뿐 아니라, 중국에서 종래 자료가 가장 풍부하고 연구가 가장 깊었던 사회과학(역사학 포함)과 언어문자학을 새롭게 건설하려 하였다. 이는 과거 중국의 학술 범위와 학술 방법을 근본적으로 타파하고 바꾼 것으로, 일종의 지식과 사상 면에서의 철저한 개혁이라고 할 수 있다"[20]고 하였다.

"학벌을 만들도록 노력해야 한다"는 말에는 당시 독서인들의 학술에 대한 이상이 농축되어 있는데, 그것은 바로 중국에도 학문에 전념하는 학자들을 길러내고 몇 년이 지나서 이들이 점차 사회의 중심을 형성하게 되면, 이로 인해 사회의 풍조를 바꿀 수 있을 뿐 아니라 중국이 지식 방면에서도 서방과 서로 겨룰 수 있게 되기를 염원하는 것이다. 사실, 19세기 이후부터 많은 독서인들은 중국이 사회의 중심을 잃어가는 문제에 관심을 가지고 있었다. 공자진(龔自珍)은 도광(道光) 연간에 이미 중국 사회의 중심이 경사(京師)에서 산림(山林)으로 옮겨 가고 경사가 빈천해지는 추세를 지적한 바 있는데, "옛 선인의 서책과 성현의 심간(心肝)이 경사에 남아 있지 않게 된" 결과, "호걸들은 경사를 가벼이 보고", "산중의 세가 무거워졌다"[21]고 하였다. 장타이옌(章太炎)도 1918년에, 민국(民國) 성립 이후 아직 '중견 주간'(中堅主幹)이 되는 '사회 중심'이 만들어지지 않았으며, 근세의 위인이라는 사람들은 요행히 위인이라는 이름을 얻은 데 불과하다고 하면서, "6, 7년간 보아온 우리나라의 인물들은 모두 갑자기 나타났다가 조금 성과를 이루고는 사라졌고", "일국의 인물 중에 5년 동안 계속 활동하는 인물이 없으니, 중견 주간의 자리는 마침내 비게 되었다"[22]고 하였다. 후스 역시 중국 민족의 자구운동이 실패한 원인을 검토한 1932년의 글에서, 이러한 견해를 집중해서 피력한 바 있다. 즉 중국이 근래 6, 70년간 아무것도 이루지 못하고 모든 사업이 오래 지속되지 못한 원인은 다름이 아니라, "우리가 6, 70년의 세월을 사회 중심을 찾는 데 쏟아부었지만 결국 이를 찾지 못한 데 있었다"고 진단하였다. 황제가 통치하던 시대의 중심은 당연히 황실에 있었으나, 황실은 태평천국(太平天國) 시기를 거치면서 일찍이 정치 중심의 자격을 상실하였다. 이후는, '중흥'(中興)의 장상(將相)이나 무술변법(戊戌變法)의 영수 또는 국민당(國民黨)을 막론하고 모두 사회 중심을 만들어내기 위해 노력하였지만, 대부분 겨우 1, 2년 혹은 3, 5년이 지나면 또다시 점차 사회 중심으로서의 자격을 잃어갔던 것이다.[23] 한 연구자도 근대 중국의 중심 상실이라는 이 현상에 주목하고, 이를 중국 사회의 발전에 내재된 맥락과 서양의 충격 속에서 진행된 근대 중국 전체의 거대한 변화라는 종횡의 큰 틀 속에서 깊이 있는 연구를 진행한 바 있는데, 이 연구는 중국 사회에서 사상적 권력의 변천과 사회적 권력의 변천이 함께 진행되었음을 보여준다.[24]

후스는 근래 6, 70년간 사회 중심을 찾으려 했지만 결국 찾지 못했던 역사를 설명하는 한편, 이것을 중국이 당면한 가장 중요한 문제로 보았는데, 이는 20세기 중국 독서인의 활동을 이해하는 데 상당히 중요하다. 후스는 그와 그의 동료들이 분투했던 것이 바로 '사회 중심'을 창조하기 위한 노력이었음을 말하고자 한 것이다. 푸쓰녠은 딩원장을 추도하는 글에서, "정재군(丁在君)은 '중국 근대화'의 대열 가운데 가장 재기 있는 선봉장이었다. 중국에 만약 이러한 인재가 20명만 있다면, 그리고 그들이 모두 적재적소의 지위에 있게 된다면, 20년 후에는 우리가 제1등의 근대국가가 될 수 있을 것이다"[25]라고 하였다. 사실 얼핏 보면 소수자의 노력에 불과해 보이지만 그 성과만은 경탄스럽다고 인정해야 하는데, 특히 주목할 것은 중국의 학술 양식에 근본적인 변화를 불러왔다는 점이다. 1905년의 과거제 폐지를 전후하여, 신학문의 이름으로 산재하던 현대형 지식은 이미 중국 사회의 정치·경제·문화·교육 등 여러 방면에서 구세주의 역할을 하고 있었다. 그 가운데 우리가 알고 있는 가장 센세이셔널한 사건은, 선교사들이 가져온 '과학'에 의해 '천원지방'(天圓地方)류의 천하관이 무너진 사건에 이어, 고사변운동(古史辨運動)이 일어나서 기존에 중국의 합법적 논증의 중요한 기초가 되었던 '황금 삼대'(黃金三代)라는 관념도 근본적으로 무너지게 된 사건이다.[26] 그리고 이러한 소탕과 파괴를 거치면서, 학술 중건의 사업도 서서히 열매를 맺게 되었는데, 이 열매란 첸무(錢穆)의 표현처럼, "1930년대 중국의 학술계는 이미 하나의 객관적 기준을 마련하고 있었다"[27]는 것이다. 객관적 기준이란 원래 '사문'(師門)과 '가법'(家法)을 따지는 종래의 학문에서 벗어난 현대적 학과가 확립될 수 있었을 뿐 아니라 관련 학술 기구와 학과 공동체도 만들어진 것을 말한다. 사실, 『독립평론』에 모인 지식인만으로도 새로운 학술 영역을 개척한 중국 독서인의 군상을 여실히 보여준다. 후스와 푸쓰녠이 문학과 역사 분야에서 보여준 '구역유신'(舊域維新) 이외에, 딩원장과 웡원하오는 중국의 지질학 영역에서 '개척자'였으며, 왕징시는 중국의 심리학 분야에서, 우셴은 중국의 생물화학 분야에서, 구위슈는 중국의 공학 분야에서, 천다이순은 중국의 경제학 분야에서, 그리고 샤오궁취안·저우빙린·장시뤄·장포취안 등은 중국의 정치학·법학 분야에서 각기 모두 기초를 놓았다는 의의를 부여할 수 있다. 그들 가운데 적지 않은 사람들이 중앙연구원이 설립한 전국 최고 학술 평의기구(評議會)의 평의원(評議員)이었고, 각 연구소를 책임지는 책임자였으며, 후에는 또 중앙연구원의 원사(院士)로 추대되었으니, 그 학술적 성취에 대해서 충분히 인정할 수 있을 뿐 아니라, 동시에 중국의 학술 발전을 계획하는 데에도 대단한 발언권을 가지고 있었음을 보여준다.

3. 학술 사업의 추진

'지식의 장엄함'을 중건하는 것은 중국 독서인들이 새로운 신분을 모색하는 첫걸음이 되었다. 이는 전통적인 독서인들이 가지고 있던 "학문에 우수한 자는 출사(出仕)한다"는 고정관념을 타파하려는 목적이 있지만, '사대부' 역할에 대한 새로운 시대 독서인들의 경멸을 반영하기도 한다. 그러나 '타파하는 것'에 주안점을 둔 이러한 신념만으로는 결코 독서인들의 새로운 역할과 신분에 대한 문제를 완전히 해결할 수 없다. 학술을 하나의 직업으로 간주하는 새로운 이념을 확립하는 동시에, 나아가 현대 사회에서 어떻게 학술의 발전을 추진할 것인가 하는 문제도 생각해야 하는 것이다. 18세기 고거학(考據學)의 학술 용어에 관한 연구에서, 엘먼(Benjamin A. Elman)은 강남의 학술 공동체가 만들어지고 청대 학술이 직업화하는 쪽으로 연구 방향이 전환되는 데 민간 자원이 두드러진 역할을 했음을 보여준다.[28] 그렇다면 현대 중국의 학술 발전을 추진할 자원 상황은 또 어떠한가? 앞의 표에서 열거한 인물들 가운데 저우이춘·딩원장·후스·런훙쥐안·웡원하오에 대해서는 중기회의 이사라고 밝힌 바 있는데, 이것이 현대 중국 독서인들의 새로운 신분을 보여주는 중요한 표지이다. 중기회(즉 재단)에서의 그들의 활동에서도 알 수 있듯이, 기금회의 독립적인 운영을 어떻게 보장할 것인가 하는 문제가 새로운 시기 독서인들의 초미의 관심사가 되었는데, 학술 자원을 장악한 독서인들은 자신의 이상에 따라 학술적 사업을 운영할 수 있고, 학문이라는 배를 거친 파도 속에서 조종할 수도 있게 되는 것이다.

중기회의 전칭은 중화교육문화기금이사회(中華敎育文化基金理事會, The China Foundation for Promotion of Education and Culture)이고, 1924년 9월 설립되었다. 이 기구의 임무는 미국에서 반환한 제2차 의화단(義和團) 배상금 잔여액의 수령과 관리 및 이 기금을 운용한 중국의 교육 문화 사업의 추진이었다. 이사회는 15인(중국 측 10인, 미국 측 5인)으로 구성되었다. 이사회 장정에 따르면, 최초의 이사는 중국 정부가 임명하되, 3년 되는 해의 이사회에서 추첨에 의해 임기를 결정하도록 하였으며, 이후 3년마다 이사 3인의 임기는 만료되고, 이사회는 자체 선거를 통해 후임 이사를 선출하도록 하였다. 국민 정부 성립 후 초임 이사들은 주로 베이양 정부(北洋政府)의 관료와 교육계 인사 들로 구성되었고 난징(南京) 측과 긴밀한 관계가 있는 인사들이 없었기 때문에, 어떻게 이사회를 개조할 것인가 하는 문제가 얼마 안 있어 의사 일정에 제출되었다. 1928년 7월 하순, 국부회의(國府會議)에서는 차이위안페이가 제출한 중기회 개조안을 통과시켰는데, 후스, 자오위안런, 웡원하오, 장멍린, 차이위안페이, 왕징웨이, 우차오수(伍朝樞), 스자오지(施肇基), 리스쩡(李石曾), 쑨커(孫科), 스튜어트(John Leighton Stuart), 베이커(J. E. Baker), 베넷(C. R. Bennett), 먼로(Paul Monroe), 그린(Roger S. Greene) 등을 이사로 임명할 것을 결정하는 동시에 중기회의 장정을 수정하였다. 수정된 주 내용은 "이사는 대총통이 임명하고, 이후 발생하는 결원은 이사회가 자체적으로 후임 이사를 선출한다"는 규정을 이사의 임기가 만료된 후에는 "국부(國府)에 상신하여 새로 임명하도록 한다"로 개정한 것이었다. 이 개정된 내용은 상당히 중요한 사항으로, 결원이 생긴 이사를 이사회가 자체적으로 선출할 수 있는가 여부는 기금회 인사상의 주도권과 관계된 문제였다. 이로 인해 한바탕 풍파가 일고 후스 등은 사리에 맞지 않는다고 항변하게 되었는데, 이 문제를 중기회가 독립적으로 운영될 수 있는가 여부와 직결되는 중대한 사안으로 생각했기 때문이다. 어떤 논자의 말대로, 중기회의 개조는 결국은 정치적 간섭의 결과였고, 단지 개조 과정에서 이사들이 가지고 있던 학술의 독립이라는 이상을 지켜낼 수 있었을 뿐이었다.[29] 분쟁이 끊이지는 않았지만, 중기회는 대체로 경비상의 독립성과 행정상의 자주성을 유지할 수 있었고, 독서인들도 매년 약 100만 위안이라는 큰 기금을 받아 교육 발전을 위한 많은 사업을 추진할 수 있었다. 그중에서도 장멍린 시기의 베이징 대학은 아마도 최대의 수혜자였을 것이다.

전에 이미 3번에 걸쳐 베이징 대학 총장 직무를 대리한 경험이 있는 장멍린은 정식으로 베이징 대학에 총장으로 취임하면서 상당히 주저했었는데, 후스는 그 이유에 대해 "그가 베이징 대학에 돌아가지 않으려 했던 것은 당시 베이핑(北平)의 고등교육이 이미 거의 막바지에 몰린 상황이어서 그가 베이징 대학에 돌아간다고 해도 베이징 대학을 정비할 방법이 없었기 때문이었다"[30]고 밝혔다. 이때 독서인들이 수중에 장악하고 있던 학술자원이 그 빛을 발하게 되었다. 처음에 푸쓰녠과 협화의원(協和醫院) 원장이었던 그린이 후스를 찾아와 장멍린의 베이징 대학 개혁을 돕고 싶다는 의사를 표명했다. 1931년 9월에 열린 중기회 제5차 정기 회의에 그 구체적인 방안이 제출되었는데, 그것은 '학술 연구를 진작하기 위해' 1931년부터 1935년까지 5년간 중기회와 베이징 대학은 매년 각각 20만 위안을 출자하여 공동 특별기금을 조성하고, 이를 베이징 대학의 연구교수 설치 및 도서, 기자재, 기타 상응하는 설비의 확충에 사용한다는 것이었다. 이렇게 해서 5년간 베이징 대학에서 초빙한 연구교수는, 이학원(理學院)에서 펑쭤쉰(馮祖荀)·왕서우징(王守競)·류수치(劉樹杞)·쩡자오룬(曾昭掄)·쉬샹(許驤)·왕징시·딩원장·리쓰광(李四光)·장쩌한(江澤涵)·싸번둥(薩本棟)·셰자룽(謝家榮)·장징웨(張景鉞)·라오위타이(饒毓

泰)·주우화(朱物華)·그라보(葛利普, A. W. Grabau)·슈페르너(斯柏納, E. Sperner)·오스굿(奧斯谷, A. W. Osgood) 등 17인, 문학원(文學院)에서 탕융퉁(湯用彤)·천서우이(陳受頤)·저우쭤런(周作人)·류푸(劉復)·쉬즈모(徐志摩)·장이(張頤)·량스추(梁實秋)·예궁차오(葉公超) 등 8인, 법학원(法學院)에서 자오나이보(趙迺搏)·류즈양(劉志敭)·장충푸·우딩량(吳定良) 등 4인이었다. 명단이 우리에게 낯설지 않은 것은 이들 중 9인이 1948년에 중앙연구원의 제1기 원사로 선발된 사람들이었기 때문이다. 5년이라는 짧은 시간 동안 베이징 대학이 30명에 가까운 '원사'급 학자들을 영입하였으니, 베이징 대학이 어찌 중흥하지 않을 수 있었겠는가! 그래서 후에 장멍린도 "민국 19년부터 26년까지 7년간, 나는 줄곧 베이징 대학의 방향키를 잡고 내 지혜와 능력을 다해 이 학문의 배가 중·일이 충돌하고 있는 거친 바다를 무사히 건너게 되기를 염원하였다. 많은 친구들, 특히 후스, 딩짜이쥔(丁在君), 푸멍전(傅孟眞: 푸쓰녠) 등의 도움을 받아 베이징 대학은 다행히 무사하게 전진할 수 있었으며, 이제 겨우 가끔 돛을 조정할 수 있을 정도가 되었다"[31]고 감격에 겨워 술회하였다. 한때 혁명 활동과 학생운동의 소용돌이였던 베이징 대학이 이제는 또 점차 학술의 중심이 되어가고 있었다.

　장멍린이 거친 바다를 헤쳐 나가며 학문의 배를 조종했다고 탄식했듯이, 당시는 수확의 계절과는 거리가 먼 시대여서 수확을 기대한다는 것이 부질없는 상황이었으니, 독서인들은 또다시 혼란과 공포의 시절을 맞이하게 된다. 1928년, 후스는 전국교육회의에 출석하여 다음과 같이 말하였다. 즉 정부는 학자들이 건설적인 사업을 하기를 바라고 있는데, 이 같은 책임을 학자들이 저버릴 수는 없지만, 동시에 학자들도 정부에 세 가지 요구사항이 있다고 하면서, "첫째, 우리에게 돈을 달라. 둘째, 우리에게 평화를 달라. 셋째, 우리에게 조금 자유를 달라"[32]는 것이었다. 이것은 독서인들의 지나친 요구였고, 이는 황금 10년(黃金十年)의 시기가 되어서야 독서인들에게 제공될 수 있는 배경이었다. 그러나 독서인들의 마음속에서 솟아난 '독립정신'과 '자유사상'이라는 금자탑을 통해, 그들의 생명 속에서

뿜어 나오는 집념과 용기를 느끼게 되기도 한다. '학술사회'의 건설이라는 점에서 본다면, 이는 당시 독서인들이 쓸 수 있는 가장 중요한 내용이라고 해야 할 것이다. 특히 고난의 항전 시기를 겪었다는 것은 독서인들이 확립한 학술적 이상이 엄준한 도전을 견뎌낼 수 있었다는 사실을 잘 말해주는 것이다.

『독립평론』이 창간되기 전, 장멍린과 후스 등은 중기회의 원조로 베이징 대학을 새롭게 정비하고 있었다. 9개월의 노력 끝에 베이징 대학에는 중흥의 서광이 나타나기 시작했지만, 얼마 지나지 않아 전쟁의 암운은 이미 드리워지기 시작했다. 후스는 1931년 9월 14일의 일기에 특별히 한 줄을 추기하여 "9개월의 시간을 들여 새로운 베이징 대학의 모습을 만들었다. 9월 14일이 개학일이었는데, 닷새 뒤에는 9·18의 포성이 울렸다. 일본인들의 죄악이 너무나 크다!"[33)]고 적었다. 전쟁은 중국 사회를 진동케 했으며, 이로 인해 중국이 다년간 고심해서 경영해온 문화교육 사업도 파괴되었다. 민국 시기 이래 중국의 교육 사업은 원래부터 지역적 불균형 현상이 있어서, 대학들은 베이징과 상하이 등의 대도시에 집중되어 있었고, 어떤 성(省)에는 고등교육 기관이 전혀 없는 경우도 있었다. 불행한 일은 이들 학부(學府)가 몰려 있는 도시가 바로 전쟁 시 가장 먼저 공격의 대상이 되는 지역이라는 사실이다.[34)] 어떻게 교육 사업을 구할 것인가 하는 문제가 당장 학인들의 면전에 놓이게 되었다. 당시에는 각급 학교를 1년간 휴업하게 하고 별도로 전시 훈련을 시켜 전쟁에 대비하자는 주장도 적지 않았으나, 교육부장 왕스제를 위시한 사람들은 끝까지 학생들이 학업을 마치도록 하고 배움의 기회를 놓치지 않게 함으로써 백년대계를 도모해야 한다는 주장을 견지하였다.[35)] 이에 중국 역사상 비장하고도 장렬하기 이를 데 없는 교육대천사(教育大遷徙)라는 장면이 연출되었으니, "학생들은 이리저리 옮겨 다니느라 제대로 된 거처를 마련할 겨를도 없었고, 설비들은 모자라고 책들도 잃어버려 가르치고 연구하는 데 곤란함이 이만저만 아니었으며, 정신적으로 입은 손실은 특히 이루 헤아릴 수도 없었다. 학술과 문화상의 이러한 대재앙은 중외를 막론하고 일찍이 있었던 적이 없었다."36)

　통계에 의하면, 전쟁 전 전문학교 이상의 108개 학교 가운데 전쟁의 영향으로 원래의 장소에서 개학하지 못한 곳이 94개 학교에 달했고, 옮기지 못한 곳은 14개였다. 이 과정에서 『독립평론』에 모인 지식인들이 중요한 역할을 하였는데, 특히 이들은 베이징 대학, 칭화 대학, 난카이(南開) 대학 세 학교를 쿤밍(昆明)에 이주시킨 후 이들을 합쳐서 시난(西南)연합대학을 만드는 일을 추진하였다. 대략 1937년 8월 중순경부터 교육부는 내륙 도시에 임시 대학을 설립할 준비를 시작하였다. 9월 10일, 교육부는 창사(長沙)와 시안(西安) 두 곳에 임시 대학을 설립한다는 계획을 정식으로 발표하였다. 창사 방면은 베이징 대학, 칭화 대학, 난카이 대학의 총장이 주비위원회의 당연직 위원으로 임명된 것 외에, 각 학교에서 각기 한 명씩 위원이 추가로 선발되었는데, 베이징 대학에서는 후스, 칭화 대학에서는 구위슈, 난카이 대학에서는 허롄이 위원으로 임명되었다. 그리고 푸쓰녠, 피쭝스(皮宗石, 후난 대학교 총장), 주징눙(朱經農, 후난 교육청 청장)도 위원으로 임명되었다. 교육부장인 왕스제는 주임위원을 맡았고, 차장인 저우빙린은 주임비서(후에 양전성楊振聲으로 교체)가 되었다.

　대학의 이전이 실현될 수 있었던 것은 독서인들이 침략자의 칼날 아래에서는 정신적 자유를 누릴 수 있는 희망이 전무하리라는 것을 잘 알고 있었기 때문이었다. 더욱 칭찬할 만한 것은 전쟁의 암운 속에서도 독서인들은 학술적 이상을 지켜냈다는 사실이다. 국난을 당한 시기에는 전쟁이라는 명분을 빌려 어떤 식으로든 사상 통제가 자행되리라는 것을 예상할 수 있다. 1938년 4월에 개최된 국민당 임시 전국대표대회에서 항전건국강령(抗戰建國綱領)을 논의할 때, 왕스제 대신 교육부장에 취임한 천리푸(陳立夫)는 교육과 관련한 강령을 제출하였다.37) 물론 새로운 교육 강령은 국가 동원력을 제고하기 위한 고심의 결과였지만, 이 기회에 고등교육에 대한 통제를 실현하고자 하는 국민당 당국의 속셈도 백일하에 드러나게 되었다. 이는 장제스(蔣介石)가 제3차 전국교육회의 석상에서 한 발언에서도 잘 나타나는데, "오늘 우리는 다시는 과거 오랫동안 잘못 이해된 교육 독립이라는 구호에 부화뇌동해서, 교육자들을 국가의 법령과 국가가 부여한 책임 밖에 내버려둔 채 고립된 사람들로 만들어서는 안 될 것이고, …… 마땅히 교육을 군사, 정치, 사회, 경제 등 모든 사업들과 서로 관통하게 해야 할 것이며", 교육계는 특히 "자기가 본 것을 과시하거나 자기가 옳다고 생각하는 대로 행동해서는 안 되고", "모두 함께 힘을 모아 목표를 향해 매진하여 삼민주의(三民主義)를 확실히 실현하도록 노력해야 할 것이다"[38]라고 하였다. 어떻게 학술의 이상을 지킬 것인가 하는 엄준한 문제가 독서인들의 앞에 던져진 것이다. 후스는 1937년의 루산 좌담회(廬山談話會) 석상에 출석하여 국방 교육은 비상 시기의 교육이 아니라 평소의 교육이라고 하면서, 진실로 중심이 필요하다면 "국가가 모든 것보다 높기 때문에" 공동 행동의 목표가 될 수는 있지만 동시에 '교육 독립'의 의의도 중요하다는 점을 재차 강조함으로써 자신의 소신을 천명하였다.[39]

오늘날의 사람들은 중국 교육사상 하나의 걸작품이라고 할 수 있는 국립 시난연합대학이 어떻게 탄생되었는지 상상하기 어려울 것이다. 이 학교에 대해서 얘기할 경우, 자연스레 양전닝(楊振寧), 리정다오(李政道), 왕하오(王浩) 등과 같이 세계적인 명성을 지닌 과학자와 학자를 연상하게 되지만, 이 학교의 의의는 이와 같이 여러 가지 명예로 빛나는 대학자들을 모두 끌어들일 수 있었다는 것보다는, 독서인들이 학술사회를 건설하고자 했던 노력이라는 측면에서 볼 때, 중국의 독서인들이 과거제 시대를 벗어난 후 지식의 장엄함을 다시금 건설했음을 보여주는 사건이라는 점에 있다고 해야 할 것이다. 한 과학자는 당시의 경험에 대해, "우선, 전쟁 시기에 고등교육의 보존을 위해 분투했던 주요한 동기는 학식에 대한 전통적인 존중에서 비롯된 것이었는데, 유학 위주의 전통 속에서 중국의 학자들은 사회의 도덕적 지도자로 인식되었고, 어떤 의미에서는 정신적인 지도자이기도 했다. 그렇다면 이러한 점에서 볼 때, 전시의 대학은 지식을 보존하는 대표자였다고 할 수 있으니, 그곳은 '책 속의 지식'을 보존하였을 뿐 아니라, 국가 도덕과 정신적 가치를 체현하는 곳이었다"[40]고 회고하였다. 확실히 방랑의 세월 속에서도 교육이 중단되지 않았다는 것은 '겸용병포'의 정신이 이어지고 있었고 '교수치교'(敎授治校)의 전통이 발휘되었음을 보여주는 것이다. 시난연합대학에서는 교수회 및 여기서 선거로 이루어진 교무회의가 대학의 각종 사무에 대해 모두 중요한 발언권을 가지고 있었다.[41] 당시의 통계에 의하면, 이 대학 교수 179명 가운데 절대다수가 구미에 유학한 박사로서, 97명은 미국, 56명은 유럽, 3명은 일본에서 유학하였다. 그리고 5명의 원장(院長)은 전부 미국에서 유학한 박사였고, 26명의 학과 주임 가운데 20명은 미국에서, 5명은 유럽에서 유학하였으며, 유학하지 않은 사람은 1명뿐이었다.[42] 이처럼 자유주의 정신에 투철한 독서인들이 시난의 변두리에 모이게 되자, 각자의 장점을 살리면서 여러 가지 다른 학설들로 논쟁을 벌이고 자유롭게 학문을 논하는 국면이 형성되었는데, 이는 국민당 정부 측의 '이당치교'(以黨治校)의 기도와는 완전히 대조를 이루는 것이기도 하였다.

원이둬(聞一多)는 당시의 상황에 대해, "대학에서의 학과 과정 나아가 교재에 이르기까지 모두 규정이 있었는데, 이는 천리푸가 교육부장이 되고 나서부터 생긴 현상이었다. 이러한 방식들은 교수들 사이에 많은 반감을 불러일으켰다. 한번은 교육부에서 교수들의 자격을 새로 '심사'하겠다고 하였는데, 교수회의에서 이 문제가 논의되자 많은 교수들이 분노에 찬 말을 쏟아냈다"고 증언하였다.[43] 전체 교수가 참가한 한 교무회의에서는 관련 훈령의 융통성 있는 집행을 허용하도록 교육부에 요구하는 공문이 입안되었는데, "대학은 최고 학부이고 모든 것을 망라하는 곳으로, 목표는 같아도 길이 다를 수 있고 뜻은 하나여도 여러 생각이 있을 수 있거늘, 어찌 판에 박힌 듯한 문장을 가지고 같은 생각을 강요할 수 있겠는가" 하는 것이었다.[44] 융통성은커녕 그것은 공개적인 도전이었으니, 교무회의에서는 "삼민주의 과목은 선택 과목으로 바꾸어 필수 과목에서 제외할 것을 우리 모두는 요청하고자 하며", "윤리 과목은 취소할 것을 요청하고자 한다"[45]는 내용을 결의하였다. 필독서로 지정된 『중국의 운명』(中國之命運)에 대해, 진웨린(金岳霖) 등은 이를 읽기 거부하였을 뿐 아니라, 이를 쓸데없는 허튼소리이며 책을 써서 자신의 학설을 발표하는 학술계에 대한 공공연한 모욕이라고 매도하면서 불쾌한 기분을 직설적으로 표현하였다.[46] "시난연합대학은 자유주의의 근거지로서, 국민당 정부의 압박과 통제에 저항하여 상당한 정도의 성공을 이루었다"[47]고 할 수 있다.

시난연합대학은 "안으로 학술의 자유라는 규범을 세우고, 밖으로는 민주주의의 보루라는 기치를 내세운다"는 신념으로 중국 독서인들이 건설하려는 '학술사회'의 이상을 표현하였다. 시난연합대학은 국가를 위해 지식과 인재를 보존한다는 상징적 의미가 있었기 때문에, 항전 시기에 이곳은 전국의 유명한 교수들이 모여들고 청년학생들이 찾아오는 장소가 되었다. 당시에 연합대학생이었다가 후에 저명한 수리논리학자가 된 왕하오는 연합대학 8년의 시기를 "아무도 누군가를 겁내지 않았던 시기"라고 표현하면서, "당시 연합대학은 '민주주의의 보루'라는 말을 들었는데, 그러한 상황에 처한 사람들의 피부에 가장 와 닿았던 느낌은 보루 안에서의 민주주의 기풍이었다. 연륜과 권위를 불문하고, 교사와 교사 사이에, 학생과 학생 사이에, 그리고 교사와 학생 사이에 아무도 상대를 겁내지 않았다"고 술회한 바 있다. 왕하오는 자신의 경험에 대해, "감수성이 가장 컸던 이 시기에, 많은 선생님과 동학들과의 사이에 일생에 다시는 맛보기 힘든 친밀하고도 순수한 인간관계를 누릴 수 있었다. 이러한 경험은 이후의 인생살이나 학업에 상당히 든든한 기초가 되었고, 또한 서로 간의 신뢰와 동정심이 그 후에도 계속 이어짐으로써 험난한 인생 여정에 중요한 정신적 지주가 되었다"[48]고 밝히고 있다.

4. 공공 업무 개입

지식인의 사회적 역할에 관해서는 종래 많은 이견들이 있었다. 당대 서방 지식계에서 가장 많은 논쟁을 불러일으켰던 인물 중 하나인 사이드(Edward W. Said)는 20세기 지식인에 대한 가장 유명한 두 가지 설명을 제시하였는데, 이들은 기본적으로 서로 대립되는 것이다. 하나는 그람시(Antonio Gramsci)가 일생 동안 보여준 역할과 같은 것으로, 그는 마르크스주의자, 신문인, 행동파, 걸출한 정치철학자 등 다양한 직함을 가지고 활동하였다. 다른 하나는 방다(Julien Benda)의 지식인에 대한 유명한 정의로서, 지식인은 재능과 지혜가 출중하고 도덕적으로 뛰어난 소수의 철학자 군주(Philosopher kings)라는 것이다. 사이드는 오늘날 지식인이라는 사람들은 편집자, 기자, 정객, 학자 등의 직함을 한 몸에 다 가지고 있으면서, 왕왕 자기도 모르게 각종 권력 구조 속의 일원이 된다고 개탄하였다. 지식인에게 어떠한 역할과 지위를 부여하든, 가장 기본적인 사실은 지식인도 한 시대에 속한 인간으로서 자신의 언어, 전통, 역사적 환경을 가지고 있고, '보편'(universality)과 '이곳'(the local) 사이에서의 '유효한 소통 방식'을 찾는다는 점이다.[49] 이렇게 본다면, 당시 중국 지식인들의 학술적인 면뿐 아니라 정치적인 면에서의 역할, 즉 학자이면서 언론인이고 동시에 막료이기도 했던 역할들은 어쩌면 그 시대가 중국의 지식인에게 부여한 일종의 부담이었는지도 모른다는 점을 수긍해야 할 것이다. 게다가 이러한 신분들은 결코 서로 분리된 것이 아니라 상호 영향과 작용을 만들어내고 있었다. '학술사회'의 건설이라는 것도 현대 중국의 독서인들이 각종 장력(張力)과 모순(矛盾)에 직면할 때 협조하도록 노력할 필요가 있다는 것을 예시한다.

무엇이 독서인들을 현실 정치의 소용돌이에 점점 빠져들게 만들었고 학술과 정치 사이에서 배회하는 전혀 고독하지 않은 모습으로 만들었는가 하는 문제는 현대 중국의 지식인을 연구할 때 시간이 지나도 더욱 새롭게 다가오는 과제이다. 이 문제에 답하려면, 흔히 언급하는 '시대 추세' 이외에 '학벌'이라는 엘리트의식에 주목해야 할 것이다. 이러한 엘리트의식은 학술적으로는 중국 학술의 질을 제고하는 데 중점을 두면서, 정치적으로는 '우리가 아니면 백성들을 어찌할까'라는 태도를 지닌다. 후스와 딩원장이 바로 이러한 전형적인 인물들이었다. 후스는 "철학은 나의 직업이고, 문학은 나의 오락이며, 정치는 내가 참을 수 없어서 새로 노력하는 분야일 뿐이다"라고 말한 바 있다. 그는 왜 정치라는 '샛길'로 접어들게 되었는가를 설명하면서, "내가 지금 나와서 정치를 논하는 것은, 국내의 부패한 정치가 나를 불러낸 것이기는 하지만, 사실 대부분의 원인은 근래의 '고담주의를 표방하면서 문제를 연구하지 않는' '신여론계'가 나를 불러낸 것이다"[50]라고 하였다. 이 말이 의미하는 바는 분명한데, 자신을 정치에 불러낸 원인이 썩은 정치인 것은 맞지만, 이 외에도 여론계에 정치를 논할 인재가 없어 사람들을 실망시켰던 것이 더 중요한 원인이었다는 것이다. 그리고 딩원장은 "나는 대학에서 가르쳤고, 과학에 대해 조금 알며, 외국 책은 좀 읽어서 8만 권 정도가 되었다. 우리가 소수의 우수 인재가 아니라면, 누가 소수의 우수 인재인가? 우리가 책임감을 가지지 않는다면, 누가 책임감을 가져야 하는가? 우리에게 책임질 능력이 없다면, 누가 책임질 능력이 있는가?"[51]라고 당당히 말한 바 있다.

이러한 엘리트의식이 있었기 때문에, 현실 정치의 부패는 자연스럽게 지식인들이 정치에 개입하게 만드는 촉매제가 되었다. 게다가 그들은 또 역사와 현실 상황 속에서 자신들을 변호할 적당한 이유를 찾았으며, 현대 독서인들의 신분을 위해 새로운 역사적 계보를 만들어냈다. 후스는 1921년 5·4운동 2주년을 맞아 쓴 글에서, 정부의 비열하고 부패한 정치가 청년 학생들이 정치에 간여하는 운동을 벌이게 하였으니, 이는 황리주(黃梨洲)가 『명이대방록』(明夷待訪錄)에서 말한 바와 같은데, 학교는 천하가 공개적으로 시비를 논할 수 있는 장소이므로, 모든 학교는 정치를 규탄하는 기관이 되어야 한다고 하였다.[52] 그는 또 다른 곳에서는 동한(東漢)과 양송(兩宋)의 태학생(太學生) 및 명말(明末)의 동림당(東林黨), 복사(復社), 기사(幾社)를 예로 들면서, "변태적인 사회에서는 민의를 대표할 정식 기관이 없었다. 그 시대에 정치에 간여하고 정의를 지키는 책임은 언제나 지식계급의 어깨에 달려 있었다"[53]고 설명하였다. 딩원장의 정치에 대한 열정도 이러한 논리에 근거한 것이었는데, 그는 종래 "직업도 있고 정치에 기대어 밥을 먹지 않는 우리 같은 사람들이 작은 단체를 만들어서 정치를 연구하고 토론함으로써, 공개적으로 정치를 비평하거나 또는 정치 혁신을 제창할 수 있는 준비를 해야 한다"고 주장해왔다. 그는 또 "천하의 사업 중에 어떤 것도 소수의 사람들에 의해 이루어지지 않은 것이 없으니", 만약 정치를 맑게 하려면 당연히 소수의 우수 인재가 정치를 해야 할 것인즉, "어떠한 시대, 어떠한 사회를 막론하고 소수의 우수 인재가 정권을 쥐면 정치는 맑아질 수 있다"고 자신의 소신을 피력하였다. 이 말을 할 당시는 베이양 군벌이 권력을 쥐고 함부로 날뛰고 정치는 어수선한 상황이었기 때문에, 딩원장은 "중국이 오늘날 이 지경에 이른 것은 명백히 총통인 사람은 총통 자격이 없고, 총리인 사람은 총리에 맞지 않고, 의원인 사람은 의원이 될 자격이 없기 때문이다"라고 울분을 토로하였다. 심지어 그는 분노에 차서 "어째서 교육을 받고 애국심이 있는 사람들은 독군(督軍) 한 자리 할 능력도 없다는 것인가"[54] 하기도 하였다. 후스와 딩원장은 질서가 잡히지 않은 사회에서는 지식인들이 정치에 간여하고 정의를 지킬 책임을 져야 한다는 소신을 천명하였는데, 이는 '자신의 명예를 더럽힐까' 두려워 정치에서 유리된 지식인들을 위해 '장애물'을 제거한 것이라고 할 수 있다.

현대 중국의 지식인들이 공공 업무에 개입한 문제를 거론할 때 주의해야 할 현상은, 왕왕 특수한 역사적 시공간이 많은 지식인들을 실제 정치에 개입하게 만든다는 점이다.[55] 『독립평론』 창간의 경우에도 두 가지 배경이 매우 중요한 사항이 되었는데, 첫째는 국가가 9·18사변을 당하면서 생긴 국난이고, 둘째는 독서인들이 이미 막바지에 이른 베이징 대학을 다시 정비하기 위해 노력하고 있었다는 점이다. 따라서 잡지의 창간은 사실은 형세에 쫓겨서 이루어진 것이었으니, 스스로 "치세의 능신이요, 난세의 식충"으로 치부하던 독서인들이 평소 꿈꾸던 '학술구국', '과학건국', '문예부흥'이라는 이상들이 모두 사라지는 현실을 목도하게 되자, "이 활활 타오르는 불길 속에서 무슨 일을 할 수 있을까"[56] 하는 고민을 하지 않을 수 없게 되었던 것이다. 후스는 『독립평론』 창간호에서 이 잡지의 간행 취지와 창간 정신에 대해 설명하기를, 자신들이 학술 활동을 하면서 가졌던 '학술 독립'의 원칙을 중국의 현실 문제를 연구하는 데 응용하려는 것일 뿐이라고 강조한다. 후에 그는 또 이러한 '독립정신'을 신중하면서 "함부로 하지 않는" 태도라고 정리하면서, "한마디 말로도 나라를 흥하게 할 수 있고, 한마디 말로도 나라를 망하게 할 수 있다"⁵⁷⁾고 하였다. 한 가지 주목할 점은, 지식인들은 잡지의 발행을 왕왕 공가(公家)에 대해 책임을 다하는 일로 간주했다는 것이다. 후스는 저우쭤런에게 보낸 편지에서, "지난 3년여 동안, 매주 월요일 밤에는 『독립평론』을 편집하느라 새벽 3, 4시까지 일하는 경우가 많았는데, 아내가 이를 보고 불평을 할 때면, 나는 '일주일에 오늘 하루만은 내가 공가(公家)를 위해 일하는 날이오. 이는 돈을 위한 일도 아니고, 명예를 위한 일도 아니며, 오로지 전적으로 공가를 위해 하는 일이오. 그래서 나는 마음이 편하고, 일이 끝나 자리에 누우면 바로 잠이 드는 것이오. 당신은 내가 월요일 밤에 잠 못 자는 것을 본 적이 있소?' 했더니, 아내도 그 후에는 익숙해져 더는 불평을 하지 않았습니다"⁵⁸⁾라고 적었다.

지난 몇 년간 학술사상계에서는 학술적 이상을 지킨 독서인을 발굴하고자 노력했다. 그러나 냉정하게 말해서, 당시의 독서인 중에 진정으로 정치와 전혀 관계가 없는 독서인(이것이 평가의 기준이 될 수 있는가 여부는 별개의 문제임)을 찾기란 어려운 일인데, 이들은 모두 정도의 차이는 있지만 간행물 발간 사업이나 어떤 단체와 모종의 관련을 맺고 있었다. 당시에는 모든 것이 비교적 간단하게 이루어지기도 했는데, 몇 명의 독서인들이 자기 월 수입의 5퍼센트를 내기만 하면 잡지 하나를 발행할 수 있었다. 그리고 잡지가 한번 출판되면, 매우 신속하게 공식적인 무대가 마련되곤 했다. 『독립평론』이 바로 이와 같은 경우였다. 정식 회원의 수가 열두세 명으로 제한되었다고는 하지만, 한번 창간되자 이 잡지를 동인들의 잡지로만 운영하겠다는 생각은 하지 않았으니, "우리는 처음부터 이 잡지가 공익을 생각하며 사회정치 문제를 토론하는 전국 모든 사람들의 잡지가 되기를 바랐다"⁵⁹⁾고 한다. 장팅푸는 후스에게 "어젯밤 『독립』을 훑어보았는데, 우리가 쓴 글들은 적어도 전부 진지하게 생각하고 나서 쓴 글들이라고 할 수 있습니다. 이 점만 가지고도 『독립』은 당연히 현재 전국 최고의 잡지라고 해야 할 것입니다!"⁶⁰⁾라고 자신 있게 말한 적이 있다. 더욱 흐뭇했던 것은 어쩌면 이 잡지가 발행되고 나서 4년 만에 발행 부수가 이미 14,000부에 달했고, 이 잡지의 판매처와 주문처가 전국에 분포하게 되었다는 점일지도 모른다. 후스도 자랑스럽게 "4년 동안 회원 이외의 친구들이 보내준 글이 6백 편이었고, 이것들은 원고료도 받지 않은 글들이었는데, 이것은 세계 여론기관 중에서도 그 유례가 없는 특별한 일이다. 이 점은 우리가 충분히 자랑할 만한 일이고, 가장 축하할 만한 일이기도 하다"[61]고 말했다.

『독립평론』에 기고한 사람들의 상황을 분석하면, 당시 독서인들이 공공 여론에 개입한 정황을 대체로 이해할 수 있다. 직업과 간단한 이력을 알 수 있는 203명의 필진을 분류해 보면, 『독립평론』 필진의 직업은 대체로 대학교원, 대학생, 공무원, 연구원, 중등학교와 소학교 교사, 언론인 등의 순서이다. 그 구체적인 숫자는, 대학교수 79명, 강사 7명, 조교 5명, 대학생 44명, 학자 전문가 30명, 공무원 13명, 연구원 9명, 중등학교와 소학교 교사 7명, 언론인 3명이다. 그리고 재직 기관이 확인된 135명의 지역별 분포를 조사한 결과, 필자의 상당수가 북방에 집중되어 있음을 알 수 있는데, 칭화 대학, 베이징 대학, 연경대학, 난카이 대학 소속의 필자가 100명 정도이고, 나머지는 기타 대학이나 연구기관에 흩어져 있었다.[62] 그러므로 겨우 십수 명의 학자들이 창간한 『독립평론』이 사실은 북방 학인, 특히 칭화 대학, 베이징 대학, 연경대학, 난카이 대학 등의 교사들과 학생들의 정치 토론의 중심이 되었음을 알 수 있다.

5. "벼슬길에 오르면 재야에 있을 때보다 더 청렴해야 한다"

현대 중국의 지식인들이 흔히 간행물의 창간을 통해 결집하는 일은 공공 업무에 개입하는 한 측면에 불과하고, 이 밖에 직접 정치권에 들어가는 경우도 적지 않다. 막스 베버(Max Weber)는 현대 사회의 '관료제'와 '직업으로서의 정치'를 설명하면서, 현대 사회의 이성화 과정에서 "현대의 관료들은 특별히 장기간의 교육과 전문적인 훈련을 통해 자질을 갖춘 고품질의 일종의 정신노동자로 발전하였으며, 그들은 그 순결성을 유지하기 위해 고도로 발전된 등급이라는 영예를 가진다"[63]고 지적한 바 있다. 따라서 현대 사회의 관료제를 채우고 있는 사람들도 전문적인 직업 훈련을 받은 사람들(곧 흔히 말하는 기술형 관료)로서, 이에 상응하는 독서인과 관료 사이에는 본시 커다란 차이가 있을 수 없다. 그러나 통상적으로는, 대개 지식인의 역할을 '관념인'으로 위치 짓고, 지식인이 이 경계를 넘어서서 '행동인'이 되는 것에 대해서는 언제나 비판적인 입장을 취한다. 메츠거(Thomas A. Metzger)는 중국과 서양의 지식인을 비교하면서, 중국의 지식인들은 냉정하게 정부의 행위를 평가하지 못한다고 비판했다. 한 국가의 정치 발전을 평가할 때, 서양의 지식인들은 유토피아적인 관점뿐 아니라 보수주의적인 관념도 원용할 것이다. 그러나 중국에서는 이와는 전혀 달리, 중국의 지식인이 일단 보수주의적인 관념에서 정부를 평가하게 되면, 즉시 '어용 문인'이라는 낙인이 찍히게 될 것이라고 하였다.[64]

지식인들의 대대적인 현실 정치 개입이라는 현상이 가장 두드러게 나타났던 것은 항전 시기였다. 국민당의 입장에서 보면, 국난 발생 후 당치(黨治)와 훈정(訓政) 자체에 중대한 수정과 조정이 생기게 되었는데, 이는 곧 "지식인들이 의견을 진언할 수 있는 유리한 시기가 되었던 것이다."[65] 또 한 가지 중요한 사실은 망국의 위기라는 정세도 지식인들이 가만히 있을 수만은 없었던 한 측면을 보여준다는 점인데, 따라서 지식인들이 전문가의 자격으로 현실 정치에 개입하는 것은 불가피한 선택이 되었다. 현실 정치 개입이라는 현상에서 『독립평론』에 관계된 사람들의 사례는 특히 주목할 만하다. 웡원하오는 1935년 행정원 비서장으로 임명되었고, 항전 기간 중에는 경제부장 겸 자원위원회 위원으로 임명되었다. 장팅푸와 우징차오는 1936년 웡원하오와 함께 입각하였는데, 전자는 행정원 정무처 처장(후에 주소련 대사로 임명)에, 후자는 행정원 비서로 임명되었다(후에 경제부 비서로 임명). 같은 해 주이춘은 실업부(實業部) 상무차장(常務次長)직을 맡았고, 허롄도 행정원 정무처 처장으로 임명되어 장팅푸가 전직한 이후의 공백을 메웠다(웡원하오는 경제부 부장이 되었다가 나중에 또 경제부 상무차장으로 전직함). 푸쓰녠, 런훙쥐안, 장시뤄 등은 계속해서 학술계의 회원으로 남아 있었지만, 항전 기간 중에는 이들도 국민참정회에 참가하였다.

『독립평론』 회원들의 잇따른 입각에 대해서는 후스도 감개가 무량하였다. 그는 1936년 1월 입각한 친구에게 보낸 편지에서, "천하에 간쟁하는 신하가 일곱만 있으면 무도한 세상이 되어도 천하를 잃지 않는다"는 『효경』(孝經)의 구절을 명심하여 '자리나 지키는' 관리가 되지 말 것을 충고하고 있다.[66] 며칠 후, 주징눙은 딩원장이 후난 성에서 별세하기 전의 일을 적은 글을 보내왔고, 후스는 "벼슬길에 오르면 재야에 있을 때보다 더 청렴해야 한다"(出山要比在山淸)는 구절에서 "在山作得許多聲"(재야, 즉 학계에 있으면서 많은 명성을 쌓았다는 의미)이라는 말을 연상해냈다. 그는 또 친구들에게 보낸 편지에서, "여러분이 '出山要比在山淸'의 태도를 지킬 것이라는 점은 전적으로 믿어 의심치 않지만, 개인적인 생각에 지금 더욱 필요한 것은 '면전에서 직간할 수 있는' 쟁신(諍臣)들입니다. 그러한 까닭에 저는 항상 여러분들이 지도자를 교육하는(educate the chief) 일에 꾸준히 노력해서 효과를 거두었으면 하는 생각입니다. 행정원의 양처(兩處)는 '막부'(幕府)로 변해야 하며, 여러분은 모두 빈사(賓師)를 자처하면서 직언을 하지 않을 수 없을 때에는 직책을 걸고 간쟁해야 합니다"[67]라고 썼다. 후스가 입각한 친구들이 명예를 지킬 수 있기를 바랐던 것은 어쩌면 어찌할 도리가 없는 상황에서 조금이라도 위안을 삼으려고 했던 것인지도 모른다. 그들은 독서인들의 입각에 대해서 이미 충분한 교훈(예컨대 1920년대의 '호인내각' 好人內閣이나 딩원장이 쑨촨팡孫傳芳을 위해 한 일)이 있었던 것이다. 그러나 국난을 당한 당시로서는 후스도 친구들이 정부를 위해 일하는 것을 인정할 수밖에 없었을 뿐 아니라, 그 자신도 국난을 극복하기 위해 "강을 건너는 한 명의 소졸(小卒)"이 되고자 했다.

1937년 8월경, 후스와 장충푸, 첸루이성(錢端升)은 장제스의 요청에 따라 미국, 영국, 프랑스 등의 국가로 파견되어 항일의 의지를 선전하고 많은 지지를 얻어냈다. 푸쓰녠에게 보낸 1938년 7월 30일의 편지에서, 후스는 "국사가 이 지경에 이르렀으니, '어려움을 참지 못하고 변란이라도 나기를 기다리는' 심정으로 지내는 외에 달리 방도가 없다"고 썼다. 그리고 이어 그 자신은 이미 "양산박(梁山泊)으로 도망치지 않을 수 없는" 상황에 처했으니, "만부득이하게 1, 2년간의 학술 활동을 희생해서라도 이 일을 열심히 하지 않을 수 없다"[68]고 자신의 처지를 호소하였다. 같은 해 9월 17일, 국민 정부는 정식으로 후스를 주미 대사에 임명하였는데, 후스는 부인에게 보낸 편지에서 "나는 21년간 자유인이었소. 정부의 관직을 맡지 않았으니 얼마나 자유로웠겠소! 그런데 지금 나라가 이 지경에 이르게 되자, 사람들을 끌어내는 일이 나한테까지 미치게 되었고, 나 또한 피할 길이 없어 한 해나 반년간 대사 일을 하지 않을 수 없게 되었소. 내가 전쟁이 끝날 때까지 한다고 했는데, 전쟁이 끝나면 곧 변함없이 나를 가르쳐주었던 책들 속으로 돌아올 것이오. 걱정하지 마시오. 내가 그렇게 미련 없이 떠나는 것은 결코 아니니 말이오"[69]라고 부득이하게 대사직을 맡은 고충을 토로하였다. 이 당시 후스는 자신이 주미 대사직에 4년간 있게 될 것이고, 더욱이 7년이나 지나서야 중국으로 다시 돌아올 수 있게 되리라고는 상상도 하지 못했을 것이다.

 지식인들이 이와 같이 대거 국가의 정치 활동에 개입한 현상은 현대 중국의 지식인을 연구할 때 반드시 검토해야 할 문제이다. 이는 특수한 역사적 시공간 속에서 이루어진 결과이지만, 일반적으로 정치에 개입한 지식인들에 대해서는 비판적인 시각이 많다고 할 수 있다. 심지어는 정치에 개입하지 않는 것이 그들이 지켜야 할 마지노선이라고까지 할 수도 있을 것이다. 항전이 끝난 후 장제스가 푸쓰녠과 후스를 정부에 끌어들이려 했을 때, 두 사람은 이를 계기로 스스로를 반성하였다. 처음에 장제스는 푸쓰녠을 국부위원(國府委員)으로 임명하고자 하였으나, 푸쓰녠은 이를 고사하는 편지를 장제스에게 보냈는데, 자신은 사실 어리석은 일개 서생으로 세상사에 대해서는 아는 바가 전혀 없고 정부에서 일할 재목이 아니므로, "만약 정부에 있게 된다면 정부에 도움이 되는 바는 하나도 없을 것이지만, 이대로 사회에 있게 된다면 혹 한 사람의 몫은 하게 될지 모르겠다"[70]고 하였다. 1947년 초, 장제스는 또 후스를 정부에 끌어들이려고 시도하였으나, 이 일에 대해 푸쓰녠이 극구 그 부당함을 피력했을 뿐 아니라 후스도 장제스에게 자신의 소신을 명확히 밝혔다. 현재 국내에는 독립 초연한 인사가 극히 적게 되었으니, 몇 년 전 웡원하오, 장자아오(張嘉璈), 장팅푸, 장보링(張伯苓) 등을 모두 입당시키고 다시 이들(장팅푸는 제외)을 중앙위원으로 임명한 것은 커다란 실책인바, 이제 다시는 그런 잘못을 해서는 안 된다는 것이다.[71]

여기서 주목할 점은 이 일을 놓고 후스와 푸쓰녠이 서로 의견을 교환하고 있었다는 점이다. 후스에게 이 일에 대해 언급한 편지에서, 푸쓰녠은 자유주의자는 자신의 운명을 자신이 결정해야 한다고 직언하였다. 형세는 이미 분명해졌으니, 국민당과 공산당이 서로 싸우고 있는 상황에서는 "정부가 쓰러지지 않고 개선되기를" 바랄 뿐이라는 것이다. 그런데 "정부는 오늘날 아직도 진정으로 개선하고 변화하려는 모습이 전혀 없고, 모두 미국의 압력 때문에 겉으로만 꾸며대고 있다." 따라서 지금은 "우리 스스로가 방법을 강구해야 하며, 한번 정부에 들어가게 되면 어떻게 할 방법이 없을 것이다. 정부에 들어가느니 당을 만드는 것이 낫고, 당을 만드는 것보다는 잡지를 창간하는 것이 낫다." "우리는 이와 같이 영원히 재야에 남도록 분투해야 한다. 한번 정부에 들어가면 어찌할 길이 없다"[72]고 하였다. 또 다른 편지에서, 푸쓰녠은 자신이 장제스와 8, 9년간 교류가 있었기 때문에 그에 대해 잘 안다고 확신에 차서 말하고 있다. 모두 미국의 압력 때문에 "똥 더미 위에 꽃 하나를 꽂으려고 한다"는 것이다. 그러므로 "우리가 만약 정치에 공헌하고자 한다면 우리도 압력을 사용해야만 될 것인즉, 우리의 의견을 강하고 명확하게(consolidated, articulated) 표현해서 하나의 압력으로 만들어야 한다. 한번 정부에 들어가면 다시는 우리의 말을 들어줄 사람이 없을 것이다!"[73]라고 하였다.

푸쓰녠이 편지에서 한 말에 대해 후스도 이심전심으로 '솔직한 심경'을 밝혔는데, "우리가 재야에 있는 것은 국가 차원에서나 정부 차원에서나 하나의 힘이 된다고 할 수 있으니, 외국이나 국내를 상대로 정부를 돕고 지지하는 일을 할 수 있으며 정부를 위해 공평한 말을 함으로써 체면을 세워주는 일을 할 수 있는 것이다. 그러나 만약 국부위원이 되거나 혹은 한 부처의 부장이 된다면 …… 결과는 내가 30년간 지켜온 독립적인 지위를 훼손하게 되어 전혀 아무것도 할 수 없게 될 것이고, 결국은 우리가 했던 공평한 말들의 지위까지도 취소될 것이다. 세간에 유행하는 말대로 '정부의 똘마니'가 될 것이다. 이 시대에 우리가 우리의 일을 하는 것이 국가와 정부를 위해 조그마한 힘이라도 보태는 일일 것이다"[74]라고 하였다.

후스와 푸쓰녠의 대화는 수십 년간 온갖 풍파를 겪었던 지식인들이 스스로 설정한 역할을 보여주는데, 이들이 털어놓은 솔직한 심경에는 국사(國事)와 현대 중국의 혼란한 시기 속에서 각각 독서인들이 담당할 수 있는 역할이 무엇인지에 대한 명확한 설명이 담겨 있다. 즉 '학술사회'를 건설함에서 지식인들은 공공 업무에 대한 책임을 회피해서도 안 되지만, 또한 초연히 독립적인 지위를 유지하면서 주로 간행물을 발간하는 형식으로 모여 정치권력에 압력을 넣을 수 있는 집단을 형성하도록 노력해야 한다는 것이다. 그러나 지식인들이 현실 정치에 직접 참여하는 것에 대해서는 상당한 경각심을 품고 있음을 알 수 있다.

6. '신분의 인정'과 '권력 네트워크'

차이위안페이가 고요한 연못 속에 '지식혁명'의 돌 하나를 던지고 난 후, 현대 중국의 독서인들은 '학술사회'를 건설하려는 시도를 시작하였다. 그들의 학술 활동 및 공공 업무에 개입한 정황은 『독서평론』에 모인 일군의 학자들을 통해 이미 비교적 상세하게 드러났는데, 이를 가지고 지식인들의 '학술사회' 건설이라는 측면에서의 성과와 의의를 되짚어 볼 수도 있을 것이다. '학술사회'라는 것이 학술에 기반을 두면서도 학술에만 국한되지 않는 것은 분명하다. 그 기본적인 취지는 전통적인 중국의 '학'(學)과 '술'(術)의 구속 및 '사'(士)와 '사'(仕)의 갈등에서 벗어나, 기존의 사대부와는 구별되는 현대 중국 독서인의 사회적 역할과 신분을 확립하고자 하는 것이다. 독서인의 '신분 인정'이라는 문제를 자세히 검토하고자 한다면, 무엇보다 그들이 학술 활동에 종사하고 공공 사무에 개입하면서 형성한 '권력 네트워크'에서 비교적 분명한 대답을 찾을 수 있을지 모른다.

'권력 네트워크'란 독서인들이 맺고 있는 각종 관계망으로부터 그 속에 담긴 권력의 의미를 발굴해내려는 시도에서 착안한 개념이다.[75) 여기서 주목할 점은 '학술사회'의 건설이 독서인들의 위치를 새롭게 확립하려는 데 있다면 이러한 위치는 과연 확실한 근거가 있는가 하는 것이다.『독립평론』이라는 잡지를 선택한 것은 어쩌면 이 잡지가 이 문제에 답할 수 있는 사상사적 자료를 제공했기 때문일 수도 있다. 사람들은 보통 이 잡지를 주목할 때 이 잡지가 어떠한 '논술의 공간'을 개척했는가에만 관심을 가진다. 그러나『독립평론』의 분석을 통해서 알 수 있듯이, '여론'이란 하나의 잡지가 가지는 가장 단순한 측면에 불과한 것으로, 그 여론이 자연스럽게 일종의 권력이 되기도 하지만, 여론만으로는 그 가운데 내포된 권력의 의미를 설명하기에는 한참 부족하다. 그런데 이 잡지의 필진이 가지고 있던 각종 복잡한 '관계망'을 분석해 보면, '여론'이라는 것으로 포함시킬 수 없는 '권력'의 의미를 읽어낼 수 있다. 간단히 말해서, 안신입명(安身立命)하는 '학술' 이외에, 현대 중국의 독서인들(특히 '학벌')이 확립한 사회적 위치는 사회와 소통하는 기타 통로를 통해서도 나타나게 된다. 이러한 관계망이 사실은 하나의 '권력 네트워크'인 것이다.

그런데 이렇게 복잡하게 얽힌 관계망은 단선적으로 표현하자면 '교육 배경－재직 학교－학술기관－학술기금회－간행물 창간－현실 정치'라는 형식으로 현대 중국 독서인들의 활동 장면과 긴밀하게 연결되어 있다. 다만 이러한 과정에서 각 마디마다 각종 인물들이 모여들게 되면 끊임없이 확대되는 권력 네트워크가 구축된다.『독립평론』에 모인 지식인들은 바로 이와 같이 복잡하게 얽힌 관계망을 이용하여 학술에 대한 관심과 공공 사무 개입을 실현하였다. 교육 배경에서 볼 때, 이들 교육계와 학술계의 지도적 인물들은 대부분 유학이라는 배경을 가지고 있는데, 유학 기간 동안 각종 학술 활동을 통해 친밀하게 교류하는 첫째의 루트를 만들었고, 이것은 귀국 후에 공동의 사업을 시작하기 위한 기초가 되기도 하였다. 이 점은 학술적인 측면에서도 그렇고 정치적인 측면에서도 그렇다. 예컨대 후스, 런훙줘안, 천헝저 등은 미국 유학 기간 동안 문학적 인연 및 '과학사'(科學社)의 창립 기획을 매개로 친밀한 관계를 맺었고, 후스와 쑹쯔원(朱子文)은 『유미학생계간』(留美學生季刊)의 공동 편집자였는데, 이것이 미래에 그들의 정치적 교류에 중요한 배경으로 작용하였다.

『독립평론』에 모인 사람들은 주로 귀국 후 교육 사업에 종사하던 학술 엘리트로서, 그들의 기본적인 신분은 베이징 대학, 칭화 대학, 연경대학 등 중국 최고 학부의 교수였다. 그들이 '서방의 학문을 중국에 소개하는' 학술 활동을 하면서, 중국의 새로운 학술 영역을 개척하기 위해 '한 목소리로 호응했던' 점은 잘 알려진 사실이다. 후스의 경우를 보면, 그는 1919년부터 1920년까지 베이징 대학의 교무장 대리로 재직하던 짧은 기간 동안 자오위안런, 주징눙, 옌런광(顔任光), 장시뤄 등을 베이징 대학으로 불러들여 교편을 잡게 하였다. 그 후, 상무인서관(常務印書館)이 그에게 기획을 맡기자 주징눙, 탕웨(唐鉞) 등은 또 그의 적극적인 추천으로 상무인서관에 들어갔다. 푸쓰녠의 경우는, 그가 중앙연구원 역사어언연구소를 책임지고 있을 때 가장 먼저 불러들인 사람들은 모두 서양에서 유학하여 신학문을 공부한 학자들이었는데, 여기에는 하버드 대학 출신의 자오위안런과 리지, 파리 대학을 졸업한 류푸, 하버드 대학과 베를린 대학에서 유학한 천인커가 포함되었다. 그리고 구미 유학생들의 동문회 조직은 또한 이러한 학자들이 한곳에 모일 수 있는 장소를 제공하였다. 이것은 왕왕 서생보국(書生報國)의 발원지가 되곤 했으니, 『독립평론』도 처음에는 여기에서 출발하였다.

학술 발전을 추진하면서 형성된 정부와 민간의 각종 학술기구와 학술기금회는 현대 중국의 독서인들이 합류하는 또 하나의 장소였다. 『독립평론』의 회원 대부분은 학술계 각 분야의 대표적 인물들이었으니, 정부 산하의 중앙연구원이나 민간의 과학사와 같은 학술기구에서 그들은 모두 중요한 일원이 되었다.[76] 또한 높은 학술적 명망 때문에 그들은 현대 중국의 가장 중요한 학술기금회인 중기회에 참여할 수 있었을 뿐 아니라, 이 기금회의 도움을 받아 학술 발전을 추진하기도 하였다.

간행물의 창간은 독서인들이 공공 사무에 개입하는 중요한 한 형식으로, 여기에서는 『독립평론』에 모인 독서인들만을 언급하고 있지만, 사실 이들은 이를 전후해서도 다른 간행물을 함께 간행한 바가 있다. 예컨대 5·4 이후 후스가 비교적 깊이 관여한 『노력주보』(努力週報), 『현대평론』(現代評論), 『신월』(新月), 『독립시보』(獨立時報), 『자유중국』(自由中國) 등의 잡지들을 보면, 딩원장·런훙쥐안·천헝저·푸쓰녠·장포취안·샤오궁취안·우징차오·천쉬징·천다이쑨 등이 각기 이들 잡지에 중요한 일원으로 참가하고 있는데, 이는 독서인의 간행물 창간이 일시적인 것이 아니라 매우 보편적인 일이었음을 알 수 있다.

앞에서 이미 독립평론 회원들의 현실 정치 개입에 대해 언급한 바 있지만, 이러한 지식인과 정치권력의 소통 경로만으로는 현대 중국의 지식인들이 형성한 '권력 네트워크'를 해석하기에 부족함이 있다. 학술권 출신의 정치적 인물들(웡원하오, 장팅푸 등 이외에, 차이위안페이, 장멍린, 왕스제, 항리우杭立武, 주자화朱家驊, 뤄자룬羅家倫 등 교육계 출신의 중요한 관료들도 이에 해당)이 학술권과 정치권의 직접적인 소통 경로를 만드는 것은 사실이지만, 실제 상황은 이보다 훨씬 복잡하다. 우선, 함께 유학한 경력이 학술권의 사람들과 관료계로 진출한 기술관료들 사이에 소통할 수 있는 계기를 만든다. 이 밖에, 지식인들은 그들이 학술 활동을 전개하는 과정에서 장면마다 쌍방이 긴밀히 소통할 수 있는 경로(예컨대 중국 과학사와 중기회에는 왕징웨이나 쑨커 등의 정부 요인이 빠지지 않고 참가하였음)를 만든다. 이는 실제로 독서인과 정치적 인물들이 한데 모이는 중요한 통로이기도 한데, 특히 학술계 자체가 정치권력이 도움을 요청하려는 정도의 힘을 가지게 되면, 학술계의 지도자들은 이에 걸맞게 최고 당국자와 긴밀히 소통할 수 있는 경로를 마련하게 된다. 처음에는 국민당 내의 문치 세력과 수시로 왕래하다가, 마지막에는 후스와 푸쓰녠처럼 장제스의 '좌상빈'(座上賓)이 되었던 것이다.

『독립평론』에 모인 지식인들은 사실 그들의 '권력 네트워크'를 확장해나갔던 중국 독서인들의 축소판일 뿐이다. 특히 주목할 점은 이와 같이 짜인

'권력 네크워크'가 결코 잠재적이었던 것이 아니라, 피차간에 "옆으로 흐르든 아래로 흐르든, 어쨌든 물이라면 서로 통한다"는 식의 '우리' 의식을 매우 명확하게 가지고 있었다는 사실이다. 대체로 이러한 '우리' 의식은 5·4 시기부터 시작된 것이다. 『신청년』(新靑年) 잡지가 떠들썩하게 깨졌을 때, 후스는 천두슈(陳獨秀)에게 보낸 편지에서 '우리'와 '그들'을 구분해 가면서, "설마 당신이 우리가 베이징에 있으면서도 시시각각으로 적들의 포위 속에 있다는 것을 모르는 것은 아니겠지요? 설마 당신이 그들이 『세계총서』(世界叢書) 후에 학사(學社)를 시작하고 『개조』(改造)를 개조한 의미를 모르는 것은 아니겠지요? 그들이 자신들의 영수(領袖)를 불러내서 중국 철학사를 강연하게 한 것이 전적으로 우리를 겨냥하고 있었다는 사실을 모르는 것은 아니겠지요?"[77]라는 식으로 완곡하고도 매섭게 따지고 있다. 후스는 천두슈가 '우리'와 '그들'을 구분할 줄 모른다고 원망하는데, 이러한 의식이 그에게는 이미 견고하게 뿌리내리고 있었던 것이다.

후에 발생한 한 사건은 이 점을 보다 잘 설명해준다. 당시 『신청년』은 이미 분열되어 있었고, 루쉰과 저우쭤런 그리고 천위안(陳源) 사이에 한바탕 필전이 벌어졌다. 처음에는 쉬즈모가 저우쭤런에게 편지를 보내, 이렇게 의미 없는 언쟁을 하지 말고 "힘을 합쳐 우리의 진정한 적들과 맞서 싸우자"[78]고 설득하였다. 나중에는 후스도 필전에 참가한 3명에게 편지를 보내 이러한 일이 친구들 사이에 가장 아쉬운 점이라고 하면서, "'그들'이 던지는 돌과 구정물도 참는 판에 어찌 '우리' 한집안 사람들끼리의 사소한 오해나 작은 시샘을 참지 못하겠습니까?" "국내에는 같이 일할 사람이 이 정도밖에 없는데", "어떻게 우리가 우리끼리 서로 의심하고 서로 해를 입히면서 우리 자신의 빛과 열정을 훼손할 수 있단 말입니까"[79]라고 충고하였다.

서신의 왕래 속에 보이는 생활사와 사상사의 회통(匯通)은 독서인들의 이러한 '우리' 의식을 생생하게 보여준다. 이런 면에서 후스의 역할은 지식인사회의 그 어느 누구도 감당할 수 없는 것이었다. 후스는 미국에 유학하던 시기에 친구들과 폭넓게 교류하고 있었는데, 1916년 한 해에 왕래한 서신 가운데 받은 것이 1,210통, 부친 것이 1,040통에 이르는 놀라운 것이었으니, 미국 유학생 중에서는 "후스를 모르는 사람이 거의 없을 정도"[80]였다. 『후스 유고와 비밀 서신』(胡適遺稿及秘藏書信)은 천 명에 가까운 사람들이 후스에게 보낸 5,400여 통의 서신을 수록하였고, 여기에는 민국 시기 정치·사상·문화·교육 등 각 방면의 중요한 인물들이 거의 망라되어 있는데, 이는 정계와 학술계, 교육계의 많은 인사들이 후스와 긴밀한 관계를 유지하고 있었다는 것을 보여준다.[81] 후스 자신도 정치권 인물들과의 교류를 숨기려고 하지 않았고, 심지어 정치권의 일부 인물들에 대해서는 이들을 동지로 생각하기도 하였다. 통상 후스로 대표되는 학술계의 인물들을 자유주의자라고 부르지만, 후스는 1947년 푸쓰녠에게 보낸 편지에서 "국민당과 국민 정부 내에는 적지 않은 자유주의자들이 있습니다. 쑨커, 왕스제, 주이춘, 장팅푸 같은 이들은 모두 당적이 있고, 왕윈우(王雲五) 같은 이는 당적이 없습니다. 이 외에 국민참정회와 입법원(立法院) 내에도 적지 않은 자유주의자들이 있습니다"[82]라고 의미심장한 말을 하고 있다.

서신 왕래의 내용만으로는 완전한 설명이 불가능할 수도 있겠지만, 이를 통해 현대 중국의 독서인들의 새로운 역할과 신분을 살펴보는 것이 전혀 의미 없는 일은 아닐 것이다. 문제는 이것이 결코 우연한 현상은 아니라는 점이다. 푸쓰녠이 서신을 왕래한 사례를 보면, 푸쓰녠과 서신을 왕래한 사람들의 대부분은 지식인들로, 혹은 5·4와 관계있는 인물들이거나 혹은 영국이나 미국에서 교육받은 경험이 있는 사람들이었다. 그리고 이들은 대체로 당시 중국 각 학술 분야의 지도적 인물들이었는데, 그 신분은 후스와 서신을 왕래한 사람들과 상당한 중첩 관계를 보여서, "두 사람이 동일 학파에 속한다는 것은 결코 근거 없는 말이 아니었다."[83]

그러므로 지식인들의 학술 활동과 공공 사무 개입을 통해 형성된 이러한 '우리' 의식은 현대 중국의 독서인들이 새로운 역할과 신분을 만들어냈다는 사실을 보여준다고 할 수 있다. 다만 한 가지 특기할 사항은 독서인들이 새로운 역할과 신분을 모색하는 중에 일종의 집단적 힘을 나타내게 되는 것이 주로 간행물 사업을 진행하면서 한데 모이는(설령 간행물 사업을 통해 한데 모인다고 하더라도, 사업의 필요성 또는 관점의 차이 등으로 인해 급속히 흩어지는 경우도 왕왕 있음) 과정을 통해 이루어진다는 점이다. 이른바 "군자는 화합하나 무리 지어 뇌동하지 않는다"(君子和而不同)라는 말은 어쩌면 현대 중국의 독서인들에게도 적용될 수 있을 것이다. 구제강은 "우리는 너무 이지적이어서 사사건건 쉽게 동의하지 않으려고 하는데, 이것은 본래 나쁜 것이 아니다. 그러나 이러한 태도는 학문적으로나 취할 수 있는 태도이지, 정치적으로는 취할 수 없는 태도이다"[84]라고 정곡을 찔러 말하고 있다. 량스추도 『신월』 시기에 모인 지식인들에 대해 다음과 같이 회고한 바 있다. 그들은 각자의 사상, 각자의 연구 범위, 각자의 생활 방식, 각자의 직업적 능력을 가지고 있어서, 피차간에 누구를 칭찬할 필요도 없었고 서로 의지하려는 생각은 더욱 없었으며, 이러한 까닭에 그들은 엄밀한 의미에서의 단체를 만든 적도 없었고, 단지 그들이 더는 참을 수 없다고 생각했던 시기에 잠시 한데 모여 잡지를 간행하면서 시국에 대한 그들의 의견을 표현한 데 불과했던 것이니, 이합집산하기 일쑤인 재야의 정치 세력을 형성했다가 몇 년이 지나서는 뿔뿔이 흩어져버렸다는 것이다.[85] 이러한 이유 때문에, '학술사회'를 건설하는 과정에서 중국 독서인들이 모색했던 사회적 위치는 과연 무엇에 근거한 것인가 하는 문제를 더욱 깊이 검토해야 할 필요가 있는 것이다.

7. '권력 네트워크'와 지식인 역할의 종속성

'학술사회'의 건설은 20세기에 들어선 중국 독서인들이 기울여야 할 노력의 방향을 집약한 것이고, 이로부터 지식인들의 새로운 역할과 신분도 '강학'(講學)과 '의정'(議政)으로 정해지게 되었다. 이러한 역할과 신분을 확인받게 되자, 지식인들도 자신에 대한 위치감을 가지게 되었으며, 그들의 역량을 확신하게 되었다. 후스는 만년의 한 강연에서, 주위의 독서인들에게 "도대체 누가 권력과 세력을 가진 사람일까? 병력과 정권을 가진 사람이어야 권력과 세력을 가졌다고 할 수 있을까? 아니면 우리처럼 펜대나

쥐고 있는 가난한 서생들도 약간의 권력과 세력을 가지고 있는 것은 아닐까? 이 문제에 대해서도 우리는 좀 생각해보아야 합니다. 내 생각에, 권력과 세력을 가진 많은 사람들이 언론의 자유를 반대하고 사상의 자유를 반대하며 출판의 자유를 반대하는 이유는, 그들이 이러한 것들을 좀 위험하다고 생각하기 때문인 듯합니다. 그들 생각에는, 우리같이 가난한 서생들이 펜대를 잡고 백지에 검은 글씨를 써서 이를 인쇄해 세상에 내놓게 되면, 사회 일부 사람들의 호감을 얻고 그들의 동정과 지지를 얻을 수 있다고 보는 것입니다. 이것이 바로 힘입니다. 이 힘이 바로 권력을 쥐고 있는 사람들이 위험을 느끼게 하는 원인입니다. 저는 우리처럼 펜대를 잡고 자신의 사상을 발표하는 사람들이 자신을 너무 과소평가하지 말아야 한다고 생각합니다. 우리도 권력을 가진 사람들이라는 사실을 스스로 인정해야 합니다. 우리가 권력을 가지고 있기 때문에 바로 우리가 불합리하다고 생각하는 이러한 압력을 받고 심지어는 '소탕'의 대상으로까지 거론되는 것입니다. 사람들이 왜 우리를 '소탕'하려고 할까요? 이 자체가 우리가 가진 힘을 인정하는 것이 아닐까요?"[86]라고 분명한 어조로 말하고 있다. 후스의 이 말은 전혀 틀리지 않으니, 일개 서생은 수중의 붓 한 자루로 강산을 논하지 않는가? 권력 집단이 독서인들을 타도, 소탕하려고 하는 것은 펜대를 잡은 독서인들의 역량을 가볍게 볼 수 없음을 확실히 보여주는 것이기도 하다. 그러나 후스의 말에서부터 지식인들의 사회적 위치가 여전히 확실하지 않다는 점 역시 분명히 느낄 수 있다. 이 점은 다시 한 번 생각해보아야 한다.

현대 중국의 독서인들이 '학술사회'의 건설과 이 과정에서 만들어낸 '권력 네트워크'를 살펴봄으로써, 독서인들의 새로운 역할과 신분이 지니는 의의를 되돌아볼 수 있다. 20세기 중국 지식인의 '창세기'는 어떤 면에서 보더라도 지식인들의 노력으로 풍부한 성과를 거두었다는 점은 확실하다. 그러나 '학술사회'를 더 깊이 분석해 보면, 그들이 학술 활동을 하거나 공공 업무에 개입할 때 독서인들은 모두 그 '권력 네크워크'가 만들어낸 힘에 크게 의존하고 있다는 사실도 분명히 알 수 있다. 한편으로는 독서인들이 '권력 네크워크' 속에서 확립한 무시할 수 없는 역량을 저평가해서도 안 되지만, 다른 한편으로는 지식인들이 이 과정에서 초래한 권력 집단에 대한 '의부성'도 검토해야 하는 것이다.

지난 시대 현대 중국 독서인들의 눈부신 활동에 대한 추억담은 언제나 우리 선배 학자들이 흥미진진하게 이야기하는 화제이다. 실제 사회생활 속에서의 많은 사례들도 그 시대 독서인들이 공공 업무에 깊이 개입했음을 보여주는데, 이는 "모든 공공 업무에 이성을 사용한 용기 있는" 기백을 말해주는 것이다. 항전 시기 중요한 의의를 지니는 루산 좌담회에 장제스가 초청한 각계 명사들 중에는 장멍린, 메이이치, 장보링 등 저명한 대학 총장 외에 유명한 교수들도 많이 포함되어 있었으며, 독립평론사 한 곳의 회원들만 해도 후스, 푸쓰녠, 천다이쑨, 장시뤄, 천즈마이 등이 초청되었다. 후스는 산에 올라간 그날 장제스와 한 시간 동안 대화를 한 일이 있었다. 왕스제는 훗날 후스에게 말하길, 후스가 "그날 한 말이 결정적인 영향을 미쳤다. 그날 오후 장 선생이 펑위샹(馮玉祥)을 만났는데, 펑위샹도 중앙이 화북(華北)을 버린 것을 비판했다. 그날 밤 장 선생은 방 안에서 혼자 왔다 갔다 하다가 9시가 되자 갑자기 명령을 내려 쑨롄중(孫連仲)과 팡빙쉬(龐炳勛)의 군대를 허베이(河北)로 진격하도록 하였다. 전국(戰局)은 이렇게 해서 결정되었다"[87]고 했다. 전쟁이라는 것이 이처럼 간단히 결정될 수는 없을 것이므로 왕스제의 말을 그대로 다 믿을 수는 없다. 그러나 독서인들이 이처럼 광범하게 국시 회의에 포함되었다는 것은 당시 독서인들이 지닌 역량을 확실히 보여준다는 사실만은 인정할 수 있을 것이다. 이것은 '지식의 장엄함'을 중건함으로써 독서인들이 또다시 사회의 중요한 역량으로 성장했음을 나타내는 것이기도 하다. 그런데, 루산 좌담회에서 나타났듯이, 지식인들의 공공 사무에 대한 관심은 기존의 '권력 네트워크'에 의지하면서 빈번한 '막후' 교류를 통해 실현되는 경우가 많다.

왕판썬은 푸쓰녠의 기록 속에서 이에 관한 많은 자료를 발굴해냈다. 중앙연구원의 발전에 관한 자료 중에는, 이 연구원의 일상 사무를 책임지는 총간사직을 맡은 적이 있는 양싱포(楊杏佛)가 푸쓰녠에게 보낸 편지가 한

통 있는데, 이 편지에는 중앙연구원의 궁핍한 상황들을 알려주는 내용이 적혀 있다. 1930년 차이위안페이와 장제스의 사이가 좋지 않았던 때, 난징 정부의 구이충지(桂崇基) 같은 요원들은 늘 중앙연구원을 짓누를 생각을 하고 있었는데, 사태가 긴급할 때면 푸쓰녠은 기차를 타고 우즈후이(吳稚暉)에게 달려가 그가 나서서 장제스에게 선처를 부탁해달라고 하였다. 장제스가 양싱포를 장시(江西) 지구 '비적 소탕' 작전의 비서장으로 임명하려 하자, 양싱포는 푸쓰녠에게 보낸 편지에서 중앙연구원을 위해 자기는 장제스를 따라 장시로 가지 않을 수 없다는 사정을 말하면서, "장시에 가게 되면 돈을 얻는 데 도움이 될 것입니다. 이것이 이 더위를 무릅쓰고 장제스를 따라 원정길에 오르는 이유 중의 하나이기도 합니다"라고 분명히 밝히고 있다. 그리고 다른 편지에서는 "아무리 힘을 다해 아첨을 한다고 하더라도, 돈보다는 실력 있는 사람이 낫습니다"[88]라고 한다. 양싱포는 푸쓰녠이야말로 진정한 실력자라고 암시하는 것 같은데, 이 말도 결코 잘못은 아니다. 현대 중국의 독서인 가운데 후스와 푸쓰녠은 상당히 특수한 인물들임이 분명하다. 학술계의 대표적 인물로서 학술적 지위가 확고하였다는 점 이외에, 그들이 장악했던 학술 자원 및 그들이 구축한 정부 측과의 긴밀한 소통 경로 등은 다른 독서인들에게서는 발견하기 어려운 매우 특수한 사례에 속한다.

 주지하는 바와 같이, 푸쓰녠은 여론의 정치 개입 사례 사상 상당히 근사하다고 평가되는 글 한 편을 쓴 적이 있는데, 1947년 2월에 발표한 「이런 쑹쯔원은 물러나지 않으면 안 된다」는 글로 인해 전국이 들끓었다. 그는 이 글에서 국민 정부의 전·후임 행정원장인 쿵샹시(孔祥熙)와 쑹쯔원을 직접 지목하여 이들을 구제 불능이라고 하면서, "국가가 더는 그들을 참고 볼 수 없으니, 그들은 이제 정말 물러나야 한다. 그들이 나가지 않으면 함께 망할 것이다"라고 하였다. 푸쓰녠은 국민 정부가 해야 할 급선무는 "쑹쯔원을 물러나게 하고, 아울러 국가를 갉아먹는 쿵·쑹 두 가문의 세력을 철저하게 숙청하는 것"이라고 하였다. 이 글이 발표되자, 감찰원(監察院)은 다음 날 전체 감찰위원이 참가하는 긴급 회의를 소집하였고, 입법원 위원들도 들고 일어나 이 문제를 따지게 되었으며, 그 결과 쑹쯔원은 마침내 3월 1일 행정원장직을 사임하였다. 여론의 힘이라는 점에서 본다면, 그 당시 이 글처럼 격렬한 반향을 일으킨 글도 없을 것이다. 자유주의 지식인들의 견해를 대표하는 『관찰주간』(觀察周刊)의 편집자였던 추안핑(儲安平)은 즉시 푸쓰녠에게 편지를 보내 푸쓰녠이 참정회에서 밝힌 울분에 찬 글에 대해 "선생께서 옳은 말을 하시자, 전국이 이에 동조하였다"고 극찬하는 동시에, 푸쓰녠이 쓰려고 하는 글 한 편을 『관찰주간』에 실어달라고 간청하였다. 후스는 일기 속에서 푸쓰녠이 쿵샹시와 쑹쯔원을 공격한 일에 대해 언급하였는데, 그 사건 당일 『세계일보』(世界日報)의 제목은 "푸쓰녠이 혁명을 요구하다"였지만, 이를 전부 여론의 힘으로 돌리는 것은 옳지 않을 것이라고 적고 있다. 푸쓰녠이 두 행정원장을 공격함으로 인해 충분히 긍정적인 결과를 가져왔으니 그가 한 말의 가치를 부인할 수는 없지만, 여기에는 막후의 배경이라는 것도 고려해야 하는데, 그것은 바로 장제스의 태도였다. 현존하는 푸쓰녠 관련 자료 중에는 푸쓰녠이 장제스에게 올린 두 통의 글이 남아 있는데, 이 글들은 모두 행정원장이었던 쿵샹시에 대한 것으로, 쿵샹시는 그 재능이나 명망에서 모두 행정원장이라는 중임을 맡기에 부족하다는 내용이다. 그리고 쑹쯔원을 쓰러뜨린 사건은 다른 많은 사람들도 참여한 일이었다.[89]

 문제도 여기에서 생기는데, 그것은 독서인의 사회적 위치가 결국 무엇에 근거한 것인가 하는 점이다. 왕판썬은 푸쓰녠이 '어사'(御史)였을 뿐이지 '혁명가'는 아니었다고 하였다. 이 말은 사실이다. 이 한마디는 지식인 신분의 독립성에 대해 권력 집단이 부식시킬 수 있는 성질을 정확하게 지적한 것이다. 모두들 '문인의 부자유'를 말하지만, 후스와 푸쓰녠의 경우를 말한다면 아마도 "저 높은 곳 추울까 두려워라"(高處不勝寒)라는 한 구절을 덧붙여야 할 것이다. 1946년 1월 충칭(重慶)의 정치협상회의 기간 중에 푸쓰녠과 천부레이(陳布雷)는 서로 마주 보는 자리에 앉아 있었는데, 다음과 같은 필담 기록을 남겼다. 푸쓰녠이 천부레이에게 적어 보내길, 장 선생이 상하이 시민들에게 예의를 분명히 하고, 염치를 알고, 책임을 지며, 기율을 지키라고 한 말은 국가원수가 공무원이나 책임자를 훈계할 때나 하는 말이지 시민들에게 할 말은 아니라고 하였다. 이에 대해 천부레이가 답하여 적기를, "이 말에 나도 전적으로 동의합니다"고 하면서, "장 선생은 줄곧 '그들의 선생'이라는 생각으로 말을 해왔습니다. 관료와 시민을 막론하고 그의 말을 듣는 대상을 모두 학생으로 여겼습니다. 이에 대해 진언한 적이 있었지만, 별로 느끼는 바가 없는 것 같았습니다. 알면서도 실천하지를 못하는 것입니다. 예컨대 그는 항상 '명(名)과 실(實)을 종합적으로 고찰한다' 하면서도 단지 심사 기관에만 일임하였고, 항상 '신상필벌'(信賞必罰)을 한다고 하면서도 벌은 많지 않고 상은 종종 이치에 안 맞게 남발하였습니다(벌이라는 것은 기껏해야 말로 꾸짖는 것일 뿐이어서, 여전히 자신을 그들의 선생님이라고 생각하고 있습니다. 이는 그의 개성과 초년기의 인식에서 비롯된 것입니다). 그는 참모 출신이어서 생각하는 바가 많고(그렇지만 국가 대사에서는 매우 결단력이 있습니다), 또 오랫동안 교장직을 맡았던 사람이라 정치가라기보다는 교육자라는 말이 더 맞습니다"[90)]라고 하였다.

천부레이와 푸쓰녠 두 사람이 회의 중에 장제스의 성격에 대해 토론한 필담에서도 그들의 심리 상태가 여지없이 드러나 있다. 후스와 푸쓰녠의 이에 대한 입장은 분명하였는데, 그들이 전개하는 사업들은 정부의 도움을 전혀 받지 않고는 성공할 수 없었고, 상층부와의 긴밀한 소통이 있어야만 많은 일들이 좀더 쉽게 처리되고 실질적인 효과도 쉽게 얻을 수 있었던 것이다. 그러나 동시에 그들은 당국자와 거리를 유지하려고 노력하였고 정부에 들어가지 않는다는 태도를 견지하였는데, 어쩌면 이것이 그들이 지키려 한 마지노선이었던 것 같다. 이러한 기본적인 전제 위에서, 그들도 현실 정치에 대해 관심을 가지는 것을 국가와 공공에 대해 책임을 다하는 것으로 기꺼이 받아들였다. 후스의 일기에 나오는 한 사건이 이 문제에 대해 잘 설명해준다. 1933년 12월 21일, 뤄룽지(羅隆基)가 사설을 담당하고 있던 톈진(天津)의 『익세보』(益世報)가 국민당의 탄압으로 우편과 전신이 봉쇄되어 출판을 할 수 없게 되었다. 그날 저녁 뤄룽지는 후스를 찾아와 말하길, 자신은 국민당의 탄압을 받았다고 생각하는데, 그래서 국민당에 반대하는 운동들이 언제나 그의 동정을 얻었던 사실을 생각하지 않을 수 없었다고 하였다. 후스는 뤼룽지의 원망에 찬 말을 듣고 동정심을 표하기는커녕, 오히려 "이자는 공사의 경계를 구분할 줄 모르는 자이다. 이러한 자는 정론가가 피해야 할 인물이다"[91]라고 생각하였다.

솔직히 지식인의 발언에는 후스가 말한 '공사'의 입장이라는 문제가 있는 것도 사실이지만, 공사의 경계라는 것이 어떻게 말처럼 쉽게 분명히 구별될 수 있는 것이겠는가. 나는 후스 등과 같은 사람들의 공공 업무에 대한 개입이 공공심에서 비롯된 것이 아니라고 부인할 생각은 없지만, 복잡한 '권력 네트워크'가 형성되고 나면 이것이 필경은 지식인들이 발언하는 위치에 영향을 미치게 된다. 하물며 권력 집단이 가지고 있는 변질적 성질이 '독립'을 자랑으로 여기는 지식인들의 신상에 떨어지기라도 한다면, 지식인들도 그 부식성에서 자유롭지 못할 것이다. 딩원장이 쑨촨팡 문하에 들어가자, 당시 국외에 있던 푸쓰녠은 이 소식을 듣고 후스에게 귀국 후 첫째로 할 일이 딩원장을 죽이는 것이라는 격분에 찬 말을 세 번이나 한 적이 있었다. 그러나 후에 정치에 대한 개입이 깊어졌기 때문이었는지 푸쓰녠은 딩원장의 행동을 이해하게 되었던 것 같은데, 이번에는 그를 위하여 적극 변호하면서 "딩원장은 쑨촨팡의 명예가 아직 땅에 떨어지기 전에 그들의 정치 집단에 들어간 것이고", 게다가 "그는 이 기회를 빌려 국가를 위해 일하려고 하였던 것이지, 본시 쑨촨팡과 결당했던 것은 아니다. 다른 사람을 비판하는 사람은 우선 그가 한 일을 보고 평가해야 한다"[92]고 하였다.

푸쓰녠의 말이 결코 틀린 것은 아니지만, 어떤 잣대를 가지고 이를 평가해야 하느냐는 쉬운 일이 아니다. 문제는 "이미 들어갔으면, 의리상 하루 아침에 떠날 수는 없다"는 데 있다. '권력 네트워크'가 독서인들에게 가져다준 것 역시 이와 같은 경우라고 할 수 있다. 이미 정부에 들어가서 권력 집단과 긴밀한 관계를 맺고 있다면, 의리상으로나 인정상으로나 정부에 대항하기란 쉽지 않을 것이고, 할 말이 있어도 공개적인 여론을 선택할 필요는 없을 것이다. 이러한 권력 집단의 부패 현상은 사실 후스와 같은 사람들의 몸에 깊이 각인되어 있었다. 이는 지식인이 발언하는 것은 매우 강한 종속성을 지닌다는 것을 의미하기도 한다. 『신월』을 발간하고 있을 때 뤄룽지가 체포되는 사건이 발생했는데, 당시 후스는 이미 쑹쯔원과 긴밀한 관계를 맺고 있었기 때문에, 쑹쯔원을 통해 이 사건이 무마될 수 있도록 하였다. 1960년대 이르러 『자유중국』의 편집자였던 레이전(雷震)이 날조된 죄명으로 국민당 정부에 체포되자, 후스는 같은 방식으로 이 사건을 무마하려고 시도하였지만, 이 일은 장제스의 뜻에 따라 '결정한' 일이었기 때문에 성공하지 못했다. 이 두 사건을 같이 놓고 평가할 수는 없겠지만, 한 번은 성공하고 한 번은 실패했다는 점이 지식인들이 자랑하는 역량이 상당한 정도로 권력 집단의 의지에 전적으로 의존하고 있다는 사실을 어느 정도는 설명해주는 것이라고 볼 수 있는데, 지식인들 자신의 '자주성'이라는 것은 사실 대단히 의심스러운 것이었다.

이러한 사례들이 보여주듯이, 현대 중국의 독서인들이 건설하려고 했던 '학술사회'의 최초 소망은 정치적 속박에서 벗어나서 현대 사회에서 독서인들의 사회적 위치를 새롭게 확립하려는 것이었지만, 결국에 그들이 확인한 사회적 위치는 여전히 종속성이 강한 계층이라는 것이었으니, 전통적인 '사대부' 계층의 애매한 역할에서 진정으로 탈피하지 못했던 것이다. 간단히 말해서, '학술사회' 건설을 통해 형성된 '권력 네트워크'로 인해 중국의 독서인들은 상층부로 소통하는 통로를 열었지만, 그 대신 독서인들이 사회와 소통할 수 있는 교량은 철저하게 붕괴되는 대가를 치렀다.

일반적으로 지식인의 사회적 지위는 권력 집단과 사회 대중 사이에 위치하게 되는데, 어떻게 이 양자 사이에서 일정한 거리감을 둠으로써 '필요한 장력'을 유지하느냐가 지식인들이 자신들의 신분과 역할을 모색하는 데 가장 기본적으로 참고해야 할 사항이다. 그리고 어떤 면에서 본다면 지식인이라는 영역은 전적으로 이 거리의 원근에 의존한다고 할 수도 있다. 따라서 현대 중국의 독서인들이 추진한 '학술사회' 건설을 분석해 보면,

그 학술적 의의라는 점에서는 충분히 긍정적인 평가를 내릴 수 있지만, 동시에 이 과정에서 엘리트의식에서 비롯된 '지식귀족' 같은 태도는 지식인들로 하여금 모든 문제를 '소수인의 책임'으로 돌리게 만들었는데, 이런 가운데 공개적이고도 잠재적인 '권력 네트워크'가 구축되기도 하였다. 한마디로, 독서인들은 상층부로 통하는 통로는 열었지만, 그들의 '인민성'은 거의 상실하게 되었다. 어떤 논자는 이에 대해, "그들의 정치 행동상의 계획은 친지들과 저녁에 집에 모이는 자리에서 이루어진 것이며, 회의장이나 군중 집회에서 열띤 토론 속에서 이루어진 것은 아니었다. 그들이 영향력을 얻기 위해 한 노력들은 내각이나 정부를 향해 집중되었고, 그들이 힘을 얻으려고 생각할 때는 문관이나 무장이 될 생각만 했지, 민병 조직이나 하층 민중들의 힘에 대해서는 생각하지 않았다"[93)]고 적절히 평가한 바 있다.

이 문제에 관해서는 푸쓰녠이 1932년 『독립평론』에 기고한 글 한 편을 주목할 필요가 있다. 이 글에서 푸쓰녠은 중국의 지식계와 유럽의 지식계를 비교하였는데, 중국 사회와 유럽 사회가 근본적으로 다른 점은 전자의 사회적 중견들은 통치자인 귀족계급의 도구로서의 사인(士人)에 불과한 데 비해, 후자의 사회적 중견들은 각종 직업인들이라는 데 있다고 하였다. 유럽에서도 중세 이후에는 일종의 지식계급이라고 할 수 있는 승려(clerical)들이 있었지만, 이들도 통치계급의 시중꾼은 결코 아니었을 뿐 아니라, 이 계급은 오히려 가장 조직적인 자신들만의 사회를 구성하고 있었다고 한다. 특히 중세의 대도시에는 이 밖에 적지 않은 '자유인'들도 있었는데, 이들은 자신들의 기능을 가지고 자신들만의 사회를 형성함으로써, 귀족들의 '무상 권력'(temporal power)과 승려들의 '정신 권력'(spiritual power) 이외에 일종의 '제3의 권력'을 만들어냈다는 것이다.[94)] 이 글은 중국의 지식인이 계급 분석이라는 개념을 사용하여 독서인의 위치를 정하려고 시도한 것으로, 중국의 지식인들이 자신의 새로운 역할과 신분을 모색하는 주된 경향을 대표하는 것이기도 하다. 나는 이 글의 모두에 구제강이 왕궈웨이가 물에 빠져 자살한 사건에 대해 따져 물었던 일을 언급한 바 있는데, 실제로 구제강도 사대부들의 초연하기 이를 데 없는 태도가 왕궈웨이를 죽게 만든 대부분의 책임을 져야 한다고 생각했다. 그러나 구제강은 중국에 새로운 기풍을 조성하고 학자들과 사대부가 철저히 분리되어 모두 '민중'으로 돌아가도록 만드는 데 더 큰 관심을 가졌다. 이 밖에 어떤 학자는 지식인들의 지위를 '피압박계급'이라고 명확히 밝힌 경우도 있다. 1926년 저우위퉁(周予同)이 쓴 글은 구제강에 대한 절절한 동정심을 표현하는 동시에 자신의 처지에 대해서도 서술하고 있는데, "제강형, 형의 고통과 비애는 전 계급의 고통과 비애입니다"라고 하면서, "사회가 그를 이해하지 못하고 끌어내다가 원치도 않는 일을 하게 하니, 생활의 불안정, 생활의 무미건조함은 더욱이 현대 지식계급 전체의 문제"라고 하였다. 저우위퉁이 볼 때에, 당시 중국 사회에는 통치계급과 피압박계급이라는 양대 계급만이 존재할 뿐이었고, 지식계급은 당연히 후자에 속하는 것이었다.[95]

나는 여기서 지식인들의 지위를 '피압박계급'이라든가 혹은 '민중' 등으로 정함으로써 지식인들의 사회적 위치에 관한 문제를 해결할 생각은 없다. 일부 지식인들은 독서인들을 '민중' 또는 '피압박계급'으로 정하지만, 이것보다는 차라리 현대 중국의 지식인들이 새로운 신분을 모색하면서 처한 곤경을 설명하는 편이 나을 것 같다. '사'의 속박에서 벗어나려고 했다는 점에서 본다면 스스로를 '민중' 중의 '피압박계급'으로 생각했던 것 같지만, 지식인들의 엘리트의식과 독서인 자체의 희소성이라는 점에서 볼 때는 이들을 '민중'이라고 하기에는 곤란한 측면이 있는 것도 사실이다. 『신청년』에 대해 연구한 한 연구자는 다음과 같은 결론을 내리고 있는데, 『신청년』에 기고한 필진은 사회와 분리된 단체였다는 것이다. 그들의 이성적 준칙은 그들을 도시에서 생활하는 상업사회와 엄청나게 동떨어진 존재로 만들었으며, 그들의 대다수가 신사(紳士) 가정 출신이어서 그들이 받은 교육과 도시적 환경 등은 그들을 농민 군중 및 신사계급과도 분리되게 만들었다는 것이다.[96] 이것은 현대 중국의 독서인들이 자신의 신분을 확인하는 과정에서 겪게 되는 어려움이었는데, '학술사회'의 건설이라는 것도 독서인들이 새롭게 확립한 신분이 주로 학술적인 면과 관련이 있고 그들이 이룩한 성과도 주로 이 점에 있었다는 사실을 보여준다. 그들이 서재를 나서서 공공 업무에 대한 관심을 표명하게 되면, 이 과정에서 형성된 복잡한 '권력 네트워크'에 상당히 의지할 수밖에 없기 때문에, 그 신분상의 '종속성'이라는 것도 피하기 어렵게 된다. 이와 같이 20세기 중국 지식인들의 새로운 역할과 신분에 대한 탐색은 여전히 또 하나의 문제로 남게 되었다.

이러한 의미에서 본다면, 마오쩌둥이 즐겨 말했다고 하는 "가죽이 없으면 털이 어찌 붙을 수 있는가"라는 말에 담긴 중국 지식인들의 떠도는 듯 불안정한 사회적 위치를 다시금 느끼지 않을 수 없다. 다른 것은 차치하고, 지식인들이 수십 년에 걸쳐 확립한 새로운 역할과 신분은 한바탕 운동 속에서 거의 근본적으로 파괴되었다고 하는 것이 이에 대한 최선의 대답일지도 모르겠다. 〔이철호 옮김〕

• 『歷史研究』, 2002, 第4期.

주註

1) 顧頡剛,「悼王靜安先生」,『文學周報』, 第5卷 第1期(1928).
2) 미국인 학자 슈나이더(Laurence A. Schneider)는 구제강의 예를 들어, 새로운 역할과 신분을 모색하면서 경험한 현대 중국 지식인사회의 여러 가지 고민들을 소개한 바 있다. 이에 대해서는 『顧頡剛與中國新史學―民族主義與取代中國傳統方案的探索』(梅寅生 譯, 臺北華世出版社, 1984) 참조. 본문에서는 '독서인', '학인', '지식인' 등의 용어를 번갈아 사용하고 있는데, 이는 지식인을 하나의 상대적인 '미정항'(未定項)으로 보려고 하는 필자의 경향과 관련이 있는 것이기도 하다. 그리고 『獨立評論』에 참가한 일군의 학자들을 선택해서 논의를 진행하는 것은, 비교적 이질성이 적다는 조건이라면 현대 중국의 지식인들이 '드러내는' 역할과 신분에 대해 보다 잘 이해할 수 있으리라는 바람에서이다. 이에 대한 문제는 余英時, 『士與中國文化』(上海人民出版社, 1987)의 '自序' pp. 1~11 참조. 이 외에 쇼파(R. Keith Schoppa)는 저장(浙江)의 엘리트 沈定―(玄廬)이 세 개의 다른 영역에서 활동한 것을 묘사하는 동시에 이로 인해 형성된 그의 복잡한 개인 신분과 사회적 관계를 분석한 바 있다. 이에 대해서는 쇼파의 『血路―革命中國中的沈定―(玄廬)傳奇』(周武彪 譯, 江蘇人民出版社, 1999) 참조.
3) 何廉, 周炳琳, 周詒春 등 3인의 『獨立評論』 회원 자격에 대해서는 이 잡지를 연구한 기존의 논저에 모두 전혀 언급이 없었지만, 胡適의 일기로부터 그들의 자격을 확인할 수 있었다. 이에 대해서는 『胡適的日記』(手稿本, 遠流出版公司, 1990), 第11冊의 1934년 3월 2일자, 5월 4일자, 第12冊의 1935년 12월 15일자 참조.
4) 陳儀深, 『『獨立評論』的民主思想』(臺北, 聯經出版公司, 1998), pp. 6~17 참조. 한 가지 밝혀둘 것은, 『독립평론』에 10편 이상 기고한 사람 가운데 '壽生'이라는 필명으로 기고한 사람이 있는데, 이 사람에 대한 구체적인 정황은 알 수 없고 다만 베이징 대학의 청강생이라는 사실만 확인되는바, 이 사람은 고찰의 대상에서 제외하였다.
5) 표는 상술한 인물들의 전기 자료를 근거로 작성되었으며, 설명의 편의상 각 항목의 시간상 간격은 약간의 구별을 두었다. 예를 들어 '직업'은 『독립평론』을 창간할 기간 중의 주된 직업을 가리키고, '학술 활동'과 '창간 간행물'은 이 전후의 상황을 포함하며, '정치 활동'은 주로 항전 기간의 '공직'을 가리키는 것이다.

6) 王汎森,「讀傅斯年償案札記」,『當代』(臺北), 1995, 第116期.
7) 蔣夢麟,『西潮』, 業强出版社, 1991, pp. 120~21.
8) 蔡元培,「就任北京大學校長之演說」, 高叔平 編,『蔡元培全集』, 第3卷, 中華書局, 1984, p. 5.
9) 蔡元培,「致汪兆銘函」(1917. 3. 15),『蔡元培全集』, 第3卷, p. 26.
10) 王世杰,「追憶蔡元培」, 陳平原·鄭勇 編,『追憶蔡元培』, 中國廣播電視出版社, 1997, p. 80.
11) 魯迅,「我觀北大」,『魯迅全集』, 第3卷, 人民文學出版社, 1989, pp. 157~58.
12) 胡適,「提高和普及」,『北京大學日刊』, 1920. 9. 18.
13) 『胡適的日記』(手稿本), 第2冊, 1921. 10. 11.
14) 梅貽琦,「就職演說」,『清華大學校刊』, 第341號(1931. 12. 4).
15) 傅斯年,「『新潮』發刊趣旨書」,『新潮』, 第1卷 第1號(1919. 1. 1).
16) 王汎森·杜正勝 編,『傅斯年文物資料選集』, 臺北, 傅斯年先生百齡紀念籌備會, 1995, pp. 85, 86.
17) 傅斯年,「歷史語言研究所工作之旨趣」,『歷史語言研究所集刊』, 1928, 第1卷 第1期.
18) 杜正勝,「無中生有的志業 — 傅斯年的史學革命與史語所的創立」, 杜正勝·王汎森 編,『新學術之路 — 中央研究院歷史語言研究所七十周年紀念文集』, 臺北 '中研院' 史語所, 1998, pp. 1~41.
19) 顧頡剛,「古史辨第一冊自序」,『古史辨』, 第1册, 上海古籍出版社, 1982, pp. 1~103.
20) 顧潮 編,『顧頡剛年譜』, 中國社會科學出版社, 1993, p. 169.
21) 龔自珍,「尊隱」,『龔自珍全集』, 上海人民出版社, 1975, pp. 86~88.
22) 謝任甫,「章太炎先生佚文」,『歷史知識』, 1984, 第1期.
23) 胡適,「慘痛的回憶與反省」,『獨立評論』, 第18號(1932. 9. 18).
24) 羅志田,「失去重心的近代中國 — 清末民初思想權勢與社會權勢的轉移及其互動關係」, 同氏 著,『民族主義與近代中國思想』所收, 臺北, 東大圖書公司, 1998, pp. 149~92.
25) 傅斯年,「我所認識的丁文江先生」, 胡適 等著,『丁文江這個人』所收, 臺北, 傳記文學出版社, 1969, p. 22.
26) 王汎森,『古史辨運動的興起 — 一個思想史的分析』(臺北, 允晨出版公司, 1987); 章清,「近代中國留學生發言位置轉換的學術意義 — 兼論近代中國學術樣式的轉型」(『歷史研究』, 1996, 第4期) 참조.
27) 余英時,「猶記風吹水上鱗」, 同氏 著,『錢穆與中國文化』所收, 上海人民出版社,

1994, p. 15.

28) B. A. Elman, 『從理學到朴學―中華帝國晚期思想與社會變化面面觀』, 趙剛 譯, 江蘇人民出版社, 1995.

29) 楊翠華, 『中基會對科學的贊助』, 臺北 '中硏院' 近史所, 1991, pp. 31, 33 참조.

30) 胡適, 「丁文江的傳記」, 『胡適作品集』, 第23集, 臺北, 遠流出版公司, 1986, pp. 125~26.

31) 蔣夢麟, 위의 책, pp. 203~204.

32) 『胡適的日記』(手稿本), 第8冊, 1928. 5. 19.

33) 『胡適的日記』(手稿本), 第10冊, 1931. 9. 14.

34) 呂芳上, 「抗戰時期的遷徙運動―以人口, 文敎事業及工廠內遷爲例的探討」, 胡春惠 等編, 『紀念抗日戰爭勝利五十周年學術討論會論文集』所收, 香港: 珠海書院亞洲硏究中心, 1996, p. 26 참조.

35) 『王世杰日記』(手稿本), 第1冊, 1937. 9. 4, 臺北 '中硏院', 1990.

36) 『敎育通訊』(重慶), 第2卷 第5期(1939).

37) 陳立夫, 『成敗之鑒―陳立夫回憶錄』, 臺北: 正中書局, 1994, pp. 242~43.

38) 「總裁在第三次敎育會議之訓詞」(原刊 『第二次中國敎育年鑒』, 沈雲龍 主編, 『近代中國史料叢刊三編』, 第11輯 所收, 臺北: 文海出版公司影印本), pp. 81~84 참조.

39) 『胡適的日記』(手稿本), 第13冊, 1937. 7. 20.

40) 任之恭, 『一位華裔物理學家的回憶』, 山西高敎聯合出版社, 1992, p. 101.

41) 「西南聯大敎授會組織大綱」, 北京大學 等編, 『國立西南聯合大學史料』, 第1卷 所收, 雲南敎育出版社, 1998, p. 111 참조.

42) 西南聯合大學의 연말 특집 간행물인 『聯大八年』(西南聯大學生出版社, 1946), pp. 160~61 참조.

43) 聞一多, 「八年的回憶與感想」, 『聯大八年』, p. 7.

44) 北京大學 等編, 『國立西南聯合大學史料』, 第1卷, pp. 17~18.

45) 淸華大學校史硏究室 編, 『淸華大學史料選編』, 第3卷(下), 淸華大學出版社, 1994, p. 254.

46) 費正淸, 『費正淸對華回憶錄』, 陸惠勤 等譯, 上海知識出版社, 1991, p. 296.

47) John Israel, "Chungking and Kunming: Hsinan Liaent's Response to Government Educational Policy and Party Control", 『抗戰建國史硏討會論文集(1937~1945)』, 上冊 所收, 臺北 '中硏院' 近史所, 1995, pp. 343~76.

48) 王浩, 「誰也不怕誰的日子」, 『淸華校友通訊』, 1998, 第18期;「從金岳霖先生想到的一些往事」, 『中國哲學』, 第11輯, 人民出版社, 1984, pp. 487~93.

49) E. Said, 『知識分子論』, 單德興 譯, 臺北: 麥田出版社, 1997.

50) 胡適,「我的歧路」,『胡適作品集』, 第9集, p. 67.
51) 丁文江,「少數人的責任」,『努力周報』, 第67期(1923. 8. 26).
52) 胡適,「黃梨洲論學生運動」,『胡適作品集』, 第9集, pp. 9~12.
53) 胡適,「這一周·蔡元培以辭職抗議」,『努力周報』, 第38期(1923. 1. 21).
54) 丁文江, 위의 글.
55) 나는 '胡適派學人群'이 어떻게 몇 개의 잡지를 통해서 모이게 되었고 현대 중국 자유주의의 대표적인 세력이 될 수 있었는가 하는 문제를,『努力』,『新月』,『獨立評論』,『自由中國』등 잡지의 창간과 현대 중국의 중요한 몇 시기를 대응시켜서 고찰한 바 있다. 章清,「胡適派學人群與現代中國自由主義」(『史林』, 1998, 第1期) 참조.
56) 胡適,「丁文江的傳記」,『胡適作品集』第23集, p. 136.
57) 胡適,「引言」,『獨立評論』, 第1號(1932. 5. 22).
58) 胡適,「致周作人」(1936. 1. 9),『胡適來往書信選』中冊, 中華書局, 1979, p. 297.
59) 胡適,「『獨立評論』的一周年」,『獨立評論』, 第51號(1933. 5. 21);「編輯後記」,『獨立評論』, 第235號(1937. 5. 23).
60) 『胡適的日記』(手稿本), 第11冊, 1934. 1. 28.
61) 胡適,「『獨立評論』四周年」,『獨立評論』, 第201號(1936. 5. 17).
62) 陳儀深,「『獨立評論』的民主思想」; 邵銘煌,「抗戰前北方學人與『獨立評論』」(臺北 政治大學歷史研究所 1979년도 석사논문) 참고.
63) M. Weber,『經濟與社會』下卷, 林榮遠 譯, 商務印書館, 1998, p. 747.
64) T. A. Metzger,「政治發展與知識分子」,『中國時報』(臺北), 1983. 3. 21.
65) 蔣永敬,「胡適與國民黨」,『胡適與近代中國』, 臺北: 時報出版公司, 1991, pp. 67~95.
66) 『胡適的日記』(手稿本), 第13冊, 1936. 1. 21.
67) 胡適,「致翁文灝·蔣廷黻·吳景超」(1936. 1. 26), 耿雲志·歐陽哲生 編,『胡適書信集』(中), 北京大學出版社, 1996, p. 684.
68) 胡適,「致傅斯年」(1938. 7. 31),『胡適書信集』(中), pp. 752~53.
69) 胡適,「致江冬秀」(1938. 9. 24), 위의 책, p. 758.
70) 傅斯年,「上蔣主席書」,『傅斯年全集』, 第7冊, 臺北: 聯經出版公司, 1980, pp. 149~50.
71) 胡適的日記(手稿本), 第15冊, 1947. 3. 18.
72) 傅斯年,「致胡適」(1947. 2. 4),『胡適來往書信選』下冊, p. 170.
73) 傅斯年,「致胡適」(1947. 3. 28), 위의 책, pp. 190~91.
74) 胡適,「致傅斯年」(1947. 2. 6),『胡適來往書信選』下冊, p. 173.

75) 역사적 지식과 관련하여 스스로 생겨나는 변화의 원칙과 결과에 대한 고찰은 미셸 푸코(Michel Foucault)가 "지식의 고고학"이라 부른 책의 주요 내용이고, 그 목적은 지식과 권력, 지식과 담론 사이의 각종 관련성을 보여주려는 데 있다. 여기서 사용한 '권력 네트워크'라는 용어는 푸코의 계시에 의한 것이다. 푸코의 『知識的考掘』(王德威 譯, 臺北: 麥田出版社, 1993) 참조.
76) 中國科學社에 관해서는 任鴻雋, 「中國科學社社史簡述」(『文史資料選輯』, 第15輯, 中華書局, 1962) 참조. 사실, 中央研究院과 中國科學社는 원래 밀접한 관련이 있었는데, 중앙연구원 각 연구소의 주비위원과 그 후의 책임자들은 거의 중국과학사의 중요한 멤버였다. 이에 관해서는 張劍, 「中國科學社組織結構變遷與中國科學組織機構體制化」(丁日初 主編, 『近代中國』, 第7輯, 上海立信會計出版社, 1997 所收) 참조.
77) 胡適, 「致陳獨秀」(約 1921年 初), 『胡適書信集』(上), p. 262.
78) 徐志摩, 「致周作人」(1926. 1. 31), 『徐志摩全集』, 第9集, 上海書店, 1995, p. 91.
79) 胡適, 「致魯迅, 周作人, 陳源」(1926. 5. 24), 『胡適來往書信選』上冊, p. 379.
80) 胡適, 「胡適留學日記」, 『胡適作品集』, 第37集, p. 174.
81) 耿雲志 主編, 『胡適遺稿及秘藏書信』, 第23~42冊, 黃山書社, 1994 참조.
82) 王汎森 등이 정리한 「史語所藏胡適與傅斯年來往函札」(『胡適研究叢刊』, 第3冊, 中國青年出版社, 1998), p. 348 참조.
83) 王汎森, 「讀傅斯年檔案札記」(『當代』, 臺北, 第116期) 참조.
84) 顧頡剛, 「致胡適」(1927. 2. 2), 『胡適來往書信選』, 上冊, pp. 426~27.
85) 梁實秋, 「憶新月」, 同氏 著, 『秋室雜憶』所收, 臺北: 傳記文學出版社, 1971.
86) 胡適, 「容忍與自由」, 『自由中國』, 第21卷 第11期(1959. 12. 1).
87) 『胡適的日記』(手稿本), 第18冊, 1961. 9. 3.
88) 『傅斯年檔案』, I278 楊杏佛, 1931년 6월 16일과 1931년 7월 21일자의 '푸쓰녠에게 보낸 편지'. 王汎森의 「讀傅斯年檔案札記」(『當代』, 臺北, 第116期)에서 인용.
89) 王世杰의 일기 중에는 이를 전후한 시기의 蔣介石 신변에 발생한 여러 가지 일을 상세히 기록하였는데, 이에 관해서는 『王世杰日記』, 第6冊 참조.
90) 王汎森·杜正勝 編, 『傅斯年文物資料選輯』, p. 126.
91) 『胡適的日記』(手稿本), 第11冊, 1993. 12. 21.
92) 傅斯年, 「丁文江―個人物的幾片光影」, 『丁文江這個人』, pp. 109~13.
93) 傅樂詩, 『丁文江―科學與中國新文化』, 丁子霖 等編, 湖南科學技術出版社, 1987, p. 142.
94) 傅斯年, 「教育崩潰之原因」, 『獨立評論』, 第9號(1932. 7. 17).
95) 周予同, 「顧著『古史辨』讀後感」, 『古史辨』, 第2冊, pp. 319~31.

96) 莫里斯·邁斯納, 『李大釗與中國馬克斯主義的起源』(中共北京市委黨史研究室編譯組 譯, 中共黨史資料出版社, 1989), p. 39 참조.

제19장 시난연대(西南聯大) 지식인 집단의 형성과 쇠락

● 셰융謝泳

1. 시난연대의 설립

국립 시난연합대학(西南聯合大學)은 중국 항전과 줄곧 함께했던 유명 대학으로 베이징 대학, 칭화 대학과 사립 난카이(南開) 대학이 연합하여 구성되었고, 약칭 시난연대(西南聯大)라 부른다. 시난연대는 1937년 베이핑(北平)과 톈진(天津)이 함락된 이후부터 항전 승리 후 평화를 되찾고 북상(北上)하기까지(1937. 11. 1~1946. 7. 31) 총 9년간을 창사(長沙)에서 임시 대학을 구성해 전시(戰時) 중국을 위해 많은 인재를 길러냈고, 이들은 오늘날까지도 여전히 여러 영역에서 활약 중이다.[1]

시난연대는 양전닝(楊振寧), 리정다오(李政道) 등의 자연과학자뿐 아니라 허빙디(何炳棣), 왕하오(王浩), 쩌우당(鄒讜) 등 인문사회과학자, 그리고 인하이광(殷海光)과 같은 사상가의 기질이 있는 학자를 배출했다. 시난연대의 존재는 중국 현대 지식인의 활동을 분석하는 데 중요한 의미가 있다. 이는 시난연대 학생들의 이야기에서 잘 드러난다.[2]

시난연대는 이중적 의미가 있다. 하나는 표면적인 의미로 그 이름이 나타내듯 '학교', 즉 학문을 연구하고, 지식을 전수하는 최고 학부이다. 이 밖에도 잘 드러나지 않는 숨은 의미가 있는데 이는 바로 여론을 양성하고, 사상을 선도하는 정치 중심이다. 이 의미는 숨겨둔 채 잘 드러내지 않아 한눈에 알 수는 없지만 시난연대의 매우 중요한 '존재 의미'이다. 만약 이를 방치한 채 학업으로만 논한다면 시난연대를 이해한다고 할 수 없다.

시난연대의 창립은 당시 국민 정부의 문화 사업에 대한 중시를 반영하는 동시에 당시 중국 지식인이 정부 책략에서 담당하는 중요한 역할을 의미한다. 시난연대 창립의 제의는 후스(胡適) 등에게서 직접적으로 비롯되었다. 1943년 1월 2일, 장멍린(蔣夢麟)은 후스에게 보낸 편지에서 다음과 같이 말했다.[3]

저는 연대의 성공을 바라므로 어떤 희생도 감수하겠습니다. 하지만 정신적으로 통쾌하지 못함은 피할 수 없어 가끔은 형님과 쉐팅(雪艇), 멍전(孟眞)의 연대 창립 대의를 엄하게 책망함을 면하지 못할 것입니다. 몇 달 전 충칭(重慶)에서 멍전이 연대 일에 관여하지 않는다며 저를 비난하기에 저는 관여하지 않는 자이기 때문에 관여한다고 말했습니다.

7·7사변 전날, 장제스(蔣介石)가 중국 국내 저명인사들을 초청해 루산(廬山)에서 국가 방침 담화회를 거행하자 당시 베이징 대학, 칭화 대학, 난카이 대학의 교장이었던 장멍린, 메이이치(梅貽琦), 장보링(張伯岺) 등이 모두 참석했다. 이 밖에도 천다이쑨(陳岱孫), 푸쉐펑(浦薛鳳), 좡첸딩(莊前鼎) 등의 교수를 대거 초청했다. 사변 이후, 북방의 각 학교에서는 교장들에게 잇달아 전보를 통해 긴급함을 알리며 급히 돌아와 대처할 것을 요구했다. 당시 베이핑에 남아 있던 리수화(李書華), 루즈웨이(陸志韋), 자량자오(查良釗), 뤄룽지(羅隆基), 메이이바오(梅貽寶), 정톈팅(鄭天挺) 등 21명의 교육계 저명 학자, 교수가 연명(聯名)하여 루산 담화회로 전보를 보내 국토를 지키며 항전할 것을 요구했다. 동시에 판광단(潘光旦), 자량자오 등은 장멍린, 후스, 메이이치에게 다음과 같은 전보를 보냈다. "동

인의 관찰에 의하면, 화북(華北) 지역 국면의 문제점에 대해 지방 최고 당국에서는 여전히 중앙에 대해 우려를 갖고 있습니다. 지방은 회의가 결렬된 후 중앙이 반대로 타협하여 물러나(원문이 이러함-인용자) 지방으로 하여금 근거지를 잃게 할까 봐 몹시 두려워하고 있습니다. 꼭 개공(介公)에게 지방이 구체적으로 이런 우려를 없애도록 표명해주기를 진언하시기 바랍니다."[4)]

7월 17일 메이이치는 칭화 대학 교무장 판광단에게 "오늘 아침 중요 회의, 당국 단호함. 이미 준비 마침"[5)]이라는 전보를 보냈다. 이런 상황에서 국민 정부는 세 학교를 후난(湖南) 창사로 옮겨 국립 창사임시대학을 세우기로 결정했다. 이 일은 세 교장이 난징(南京)으로 돌아와 교육부와 한 번 더 절충을 한 후에 실시되었다. 8월 14일, 교육부는 메이이치, 구위슈(顧毓琇)에게 비밀리에 전보를 보냈다. "정부는 창사에 임시대학을 세울 계획으로 특별 준비위원회를 조직해 선생님을 위원으로 특별 초빙합니다."[6)] 8월 28일, 교육부 고등교육사(高等教育司)는 메이이치에게 다음의 공문을 보냈다. "부장의 밀지를 받들어 장보링, 메이이치, 장명린을 창사임시대학 준비위원회 상무위원으로 지정하고, 양전성(楊振聲) 위원은 창사임시대학 준비위원회의 비서 주임으로 임명한다."[7)] 편지를 받은 후 메이이치는 즉시 창사로 가서 준비 업무를 진행했는데 창사임시대학이 바로 시난연대의 전신(前身)이다.

1937년 12월 13일, 국민 정부 수도 난징이 함락되고, 우한(武漢)도 위급한 상황이었다. 장명린이 직접 장제스에게 청한 후에야 창사임시대학을 윈난(雲南) 성 성도 쿤밍(昆明)으로 옮기기로 결정되었다. 1938년 4월 2일, 교육부는 명령을 통해 행정원(行政院)의 명령에 따라 국방 최고회의를 거쳐 국립 창사임시대학을 국립 시난연합대학으로 개명하고 7월 1일에 정식으로 인신(印信)을 사용하기 시작한다고 알렸다. 시난연대는 약 9년 동안 쿤밍에 머물렀다. 1946년 7월, 시난연대는 북방으로 돌아와 칭화 대학, 베이징 대학, 난카이 대학을 재건했다. 당시 국민은 시난연대의 성공을 '민주전통, 관용정신'의 결정체라고 높이 평가했다. 나라가 생사존망의 위기에 직면한 역사적 순간에 교수들이 보여준 인내와 협동 단결의 정신은 실로 중국 현대 지식인의 본보기라 할 수 있겠다.

시난연대의 성공은 중국 지식인의 정신적 자산으로, 오늘날 우리는 연대 정신과 태도를 깊이 연구함으로써 중국 지식인의 진짜 정신을 널리 알려야 한다. 항전에서 승리에 가까워졌을 때 장자푸(張甲府)가 정부에 대학 교수의 열정을 보호하고 싶다고 진언한 바 있다. 그의 이 말 역시 시난연대 정신에 대한 긍정적인 시각을 보여주는 것이라 하겠다.[8]

최근 몇 년간 국민 가운데 가장 모범적이고, 공정하고, 지식이 많고, 감성적이며, 가장 나라를 생각하고, 인내심이 많고, 절개를 버리지 않은 군자가 바로 몇몇 대학교수들이다.

오늘 이후 나라의 모든 개혁은 그들을 조금 더 중시해야 할 것이다.

2. 시난연대 지식인 집단

이른바 시난연대의 지식인 집단은 다소 광범위한 개념으로서, 주로 시난연대에서 일한 적 있는 교수와 학생을 지칭한다. 전쟁 때문에 중국의 대학교수와 학생은 유동성이 비교적 강했다. 그러므로 나는 시난연대에서 머문 시간의 길이를 기준으로 이 집단을 정의 내리는 것이 아니라 시난연대와 관련이 있는 지식인을 모두 시난연대 지식인 집단으로 분류하고자 한다. 여기서 말하는 관계란 시난연대에서 강의를 한 적이 있거나, 시난연대에 임용되었지만 부임하지 못한 교수를 가리킨다. 예컨대 후스는 1938년 1월 20일, 시난연대 문학원 원장으로 임용되었으나 부임하지 않았고, 샤오궁취안(蕭公權)은 정치학과 교수로 임용되었으나 부임하지 않았다. 아울러 1945년 10월 19일 장멍린이 시난연대 상무위원직을 사직하자 교육부는 푸쓰녠(傅斯年)을 시난연대 상무위원으로 초빙했지만 푸쓰녠은 금세 떠나버렸다. 그 밖에 첸무(錢穆), 뤄룽지, 슝스리(熊十力), 첸중수(錢鍾書) 등이 모두 단기간 시난연대에 머물렀고, 연구원에서는 딩성수(丁聲

樹), 리팡구이(李方桂)를 대학원생 지도교수로 초빙한 바 있는데 나는 이들도 모두 시난연대 지식인 집단에 포함시켰다. 이 집단은 조직, 강령도 없고, 서로 큰 연관도 없어서 집단으로 이들을 요약하는 것은 단지 추상적인 의미에서 그들의 가치관의 일치성에 주목한다는 것에 불과하다는 사실을 간략히 설명할 필요가 있겠다. 과거 시난연대의 기여에 대해 평가를 내릴 때 흔히 9년 동안 시난연대가 이룩한 성공적인 협력만 지나치게 중시하고, 세 학교의 지난날 전통을 소홀히 하는 경향이 있었다. 9년 동안의 협력은 단지 결과일 뿐, 그렇다면 그들이 성공할 수 있었던 원인은 어디에 있을까? 나는 중국에 현대적인 의미의 대학이 등장한 것이 그 이유라고 생각한다.

 1898년 경사대학당(京師大學堂, 베이징 대학의 전신)의 설립으로부터 항전 기간까지 약 40년간 제도적인 의미의 대학은 이미 존재해왔다. 1904년 경사대학당이 처음으로 47명의 유학생을 배출해 31명이 일본으로, 16명이 서양으로 유학을 떠나면서[9] 제도적인 의미의 대학으로서 유학제도도 초보적으로 완성되었다. 칭화 대학의 전신인 유미학무처(游美學務處)는 1909년, 경사대학당보다 15년 늦게 설립되었다. 미국 유학 예비학교였던 칭화 학교는 온전히 미국 유학생을 위해 설립되었고, 1925년에 이르러서야 국립 칭화 대학이 정식으로 설립되었다. 난카이 대학의 설립은 1904년 중·고등학교의 설립에서부터 1919년 대학의 설립까지 베이징 대학, 칭화 대학보다는 다소 늦지만 대체적으로 같은 시기라 할 수 있다. 결국 이상의 분석에 따르면, 중국에서 현대적인 의미의 대학 교육이 시작은 늦었지만 항전 전야까지, 40년이 채 되지 않는 기간에 이미 초보적으로 세계 유명 학부와 어깨를 나란히 할 수 있는, 현대적인 의미의 대학 교육 체제를 형성했음을 알 수 있다. 이는 세계 교육 역사상 하나의 기적이라 할 수 있다.[10] 바로 이러한 배경 속에서 등장한 시난연대는 일정 정도의 우연성을 지닌다. 즉 항전 발발이라는 특수한 역사적 조건이 당시 중국에서 가장 우수한 세 학교를 한 곳으로 모아 시난연대 지식인 집단을 형성하게 한 것이다.

여기서 시난연대 상무위원 3인의 연령 구조와 교육적 배경을 살펴보자.

〈표〉 시난연대 상무위원 3인의 연령 구조와 교육적 배경

성명	생몰년	초년의 교육적 배경	유학한 국가	연대 재직 시기의 연령
장멍린	1886~1964	상하이 남양공학(上海南洋公學)	미국	51
메이이치	1889~1962	난카이 학당(南開學堂)	미국	54
장보링	1876~1951	베이양 수사학당(北洋水師學堂)	일본 교육 시찰	61

먼저 세 총장의 나이를 살펴보면 그들은 19세기 말에 출생했다. 대체로 베이징 대학, 칭화 대학, 난카이 대학 초창기보다 15년 정도 일찍 태어났기 때문에 그들은 초등학교와 중학교 교육은 전통적인 교육을 받고 대학 교육은 현대적인 교육을 받을 수밖에 없었다. 미국 유학을 다녀온 메이이치와 장멍린의 교육적 배경이 이 세대 지식인의 일반적인 상황을 대략적으로 대변해주며, 그들의 앞 세대, 즉 량치차오(梁啓超) 세대의 기본 특징은 일본 유학 경험을 바탕으로 한다. 중국에서 현대적 의미의 대학 설립은 시난연대 지식인 집단의 형성과 기본적으로 발걸음을 같이한다. 만약 항전이 없었더라도 이 집단은 여전히 존재했겠지만 지금의 시난연대처럼 긴밀하게 협력하지는 못했을 것이다. 시난연대 지식인 집단의 형성을 지적하는 것은 중국이 20세기 초 현대화의 시작 단계에 진입했음을 설명하기 위해서이다. 본래 시작은 좋았으나 그 과정은 지나치게 짧았다.

칭화 대학이 1909년 처음 제도적으로 학생을 미국으로 유학 보낸 때부터 항전 발발에 이르기까지의 기간에는 두 세대의 지식인, 즉 19세기 말에 태어난 세대의 인물(후스, 푸쓰녠을 대표로 함)과 20세기 초에 태어난 세대의 인물(첸중수, 페이샤오퉁費孝通을 대표로 함)이 비교적 활발한 활동을 보였다. 1930년대 이전에 완벽한 서양 교육을 받은 지식인은 거의 중국으로 돌아왔다. 당시 중국의 사회구조는 아직 그들의 생존에 적합한 편이었다. 이들은 정부 관직을 맡은 소수를 제외하고는 절대다수가 대학교수

가 되었다. 항전 발발 시기, 이 두 세대 지식인 가운데 나이가 많은 이는 50세 전후였고, 첸중수·화뤄겅(華羅庚)·천성선(陳省身)처럼 갓 졸업을 하고 귀국한 젊은 교수는 30세도 채 되지 않은 나이였다. 시난연대의 교수 가운데는 칭화 대학 출신이 비교적 많았는데 이는 곧 대학이 얼마만큼 미국화했는지를 보여주는 일례이다. 1909~29년 미국 유학을 다녀온 학생을 예로 들자면, 이 기간에는 미국 유학을 다녀온 학생들이 거의 해마다 시난연대의 교수가 되었다. 1909년 메이이치, 1910년 후스, 자오위안런(趙元任), 1914년 진웨린(金嶽霖), 1915년 위안푸리(袁復禮), 1916년 우미(吳宓)·천다(陳達)·옌수탕(燕樹棠), 1917년 자량자오·탕융퉁(湯用彤), 1918년 류충훙(劉崇鋐)·예치쑨(葉企孫), 1919년 첸루이성(錢端升), 1920년 쩡자오룬(曾昭掄)·샤오궁취안, 1921년 푸쉐펑·리지둥(李繼侗), 1922년 원이둬(聞一多)·뤄룽지·판광단·우쩌린(吳澤霖)·레이하이쭝(雷海宗), 1923년 구위슈·스자양(施嘉煬)·우징차오(吳景超), 1925년 탕페이쑹(湯佩松)·리지샹(李輯祥)·쟝첸딩·류진녠(劉晉年), 1926년 런즈궁(任之恭)·타오바오카이(陶葆楷)·허린(賀麟), 1927년 류우지(柳無忌)·딩지(丁佶), 1928년 천즈마이(陳之邁)·자오자오슝(趙詔熊), 1929년 장인린(張蔭麟)·왕간위(王贛愚)·선유딩(沈有鼎)·양예즈(楊葉治) 등이 그들이다.[11] 이 통계를 통해 초반 1911~13년을 제외하고는 근 20년간 매년 미국 유학생들이 시난연대의 교수가 되었고, 그 수는 뒤로 갈수록 늘어났다는 사실을 알 수 있다. 이를 통해 시난연대 지식인 집단이 중국 현대 지식인의 축소판이라 해도 무방할 듯하다. 항전 이전 중국 일류의 자연과학과 인문과학 학자들이 주로 시난연대에 모여 있었다.

3. 시난연대 지식인 집단의 특징

연령 구조로 보면, 시난연대 지식인 집단의 출생 연도 하한선은 약 1920년으로, 이는 1920년을 전후로 태어난 이들이 시난연대의 마지막 학생들이었음을 의미한다. 이 연령대는 대략 1945년에 대학에 들어간 학생들을 포함한다.

시난연대 지식인 집단은 교수와 학생 두 부류로 구성되는데, 이 글에서는 주로 교수 집단을 분석하고 학생 집단은 다른 글에서 다루고자 한다. 교수 가운데 비교적 나이가 많았던 이들은 메이이치, 장보링, 천인커(陳寅恪), 류원뎬(劉文典) 세대의 지식인이었고, 비교적 젊은이들은 첸중수, 페이샤오퉁, 천성선, 화뤄겅과 같이 1910년을 전후로 태어난 이들이었다. 교육적 배경을 보면 천인커 세대 지식인의 다수는 유민(遺民) 색채를 띠고 온전히 전통 교육을 받았으나 구미권에서 유학한 경험이 있다. 첸중수 세대의 지식인 다수도 전통 교육을 받았으나 그 깊이에서는 이전 세대와 거리가 있었다. 전체적으로 볼 때 그들은 중국 전통 교육의 마지막 수혜자로서 여기에 비교적 온전한 현대 대학 교육이 더해지면서 많은 이들이 중국의 새로운 인문과학의 창시자가 되었다. 천인커, 류원뎬 세대의 지식인은 이미 서양의 방법으로 전통적인 중국 학문을 연구해왔지만, 학과의 측면에서 보면 그들 대다수는 중국 문화·역사·철학을 연구하였다. 첸중수·리징한(李景漢)·판광단 세대의 지식인 이후부터 비로소 중국의 사회학·심리학·경제학·교육학 등 새로운 학과가 설립되고 성숙되기 시작하였고, 자연과학 영역의 새로운 학과 역시 1910년을 전후해 태어난 지식인에 의해 성숙되었다.

교수진의 대다수가 미국에서 유학한 경험이 있다는 점은 시난연대가 성공을 거둘 수 있는 주요 원인이 되었다. 1945년 시난연대가 북상하여 복원되었을 때, 시난연대 학생들은 『연대 8년』(聯大八年)이라는 기념 책자를 펴낸 바 있다. 이 기념 책자의 넷째 부분인 '연대 교수'의 말머리에는 다음과 같은 통계가 있다. "연대 교수 179명 가운데 97명이 미국 유학을, 38명이 유럽 대륙, 18명이 영국, 3명이 일본 유학을 했고, 23명이 유학을 하지 않았다. 상무위원 3명 가운데 2명이 미국에서 유학했고, 한 명은 유학을 하지 않았다. 학장 5명은 모두 미국 박사이다. 학과장 26명 가운데 중국문학과와 유럽 대륙에서 유학한 2명 및 영국에서 유학한 3명을 제외한 나머지는 모두 미국에서 유학했다."[12] 이 같은 통계는 시난연대가 서양적 색채를 강하게 띠었음을 여실히 보여준다. 특히 학교의 교육사상과 커리큘럼은 주로 미국 자유 교육사상의 영향을 받았다. 시난연대에서 교수의 학교 관리, 사상적 자유, 학술적 자유, 모든 것을 포괄하는 것은 이미 공인된 가치 표준이 되었다. 우리가 시난연대의 기여에 주목하는 까닭은 전쟁 시기와 그 이후의 중국을 위해 여러 전문 인재를 길러냈기 때문이기도 하지만 그보다는 동서 문화의 장점을 융합하여 중국의 현대화 발전 과정에 범례를 제공했기 때문이다. 만약 중국 사회가 장기간 안정을 유지했다면 중국의 대학 환경에서 서양 문화가 한층 더 깊이 뿌리내릴 수 있었을 것이다. 1947년 조지 마셜(George Catlett Marshall)은 국공조정(國共調停) 실패 이후 중국 정치에서 자유주의 지식인이 맡아야 할 역할에 많은 기대를 한 바 있다. 그가 중국을 떠나기 전 발표한 성명에는 다음과 같은 예언이 담겨 있다. "이런 문제의 해결은 내가 보기에는 정부와 각 소그룹의 자유주의자들에게 지도권을 주어야 한다. 이러한 인물들은 매우 우수하여 단지 무정치 권력으로 그 통제력을 운용할 것이다."[13] 마셜의 이러한 평가는 시난연대 지식인과의 접촉 및 그들에 대한 이해에서 직접 비롯되었다. 그의 기대는 통찰력을 갖고 있었다. 존 킹 페어뱅크(John King Fairbank)도 다음과 같이 말했다.[14]

우리가 중국에서 자유주의를 키워낸 지도 어언 백 년이 되었다. 우리의 선교사는 개인적 가치의 정보를 가져갔다. 중국의 관리는 우리 앵글로색슨형의 제도를 연구했다. 중국의 교육, 신문, 은행, 공업 등 영역의 지도자들은 우리를 본보기로 삼았다. 우리가 아는 근대 중국은 바로 우리의 경험을 거울로 삼은 이들이 세운 것이다.

1942년 페어뱅크는 시난연대를 방문한 이후 이곳의 교수들에 대해 다음과 같은 평가를 내렸다. "미국에서 훈련받은 바 있는 중국 지식인은 모두 우리와 동일한 방식과 내용의 사상·언행·강의를 취했으며, 중국에서 감지할 수 있는 미국의 권익을 구성했다."[15] 전쟁 시기 미국의 외교관으로서 페어뱅크는 미국 정부가 "미국이 길러낸 쿤밍 칭화 대학 교수"에게 원조를 할 수 있기를 바랐다. 그들이 "미국의 투자 대상이자 재산"[16]이기 때문이다. 쿤밍에 있을 때 페어뱅크는 천푸톈(陳福田), 장시뤄(張奚若), 첸루이성 등 12명의 교수와 이야기를 나눈 후 그들이 "서양 문화 교육의 영향을 받은 중국 학술계 인사 중의 엘리트"[17]라고 여겼다. 페어뱅크는 중국에서 미국의 이익을 기본 시각으로 시난연대 교수를 관찰하기는 했지만, 이들 교수에 대한 그의 총체적인 평가는 당시 상황에 부합되었다.

시난연대 지식인 집단의 또 다른 특징은 대다수가 구미 국가에서 유학한 경험이 있지만 윤리도덕적인 측면에서는 여전히 유가문화의 색채를 띠었다는 점이다. 다시 말해 전공과 정치적 이데올로기 영역에서는 서양적 경향을 띠었으나 생활의 측면에서는 여전히 중국적이었다. 이러한 특징 때문에 그들은 당시의 도덕적 본보기이자 정신적 지도자가 되었다. 런즈궁은 당시의 경험을 아래와 같이 술회했다.[18]

> 먼저, 전쟁 시기에 고등교육을 위해 분투한 주요 동기는 중국 전통의 학식에 대한 존중에서 비롯되었다. 유가를 위주로 하는 전통에서 중국의 학자는 사회의 도덕적 지도자로 여겨졌다. 어떤 면에서는 정신적 지도자이기도 했다. 이런 관점에서 보자면, 전쟁 시기의 대학은 지식의 보존을 의미한다. '책에서 배운 지식' 뿐 아니라 국가 도덕과 정신 가치의 체현이기도 하다.

시난연대 지식인 집단은 이러한 책임을 짊어졌다. 1941년 국가의 위기가 닥쳐와 국가 경제가 비정상적으로 어려워지자 당시 교육부는 행정 업무를 담당하는 교수 전체에게 '특별 사무비'를 발급하도록 했지만, 시난연대의 각 대학 책임자는 이로 인해 여러 교수의 불만을 초래하고 싶지 않아 연명하여 학교 측에 다음과 같은 글을 올렸다. "항전 이후 교육 종사자 가운데 어렵지 않은 사람은 없다. …… 구유십개(十儒九丐)로서 임금은 특히 천직에 종사하는 이보다도 낮다. …… 그러므로 비록 굶주리고 추위도 이 때문에 원망하는 이는 없다."[19] 이와 같이 특별 보조금을 거절한 그들의 행동에서 중국 문화의 짙은 영향을 찾아볼 수 있다. 왕하오는 "당시 연대 사람의 상당수는 일을 보는 시각과 사람을 대하는 태도에서 중국과 서양 문화의 장점을 겸비하고, 서로 우연히 일치하는 것을 당연하게 여기는 가치적 표준을 지녔다"[20]고 하였다.

4. 시난연대 지식인 집단의 생존 공간

1949년 이전, 중국의 대학교수에게는 꽤 넓고 자유로운 삶의 공간이 있었다. 국민 정부가 사상의 자유, 언론의 자유를 여러모로 제한하기는 했지만, 교수로서 삶의 몇 가지 기본 조건은 잃지 않았다. 첫째로 교수는 자유로운 이동의 권리를 누렸고, 다음으로 사상의 자유와 학술의 자유가 있었다.

자유로운 이동이란 비교적 넓은 개념으로 여기서는 주로 당시 대학교수의 능동적인 선택을 가리킨다. 이는 첫째, 이주의 자유(자유로이 국내외 거주지를 선택할 수 있는 권리), 둘째, 직업의 자유(자유로이 국내외에서 직업을 선택할 수 있는 권리)를 포함한다. 이 두 가지 선택은 온전히 개인의 의지에 따라 움직이며 어떤 제한도 받지 않는다. 역사적인 자료에서 보면, 대학교수의 이 두 가지 권리는 기본적인 보장을 받았다. 내가 1949년 이전 베이징 대학, 칭화 대학, 난카이 대학, 베이징 사범대학 교수 100명의 자유 이동 상황에 대해 통계를 내본 결과, 그들은 평균적으로 세 차례에 걸쳐 자유로이 이동했으며 많은 경우는 네댓 차례에 이르기도 했다.

자유로운 이동의 권리는 대학교수의 전유물만은 아니다. 이 기본적인 권리가 대학교수에게 특히 중요하다고 강조하는 것은 대학교수에게는 지식인으로 생계를 도모하는 일 외에도 사회적 가치에 관심을 갖고 보살피는 천성적인 경향이 있기 때문이다. 다시 말해 그들은 생계를 도모하는 동시에 여러 가지 도의적인 책임이 있다. 그들은 글을 쓰고, 신문과 간행물을 만들고, 자유롭게 당파를 선택하고, 자유롭게 정부를 비판하는 등의 행동으로 자신의 존재를 드러낸다. 이러한 특징이 대학교수가 자주성이 매우 강한 그룹이라는 사실과 그들의 생존 환경 또한 상대적인 다변성을 지닌다는 사실을 결정했다. 다른 계층과 비교해, 그들은 고정적인 환경에서 장기간 생활하기 힘들다. 이때 자유로운 이동이 그들에게 기본적인 생존을 보장한다. 사람들은 흔히 대학교수는 협력하기 어려운 사람들이라고 여긴다. 그러나 이는 그저 틀에 박힌 도덕적 평가일 뿐. 이 그룹은 비교적 강한 전문적 특징을 지니고, 지향(志向), 견식(見識), 수준의 일치를 추구하는 경향이 있기 때문에 선택성도 강하고, 모순도 비교적 많이 일어난다. 그러나 자유로운 이동의 권리는 모순이 격화되기 전에 그들이 능동적으로 선택하고 회피할 수 있도록 해준다.

자유로운 이동은 본래 헌법 중 이주의 자유를 구체화한 것으로서, 이것의 실현과 대학교수의 경제적 지위 사이에는 직접적인 관련이 있다. 1949년 이전에는 대학교수의 경제적인 지위가 높은 편이었는데, 이는 칭화 대학 메이이치 총장 취임 이후의 규정에서 찾아볼 수 있다. 당시 교수의 수입은 300~400위안으로 최고액이 500위안에 달했고, 모든 교수는 새 주택을 받을 수 있었다. 강사의 임금은 120~200위안, 조교는 80~140위안, 일반 직원은 30~100위안, 노동자는 9~25위안이었다.[21] 교수의 임금(최고액 기준)은 노동자의 20배로, 계급의 관점에서가 아닌 관리 자체로 보면 이 차이는 합리적이다. 경제적 지위의 확립은 자유로운 이동을 가능하게 만드는 동시에 대학교수가 학문을 탐구할 수 있는 열정을 불러일으키고, 또한 모든 대학교수가 끊임없이 이동하는 가운데서 최적의 업무 환경을 찾을 수 있도록 하기 때문이다. 이러한 과정에서 그들은 정신적으로나 물질적으로나 장기간 최상의 상태를 유지할 수 있었다. 많은 이들이 자각적으로 정착한 대학이 일반적으로 가장 만족스러운 대학이다. 대학의 입장에서 본다면, 자유로운 이동의 결과는 마찰과 모순을 최저 수준까지 떨어뜨리는 동시에 최대한도로 교수 간의 평정과 화합을 유지할 수 있었으며, 또한 끊임없이 이러한 평정과 화합을 깨뜨리면서 이동 가운데서 시종 활력을 유지하였다.

1930년대 대학교수에게 사상의 자유와 학술의 자유는 결국 자신의 사상과 학술적 성과가 출판을 통해 전파되느냐의 여부로 드러났다. 시난연대 시기에 이런 권리가 집중적으로 드러나 교수의 어떤 학술 활동도 정부의 간섭을 받지 않았다. 이에 교수들은 잇달아 『당대평론』(當代評論), 『금일평론』(今日評論), 『전국책』(戰國策)과 같은 정치적 경향이 뚜렷한 시사 평론 주간을 발행했다. 당시의 학생들은 결사의 자유와 출판의 자유를 누려 캠퍼스 안에 여러 형식의 벽보를 붙임으로써 자신의 관점을 표현하고, 활발한 사상 공간을 형성했다. 항전 기간 내내 시난연대는 자유정신의 보루로서 학교의 사상을 통제하려는 국민당의 시도를 자각적으로 막아냈다. 이처럼 서양에서 온 자유주의 가치관이 시난연대 학생에게 영향을 끼쳤고, 오늘까지도 중국의 사상문화 영역에서 여전히 시난연대 지식인 집단의 그림자를 찾아볼 수 있다. 인하이광은 말년에 자신의 인생 역정을 이야기하면서 자신이 주로 "5·4와 5·4 후기 시난연대의 영향을 받았다"[22]고 했다. 그는 시난연대에 있을 때 진웨린의 총애를 받았는데 이것이 평생 그의 사상에 결정적인 역할을 했다. "그는 논리와 영국 경험론을 가르치는 교수일 뿐 아니라 도덕관이 투철한 지식인이었다. 지금 돌이켜 보면 쿤밍에서의 7년간의 가르침, 엄격한 판단, 도덕의식의 호흡이 나의 성격과 사상을 만들었다."[23] 왕하오는 당시 시난연대 자유 민주의 학풍에 대해 이를 직접 체험한 학생들만이 이를 가장 친근하게 느낀다고 보았다. 그곳에는 연륜과 권위를 막론하고 교사와 교사 사이, 학생과 학생 사이, 교사와 학생 사이에 "서로 두려움이 없었다. 물론 모든 구성원이 품격과 학식이 서로 달라 다른 사람의 존중을 받기도 하고 멸시를 받기도 했다. 그러나 대체로 음모와 계략보다는 진심을 털어놓는 경우가 많아 사람 됨됨이나 학문적 기풍이 모두 괜찮다."[24] 위잉스(余英時)는 첸무에 대해 논할 때에 "그는 1930년대 중국 학술계에 이미 객관적인 기준이 성숙되었음을 인정했지만, 안타깝게도 전쟁으로 파괴되어 오늘날까지도 회복되지 않았다"[25]고 말하였다. 실제로 시난연대 시기에 '객관적 기준'이 존재했지만 1949년 이후에 소실되었다.

5. 시난연대 지식인 집단의 정신 상태

정론(政論) 주간인 『관찰』(觀察)의 편집자는 푸단(復旦) 대학의 교수인 추안핑(儲安平)이었다. 이 같은 특징이 간행물의 기본적인 작가군을 결정짓는 중대한 요소가 되었다. 『관찰』에 글을 발표한 사람은 당시 중국 각 유명 대학의 교수였다. 『관찰』의 표지에 열거한 78명의 '투고자' 가운데 26명이 시난연대의 교수로 전체의 약 3분의 1을 차지했다. 실제 작자는 아마도 이 비율을 초과했을 것이다.[26]

당시 중국의 교수는 극소수에 불과해 이들을 계층 혹은 계급으로 볼 수는 없었다. 이들은 경제적으로 보장되어 있고, 정치적으로 추구하는 바가 있으며, 전문적으로도 고정된 방향이 있는 집단으로 보아야 한다. 이 집단은 서양 중산계급의 성질을 지닌, 흔히 말하는 지식인의 일부이다. 여기서 그들을 두루뭉술하게 지식인이라 부르지 않고 대학교수라 강조하는 이유는 전체 지식인과 여러 종류의 사람 가운데 대학교수가 가장 독립적으로 자신의 사상을 표현하고, 당파의 이익과 관련된 제약을 가장 적게 받아서이다. 당시 대학에서 강의했던 교수의 상당수는 민맹(民盟), 국사당(國社黨), 청년당(靑年黨) 등 정치 단체에 소속되어 있었으면서도, 정치에 대해 논할 때면 대부분 개인의 신분으로 발언했다. 예컨대 장둥쑨(張東蓀)은 수차례에 걸쳐 다음과 같이 말했다. "본인은 줄곧 정치적으로 주장하는 바가 있으면 늘 독립적으로 행동했다. 따라서 민맹에 소속되어 있지만 내가 한 말은 민맹을 대표하지 않으니 독자들은 오해하지 말아달라."[27] 장둥쑨은 상하이 광화(光華) 대학에서 문학대학 학장으로 재직했을 당시, 교무회의 때마다 총리의 유언을 읽어야 했다. 그는 이를 매우 기분 나쁘게 여겨 문을 박차고 나가면서 "다음에 또 유언을 읽으면 난 오지 않겠소!"라고 말하였다. 이 같은 일례만 보아도 장둥쑨의 성격을 알 수 있다.[28] 한동안 국민당은 시난연대에 대한 통제를 강화하기 위해 연대의 모든 책임자들에게 국민당에 가입하도록 요구한 적이 있었다. 이에 임시로 법대, 상대 학장을 맡고 있던 천쉬징(陳序經)은 "만약 나더러 반드시 국민당에 가입하라고 한다면 난 이 학장직을 맡지 않겠소"29)라고 말하였다. 장시뤄가 국민당 참정회(參政會)에 참여했다가 국민당의 부패와 장제스의 독재를 비판하는 발언을 하자 장제스가 그의 말을 자르며 말했다. "의견을 내는 건 환영합니다만 너무 각박하게 굴지 마세요." 그러자 분노한 장시뤄는 소매를 뿌리치고 나가버렸다. 다음번 회의 때는 통지서와 교통비를 받자마자 "참석 불가, 교통비는 돌려보냄"이라는 전보를 보냈다. 이후로 그는 다시는 국민당 참정회에 참가하지 않았다.30)

내가 1940년대 대학교수의 정신 상태를 소개하는 데 중점을 맞춘 것은 당시 대학교수는 뼛속 깊이 진짜 정신이 있었고, 이런 정신은 항전 승리 이후에 한 번 더 드높아졌음을 설명하고 싶기 때문이다. 여기서 주의해야 할 몇 가지 포인트가 있다. 첫째, 당시 정치 영역의 냉혹함은 민간 간행물의 생존을 허락하지 않는 수준에까지 미치지는 않았다. 둘째, 대학교수는 상대적으로 경제적인 보장이 있었다. 셋째, 대학교수에게는 이주의 자유, 직업 선택의 자유, 당파 선택의 자유, 정치적으로 자신의 관점을 피력할 자유가 있었다. 8년에 이르는 항전 기간 동안 대학교수의 정신 상태는 중국 지식인의 모범이 되기에 충분했으며, 시난연대가 그 전형적인 대표 주자들이다.

1946년 7월, 시난연대는 북방으로 돌아와 각각 칭화 대학, 베이징 대학, 난카이 대학을 재건했다. 『관찰』은 항전 중에 시난연대가 보여준 활약을 높이 평가하며 장문의 기사를 통해 시난연대의 정신을 '민주전통, 관용정신'으로 간략하게 요약했다. 대학교수를 주요 저자로 하는 간행물로서 『관찰』이 캠퍼스 생활에 보여준 흥미를 통해 중국에서 대학은 새로운 사상, 독립정신이 집중된 장소임이 분명하게 드러났다. 또한 중국 사회의 다른 구석진 곳에 비해 이곳에는 더 많은 민주전통, 관용정신이 있으며, 무엇보다 청년 사상을 이끌어갈 중요한 책임을 짊어지고 있었다. 추안핑이 『관찰』을 창간한 주요 목적은 국가에게 자유사상의 씨앗을 더 많이 키워주기 위해서였다. 이는 먼저 학식 영역에서 서양의 정신을 가져야 하며, 다음으로 사람됨과 일을 하는 데 필요한 사상의 힘을 갖추는 동시에 도덕과 교양을 길러야 한다는 두 가지 면을 포함한다. 바로 이 같은 이상에서 출발한 『관찰』은 대학교수와 학생 생활에 줄곧 관심을 가지며, 사상 활동에서 생활, 취업 등 문제를 모두 즉각 반영했다. 『관찰』은 시난연대의 정신을 극도로 추앙했는데 이는 추안핑의 일관된 자유주의 이상에 대한 신봉에 부합한다. 그뿐 아니라 더욱 중요한 것은 국가가 위급할 때 대학교수들이 드러낸 고통을 참고 견디는 인내의 성품과 이상주의 정신이 시난연대에서 완벽하게 드러났다는 점이다. 이는 자유주의 정신이 피워낸 아름다운 꽃이다.

항전 기간 내내 '연합'을 이름으로 하는 대학이 적지 않았지만 대다수가 제대로 연합이 되지 않아 몇 년도 못 가 불미스럽게 흩어져버렸다. 그러나 베이징 대학, 칭화 대학, 난카이 대학으로 구성된 시난연대는 9년이나 유지된 데다, 이 기간에 세 학교는 깊은 정을 쌓고, 장기간의 협력을 위한 기초를 탄탄히 했다. 『관찰』은 시난연대의 성공을 "교수의 높은 덕행, 세 학교의 전통적인 관용정신과 세 분의 특별한 교장에게 돌리지 않을 수 없다"[31)]고 이야기했다. 이 모든 것은 시난연대 교수의 교육적 배경과 무관하지 않다. 그들 대다수는 칭화 대학, 베이징 대학을 졸업하고 구미 국가로 유학을 다녀온 후 모교에 뿌리를 내린 사람들로, 이들이야말로 자유주의 정신의 성공적인 본보기이다. 『관찰』은 시난연대의 성공을 상세하게 분석하고 있는데, 이를 다음과 같이 요약할 수 있다.

파벌은 있으나 파벌 간의 싸움은 없다. 일반적인 학교에서는 파벌 간에 끊임없이 다툼이 일어났는데 시난연대에서는 이 같은 일이 발생하지 않았다. 이는 결코 시난연대에 파벌이 없어서가 아니다. 다른 학교들과 마찬가지로 시난연대에도 교수 간의 정치, 사상, 나이, 업무, 학과의 차이로 인해 자연스럽게 몇몇 단체가 생겨났다. 그러나 이들 파벌은 모두 학교의 행정적인 면에서는 다툼이 없었다. 대다수의 시난연대 교수는 전문 분야를 갖고 있어서 모든 열정을 연구에 쏟아부었기 때문에 학교 행정에 관여할 여유가 없었다. 이로 인해 더더욱 파벌 간의 다툼이 존재할 리 만무했다. 물론 학교 행정에 문제가 생기면 누군가는 꼭 솔직하게 비판을 해 반드시 잘못된 것을 고치도록 했다. 그들은 학문과 인격, 서로 간의 의견은 달랐지만 항상 학술을 위해 서로 협력했다.

용인(容忍)과 민주가 화합을 조성한다. 베이징 대학, 칭화 대학, 난카이 대학, 이 세 학교의 관용정신은 그들이 함께 협력할 수 있었던 또 하나의 중요한 요소이다. 이는 시난연대를 '민주의 보루' 혹은 '자유의 보루'라 불리게 한 '중심' 정신이다. 용인의 정신이 없었다면 소수는 다수에 복종하려 하지 않고, 다수는 소수를 존중하지 않아 민주와 자유가 아닌 당쟁과 폭정만 존재했을 것이다. 베이징 대학, 칭화 대학, 난카이 대학은 모두 관용정신으로 정평이 나 있었다. 예컨대 차이위안페이(蔡元培) 선생이 베이징 대학을 맡았던 시절, 교수 가운데는 무정부주의자, 공산주의자, 국민당원 등 혁명분자도 있었고 보황(保皇)파도 있었는데, 바로 이런 용인의 정신이 있어서 '교수가 학교를 관리'할 수 있었다. 칭화 대학의 중요한 문제는 모두 평의회에서 결정했는데, 평의회의 과반수 평의원은 모두 교수가 선출한 사람들이었다. 용인의 정신을 실행했기 때문에 세 학교가 9년 동안 협력하는 데 불화가 없을 수 있었다.

각 당파는 전부 받아들여 보존한다. 시난연대의 용인의 정신은 시난연대가 각 당파의 교수와 학생을 포용했다는 데서 가장 잘 드러난다. 누가 어느 당이고 어느 파인지 완벽하게 지적할 수는 없었지만 시난연대 캠퍼스에는 공산당, 제3당, 민주동맹, 민주사회당, 중립파, 국민당, 삼청단(三靑團), 국가주의 등 여러 당파의 교수와 학생이 있었다. 교수 가운데 좌파 정당에 속하는 교수로는 원이둬와 쩡자오룬 등이 있었고, 민주사회당에 속하는 교수로는 판광단과 페이샤오퉁이, 어느 당파에도 속하지 않은 채 정부를 비판한 교수로는 장시뤄와 천쉬징 등이, 비교적 중립적인 입장이지만 정부에 자주 의견을 보였던 교수로는 천다이쑨과 왕간위 등이, 국민당 반대파에 속하는 교수로는 첸루이성 등이, 국민당 비판파에 속하는 교수로는 저우빙린(周炳琳), 양전성 등이, 국민당 진보파로는 펑유란(馮友蘭)과 레이하이쭝(雷海宗) 등이, 삼청단에 속하는 교수로는 야오충우(姚從吾)와 천쉐핑(陳雪屛) 등이 있었다. 이처럼 많은 교수 가운데 보수주의자가 없었다는 사실은 고무적이다. 그러나 만약 극 '좌' 혹은 극우인 사람이 있어도 연대는 포용할 수 있거나 배척하지 않았을 것이다. 이 때문에 많은 이들이 함께 있으면서도 다툼이 없을 수 있었다.[32]

이 밖에 대학교수가 학생운동을 보는 시각을 관찰하는 것도 이들의 정신 상태를 이해할 수 있는 중요한 표지가 된다. 시난연대 교수들은 학생운동에 대해 동정과 이해의 태도를 취했을 뿐 아니라 정부가 학생운동을 진압하는 것에 대한 불만을 공개적으로 표출하기도 했다. 그들은 일반적으로 먼저 캠퍼스 내에서 학생들을 만류하고, 다음으로는 선언, 글의 형식으로 정부에게 학생들의 행동을 이해하고, 자신의 통치를 개선하도록 충고했다. 일부는 학생운동의 기세가 꺾이지 않을 때 학생의 시위 행렬에 참여하기까지 했다. 교수들이 학생운동에 대해 취한 행동을 주의 깊게 살펴본다면, 그들은 자신의 행동에 공포심도 없을 뿐 아니라 평탄하지 못한 것을 보면 말로써 도와주었음을 발견할 수 있다. 학생을 대할 때는 절대 자신의 관점을 숨기지 않고 진심에서 우러난 말만을 했다.

그들의 모든 정신은 왕성하게 발전하는 상태였다. 그들의 전문 영역은 정치와 거리가 멀었지만 국가의 앞날에 강한 책임감이 있었고, 그들에게는 발언의 권리가 있었다. 당시에는 민간 간행물이라는 주요 언론 채널의 존재로 인해 시정에 대한 교수들의 시각이 즉각 전달될 수 있었다. 이 밖에도 모든 대학이 교수를 임용할 때 학술적 기준이 엄격했기 때문에 교수 자격을 갖춘 학자는 충분한 자신감을 갖고, 공정을 호소하고, 정의를 유지할 수 있었다. 1940년대의 독립적인 사회적 역량으로서 그들은 대중에게 공정과 양심의 대표로 인식되었다. 당시 그들의 최대 특징은 정부의 불합리를 비판하고 항의하는 데 결코 개별적, 독립적으로 항쟁하지 않는 것이었다. 하나로 단결하는 이 시기의 대학교수는 정부의 결정이 불합리하다고 느끼기만 하면 즉각 연명을 하여 항의를 표시하는 선언을 발표했다. 시난연대 시기에 대학교수들이 연명한 성명, 선언에는 네 가지 특징이 존재한다. 첫째, 서양의 법제를 입론으로 하는 기본 전제. 둘째, 모든 것에서 대중의 이익을 최고로 삼는 원칙. 셋째, 국가가 건강한 민주주의 정치의 길을 걷도록 하는 데 모든 노력을 기울인다. 넷째, 그들이 관심을 갖는 문제는 절대 개인이 아닌 공리(公理)를 척도로 한다.

6. 시난연대 지식인 집단의 쇠락

시난연대 지식인은 1949년 이후부터 쇠락하기 시작했다. 그들은 이 거대한 역사적 전환점에서 대부분 대륙에 머물기를 선택했다. 이로써 이 같은 선택과 그들의 기존 가치관 사이에 커다란 격차가 나타나게 되는데, 이는 여러 중국 현대 사상사 연구자를 괴롭히는 문제이다. 1950년대 초, 정부 지식인, 특히 서양 교육을 받은 바 있는 자유주의 지식인에 대한 사상 개조가 진행되어 기존의 가치관을 버리도록 강요당했는데 당시 고등교육 기관의 거의 모든 자유주의 지식인이 '혁명 대학'으로 보내져 세뇌되었다. 초기의 사상개조운동이 단지 새로운 정권이 학습의 방식을 통해 단기간 내에 마르크스-레닌주의를 받아들이도록 하기 위함이었다고 한다면, 1952년에 진행된 고등교육 기관의 단과대학 및 학과에 대한 조정은 구조적으로나 체계적으로나 시난연대 지식인 집단을 근본적으로 퇴산시켰다. 시난연대 지식인 집단의 주체는 칭화 대학 출신의 미국 유학생이었으므로, 이번 단과대학 및 학과 조정에서 칭화 대학이 입은 타격이 가장 컸다. 자유정신과 독특한 학술 전통을 지닌 종합대학이 강제로 공과대학으로 바뀌면서 활력이 넘치던 인문 환경이 활력을 잃게 되었고, 이 단체의 많은 지식인이 대학을 떠나 정부의 통제를 받는 사회과학원 체계로 들어갔다. 자유로운 이동의 권리가 차츰 상실되면서 거의 모든 지식인이 자신의 직장에 고정되었다. 동인 간행물이 짧은 시간 내에 사라지면서 지식인이 사상을 표현하는 기본 방식을 완전히 고정된 이데올로기 속으로 편입시켰다.

주광첸(朱光潛)은 본래 자유주의 가치관을 매우 동경했다. 1947년 주간 『관찰』에서 '자유주의는 어디로 가는가?'에 대한 논쟁이 일어났을 때, 그도 이 논쟁에 참여하여 자유주의자는 정당에 속하지 않으며, 중립적인 초연한 태도를 드러낼 뿐이라고 지적했다. 주광첸은 자유주의 지식인을 위한다면 조직이 없어야 한다고 여겼다. 조직이 있으면 공동의 신앙과 규율을 준수해야 하므로 "의견이 같은 사람과는 한패가 되고, 의견이 다른 사람은 배척하고", "남의 비위를 맞출" 수밖에 없어지는데, 이는 자유주의 정신에 위배되기 때문이다. 그는 그 어떤 정당도 자유주의자들을 적대시해서는 안 된다고 여겼다.[33]

나는 감히 30년에서 50년 후의 미래에도 중국의 진정한 민의는 여전히 사회의 소수 우수한 자유주의자를 통해 형성되고 표현되어야 한다고 말한다. 이들이 결국 몰락하도록 몰아간다면 민주정치의 앞날은 아마도 요원할 것이다.

1949년 이후 베이징 대학 서양어과 학과장이었던 주광첸은 자신이 지도자 업무에 적합하지 않다는 사실을 얼른 발견하고 여러 차례에 걸쳐 교무위원회 주임 탕융퉁에게 사직의 뜻을 밝혔다. 그러나 이 역시도 곧이어 등장한 지식인 개조 운동을 피해 가지는 못했다. 주광첸은 이 운동 중에서도 여전히 베이징 대학의 중점 비판 대상이 되었다. 훗날 주광첸은 정말로 마르크스-레닌을 연구하고, 1951년 루이스 하랍(Louis Harap)이 마르크스주의의 관점으로 예술 문제를 토론한 『예술의 사회 근원』(*Social Roots of the Arts*)을 번역·출판했다.[34] 이치대로라면 주광첸은 개조된 학자라고 할 수 있겠지만 1980년 이후 처음으로 선충원(沈從文)에게 글을 써 불공평함을 호소하면서[35] 자신이 『서방미학사』(西方美學史)에서 감히 쇼펜하우어와 니체를 언급하지 못한 것을 자책하며 "이는 나의 우려, 소심, 불성실 때문"[36]이라 여겼다. 주광첸의 경험을 통해 우리는 자유주의 지식인이 강압 아래서 어떤 심리 상태를 보이는지를 잘 엿볼 수 있다. 펑유란, 진웨린, 허린 등 시난연대 상당수 지식인은 모두 유사한 경험이 있다. 1950년대 초, 그들은 모두 자신의 과거를 부정하는 데 힘을 쏟으며 새로운 환경에 적응했지만 결국에는 비판의 대상이 되는 운명을 피하지 못했고, 노년에는 모두 당시의 자기 부정에 대해 반성했다. 진웨린은 노년에 다음과 같이 말했다. "해방 이전에 나는 정치란 걸 하지 않았는데 그때 나는 나 자신을 정확히 알았던 것 같다. 해방 이후에 나는 나 자신을 정확히 알지 못하게 된 게 아닐까 ……"37) 완곡하게 말하고는 있지만 자기 부정에 대한 반성을 쉽게 느낄 수 있다.

영화 「무훈전」(武訓傳)에 대한 비판에서부터 위핑보(兪平伯)의 『홍루몽연구』(紅樓夢硏究)에 대한 비판에 이르기까지, 이 같은 비판의 최종 목표는 후스를 대표로 하는 자유주의 지식인이었다. 사상문화 영역에서 후스 등 부르주아 유심론을 대규모로 비판하는 투쟁을 통해 서양의 영향을 깨끗이 지워내는 동시에 지식인 '원죄'론의 신화를 세워 지식인이 영혼 깊은 곳에서부터 자신이 과거에 받은 교육을 부정하도록 하고자 시도했다. 1957년 반우파운동이 시작되면서 결국 시난연대 지식인 집단은 완전히 쇠락하였다. 이 운동에서 시난연대와 밀접한 관계에 있던 중국민주동맹(中國民主同盟)은 중앙에서부터 각지 주요 책임자에 이르기까지 재난을 모면한 사람이 하나도 없었다. 1942년 말, 민맹 선전부장 뤄룽지는 쿤밍으로 가 지방 조직을 세우고, 저우신민(周新民) 등과 함께 원이둬, 우한(吳晗), 판광단, 페이샤오퉁 등 시난연대의 교수진을 민맹으로 끌어들였다. 이로 인해 1957년 시난연대 지식인도 자연스레 재난을 피할 수 없었다. 1957년 이후, 시난연대 지식인 집단에서 우파로 간주되어 타도당한 비율이 매우 높았고, 이로부터 20세기 전반기 중국 지식인의 축소판이었던 시난연대 지식인 집단은 다시는 과거의 모습을 되찾을 수 없게 되었다. 〔한혜성 옮김〕

• 『二十一世紀』, 香港, 1996年 12月號, 總 第38期.

주註

1) 1955년 중국과학원 자연과학부 위원 가운데 시난연대 출신은 118명으로 총 학부위원 473명 중 24.9퍼센트를 차지했다. 周發勤 等,「西南聯合大學的歷史貢獻」,『科學學研究』, 第8卷 第2期(1990. 6. 19), p. 22. 黃志洵,「西南聯大與中國自然科學家」,『百科知識』, 1986年末, 第7期, pp. 70~74 참조.
2) 張起鈞,「西南聯大紀要」,『學府紀聞: 國立西南聯合大學』, 臺灣: 南京出版有限公司, 1981, p. 13.
3) 中國科學院近代史研究所中華民國國史組 編,『胡適來往書信選』中卷, 北京: 中華書局, 1979, p. 550. 胡頌平 編,『胡適之先生年譜長篇初稿第五冊』, 臺北: 聯經出版公司, 1984, pp. 1613~14.
4) 5) 6) 清華大學校史研究室,『清華大學史料選編』(三), 上, 北京: 清華大學出版社, 1994, pp. 2~3.
7) 西南聯合大學北京校友會 編,『西南聯合大學校史』徵求意見稿,『簡訊』, 第11期, 北京, 1982, p. 9.
8) 張申府,「一個呼籲」, 孟廣涵 主編,『抗戰時期國共合作紀實』, 下卷, 重慶: 重慶出版社, 1992, p. 515.
9) 蕭超然 等,『北京大學校史』, 上海: 上海教育出版社, 1981, p. 23.
10) 21) 劉克選,「30年代清華大學成功原因初探」,『自然辯證法通訊』, 1994, 第3期, pp. 26, 29.
11) 清華大學校史研究室,『清華大學史料選編』(四), 北京: 清華大學出版社, 1994, pp. 636~46.
12)『聯大八年』, 昆明, 1946.
13)『大公報』(天津), 1947. 1. 10, 第3版.
14) 陶文釗 選編,『費正清集』, 天津: 天津人民出版社, 1992, p. 311.
15) 16) 17) 페어뱅크 著, 陳惠勤 等 譯,『費正清對華回憶錄』, 上海, 知識出版社, 1991, pp. 223, 225, 226.
18) 任之恭,『一個華裔物理學家的回憶錄』, 太原: 山西高教聯合出版社, 1992, p. 101.
19) 聯大檔案. 清華大學校史編寫組 編著,『清華大學校史稿』, 北京: 中華書局, 1981, p. 314에서 재인용.

20) 24) 王浩,「誰也不怕誰的日子」,『清華校友通訊』, 復18冊, 北京: 清華大學出版社, 1988, p. 66.
22) 23) 殷海光,「殷海光遺札」, 王元化 主編,『學術集林』, 第1卷, 上海: 上海遠東出版社, 1994, p. 310.
25) 余英時,『錢穆與中國文化』, 上海: 上海遠東出版社, 1994, p. 15.
26) 謝泳,「『觀察』撰稿人的得命運」,『二十一世紀』, 香港中文大學·中國文化研究所, 1993. 10, p. 52.
27) 張東蓀,「美國對華與中國自處」一文附記,『觀察』, 第2卷 第6期, p. 27.
28) 沈雲龍,「光華大學雜憶」,『傳記文學』(臺北), 第39卷 第3期, p. 54.
29) 林元,「憶愛國學者陳序經先生」, 北京大學校友聯絡處 編,『笳吹弦誦情彌切』, 北京: 中國文史出版社, 1988, p. 146.
30) 孫敦恒,「張奚若先生生平事略」,『張奚若文集』, 北京: 清華大學出版社, 1989, p. 15.
31) 32)『觀察』, 第1卷 第6期, p. 17.
33) 朱光潛,「自由與民主政治」,『觀察』, 第3卷 第19期, p. 8.
34) 常風,「回憶朱光潛先生」,『黃河』(太原), 1994, 第1期, p. 163.
35) 邵華強 編,『沈從文研究資料』(上), 廣州: 花城出版社, 1991, p. 379.
36)『朱光潛全集』, 第2卷, 合肥: 安徽教育出版社, 1990, p. 210.
37) 王中江,『理性與浪漫—金岳霖的生活及哲學』, 鄭州: 河南人民出版社, 1993, p. 48. 馮友蘭,『三松堂自序』, 北京: 三聯書店, 1984, pp. 156~61. 宋祖良, 范進 編,『會通集—賀麟生平與學術』, 北京: 三聯書店, 1993, pp. 74~75 참조.

제20장 목적이 있는 행동과 예기치 못한 결과
―1950년대 중국 지식인의 역정

●황핑 黃平

1. 배경과 이론

배경 약술

내가 이전의 글에서 주장한 바와 같이, 현대적 의미에서의 지식인은 춘추전국 시대에 출현하여 만청 시기까지 이어져온 사인(士人)과는 다르다. 위잉스(余英時) 선생이 말한 것처럼, 중국 고대의 사인과 현대 지식인은 품성 면에서 모두 개인의 이익을 뛰어넘어 보다 일반적이고 보편적인 문제에 관심을 갖는 특징과 품격을 지니고 있다(余英時, 1987: 1~11). 하지만 인간에 대한 사회제도의 제약 정도 혹은 사회체제에 대한 인간의 의존도라는 시각에서 볼 때, 현대적 의미의 지식인을 단순히 사인의 역사적 연속으로 보아서는 안 된다. 서양의 지식인이 근대 2~3백 년 동안의 사회 변천 속에서 출현하였다면, 중국에서 이러한 신지식인은 불과 백여 년 전에 중국과 서양 열강이 경제·군사·사회·문화 여러 분야에서 충돌한 후에 비로소 출현하면서 점차 중국의 사회 무대로 들어서게 되었다. 그리고 현대적 의미의 중국 지식인은 출현부터 고도의 동질성을 지닌 통일체로서 근현대 중국 사회·정치·사상·문화의 무대에 오른 것은 아니다. 지배적인 지위를 차지한 사회(경제 및 정치) 의식형태와의 근접 정도에 따라, 지식인을 체제지식인, 비체제지식인, 반체제지식인으로 구분하고자 한다. 이에 대한 조작적 정의를 내리자면, 중국 공산당 내에서 선전 · 교육 · 문화 · 과학기술을 이끌어가는 위치에 있던 지식인을 체제지식인으로, 민주당파 중에서 지도자나 대표적 위치에 있던 사람을 중간지식인으로, 학술 혹은 예술을 기반으로 하는 철학자 · 과학자 · 문학가 · 예술가를 비체제지식인으로 정의하고자 한다. 물론 이들 가운데 일부는 어느 민주당파의 일반 구성원일 수도 있다(자세한 내용은 黃平, 1993b 참조).

1949년 이후, 새로운 체제에서는 여러 유형의 지식인을 잇달아 생겨난 단위(單位)를 핵심으로 하거나 혹은 호구(戶口)를 유대적 고리로 삼는 제도적 네트워크에 포함시켰다(단위에 관해서는 路風, 1993; 李路路 등, 1994 참조). 또한 이러한 제도적 제약에 맞추어 여러 유형의 지식인은 사상개조와 의식형태 비판을 지표로 하는 담론의 전환 과정을 거쳐왔다. 바로 제도와 담론의 이중 작용으로 인해 중국 지식인은 행동 범주뿐 아니라 사상 면에서 체제의 제약을 받음으로써 상당히 비지식인이었다. 이들은 구체적인 일에서 과학 · 교육 · 문화 · 예술 · 신문 · 출판을 주요 내용으로 삼는다는 것 외에, 직업이나 거주지 선택은 물론 학술적 취향, 소속 학파, 사고방식, 언어 표현에서 더는 본래 의미의 "프리랜서"나 만하임이 말한 "상대적으로 자유롭고 구속되지 않는"(K. Mannheim, 1979: 136~44) 사람은 아니었다.[1]

이론 가설

오랫동안 지식인 연구를 하면서 곤혹스러운 점은 바로 지식인은 늘 추상적인 기호를 사용하여 인간과 그를 둘러싼 환경적 사상을 만들어내거나 설명하는 사람들로서, 다른 사회적 성원에 비해 자신이 처한 사회적 속성을 뛰어넘는 능력을 과연 얼마나 가질 수 있는가였다.[2] 그들은 관념의 생산자이자 해석자이다. 지식인의 품성은 분명 일정 정도 자신이 처한 체제와 이로 인해 생성된 여러 제도와 규칙의 제약을 받게 마련이다. 그들은 자신이 만들고 해석한 사상을 통해 자신을 표현하고 규정할 것이며, 스스로 일정한 초월적 능력을 가지게 될 것이다. 설사 이러한 초월이 제도와 담론 환경을 떠나서는 결코 실현될 수 없다 할지라도.

한편 더욱 중요한 것은 지식인이든 기타 사회 성원이든, 문외한이라고 여겨지는 일반인까지 포함해서, 그들은 목적과 의식이 있는 행동의 주체로서 자신의 행위에 대해 적어도 실천적 차원에서 아는 것이 많을 것이다. 이는 이들이 논리적 차원에서 자신의 행위를 명확하고 조리 있게 표현해 낼 수 있는 능력이 있는지 없는지와는 상관이 없다. 하지만 자신이 무엇을 하는지 상당히 잘 알고 있다 할지라도, 자신의 이러한 행위에 대한 결과를 반드시 예상할 수는 없으며, 예상을 하든 못하든 행위의 결과는 또한 역으로 사람들이 의식하거나 의식하지 못하는 진일보한 행위의 조건을 만들기도 한다. 행위의 주체와 사회구조(자원과 규칙) 사이는 사회적 실천을 통해 형성되며, 실천적 주체로서의 행위자는 늘 어떤 성과를 내기 마련이다. 자원과 규칙이 처음에 얼마나 강한 구속력을 갖고 있든 간에 사실상 행위 주체를 완전히 피동적으로 속박할 수는 없으며, 근본적으로 사람에 대해 구속성을 지니면서도 능동성을 부여할 수 있다. 인간은 이렇듯 하고 싶은 대로 할 수는 없지만 분명 스스로 자신의 역사를 창조하였다.[3]

이에 기초해 볼 때, 여러 유형의 중국 지식인은 1949년 이후 계속해서 생겨난 여러 제도와 담론에 직면하여 상당히 새로운 형태의 무지자 혹은 문외한이 되었다고 생각한다. 이러한 제도와 그 속에 포함된 자원과 규칙은 자신의 행동을 표현하는 환경 조건이며, 이러한 제도와 담론의 제약 아래 행한 행동과 사상은 의도적이었든 아니었든 자발적이었든 강제적이었든 간에, 역으로 이러한 제도와 담론을 생산하고 개선하는 실천을 보여주었다는 것이다. 다시 말해, 이러한 제도와 담론이 지식인의 비지식인화에 얼마나 중요한지를 차치하더라도, 지식인 자신을 포함한 사람들의 행동 자체는 이를 만들어내고 완벽하게 했다는 것이다.

이는 물론 지위와 신분이 다른 사회 성원이 사회생활을 하는 과정에서 보여주는 작용이 동일하다고 말하는 것은 아니다. 의미에 대한 교류와 해석, 규칙에 대한 이해와 운용, 자원에 대한 지배와 사용, 행동에 대한 감독과 제재에서 서로 다른 권력을 가지며, 지식의 행동 주체는 합법성 차원에서든 자유의 정도 차원에서든 서로 많이 다르다. 실제로 반체제지식인은 하나의 집단으로서, 1949년 이후 구축된 계획 경제, 일원화된 정치와 문화의식형태의 패권이 한 덩어리가 되었던 체제하에서는 존재하지 않았다. 또한 새로운 체제에서 일정한 지위를 차지한 '민주인사'를 포함한 비체제 지식인은 과거에 얼마나 높은 교육을 받았는지 혹은 얼마나 커다란 학문적 성과를 내었는지를 막론하고, 결코 합법성을 가진 권위적인 해석자는 될 수 없었다. 그들은 권위적인 공식 담론이나 관방 담론을 받아들이는 과정에서 단지 이러한 담론의 재생산에 참여했을 뿐이다. 하지만 합법적인 해석자로서의 지위를 부여받은 체제지식인은 새로운 담론을 세우는 데는 적극적으로 참여하였지만, 다른 한편으론 비판 혹은 자아비판의 면제 특권을 획득하지는 못했다. 설령 이들의 자주성의 정도가 상대적으로 가장 높았다고 할지라도 말이다.[4]

이 글에서는 이상의 구조와 주체 간 상호 작용의 이론에 근거하여, 각종 유형의 지식인이 사회나 정치 담론을 구축하는 과정에 참여하였거나 혹은 참여를 강요당한 행동의 정도 차이에 대해 집중적으로 토론할 것이며, 특히 1950년대 몇 차례의 커다란 의식형태와 정치운동 속에서 그들이 행했던 타인 또는 자신에 대한 비판에 역점을 둘 것이다.

방법과 문헌적 근거

이 글의 주된 연구 방법은 문헌 분석이다. 여러 차례 운동 속에서 지식인 자신이 썼던 비판과 반성을 포함하며, 특히 권위 있는 『인민일보』(人民日報)에 발표된 글을 위주로 한다. 이러한 글이 본의였든 아니었든 혹은 강요된 상황에서 완성되었든 간에, 유명한 지식인의 서명이 들어간 작품으로서 실제 존재하는 것이며, 또한 이미 대중의 마음속에 특수한 사회적 영향을 주었던 것이다. 이러한 점이 바로 이 글의 연구 근거 자료가 되는 주요한 이유이다. 발표 이전에 얼마나 많은 세심한 준비와 기획이 있었는지는 이 글에서 밝혀내고자 하는 목표가 아니다. 그리고 얼마나 많은 막후의 준비가 있었든지 간에, 일단 작품이나 글이 신문 지상에 올라오면, 더는 안배한 사람의 개인 재산이 아니며, 그 기능과 결과도 기획자나 집필자가 예상하거나 조종할 수 있는 것이 아니다. 상술한 문장과 그 작자에 대해 분류를 할 때, 비교적 어려운 문제는 비체제지식인과 중간지식인을 어떻게 구분하는가이다. 이 글에서는 민주당파에서 상임위원 이상 고급 직위를 맡았던 구식 지식인이 아니라면, 민주당파의 성원 여부를 막론하고 일률적으로 비체제지식인으로 간주하고자 한다.

2. 사상개조와 자아비판

사상개조운동은 1951년부터 시작되어 1952년 말에 이르기까지 약 1년여 정도 지속되었다. 1951년 9월 말, 저우언라이(周恩來)는 베이징과 톈진(天津) 두 지역의 대학생, 교사, 간부 대표에게 「지식인의 개조 문제에 관하여」(關於知識分子的改造問題)라는 장편의 보고를 하였다. 이 속에서 저우언라이는 자신을 예로 들어, 출신도 좋지 않고 또 구식 교육을 받은 지식인의 사상개조 필요성을 강조하면서 사상개조를 통해 입장과 태도를 바꾸는 것에 대한 의의를 설명하였다(周恩來, 1984: 158~89). 10월 23일 마오쩌둥(毛澤東)은 『인민일보』에서 사상개조는 모든 지식인에게 필요하다고 다시금 역설하였다. 이리하여 사상개조운동은 대학에서부터 문예, 과학기술, 종교, 민주당파와 상공계 및 각급 정부 부서의 지식인들에게 뻗어나갔다.

각종 유형의 지식인이 잇달아 모두 사상개조운동에 휘말려들었지만, 이 운동은 주로 비체제지식인에게 초점이 맞추어졌다. 마오와 그의 동료들은 신중국 수립 초기 과학기술 인재가 상대적으로 매우 부족하였으므로[5] '구지식인'이 보유하고 있던 지식, 기술은 신중국 건설에 사용되어야 한다고 보았다. 또한 새로운 체제와 그 대표적 인물의 거대한 감화력으로 인해, 구사회의 지식인도 그렇게 할 수 있었다. 이는 그들을 일괄적으로 떠안을 수 있었던 주요 원인이었다. 한편, 새로운 의식형태 면에서 설명하자면, 이러한 지식인은 출신이나 자신이 받았던 구식 교육과는 관계없이, 모두 머릿속에 자산계급 혹은 소자산계급의 정신을 가지고 있었으므로 본래 그 상태로 쓰일 수 없었으므로 반드시 사상개조를 통해 입장과 감정을 바꾸어야 했다.[6]

사상개조운동은 대체로 세 단계로 나눌 수 있다. 1단계는 새로운 담론 규칙을 이해하는 단계이다. 유명 학자에서 일반 교사에 이르기까지 날마다 엄격하고 성실하게 관련 정책 문서나 '고전 저작'을 하나하나 읽고 이해하는 강제적이고도 피동적인 색채를 띤 학습에 참가하였다. 이를 통해 구식의 비체제지식인들은 거의 완전히 새롭다고 할 수 있는 사상 관념과 사상 용어를 주입받기 시작하였다. 2단계는 기존 담론을 정리하는 단계이다. 이러한 지식인들은 학습한 문건과 저작에 근거하여 개인주의, 자유주의, 진보에 대한 부담, 명리(名利)사상 등을 포함하여, 머릿속에 있는 각종 비무산계급의 '불순한 사상' 특히 친미사상을 끌어내야 했다. 마지막 3단계는 의식형태상의 자아비판 단계이다. 지식인은 자신이 배우고 정리한 것을 가지고 서면으로 된 자아비판 글을 쓰거나, 다양한 규모의 장소에서 낭독·발표함으로써 '세뇌'를 완성해야 했다(T. Chen, 1960; R. Lifton, 1961; 楊絳, 1988 참조).[7]

1951년 9월 30일부터 1952년 10월 26일까지 『인민일보』와 『광명일보』 등 주요 신문은 많은 유명 지식인이 쓴 사상개조 관련 글을 발표하였다. 내용으로 보면, 이러한 글은 주로 자아비판적인 것으로 대부분 비체제지식인의 손에서 나왔다(표 1, 표 2, 표 3 참고). 체제지식인이 사상개조운동에서 발표한 것은 주로 권위적인 논술운동의 의의와 필요성이었다. 예를 들어 후차오무(胡喬木), 저우양(周揚), 아이쓰치(艾思奇), 궈모뤄(郭沫若), 판원란(范文瀾) 등은 모두 『인민일보』, 『광명일보』와 여러 『학습』 잡지류의 간행물에 유명한 글을 발표하면서 사상개조의 중요성을 논술하였다. 한편 민주인사는 기본적으로 유명한 사회 지도층 인사 혹은 민주당파의 지도자급 신분으로서 지식인이 사상개조운동에 호응할 것을 호소하였다. 이는 황옌페이(黃炎培), 장나이치(章乃器), 천수퉁(陳叔通), 리지선

(李濟深), 덩추민(鄧初民), 탄핑산(譚平山), 저우젠런(周建人) 등의 글에서 엿볼 수 있다. 진정한 개조 대상으로서 간행물에 자아비판적 글을 발표한 사람은 구식 비체제지식인 펑유란(馮友蘭), 허린(賀麟), 량수밍(梁漱溟), 진웨린(金岳霖), 장둥쑨(張東蓀), 선충원(沈從文), 첸루이성(錢端升), 뤄방옌(樓邦彦), 종징원(鐘敬文), 진커무(金克木), 저우이량(周一良), 황야오몐(黃藥眠), 뤄창페이(羅常培), 저우페이위안(周培源), 화뤄경(華羅庚), 마오이성(茅以升), 량쓰청(梁思成), 첸웨이창(錢偉長), 동웨촨(董渭川), 리종언(李宗恩), 거팅쑤이(葛庭燧) 등이다.[8]

〈표 1〉 사상개조운동 과정 중 두 신문에 발표한 문장의 내용 분류

	일반적 설명과 호소	비판과 자아비판		
		비판	자아비판	반대 비판
『인민일보』	28	9	41	0
『광명일보』	44	21	82	2
소계	72	30	123	2
%	31.72		68.28	

자료 출처: 『인민일보』, 『광명일보』, 1951. 9. 30~1952. 10. 26.

〈표 2〉 사상개조운동 과정 중 두 신문에 발표한 문장에 따른 지식인 분류

	체제지식인	중간지식인	비체제지식인
『인민일보』	5	7	66
『광명일보』	16	14	119
소계	21	21	185
%	9.25	9.25	81.5

자료 출처: 상동.

〈표 3〉 내용과 지식인 유형에 따른 문장 분류

	일반적 설명과 호소	비판과 자아비판			%
		비판	자아비판	반대 비판	
체제지식인	12	5	4		9.25
중간지식인	17	3	1		9.25
비체제지식인	43	22	118	2	81.50
소계	72	30	123	2	
%	31.72	13.22	54.18	0.88	100.00

자료 출처: 상동.

 주의할 만한 것은 두 편의 반대 비판 글이다. 1950년 10월 5일, 량수밍(梁漱溟)은 『광명일보』에서 「2년 동안 나에게 어떤 변화가 있었는가?」(兩年來我有了那些轉變)라는 글을 발표하면서, 토지개혁에 참가한 이래 자신의 사상 변화에 대해 자아비판적 문제를 제기하였다. 이 글이 발표된 후, 그의 글은 자아비판이 충분하지 않다는 비판을 받았다. 두 편의 반대 비판 글은 모두 량수밍이 쓴 것으로서 그에 대한 비난에 대답한 것이다.

 다른 비체제지식인의 자아비판 글은 대부분 자신에 대한 혹은 자신이 과거에 받았던 교육이나 종사했던 일에 대한 비판과 검토였다. 예를 들어 "과거에 타협했던 모든 것을 비판", "과거 부정", "처음부터 배우기", "자기반성", "숭미(崇美)사상의 숙청", "나의 숭미 노예화 사상의 비판", "반동 통치계급을 위해 봉사했던 나의 교육사상 비판", "교수의 명예를 추구하던 나의 사상 점검", "나의 청고(淸高)한 사상 제거", "나의 착취사상 비판", "과거에 타협했던 모든 관계와의 단절", "진보에 대한 부담은 사상의 적", "명예로운 지위가 나에게 준 폐해", "나는 미 제국주의를 대신 선전한다", "나의 반동 매판사상 비판" 등이었다. 이처럼 유명 지식인의 손에서 나온 자아비판은 대부분 이들이 배웠던 문건 안의 정신에 따라 스스로를 검토하고 반성한 것이므로 무슨 이렇다 할 특이한 점도 없으며, 오히려 대부분 문건에서 베낀 정치적 색채를 강하게 띤 관방의 공식적인 정책 용어였다. 이러한 자아비판자들은 강요를 받았든지 혹은 진심으로 이렇게 자신을 공개적으로 드러내는 것을 원했든지 간에 자신이 무엇을 하는지 모르지는 않았을 것이다. 하지만 예를 들어 과거의 지식인이 알게 모르게 정치적 색채가 강한 관방 언어를 사용하여 각종 정치운동에 대응하고, 이로써 다른 사람을 비판하거나 자신을 비판하며, 일상적인 정치 학습과 토론에 참여하며, 나아가 일상적인 사고와 교류를 진행하고, 자신이 형성한 사유의 언어를 바꾸는 것 등의 결과는 당시 상당 부분 미처 예상할 수 없었던 것이다.

그러나 이렇게 예전 학계의 유명인사의 입에서 나온 자아비판은 사회 대중 속에서 지식인의 이미지에 대해 설명한 것이라 할 수 있다. 이전에 대가로 추앙받았던 인물이 자신에게 이렇게 옹색한 사상이 많음을 인정하고 대중 앞에서 "대담하게 자신의 결점을 바꾸고, 악습을 뿌리 뽑는" 것이 필요하다고 시인하는 과정에서, 자신의 향후 대중적 이미지를 위해 강한 획을 얻게 되었다. 사상개조운동이 이후의 운동과 비교하여 얼마나 온건했는지, 지식인의 협조 정도와 운동의 직접적인 결과에서 볼 때 얼마나 성공적이었는지 등은 차치하더라도, 장기적으로 볼 때 사상개조운동은 중국 지식인이 신중국 수립 후에 처음 겪은 대규모 사상 관념과 담론 형식의 변화였다. 그것이 자발적이었든 아니든 간에 새로운 방식의 농후한 정치적 색채를 지닌 공식 언어를 사용하여 자신의 과거를 부정할 때에도, 이는 대표적 권위와 지배적 공식 언어를 구축하는 과정에 헌신한 것이자, 동시에 지식인 자신의 참여하에 처음으로 사회 대중 앞에서 지식인의 정치-의식형태의 이미지를 새로 그려낸 것이기도 했다.

3. 반우파운동과 중간지식인

비체제지식인이 사상개조운동을 통해 적어도 행동 면에서 비교적 순조롭게 신문화-의식형태의 헤게모니를 받아들였고,[9] 또한 이로 인해 새로운 체제의 새로운 담론 체계를 확립하는 데 방해 세력이 되지 않았다면,

중간지식인의 상황은 오히려 훨씬 더 복잡했을 것이다. 1957년 이전 의식형태 영역에서의 비판운동, 예를 들어 영화「무훈전」(武訓傳)의 비판, 사상개조, 후스(胡適) 비판, 후펑(胡風) 비판, 양수밍 비판 등은 모두 '민주인사'라는 영예를 누렸던 중간지식인을 운동 대상으로 삼지 않았다. 이는 중간지식인이 역사적 공훈으로 인해 새로운 정치협회, 인민대표대회 및 각급 정부의 편제에 참여했을 뿐 아니라 정치적으로도 어느 정도의 보호막을 갖추고 있었기 때문이다. 다른 한편으론 새로운 체제 자체로 말하자면, 처음부터 중간지식인은 결코 진지하게 대해야 할 정도로 절실하게 필요했던 집단이 아니었고, 반대로 비체제지식인에 대해 사상개조를 거친 후 신중국 건설 대열에 참여시키는 것이 더 시급했기 때문이다. 하지만 앞에서 말한 일련의 의식형태 분야의 비판운동을 거친 후, 단위제를 핵심으로 하는 완전히 새로운 제도가 확립되었으며, 또 이러한 제도는 비체제지식인을 재편하였다. 그러나 비체제지식인은 분명 새로운 체제 속의 인원 혹은 심지어 간부 대열에 편성되었지만 그들이 예상했던 창조성은 결코 충분히 구현되지 못하였다.

바로 이러한 배경에서 새로운 체제는 지식인 정책에 대해 중대한 조정을 하게 되었다. 1956년 1월, 중공중앙은 지식인 문제에 관한 별도의 회의를 열었다. 이 회의에서 저우언라이는 일장 연설을 통해, 처음으로 명확하게 지식인을 "노동자계급의 일부분"으로 간주하였다. 지식인에 대해 장기적인 개조를 실행한다는 일관된 주장을 거듭 표명했지만 전체적인 기조는 과거와 달랐으며, 개조를 강조한 것이 아니라 어떻게 지식인을 활용할 것인가에 대해 자세하게 설명하였다. 심지어 "현재 지식인의 활용과 대우에 대한 일부 불합리한 현상, 특히 일부 동지들의 당 외 지식인에 대한 종파주의 정서는 지식인이 현재 가지고 있는 역량을 충분히 발휘하는 데 상당히 방해가 된다"(周恩來: 1984: 158~89)고 제기하였다. 그의 연설은 1956년 1월 30일자『인민일보』에 전문이 게재되었다. 학술적 이치로 볼 때, 지식인을 노동자계급의 일부라고 말하기는 어렵지만, 여기에서 의미하는 바는 이와 같이 인식되고 있느냐 아니냐, 또한 이색분자의 힘으로 간주되느냐 아니냐이다. 이 전에 지식인은 항상 자산계급 혹은 소자산계급의 일부로 여겨졌다. 사회적 자리매김 면에서 이와 같은 중대한 변화는 1949년 이래 항상 머릿속의 자산계급을 개조하라는 요구를 받아왔던 비체제지식인의 입장에서 보면, 분명 기쁜 소식이다. "심지어 어떤 사람은 '또 한 번의 해방'으로 자신의 심정을 묘사하기도 했다"(費孝通, 1957). 이는 이들이 노동자계급의 항렬에 들어가는 것에 진심으로 동의하는지와는 관계가 없었다.

한편 몇 년 동안 기존 혁명가의 제도적 간부화 과정에서 오히려 더욱 심각한 관료주의가 생겨났다. 이것도 예상하지 못했던 혁명의 결과 중 하나였다. 또한 이 시기에 마침 폴란드, 헝가리 사건이 발생하면서 마오의 경각심을 불러일으켰다. 그가 지식인을 노동자계급 대열에 포함시키는 것에 대해 내심 동의하는지의 여부는 차치하더라도, 적어도 그는 일찍이 지식인의 힘을 빌려 날로 심각해지는 관료주의를 정리하고 싶었다. 그 유명한 "백화제방, 백가쟁명"은 바로 이러한 배경에서 지식인에게 당의 정풍에 협조를 호소하는 구호로 제기되었다.

사상개조 이래 몇 차례 의식형태의 비판이 있었고 또 막 숙반운동〔肅反: 반혁명 숙청 운동〕을 겪었기 때문에, 쌍백(雙百) 구호가 제기되던 초기에는 지식인의 반향을 그다지 일으키진 못했다. 1956년 6월, 루딩이(陸定一)가 권위적인 의식형태의 해석자로서 "백화제방, 백가쟁명"을 제목으로 한 장편의 보고서를 발표한 후에야 비로소 유명 지식인들이 속속 반응을 보이기 시작하였다. 하지만 당시 비교적 적극적인 호응을 보인 것은 체제지식인이 아니라 중간지식인으로서의 민주인사들이었다.

민주인사는 처음에는 결코 주로 명방자(鳴放者)*로서 자신을 표현한 것이 아니라, 사상개조운동 속에서 대부분 민주당파 영수의 신분으로서 많은 지식인들이 적극적으로 명방에 참여하기를 호소하였다. 예를 들어 장

---

* 1957년 중국의 지식인과 학생들 사이에서 반공 사조가 팽배하자 이를 완화하기 위해 취한 정책인 '명방운동'(鳴放運動)의 참여자.

보쥔(章伯鈞)이 1956년 3월 6일『광명일보』에 발표한「지식인의 적극성과 창조성을 충분히 발휘하라」(充分發揮知識分子的積極性創造性)와 뤄룽지(羅隆基)가 6월 28일 같은 신문에 발표한「현재 고급 지식인 문제에 대한 나의 이해와 의견」(我對目前高級知識分子問題的瞭解和意見)은 저우언라이의 연설에 적극적인 반응을 보인 것이다. 이후 사태는 민주당파 영수의 호소가 많은 비체제지식인에게 어떤 촉진 작용으로 나아갔다기보다는, 최고 국무회의에서 마오 본인의 유명한 연설과 그 이후 그가 베이징과 기타 외지에서 했던 여러 차례의 담화 및 루딩이의 권위적 논술이 오히려 민주인사를 격발시키는 것으로 발전했다. 장보쥔은 1957년 3월 19일『인민일보』에「민주당파의 역할을 충분 발휘하라」(充分發揮民主黨派的作用)를 발표하였고, 뤄룽지도 3월 23일 같은 신문에서「당 내외 지식인의 단결」(黨與非黨知識分子的團結)을 발표하였다. 기타 민주인사들도 글을 쓰거나 즉석 연설을 하였다. 그중 가장 유명한 것은 페이샤오퉁(費孝通)의「지식인의 이른 봄」(知識分子的早春天氣)이었다.[10] 이러한 논쟁은 현 체제에서 허용되지 않는 언론과 이런 언론을 표현하는 방식을 야기하였다.

이처럼 예상할 수 없었던 결과에 대한 반응은 "유인하여 폭로케 한 것"(引蛇出洞)과 반우파운동(李維漢, 1986 참조)을 가져왔다. 하지만 이 글에서 더욱 관심을 갖고자 하는 점은 '양모'(陽謀)가 언제 나왔는지, '장-뤄(章-羅) 연맹'이 정말 있었는지 없었는지가 아니라, 일부 예상할 수 없었던 결과가 도대체 어떻게 생성되었고, 그 속의 문제점과 핵심은 무엇인가이다. 내가 보기에, 문제는 단지 명방에 참여한 지식인이 한 조각 열정으로 적극적으로 호소에 호응한 데 있는 것이 아니라 오히려 오해를 불러오고 비극을 낳았다는 사실에 있다. 그뿐 아니라 민주인사들이 확실히 우편향적 사회-정치 구상과 주장을 가지고 있어서 지배적 지위를 차지한 의식형태와 거리가 멀었다는 점이 아니라, 엄격하게 말하면 중간지식인으로서의 민주인사는 새로운 체제 속에서 자신의 진정한 위치를 결코 찾지 못했으며, 새로운 체제 속의 권력-지식 구도의 발언 규칙에 더욱 적응할 수 없었다는 것이다. 나아가 이로써 새로운 체제의 권위적 대표와 새로운 담론의 입법자나 해석자 역시 명방 초기에 이것이 어떤 결과를 야기할지 전혀 몰랐고, 새로운 권력-지식 구도 아래에서 도대체 민주인사를 어디에 놓아야 할지 잘 몰랐다는 것이다.

좀더 구체적으로 말하자면, 중간지식인이 1949년 이후 얼마나 대단해 보이는 위치에 놓였는지는 차치하더라도, 그들은 결코 새로운 체제의 유기적 인물이 아니었기 때문에 자원에 대한 합법적 점유권이나 의의에 대한 권위 있는 논술권도 가지지 못했다. 만약 그들이 이 점을 알았다면, 그리고 새로운 경제-정치-문화 의식형태 체제에서는 체제 밖의 권력-지식은 있을 수 없다는 것을 알았다면, "지식은 있으나 권리는 없는" 자신의 처지에 불만을 가지지도 않고, 지배적 지위를 차지하는 담론의 권위 있는 논술자로서의 역할도 더욱 맡으려 하지 않았을 것이다.

만약 장보쥔, 뤄룽지 등의 "우파 언론", 특히 "정치 설계원"(政治設計院)과 "평반위원회"(平反委員會)를 좀더 자세히 분석해보면, 그들이 근거로 하는 것은 마오 본인이 최고 국무회의 및 그 전후에 했던 연설이라는 것을 알 수 있다. 이를테면, 저우언라이 등의 반급진을 비판하는 일련의 연설에서 마오는 국무원은 늘 인민대표대회 개회가 임박해서야 장편의 보고서를 보내오며, 논증은 주지 않고 단지 완성본만 준다는 점에 대해 여러 차례 불만을 토로했으며, 자신이 이런 종류의 것을 보지 않은 지 이미 여러 해가 되었다는 등등이다. 마오는 최고 국무회의의 연설에서 반혁명 숙청 운동의 오류는 인민대표대회 상무위원회와 전국 정협, 지방 인민대표대회 및 정협이 책임지고 시정해야 한다고 제기하였다(毛, 1977: 378). 엄격히 말해, 문제는 결코 장-뤄의 구체적인 언론이 얼마나 상궤에서 벗어났는지가 아니라, 마오가 원망, 비평 혹은 건의할 수 있는 것은 결코 주위 사람도 쉽게 반복 서술할 수 있는 게 아니며, 중간 지식인으로서의 민주인사가 마음대로 발휘할 수 있는 것은 더더욱 아니라는 사실이다. 이와 관련하여 드러난 점은 의식형태의 입법권과 논술권이 더욱 근본적인 문제라는 것이다. 추안핑(儲安平) 등의 당천하론(黨天下論), 외행론(外行論), 장구론(牆溝論) 등과 관련하여, 설령 마오가 이전에는 당 외 민주인사가 당의

정풍을 돕기를 진심으로 바랐다 할지라도, 현재 그 전략을 바꾸려 한 것은 전혀 이상할 게 없다.[11]

확실히, 바꾼 후의 전략으로 인해 55만 명이 우파 대열에 들어왔다. 그 중에는 많은 유명한 민주인사뿐만 아니라, 일반 지식인과 기술자도 대량 포함되었으며, 심지어 상당수의 당원 작가도 있었다. 이는 당초 논쟁을 일으킨 마오든 논쟁에 참여한 중간지식인이든 모두 전혀 예상하지 못했던 것이며, 예상 밖의 이러한 비극적 결과는 확실히 마오와 그 동료 및 민주인사를 포함한 이들의 유의적 행동이 빚은 결과라는 것이다.[12]

〈표 4〉 1957년 6월 『인민일보』의 우파에 대한 비판

	온건한 비판	신랄한 비판	자아비판	해명과 반박	소계	%
중간지식인	22	17	3	10	52	58.43
비체제지식인	18	10	3		31	34.83
체제지식인	1	1			2	2.25
기타	3	1			4	4.49
소계	44	29	6	10	89	
%	49.44	32.58	6.74	11.24		100.00

자료 출처: 『인민일보』, 1957. 6. 8~6. 30.

6월 8일 마오가 『인민일보』에 「왜 그런가?」(這是爲什麼?)를 쓴 후 장보쥔, 뤄룽지, 페이샤오퉁 등은 순식간에 대중의 비난의 화살을 온몸으로 받게 되었다. 하지만 7월로 접어들기 전까지는 우파 언론에 대한 비판은 그래도 기본적으로 사실에 따라 시비와 득실을 논하는 편이었다. 즉 명방 중에 이들이 말했던 언사에 대해 부정하는 것이었다. 그 어조는 비교적 온화했고 관련 대상도 주로 유명한 민주당파의 거물이었다. 그들은 그때만 해도 "동지", "선생", "친구", "어떤 사람"이라고 불렸으며, 비판받는 사람으로서 심지어 일부 변론과 반박도 할 수 있었다(표 4 참조). 그러나 7월부터는 비판이 극심해지기 시작했고 파급 대상도 많아졌다. 민주인사뿐만

아니라 유명 학자 내지 일부 당원 작가, 예술가도 비판의 대상에 포함되었다(표 5, 표 6). 비판을 받는 사람들에게 "골수 우파", "반공 전문가", "야심 찬 음모가", "비루한 정객", "정치적 야심가", "서양의 노예", "사회의 악인", "파렴치한", "배은망덕한 사람", "온갖 잡귀", "독사", "구미호", "독벌" 등 각종 비속어를 사용하였다. 명방 중에 이들이 사용한 언론이 심한 비판을 받은 것 외에도 1949년 이전의 일들과 사적인 자리에서 했던 비공식 대화의 내용들도 모두 성토 대상이 되었으며, 심지어 일부 개인적인 기호(예를 들어 골동품 수집)와 개인 관계(특히 남녀 관계)까지도 들추어 내었다.

〈표 5〉 1957년 6월 『인민일보』에서 지명한 우파

	공산당원	민주당원	비당원	총계	%
대학교수		3	10	13	23.21
대학생			2	2	3.57
중고등학교 교사			1	1	1.79
언론 종사자	1	5	2	8	14.28
엔지니어			1	1	1.79
상공업자		2	1	3	5.36
작가/예술가			2	2	3.57
국가기관원			3	3	5.36
민주당파 지도자		21		21	37.50
기타			1	1	1.79
소계	1	35	20	56	
%	1.79	62.50	35.71		100.00

자료 출처: 표 4와 동일.

〈표 6〉 1957년 7월 『인민일보』에서 지명한 우파

	공산당원	민주당원	비당원	총계	%
대학교수	5	12	8	25	19.23
대학생	1		3	4	3.08
중고등학교 교사		3	2	5	3.85
중국과학원 연구원	1	1	1	3	2.31
언론 종사자	9	9	1	19	14.61
엔지니어	1	1	4	6	4.62
상공업자		2		2	1.54
작가/예술가	8	5	6	19	14.61
국가기관원	6	1	7	14	10.77
민주당파 지도자		32		32	24.61
기타	1			1	0.77
소계	32	66	32	130	
%	24.62	50.70	24.62		100.00

자료 출처:『인민일보』, 1957. 7. 1~7. 31.

지명된 우파로 장보쥔, 뤄룽지, 페이샤오퉁 외에도 쩡자오룬(曾昭掄), 첸웨이창(錢偉長), 추안핑(儲安平), 푸시슈(浦熙修), 쉬주청(徐鑄成), 거페이치(葛佩琦), 첸루이성(錢端升), 황야오몐(黃藥眠), 타오다융(陶大鏞), 우징차오(吳景超), 왕짜오스(王造時), 선즈웬(沈志遠), 판광단(潘光旦), 샤오간(蕭乾), 뤄방옌(樓邦彦), 리징한(李景漢), 천다(陳達), 펑쯔강(彭子剛), 장펑(江豊), 딩링(丁玲), 펑쉐펑(馮雪峰), 아이칭(艾靑), 류사오탕(劉紹棠), 왕멍(王蒙) 등이 있다. 이들을 비판한 자들 중에는 여러 유형의 지식인 가운데 유명 인물도 포함되어 있었다. 그중 비판을 받은 교사, 동료, 학생도 있었고 비판받은 당사자도 있었다. 우파 언론은 비판을 받은 우파들 스스로가 서로 검거하고 적발하였으며, 그중 가장 대표적인 예는 일부 사람들이 같은 편인 뤄룽지에 대해 일격을 가한 것이다. 그리하여 장보쥔, 뤄룽지 등 유명 민주인사는 결국 어쩔 수 없이 인민대표대회 제4차 회의

에서 "인민을 향해 머리를 숙이고 죄를 뉘우치다", "나의 초보적 고백"이라는 제목으로 자기반성을 하였다.

반우파운동이 끼친 깊은 영향은 직접적으로 상처를 받았던 55만 명과 그들의 가족, 자녀를 훨씬 뛰어넘었다. 심지어 이러한 우파와 그 가족, 자녀들이 반우파운동 이후에 어떠한 굴곡의 세월을 거쳤는지 자체는 오히려 중요하지 않다. 더욱 중요한 것은 권위적인 공식 언론과 담론 속에서 지식인은 이제 더는 앙모와 존경의 대상이 아니었으며, 대중적인 사회적·정치적 이미지 면에서도 전례 없는 무시를 당했다는 점이다. 반우파운동 이후, 지식인이라는 단어에는 늘 '우'(右) 자가 함께 따라다녔으며, 동시에 중국의 사회-정치 생활을 반영하는 지배적 지위를 차지하는 권위적 담론 체계 속에서, '인민'과 대립된 '적'의 대상 가운데 지주, 부농, 반혁명, 불량분자 그 뒤에 우파를 놓았다. 이후 20여 년의 시간 속에서 "지주, 부농, 반혁명, 불량분자, 우파"는 중국 사회의 남녀노소 모두 아는 전제정치의 대상이 되었다. 한편 '양모'(陽謀)의 교훈은 항상 지식인 마음속에 공포로 남아 있었으며, 마오와 기존 체제 자체가 당 외 지식인에게 일찍이 보여주었던 감화력도 이로 인해 약화되고 말았다. 비체제지식인과 중간지식인은 학리(學理)적 지식의 주요 소유자이자 전파자이다. 그들과 집정자 및 법리(法理)적 지식의 해석자 사이에 감도는 긴장감은 지식-권력 구도 속에서 20여 년 동안 줄곧 풀리지 않는 커다란 갈등이었다. 또한 학리형 지식인의 묵계로부터 나온 협력도 부족하였고 정치권력 역시 문화-의식 형태의 헤게모니를 진정으로 구축하기 어려웠다. 이는 의식형태의 분기가 결국에 가서 늘 정치 행정 수단으로 처리되어야 했던 주요 원인이기도 하다.

4. 후펑 사건 속의 체제 지식인

더욱 중요한 것은 1960년대 이후에 들어서면서 체제지식인도 일괄적으로 자산계급의 범주 안으로 편입되었다는 점이다. 지면의 한계로, 이 글에서는 1950년대 후펑(胡風) 사건과 이 사건 속의 체제지식인에 주목함으로써 왜 체제지식인은 새로운 형태의 권력-지식 구도 속에서 여전히 어떻게 적응해야 하는지의 문제를 갖고 있었고, 또한 설령 체제지식인(또는 좀더 정확히 말하자면, 준체제지식인)일지라도 권위적 입법자로부터 의식형태의 해석권을 쟁취할 수 없었으며, 또 그들 스스로가 어떻게 체제와 규칙의 상호 실천 속에서 예상하지 못했던 결과를 낳는 활동에 참여하게 되었는지를 논의하고자 한다.

1949년 이전 체제지식인은 현존의 사회-정치 체제를 바꾸려는 실천에 주력했지만 아직은 충분한 학자형 지식인이 될 수 없었다. 이러한 상황에서 사회-정치 현실 속의 각종 폐단과 약소국 빈민을 포함한 역사 발전 속에서 뜻대로 되지 않는 점들은 이미 그들로 하여금 바깥 세상일에 무관심하지 못하게 만들었다. 특히 9·18 화베이 사변을 거쳐 7·7 사변에 이르는 과정에서 순수 학술이나 예술 분야에서 재능을 펼치고자 했던 많은 청년 지식인은 잇달아 혁명가의 대열에 결연히 뛰어들었다. 그러나 이처럼 혁명에 적극적으로 몸을 던졌던 지식인에게 사상개조 문제가 생겼다는 것이다. 일부 사람들에게 적용되었던 이러한 '세뇌'는 비교적 전형적인 1942년 전후의 옌안(延安)정풍 시기까지 거슬러 올라갈 수 있다.

옌안정풍은 오랫동안 치밀한 준비를 거쳐 실행된(高華, 1993 참조) 것으로, 마오의 정치-군사 지도자와 의식형태 입법자와 해석자를 한데 모은 권위적 지위를 확립하였다. 그런데 정풍 과정 당시 그저 부차적 사건으로만 보였던 옌안 문예좌담회에서 마오의 연설은 훗날 중국 전체 문학예술 내지 기타 관련 분야의 권위적 공식 언어의 확립 및 이와 상응하는 지배적 지위를 차지하는 권력-지식 체계에서 이정표와 같은 획기적인 사건으로 증명되었다. 그런데 직접——비록 예상하지는 못했으나——이번 사건을 일으킨 왕스웨이(王實味), 아이칭, 샤오쥔(蕭軍), 딩링 등은 옌안에 투신하기 이전에 정도의 차이는 있었지만 모두 마오의 생각에 마음이 통한다고 보았던 루쉰(魯迅)의 추종자들이었다. 이들은 옌안 이후에도 여전히 생활 속에 무언가 결핍되었음을 느끼면서 루쉰의 잡문 같은 형식으로 어두운

면을 폭로할 것을 주장하여, 이로 인해 저우양 등과 갈등을 일으켰다.[13] 마오의 유명한「옌안 문예좌담회에서의 연설」(在延安文藝座談會上的講話, 이하「옌안 연설」)은 상기 인물과 저우양 등의 찬양과 폭로에 관한 논쟁을 판결하였을 뿐만 아니라, 권력-지식 구도 속에서 혁명에 헌신했던 이른바 소자산계급 지식인의 자리매김을 규정했다는 점에서 더 중요하다. 이리하여 원래 처음에는 옌안정풍의 주요 문헌이 아니었던「옌안 연설」은 이후 사실상 중국 문예, 사상 분야에서 공식적인 권위적 담론을 확립하는 '성경'이 되었다.

1949년 양대 좌익문화의 '회합'에 따라 직접 옌안정풍에 참가하지 않았던 서남 서북 지역에서 온 혁명 지식인들은 비록 정당하게 현 체제 지식인의 일부는 되었지만, 뜻밖에도 새로운 담론과 새로운 규칙에 어떻게 적응해야 하는지의 난제에 부딪혔다(夏衍, 1984: 610~42). 그런데 이들 가운데 가장 적응을 못했던 사람은 루쉰의 칭찬을 받았던 후펑이다. 1930년대 국방(國防)문학을 둘러싸고 펼쳐진 논쟁으로 인해, 후펑은 좌익 문예계의 주류와 융합하지 못했고, 1949년 전에 홍콩에 모여 있던 좌익분자들에게 거듭 비판을 받기도 했다. 1949년 이후로는 오랫동안 새로운 체제가 '에워싼' 틀 속에 들어갈 수 없었다. 스스로를 루쉰 정신의 계승자라고 생각한 후펑은 다른 사람과 똑같이 "처음부터「옌안 연설」을 학습해야 한다는 것"을 줄곧 의식하지 못하였고, 그의 그런 회삽(晦澁)한 문예이론은「옌안 연설」에서 제정한 담론 규칙에도 맞지 않는다는 사실을 몰랐다. 그는 자신의 불행한 운명이 단지 종파와 관련이 있으며, 또한 그에 대한 허치팡(何其芳) 등의 비판은 저우양 등의 작은 종파가 훼방을 놓은 것이라고 생각했다.「30만 자의 의견서」(三十萬言書)는 이러한 심경에서 저우양, 허치팡 등을 둘러싸고 의식형태의 입법자를 솔직하게 진술하려고 한 것이었다. 마오가 위핑보(兪平伯)에 대한 사람들의 도전을 펑쉐펑 등이 무시한 것에 진노하여 이로 인해『문예보』정풍이 생겼을 때, 후펑은 뜻밖에도 이는 자신의「30만 자의 의견서」가 작용한 것이라고 오해하여,『문예보』정풍회에서 지명을 하면서 저우양 등에 대해 강렬하게 비판하였다.

얼마나 많은 개인적 원망이 있었는지, 또 이러한 개인적 원망이 얼마나 크게 작용했는지에 대해서는 논하지 않는다 하더라도, 문제의 실질은 모두 여기에서 멀지 않다. 만약 마오가 옌안정풍과 「옌안 연설」을 통해 공식적인 권위적 언어를 구축한 문화-의식형태의 지배적 지위를 확립했다면, 「옌안 연설」을 한 번도 열심히 읽어본 적이 없는 후평은 절대로 합법적 논술자의 신분을 부여받을 수 없었을 것이다. 그리고 만약 권위 있는 해석자 혹은 발언자들에게 도전하고, 아울러 이로써 프롤레타리아 문예와 루쉰 정신에 대한 자신의 본질적 이해를 표명하는 것이 정통이라고 한다면, 후평을 용납할 수 없는 것은 단지 직접적인 권위적 언어의 해석자와 발언자로서만은 아닐 것이다. 실제로 저우양이 후평의 연설 「우리는 반드시 싸워야 한다」(我們必須戰鬪)에 반격한 것은 바로 마오가 직접 검열한 것이었다(林默涵, 1989 참조).

정치적으로 진보적인 편에 서서 항상 당과 함께하며 문예사상 역시 크게 어긋나지 않으면서 문예 사업에서도 상당한 공적을 세운(林默涵, 1953, 1989; 周揚, 1954) 좌익 문예이론가에서 후에 "반당 반혁명 집단"의 영수로 전락한 점은 전기(前期) 후평의 비판에 참여했던 많은 사람들의 예상을 뛰어넘었으며,[14] 심지어 주동적으로 후평 개인과 통신문을 주고받으며 일찍이 후평의 호평을 받았던 사람들의 예상조차도 뛰어넘었다. 설령 편지를 주고받던 이 사건 자체가 전환점의 의미를 지닌다고 할지라도 말이다. 하지만 그 이전에 후평이 의식했든 안 했든 그의 「30만 자의 의견서」 속의 "五把理論刀子"(후평의 5가지 문예이론에 관한 의견) 이론이 실제로 폭로하고자 하는 것은 허치팡, 린모한(林默涵) 등이 아니다. 문제는 마오가 개인으로서 어떤 불가침성을 가지고 있던 점도 아니고, 반대로 현행 체제의 상징과 대표로서 그가 구현한 경제-정치-의식형태를 한데 모은 총체적인 권위였고, 이것이야말로 확실히 의심할 수 없는 것이다. 그 어떠한 조직이나 단체의 형태로도 이러한 권위에 도전을 할 수 없었다는 점이다. 이에 대해 저우양이 일찍이 후평에게 경고를 했는데도 후평이 오랫동안 이를 파악하지 못했던 것은 99가지가 다 맞아도 핵심적인 하나가 틀리면 모두 틀리는 것과 같다. 설령 후펑 등이 마오의 권위에 직접적으로 도전할 생각은 결코 없었고, 더욱이 이렇다 할 작은 정치적 단체도 없었다는 것이 30년 이후에 비로소 분명해졌다 할지라도(胡風, 1988; 綠原, 1989).

　1955년 4월 후펑의 친구는 후펑의 일부 개인적인 편지를 베껴 상부에 보고하였고, 이로 인해 후펑은 마오에 의해 숨은 반당 반혁명 집단의 영수로 판정되었다. 이러한 판정을 내린 중요한 근거는 다른 게 아니라, 바로 후펑이 그의 개인적 친구들과의 편지에서 사용한 특별한 용어에 있었다. 이를테면, 그 용어 속에는 공식 언어의 그림자를 볼 수 없을 뿐 아니라, 공식 언어를 사용하는 권위적인 사용자들도 종종 불경한 대우를 받았다. 마오는 무엇보다도 "이러한 편지에서 풍기는 성향"을 가지고 그에 대한 판정을 내렸다. 후펑에 대한 비판은 이로부터 더욱 심해지면서 널리 퍼져나갔다. 이전에 후펑에 대한 비판은 주로 문학예술 분야에 한정되었고 비판 내용도 기본적으로 의식형태의 범위를 벗어나지 않았다. 그러나 5월부터는 문학예술 영역을 넘어 사회 지식 각계 모두 포함되었으며, 거의 전부 한결같이 정치 토벌과 인신공격이었다(표 7, 표 8 참조). 5월 이전에 후펑은 '동지', '선생', '친구'로 불렸지만, 5월 이후에는 위험한 적, 음모가, 인민의 적, 반혁명의 회색 뱀, 특수 괴뢰, 담벼락을 갉아먹는 흰개미, 사람의 탈을 쓴 늑대, 가장 흉악한 반혁명 도당 등으로 불렸다. 각 지식계의 비판자는 잇달아 의분을 토하면서 "후펑 집단을 엄중하게 처벌할 것"을 요구하였다. 흥미로운 것은 이처럼 소리를 함께하며 분노했던 비판자들 가운데는 1년 전 공민의 자유——결사와 통신의 자유——를 보장하는 새로운 헌법에 환호했던 고급 지식인도 있고, 또 2년 후 우파로 전락한 유명 민주인사도 있었다는 사실이다. 이러한 민주인사는 반우파운동 속에서 후펑과 마찬가지로 언론 및 언론이 권위에 의해 인가받는 형식을 갖추지 못했고, 또는 합법적 논술자의 지위를 얻지 못했기 때문에 스스로 예상하지 못한 국면에 빠지게 되었다.

〈표 7〉 1955년 『인민일보』에 실린 후펑을 비판한 서명 글의 내용별 분류

	학술과 의식형태의 비판	정치적 비판이나 인신공격	소계
1월	4		4
2월	3	1	4
3월	5	1	6
4월	3		3
5월	1	83	84
6월		151	151
7월		29	29
8월		6	6
소계	16	271	287
%	5.57	94.43	100.00

자료 출처: 『인민일보』, 1955년 1~8월.

〈표 8〉 『인민일보』에 실린 후펑을 비판한 서명 글의 작자별 분류

	4월	5월	6월	7월	8월	소계	%
작가/예술가	1	46	47	2	2	98	35.90
사회과학자	1	9	12	3		25	9.16
자연과학자		2	6	2		10	3.66
유명 민주인사		4	31	6		41	15.02
청년단 지도자			10			10	3.66
당의 이론가	1	2	6	2		11	4.03
군대 장교			2			2	0.73
기타		21	37	14	4	76	27.84
소계	3	84	151	29	6	273	100.00

자료 출처: 『인민일보』, 1955년 4~8월.

이렇듯 서로 응하면서 위세를 만들어간 대규모 비판은 후펑이 감옥형과 감금형을 선고받은 점에 대해 이렇다 할 실질적인 작용을 일으키진 않았지만, 사회 대중 속에서 지식인 이미지를 다시금 구축하는 데 끼친 작용은 간과할 수 없다. 후펑 사건으로 인해 직접 유발된 전국적 반혁명 숙청 운동과 관련하여, 지식인(줄곧 좌익의 진보지식인이었거나 혹은 준체제지식인을 포함)과 그들의 언론·문장·통신은 대중 내지 지식인 자신들에게 잠재적으로 혹은 직접적으로 문제가 되었다. 후펑이 좌익, 진보, 소자산계급의 혁명성을 지닌 지식인에서 반당 반혁명 '집단의 우두머리'로 변하는 과정에서, 당시 2천여 명이 직접적으로 이에 연루되었다(표 9 참조). 그뿐 아니라 전국 각계의 좌익계 준체제지식인은 새로운 형태의 권력-지식 구조 속에서 결코 비난을 면치 못했으며, 이 모든 '액운'은 비판자와 피비판자들의 의도적이었거나 유의적인 행동이 결코 예상할 수 없었던 결과였다. 또한 지식인이 의식하지 못했던 진일보한 행동의 환경 조건은 결국 저우양과 같은 체제 내 의식형태의 권위적 해석자들로 하여금 모두 후펑과 유사한 말로를 걷게 하였다. 즉, 체제지식인 자신들도 일괄적으로 합리적 합법성이 결여된 존재가 되었던 것이다.

〈표 9〉 후펑계 인사에 대한 제재

		1955	1956	1958	1965
연루된 사람		2100			
	체포	92			
	격리	62			
	정직	73			
후펑 집단 구성원			78		
	공산당원		32		
	핵심인물		23		
해직				61	
12년 이상 징역					3

자료 출처: 리후이(李輝), 1989: 3, 354.

5. 결론

　1950년대 초, 비체제지식인에 대한 온건한 개조에서부터 민주인사에 대한 맹렬한 비판 및 체제지식인 스스로에 대한 엄격한 제재에 이르기까지, 그 속에 내포된 깊은 의미는 오랜 시간 고민과 연구를 거쳐야만 비로소 서서히 이해할 수 있을 것이다. 이 글에서는 다만 주체와 구조의 상호 작용 시각에서 권력-지식 구도 아래 중국 지식인이 어떻게 자신의 목적과 의도를 지닌 행동을 통해 담론 규칙의 재생산 과정에 참여하는지, 그리고 이러한 재생산이 어떻게 행위자(비판자와 피비판자 포함)가 예상하지 못했던 결과를 야기하는지, 또한 이러한 결과가 어떻게 생각지도 못한 행동의 조건이 되는지를 탐색해보았다.

　간단히 말해, 1950년대 이후 여러 유형의 중국 지식인은 정도의 차이는 있었지만 점차 자신이 참여하여 구축한 새로운 체제에 들어간 후, 내가 기존의 글에서 설명하려 했던 것처럼, 단위제도와 사상개조로 인해 이중으로 비지식인화되는 제약적인 전환 속으로 편입되었다. 동시에 이러한 특정 환경 조건에서도 여전히 의도적이고도 목적이 있는 상호 행위를 통해 규칙의 확립과 복종, 담론의 주도와 인정에 참여하였다. 그들은 다른 사람을 비판하거나 자신을 성찰할 때 자신이 무엇을 하고 있는지는 잘 알고 있었지만 대부분 자신이 행한 행동의 결과(피비판자가 감옥에 들어가게 되는 결과까지 포함해서)를 예상하진 못했다. 또 자신이 행한 행동의 결과가 결코 원래 예상했던 결과가 아니며, 이것이 후에 오히려 자신의 활동(향후 운동을 전개하는 과정에서 자신이 비판을 당한 것을 포함해서)의 제약이 되었음을 의식하지 못하였다. 중국 지식인들이 여러 차례의 운동 속에서 끊임없이 비판을 받은 것은, 새로운 체제 자체가 내재적으로 지식인에 대해 제도와 사상의 이중적인 개조를 실행하면서 이들을 체제의 유기적 지식인(혹은 적어도 체제와 충돌하지 않는 성원)이 되게 하려 했던 점을 제외하고, 비판을 받은 지식인은 줄곧 새로운 권력-지식 구도 속에서 자신의 위치를 의식하지 못했기 때문이다. 또한 새로운 권위적 공식 언어의 규칙 및 지배적인 지위를 차지하는 의식형태의 합법적 규칙을 포함한 새로운 담론 규칙에 적응하지 못한 점도 매우 중요한 이유였다. 〔박영순 옮김〕

• 『中國社會科學季刊』, 香港, 1994. 11, 總 第9期.

참고문헌

艾靑,「瞭解作家, 尊重作家」,『解放日報』, 1942. 3. 11.

Bauman, Z., *Legislators and Interpreters: On Modernity, Post-Modernity, and Intellectuals*, Cambridge: Polity Press, 1987.

Bennet, G., *Yundong: Mass Campaigns in Chinese Communist Leadership*, Berkeley: Univ. of California Press, 1976.

Bourdieu, P., *Language and Symbolic Power*, Cambridge, Massachusetts: Harvard Univ. Press, 1991.

Brym, R., *Intellectuals and Politics*, London: George Allen & Unwin Ltd., 1980.

Cell, C., *Revolution at Work: Mobilization Campaigns in China*, New York: Academic Press, 1977.

Chen, T., *Thought Reform of the Chinese Intellectuals*, Hong Kong Univ. Press, 1960.

Coser, L., *Men of Ideas: A Sociologist's View*, New York: Free Press, 1965.

Das, N., *China's Hundred Weeds: A Study of the Anti-Rightist Campaign in China(1957~1958)*, Calcutta: K. P. Bagchi & Company, 1979.

丁玲,「三八節有感」,『解放日報』, 1942. 3. 9.

費孝通,「知識分子的早春天氣」,『人民日報』, 1957. 3. 24.

Foucault, M., *Discipline and Punish*, London: Allen Lane, 1978.

_____, *Power/Knowledge*, New York: Pantheon, 1980.

高華,「在'道'與'勢'之間」,『中國社會科學季刊』, 香港, vol. 5, 1993.

Giddens, A., *New Rules of Sociological Method*, London: Hutchinson, 1976.

_____, *Central Problems in Social Theory*, London: Macmillan, 1979.

_____, *A Comtemporary Critique of Historical Materialism*, London: Macmillan, 1981.

_____, *The Constitution of Society*, Cambridge: Polity Press, 1984.

Goldman, M., *Literary Dissent in Communist China*, New York: Atheneum,

1971.

_____, *China's Intellectuals*, Cambridge, Massachusetts: Harvard Univ. Press, 1981.

Gouldner, A., *The Future of Intellectual and the Rise of New Class*, London: the Macmillan Press Ltd., 1979.

Gramsci, A., *Selections from the Prison Notebooks*, London: Lawrence & Wishart, 1971.

Hamrin, C. et al(ed.), *China's Establishment Intellectuals*, New York: M. E. Sharpe Inc., Armonk, 1986.

何其芳, 「現實主義的路, 還是反現實主義的路?」, 『文藝報』, vol. 3, 1953.

胡風, 「我的自我批評」, 『人民日報』, 1955. 5. 13.

_____, 「關於解放以來的文藝實踐情況的報告」, 『新文學史料』, 1988, 第4期.

黃平, 1993a, 「知識分子: 在漂泊中尋求歸宿」, 『中國社會科學季刊』, 香港, vol. 2, 1993.

_____, 1993b, 「殊途同歸乎?」, 『中國社會科學季刊』, 香港, vol. 4, 1993.

Konrad, G. & Szelenyi, I., *The Intellectuals on the Road to Class Power*, New York: Harcourt Brace Jovanovich, 1979.

李輝, 『歷史悲歌』, 香港, 1989.

李路路·李漢林·王奮宇, 「中國的單位現象與體制改革」, 『中國社會科學季刊』, 香港, vol. 6, 1994.

李維漢, 『回憶與研究』(下), 中央文獻出版社, 1986.

Lifton, R., *Thought Reform and the Psychology of Totalism: A Study of "Brainwashing" in China*, England: Penguin Books, 1961.

林默涵, 「胡風的反馬克思主義文藝思想」, 『文藝報』, vol. 2, 1953.

_____, 「胡風事件的前前後後」, 『新文學史料』, vol. 3, 1989.

陸定一, 「百花齊放, 百家爭鳴」, 『光明日報』, 1956. 6. 14.

路風, 「中國單位制的起源和形成」, 『中國社會科學季刊』, 香港, vol. 5, 1993.

綠原, 「胡風和我」, 『新文學史料』, vol. 2, 1989.

羅烽, 「還是雜文時代」, 『解放日報』, 1942. 3. 12.

羅隆基, 「我對目前高級知識分子問題的瞭解和意見」, 『光明日報』, 1956. 6. 28.

_____, 「黨與非黨知識分子的團結」, 『人民日報』, 1957. 3. 23.

Mannheim, K., *Ideology and Utopia: An Introduction to the Sociology of Knowledge*, London: Routledge and Kegan Paul, 1979.

毛澤東, 『毛澤東選集』(卷五), 北京: 人民出版社, 1977.

Shils, E., *The Intellectuals and Powers and Other Essays*, California: the Univ. of California Press, 1972.

舒蕪,「從頭學習「在延安文藝座談會上的講話」」,『人民日報』, 1952. 6. 8.

王實味,「野百合花」,『解放日報』, 1942. 3. 13, 3. 23.

夏衍,『懶尋舊夢錄』, 北京: 生活‧讀書‧新知三聯書店, 1985.

楊絳,『洗澡』, 北京: 生活‧讀書‧新知三聯書店, 1988.

蕭軍,「論同志之 '愛' 與 '耐'」,『解放日報』, 1942. 4. 8.

余英時,『士與中國文化』, 上海人民出版社, 1987.

章伯鈞,「充分發揮知識分子的積極性, 創造性」,『光明日報』, 1956. 3. 6.

_____,「充分發揮民主黨派的作用」,『人民日報』, 1957. 3. 19.

周恩來,『周恩來選集』, 下卷, 北京: 人民出版社, 1984.

_____,『周恩來統一戰線文選』, 中央文獻出版社, 1985.

周揚,「我們必須戰鬥」,『光明日報』, 1954. 12. 10.

주註

1) 만하임의 "상대적으로 자유롭고 구속되지 않는다"는 이론에 대한 비평은 황 핑(黃平), 1993a 참조. 단위제도와 사상개조(정치 학습과 의식형태 비판을 포함)가 전환기의 지식인에게 지니는 기능에 관한 문제는 푸코와 기든스의 현대 감찰 문제에 관한 논술로부터 매우 큰 영감을 받았다. M. Foucault, 1979, 1980 ; A. Giddens, 1983, 1985 참조.
2) 이 문제에 대한 논의는 K. Mannheim, 1979 ; A. Gouldner, 1979 ; G. Konrad & I. Szelenyi, 1979 ; E. Shils, 1972 ; A. Gagnon. 1987 ; Z. Bauman, 1987 ; A. Gramsci, 1971 참조.
3) 상술한 이론은 주로 A. Giddens, 1976, 1979, 1984에 근거한다.
4) 권위적 공식 언어의 생성과 그것이 구현한 정치적 실체의 지배적 지위에 관해서는 P. Bourdieu, 1991, 특히 제1장과 제3장 참조.
5) 『中國教育年鑑〔1949~1981〕』, 北京 : 中國大百科出版社, 1982, pp. 964~71 참조. 이러한 결핍 역시 당시의 권위적 언어가 중등 이상의 교육을 받은 사람들을 통틀어 '지식인'이라고 부른 데서 볼 수 있다.
6) 여기에 내포된 모순은 M. Goldman, 1971, 1981 참조.
7) 사실상, 이후의 실천에서는 1차 운동을 통해서는 결코 사상개조를 완성할 수 없음을 표명하였다. 출신이 좋지 않고 또 구식 교육을 받은 사람은 죽을 때까지 배우고 개조해야 한다.
8) 엄격히 말하면, 민주인사는 원래 비체제지식인과 근원이 같지만 이들은 일찍이 항일전쟁 전후에 적극적으로 민주, 평화를 위해 일하고 심지어 이른바 제3의 노선을 걸으려고 시도하였다. 1948년 이후 그들은 대부분 당시 반체제 역량을 찬성하거나 동정하는 공산당 쪽에 서 있었으므로, 1949년 이후 그들은 대부분 상징적으로 신체제 속에서 한자리를 차지하며, 체제지식인과 비체제지식인 사이의 중간지식인이 되었다.
9) '문화 헤게모니'라는 말은 A. 그람시가 처음 썼으며, 『옥중수고』에서 이에 대해 깊이 있게 논하였다. 그중 가장 중요한 함의는 통치 집단이 사회-정치 생활을 지배하는 것의 합법성에 대한 민중의 인정과 복종이다.
10) 페이샤오퉁의 글은 일찍이 발표 직후에 저우언라이의 극찬을 받았으며, 저우는 공산당 내에서도 이런 글을 써낼 수 있는 지식인이 많지 않을 거라고 하였

다(周恩來, 1985: 349).

11) 사실상 지식인, 특히 민주인사와 대학교수에 관한 마오의 의심이나 경각심은 백가쟁명 초기에도 결코 완화되지 않았다. 이에 대해서는 1956년 11월부터 1957년 1월까지의 연설 참고(毛, 1977: 326, 333, 338, 350, 351, 355).

12) 리웨이한(李維漢)의 말년 회고록에서 이에 대해 매우 잘 설명하고 있다. 李維漢, 1986 참조.

13) 이들의 글로 「野百合花」, 「論同志之 '愛'與 '忍'」, 「三八節有感」, 「瞭解作家, 尊重作家」, 「還是雜文時代」 등이 있다. 1957년 반우파운동에서는 이 글의 작자를 모두 우파 대열에 넣었고, 1958년 『문예보』는 다시 이들을 부정적인 교재로 간주하여 비판하였다. 마오는 이에 직접 "奇文共欣賞"이라는 유명한 평어를 달았다.

14) 처음에 저우언라이 등은 후펑 문제는 단지 내부 몇 사람을 찾아 그와 두세 차례 토론을 거쳐 그로 하여금 반성하게 하여, 20년 동안의 불안한 상황(체제 안으로 끌어들이는 것)을 끝낼 것이며, 만약 토론이 성공하지 못하면 다시 독자들을 끌어들여 1~2편의 비평 글을 발표하게 하고, 그래도 안 되면 그를 대중 앞에 세운다는 구상을 하였다. 린모한(林默涵)과 허치팡(何其芳)의 문장이 바로 상술한 구상의 산물이다(綠源, 1989; 林默涵, 1989 참조).

제21장 도시 공간의 시각으로 바라본 중국 지식인

● 쉬지린 許紀霖

　최근 20년 동안 지식인 연구는 중국 학술계의 이슈였다. 이러한 이슈는 훗날 제2차 5·4 신계몽운동이라 불린 1980년대 중·후반의 '문화열'(文化熱)에서부터 시작되었다. 신계몽운동 중에 계몽 지식인들은 중국이 현대화를 이루려면 반드시 지속적인 민주와 과학의 기치로, 현대화의 핵심 문제는 문화적 전환이므로 중국의 전통문화를 비판하고 서양의 선진문화를 받아들여야 한다고 여겼다. 린위성(林毓生)이 말한 "사상과 문화를 통한 문제 해결"이라는 사상 패턴의 주도 아래[1] 지식인의 중요성이 특히 두드러졌다. 사상문화의 주체인 지식인들은 대중 계몽의 사명을 띠고 있었고, 아울러 계몽자로서 자신들 역시 전통에서 현대로의 전환에 직면해 있었다. 때문에 '문화열'과 함께 '지식인열'(知識人熱)도 등장하게 되었다.
　1980년대 중반부터 1990년대 말까지 지식인 연구는 두 가지 방향을 중심으로 진행되었다. 첫째는 전통과 현대의 이원(二元)적 구분에 따라 전통에서 현대성/모더니티로 전환하는 과정에서 지식인의 선택 및 내재된 사상문화의 충돌을 분석하는 것이다. 둘째는 학술과 정치 사이의 사회적 역할에서 출발해 현대 사회에서 드러나는 지식인의 사회적 신분을 연구하고, 전환 시기 지식인의 정치적 운명과 그들이 어떻게 독립적인 인격을 상실하고 재건했는가를 중점적으로 고찰하는 것이다. 10여 년간 이 두 가지

연구 방향은 거시적 분석이든 개별적 케이스의 누적에서든 이미 상당한 연구 성과를 거두었다. 더 발굴할 것이 없다고 할 수는 없지만 어떤 의미에서 이 두 가지 측면의 연구는 기본적으로 이미 극한에 도달하였다. 더욱 중요한 사실은 그 연구의 추세를 지탱하는 몇 가지 이론적 가설, 예컨대 전통/현대의 이분법적 패턴, "사상과 문화를 통한 문제 해결" 패턴 등은 1990년대 중반 이후에 보편적으로 질타를 받았다는 점이다. 이는 만약 지식인을 연구하는 데 새로운 문제의식이 부족하고, 계속 과거의 담화 영역에 머문다면 이 이슈는 독자들의 '심미적 피로'를 불러일으켜 처음과 같은 괄목할 만한 성과를 거둘 수 없다는 것이다.

새로운 세기에서 지식인 연구는 반드시 다시 문제가 된 틀에서 새로운 연구 담화 영역을 개척해야 한다. 실제로 최근 들어 일부 학자들은 새로운 영역을 개척하고, 괄목할 만한 진전을 거두었다. 예컨대 학술사적인 시각에서 지식인이 어떻게 중국의 전통적인 학술 전통을 계승하고, 현대의 지식 체계를 구축하고 지식의 생산과 재생산을 진행하였는지를 한층 더 세밀하게 연구하기도 하고, 사회사의 시야에서 명·청 이래 향신(鄕紳) 자체의 내부 변화를 연구하기도 하였다. 1990년대 중반 이후, 지식인 연구는 과학화, 다원화하는 추세를 보인다고 할 수 있겠다. 그렇다면 상술한 새로운 영역 이외에 새로운 지식인 연구의 담화 영역을 발굴할 만한 가치가 있는가?

나는 1980년대 중반 이래 지식인 연구의 맥락을 이어받아 두 가지 방면에서 지식인 연구를 한층 더 발전시켜나갈 수 있다고 본다. 첫째는 지식인 연구의 내재적 맥락으로 계몽사상의 내재적 복잡성을 통해 근대 중국 지식인의 심리 변화 과정과 자아 충돌을 살펴보는 것이다. 간단히 말하자면 상술한 전통/현대, 중국/서양의 이원 대립적인 사상 패턴을 뛰어넘는 기초 위에 다시 중국 계몽사상 내부의 복잡성을 연구하는 것이다. 그들은 중국과 서양의 어떠한 사상적 자원과 서로 결합하여 형성된 것인가? 계몽사상 내부에서는 또 어떻게 서로 한데 뒤엉키고, 또 서로 충돌해서 현대적 전통을 형성하였는가? 현대 중국 사상사에서 중국과 서양의 사상 전통은 대립과 충돌만이 존재하는 것이 아니라 서로 뒤엉키기도 하고 교차하기도 한다. 서학(西學)과 마찬가지로 중국의 문화 전통 역시 계몽사상의 구성에 참여하였으나 중국의 현대성은 흔히 전통적인 방식으로 드러났다. 중국의 계몽사상가는 어떻게 현대성을 형성하고, 그 내부에서는 또 어떻게 분화와 교차를 형성했는가를 고찰하는데 근대 이래의 여러 사상적 맥락을 정리하고 그들과 중국 고대 및 서양 현대 사상의 전승 관계를 분석하고, 계몽사상 내부는 또 어떻게 분화되고 조합되며, 어떻게 여러 사상적 맥락을 나타내었는지, 서로 간에 어떻게 충돌하고 침투하는 관계 구조를 만들었는지, 그리하여 중국 현대화의 다른 가치 방향과 실천 방식을 형성하였는지를 분석한다. 이 연구는 새로운 영역과 시각에서 미국의 저명 사상사 학자 벤저민 슈워츠(Benjamin I. Schwartz) 교수가 생전에 완성하지 못한 연구 목표, 즉 "총체적으로 해결하지 못한 현대성의 복잡성을 탐색한다"는 목표를 지속적으로 실현하려는 것이다.[2]

지식인 연구의 다른 길은 외재적인 맥락, 즉 독일 사회학자 카를 만하임(Karl Mannheim)으로부터 시작된 지식사회학의 시각에서 사상과 사회의 상호 작용적 관계 중의 지식인을 중점적으로 고찰한다. 지식인이 특정 사회적 맥락과 관계망 속에서 어떻게 지식인 공동체를 생성하고, 어떻게 교류하고, 사회 공공 관계와 관계망에 영향을 미치고 구축하는지를 연구한다. 그중에서도 도시 공간과 지식인의 관계는 특히 가치 있는 과제이다. 현대 지식인과 전통 지식인의 가장 큰 차이는 그들이 시골에서 도시로 와서 현대 도시라는 공간에 모여 도시의 공공 공간과 문화권력 네트워크를 배경으로 삼아 자신의 문화 생산, 사회 교류와 공공 영향력을 전개한다는 점이다. 때문에 이 글은 도시 공간이라는 새로운 시야에 역점을 두고 현대 지식인 연구에서 중요시해야 하는 중요한 담화 영역을 논할 것이다.

1. 도시의 공간 네트워크

전통 사회는 시간을 맥락으로 한 사회로서 전통적인 혈연, 지연 관계의 뿌리가 역사 속에 항상 존재하였으며, 개인의 자기 정체성은 역사적 맥락을 찾는 가운데 실현되었다. 그에 반해 현대 사회는 공간을 핵심으로 하는 사회에 더욱 가깝다. 따라서 현대 사회의 공간 관계, 특히 도시의 공간 네트워크를 고찰하는 것은 현대 지식인 연구의 새로운 문제의식이 된다.

내가 여기에서 언급한 공간 개념이란 철학적 시공 관념에서 말하는 공간의 범주와는 다르다. 이는 물질의 객관적 범주일 뿐 아니라 문화사회적 관계이다. 사람들은 시대에 상관없이 구체적인 물질 공간과 문화 공간을 떠나서는 살 수 없다. 고대 지식인이든 현대 지식인이든 모두가 일정한 구체적인 공간 관계 속에서 생활하고 활동한다.

중국의 고대 지식인, 즉 유가(儒家)의 신사(紳士)가 활동한 공간은 자연적으로 익숙한 사람들의 사회(acquaintance society)로서 그들은 먼저 특정한 가족과 종족에 예속되어 이미 정해진 혈연과 지연 관계 속에서 생활하였다. 혈연과 지연 관계 외에 사숙(私塾), 과거(科擧)와 서원(書院) 등의 공간 형태로 형성된 학통(學統) 관계 역시 중요한 관계 구조였다. 자연 종법 가족사회를 바탕으로 하는 고대 신사들이 지닌 공간 관념에는 짙은 향토성과 민초성이 포함되어 있고, 그들 공동체의 교류 방식은 페이샤오퉁(費孝通)이 제기한 사람을 중심으로 한 관계가 여러 관계들과 겹쳐지는 '차서격국'(差序格局) 원칙[3])에 따라 자아를 중심으로, 익숙한 사람들의 사회를 반경(半徑)으로, 혈연·지연과 학통 관계를 종횡(縱橫)으로 하였던 것이다. 다시 말해 그들이 활동하는 공간은 기본적으로 자연적·제한적·고정적·비(非)유동적으로 토지와는 물질적·정신적으로 밀접하게 연결되어 있다. 예를 들자면 만청(晚晴) 시기의 유명 중신(重臣)이었던 증국번(曾國藩)은 상군(湘軍)을 이끌고 원정을 떠날 때에도 여전히 자기 고향의 뿌리를 잊지 못하고 자녀들에게 "경독(耕讀)을 본분으로 하라"고 충고하였다.

그러나 명·청 무렵 강남(江南) 지역이 상업도시로 발전함에 따라 강남 지역에 과거에는 존재하지 않았던 신상(紳商, 상업을 배경으로 한 신사) 계층이 생겨났다.[4]) 과거에는 향신(鄉紳)들이 주로 시골에 모여 있었지만 명·청 시대에 이르러 강남 지역에서는 지식인들이 도시로 모이기 시작하였다. 도시에 서원, 회관(會館)과 기루 등 지식인들이 활동할 새로운 공간이 발전하기 시작했고, 이는 현대 사회의 공공 영역을 형성하는 데 역사적인 맥락과 전제 조건을 제공하게 된 것이다. 이 중에서도 강남 사회의 기루는 특별히 언급할 만한 가치가 있다. 기루는 명·청 사대부의 공공 교류의 주요 공간으로 그 기능은 18세기 프랑스와 독일의 귀족 살롱과 유사한 점이 있다. 살롱과 기루에는 고상한 기질의 여주인이 있기 마련으로, 그녀를 중심으로 주위에는 늘 문인들이 모여 공리공론(空理空論)을 목청 높여 토론하고, 이를 경로로 삼았다. 천인커(陳寅恪)는 『류여시별전』(柳如是別傳)에서 류여시(河東君)를 중심으로 한 강남 사대부의 모임을 묘사하였다. "하동군이 종종 비단방석 깔린 연회에서 생동적이고 풍취 있는 논의를 하니 좌중들은 이에 모두 감탄하였다. 그래서 우리는 오늘 저녁 연회에서 정(程), 당(唐), 이(李), 장(張) 등이 꽃 같은 미녀를 대하고 검같이 날카로운 웅변을 들으면서 마음은 이미 도취되고 정신은 빼앗긴 것을 보는 것 같네."[5]

현대화의 과정은 동시에 도시화의 과정이기도 하다. 자본, 인구와 지식이 고도로 대도시에 집중되어 현대 도시가 전통적인 시골을 대신해 사회 문화와 공공 관계의 중심이 되었다. 현대 지식인은 현대 대도시의 산물이다. 전통 사대부에서 현대 지식인으로의 전환이 바로 지식인이 끊임없이 자연적 혈연, 지연 관계에서 벗어나 도시 공공 공간으로 들어가는 과정이다. 현대 도시 생활은 전통 시골과는 다른, 완전히 이방인 사회(strange society)이다. 도시인과 도시 지식인은 서로 다른 지역에서 왔기 때문에 전혀 다른 사회적 배경과 문화적 배경을 지닌다. 문화의 자연성으로 말하자면 그들은 전혀 낯선 사람으로 그들이 도시 공간에서 자연적인 공공 기초를 얻을 수 있는 것이 없다. 바로 이 때문에 도시인은 특히 공공 교류가 필요한 것이다. 각종 개인적, 공공적 교류를 통해 새로운 관계망을 구축한다. 도시의 공공 공간은 자연적, 역사적이지 않다. 이것들은 인위적으로 조성된 산물로서 구축성을 지닌 존재이다. 거미처럼 도시인은 언제나 자신의 목적적인 실천 활동을 통하지 않고 여러 공간 네트워크를 구축하고, 이런 공간 네트워크 속에서 자기 정체성을 실현한다.

미셸 푸코(Michel Foucault)는 현대 도시에서 생활하는 사람들은 동시성(simultaneity)과 병렬(juxtaposition)의 시대에 살고 있어 사람들이 경험하고 느끼는 세계는 점과 점 사이에 상호 연결되고, 단체와 단체 간에 서로 얽힌 인위적 공간 네트워크이지 전통 사회처럼 장기간에 걸친 진화를 통해 자연적으로 형성된 물질적 존재가 아니라고 보았다.[6] 비인격화된 낯선 도시 공간에서 사람들의 교류는 이미 전통 사회의 지연, 혈연적 유대를 상실하고 새로운 규칙에 따라 진행된다. 이러한 새 규칙은 공통된 역사적 근원감을 더는 찾지 않고 다원적이고 복잡한 공공 공간에서 결정된다. 도시 지식인 역시 마찬가지이다. 전국 각지에서 온 그들은 베이징, 상하이와 같은 대도시에서 구체적인 도시 공공 공간을 통해 상호 교류와 자기 정체성을 실현한다. 이러한 공간이 주로 가리키는 곳은 다관(茶館), 카페, 살롱, 서점, 사단(社團), 동인지, 공공 매체, 출판사, 대학과 광장 등등이다. 바로 이러한 현대 도시 공간의 '점'이 현대 지식인 공공 교류의 공간 네트워크를 엮어낸 것이다.

2. 관리형 공공 영역과 비판성 공공 영역

앞서 서술한 이들 공공 공간은 현대 중국의 역사에서 곧잘 정치 비판적인 기능을 발휘하여 공공 영역의 성격을 지닌다. 공공 영역(public sphere)과 공공 공간(public space)은 서로 다른 개념이다. 후자가 전자보다 훨씬 광범위한데, 주로 사회와 국가 간에 사람들이 사회적 교류와 문화 활동을 실현하는 장소이다. 전자는 하버마스(Jürgen Habermas)가 제기한 이상적 유형(ideal type)의 성격을 띤 개념으로, 시민사회로부터 만들어지는 국가와 사회 간에 존재하는 공공 공간을 가리킨다. 이 공공 공간은 뚜렷한 정치 비판적 기능을 지니고 사회 공공 여론을 만들어내며, 이것이 정치 시스템 합법성의 연원(淵源)을 이루게 된다.[7] 현대 중국 지식인이 구축하고 기대어 생존해나가는 도시 공간이 곧 넓은 의미에서의 공공 공간이다.

그렇다면 과연 중국에는 하버마스적 의미의 공공 영역이 존재하는가? 최근 10여 년 동안 이 문제에 대해 중국 국내외 중국 연구 학계에서는 첨예한 의견 대립과 논쟁이 오고 갔다. 미국에서 윌리엄 로(William T. Rowe)와 메리 랭킨(Mary Rankin)을 대표로 하는 일부 학자들은 우한(武漢)과 저장(浙江) 지역의 만청 시기 사회와 도시에 관한 연구를 통해 근대 중국에는 비(非)하버마스적 의미의 공공 영역, 즉 비판성을 갖추지 못하거나 지방 공공 사무 관리만 담당하는 지방 신사들의 공공 영역이 존재한다고 보았다.[8] 웨이크먼(Frederic Evans Wakeman Jr.), 황쭝즈(黃宗智, Philip C. Huang) 등의 다른 미국 학자들은 이에 의문을 표시하였고, 황쭝즈는 '제3영역'이라는 개념을 제기함으로써 강한 유럽 역사 색채를 띤 하버마스의 공공 영역 개념과 구분을 지었다.[9] 중국 학계에서는 유사한 토론이 격렬하게 벌어졌으며 또한 현재의 문제의식도 지닌 것이었다.[10]

공공 영역과 관련된 논쟁 및 하버마스적인 이론이 문화를 넘나들어 응용될 수 있는가 하는 논쟁이 영향을 미친 것은 이후에 설정된 문제였는데, 즉 중국과 유럽은 역사상 국가와 사회의 관계와 공사(公私) 관념에 대해 다르게 이해했던 것이다. 국가와 사회, 공과 사는 유럽 역사에서 자명한 개념이었다. 국가는 공과 서로 연결되어 있고, 사회는 사와 서로 관련이 있어 양자 간에는 고대 로마 시대부터 법률 관념에서부터 명확한 경계가 존재해왔다. 중세기 중반에 이르러 자치도시의 탄생으로 상대적으로 국가의 권력으로부터 독립적인 시민사회와 부르주아가 등장했고, 사유 재산의 기초 위에 맥퍼슨(C. B. Macpherson)이 분석한 바 있는 '점유성 개인주의'(possessive individualism)[11]가 등장하였다. '점유성 개인주의'란 부르주아 시민사회의 의식 기초이다. 아울러 시민사회의 역사적 전제하에 국가권력과 시민사회 사이의 공공 영역이 등장하였다. 부르주아 개인은 살롱, 카페와 공공 매체의 여론을 통해 대중의 신분으로 국가 공공 사무의 비판성 토론에 참여함으로써 정치권력의 합법성을 결정하였다.

그러나 중국의 역사에서 국가와 사회, 공과 사의 개념은 결코 분명하지 않았고, 그 경계 역시 매우 모호하였다. 일반적으로 왕권을 핵심으로 하는 제국 정치 체제는 국가적 범위에 속하지만, 지방 종법 가족으로 구성된 민간사회는 사회적 공간에 속한다. 그러나 양자는 유럽처럼 명확한 이원적 공간을 구성하지 않았다. 가장 중요한 원인은 고대 중국의 지식인, 즉 유가 사대부가 국가와 사회를 하나로 통합 조정하는 중개자 역할을 담당하였다는 데 있다. 유가 신사는 과거(科擧)제도를 통해 중앙 제국의 왕권·관료 관리 체계로 진입하였고, 조정에서는 국가를, 재야(在野)에서는 민간을 대표하였다. 신사의 신분은 이중적이지만 그 집단의 신념은 유가학설을 집단적 정체성으로 삼았고, 사대부 집단의 중개를 통해 전통 중국의 국가와 사회는 유럽처럼 상호 대립하는 것이 아닌 일종의 적극적인 상호작용을 하는 것이었고, 특히 지방의 사무에서는 항상 서로 영향을 주고 교차하였던 것이다.

이와 서로 대응해서 전통 중국의 공사 관념은 도덕적 평가성 개념으로 그 법률적 한계는 상당히 모호하였다. 페이샤오퉁이 언급한 바와 같이 중국의 인간관계의 '차이(差異) 구조'에서 공과 사는 상대적으로 볼 때 개인이 대표하는 상대적 이익으로 결정되었다. 예컨대 가족을 위해 이익을 다투는 것은 국가의 입장에서 볼 때는 개인이지만 가족의 입장에서는 공을 대표하는 것이었다.[12] 사회관계에서 공과 사는 상당히 모호하지만 유가의 도덕관념에서 공과 사는 이성과 욕망처럼 두 가지 상반된 가치를 대표한다. 군자가 수신(修身), 즉 자신을 갈고닦는 가장 중요한 목적은 바로 사욕(私慾)을 이겨내고 대공(大公)을 실현하기 위함이었다.

앞서 서술한 국가와 사회, 공과 사의 특수한 관계의 기초 위에서 만청 사회에는 유럽과는 완전히 다른 공공 영역, 즉 로와 랭킨이 연구한 관리형 공공 영역이 등장하였다. 이 관리 유형의 공공 영역, 또는 황쭝즈가 제기한 '제3영역'의 개념은 국가권력과 종법사회 사이에 위치한 조직으로 지방 신사, 특히 도시의 신상을 주체로 한다. 그들은 조정에서 벌어지는 국사를 이야기하지 않고, 지방 공공 사무의 관리, 예컨대 이재민 구제, 자선, 소방, 수리 등 사회경제 사무에 관심을 갖고 종사한다. 국가의 자원과 권력이 제한적인 관계로 지방 신사의 이들 공공 사무에 대한 자기 관리 역시 지방 관리의 장려와 지지를 얻었다. 이는 국가와 대립하는 공공 공간이 아니라 오히려 일종의 '국가 권위의 사회적 장치'였다. 그것은 지방성과 단체성의 기초 위에 건립되었지만 유럽의 시민사회와 공공 영역처럼 개인의 권리와 사유 재산에 대한 보호 위에 건립된 것이 아니었다. 다시 말해 19세기 중국에는 신사의 공공 영역은 존재했지만 유럽과 같은 시민사회는 없었다. 그것이 더욱 강조한 것은 지방 신사의 공익정신이었지 개인적 권익의 보호는 아니었다.[13]

근대 중국의 공공 영역에 관한 연구와 토론의 하한(下限)은 기본적으로 19세기에 국한되는데 연구의 영역 역시 대부분 저장의 일부 지역과 우한, 청두(成都) 등 중소형 도시와 도읍에 집중되어 있다.[14] 그렇다면 19세기 말과 20세기에 이르러 상하이처럼 상당히 현대화된 대도시에서는 하버마스적 의미의 비판성 공공 영역이 출현할 가능성이 있었을까? 나는 만청 이래 상하이 공공 영역에 대한 연구에서 1896년 량치차오(梁啓超)가 상하이에서 주관한 『시무보』(時務報)를 필두로 각종 시론(時論)적 기능을 지닌 신문, 잡지 및 지식인 사단, 살롱 등이 쏟아짐에 따라 20세기 상반기 중국에서도 유럽과 유사한 공공 여론을 형성한 공공 영역이 있었다고 밝힌 바 있다.[15] 지방 신사를 주체로 한 관리형 공공 영역과 다르게 그것은 중국의 역사에서 자체적으로 그 연원을 가지고 순환한 것으로 즉 유가의 민본주의(民本主義) 사상, 고대 사대부의 반항적 성격의 청의(淸議) 전통으로부터 나온 것으로 이러한 전통 요소는 청말 공공 영역이 최초로 형성되고 합법성을 지니게 되는 측면에서 중요한 역할을 하였다. 비판성 공공 영역의 주체는 지방적 성격의 신사가 아닌 현대적 의식과 세상을 구제하고자 하는 전국의 사대부 또는 지식인들로, 그들은 공공 매체, 정치 집회와 전국적인 공개 전보를 통해 거대한 공공 여론을 형성하였고 당시의 국내 정치에 상당한 영향을 끼쳤다. 그렇지만 상하이를 중심으로 한 현대 중국의 공공 영역은 여전히 하버마스가 언급한 유럽 경험을 역사적 바탕으로 한 공공 영역과는 여러 면에서 차이점이 있었다. 그것은 발생 형태상 기본적으로 시민사회와 관련이 없었고, 주로 민족국가의 구조, 사회적 변혁 같은 정치적 주제와 관련이 있었다. 그러므로 중국의 공공 영역은 처음부터 부르주아 개인을 주체로 하지 않고 사대부 또는 지식인 집단을 핵심으로 하여 유럽에서 일찍이 경험한 문학 공공 영역의 과도 단계를 건너뛰고 직접적으로 정치 내용을 구성의 출발점으로 삼았기 때문에 공공 공간의 장소는 카페, 바(bar), 살롱이 아니라 신문, 학회, 학교였던 것이며, 스타일에서도 문학식의 우아함이 결핍되고 정론식의 조급함과 준엄한 성격을 띠었던 것이다.

이처럼 지식인과 도시 공간 관계에 대한 연구는 두 가지의 다른 경로에 따라 진행될 수 있는데, 하나는 근대 지방적 성격의 신사와 도시 관리형 공공 영역 간의 관계이고, 또 하나는 현대 전국적 성격의 지식인과 도시 비판성 공공 영역의 관계이다. 이 두 가지 공공 영역이 나타내는 공간은 중복되는 점도 있지만 저마다 뚜렷한 특색이 있다. 전자는 대다수가 다관(茶館), 회관과 신사 단체이고, 후자는 카페, 살롱, 공공 매체, 동인 간행물과 현대 지식인 단체들이다. 도시 공간마다 크고 작은 문화 권력 관계망을 형성하였고, 지식인은 이러한 공공 영역을 빌려 각종 상호 교착되거나 중첩된 공동체를 형성하였으며, 또한 교직(交織)되어 거대한 도시를 중심으로, 중소 도시와 도읍으로 차츰 영향을 미치는 등급적인 거대한 지식인 네트워크 공간을 형성하였다. 지식인 집단에 대한 연구든 개인에 대한 연구든 이 같은 네트워크 공간에 놓여야만 연구 대상의 적절한 위치를 찾을 수 있다.

3. 도시 지식인의 특징

중국 역사에서 향촌 지식인으로부터 도시 지식인으로의 전환은 하루아침에 직접적인 전환이 이루어진 것이 아니라 그 사이에 여러 차례에 걸쳐 커다란 과도적 형태의 전환을 거친 것이다. 향촌 지식인 속에서 제일 먼저 분화되어 나온 이들은 전겸익(錢謙益), 정판교(鄭板橋) 등과 같은 명·청

시대의 유상(儒商)*과 문인 묵객(墨客)이었다. 그들의 생활은 기본적으로 향촌에서 벗어나 양저우(楊州), 쑤저우(蘇州), 항저우(杭州) 등의 상업도시로 진입하여 관료든, 문인이든, 상인이든 명·청 시대 강남 사대부의 도시 생활과 세속문화를 형성하였다. 둘째 단계에서는 만청 시기에 이르러 상하이 등 연해(沿海) 무역항의 흥기와 조계지(租界地)의 등장에 따라 왕타오(王韜), 정관잉(鄭觀應) 같은 매판형 지식인이 대도시에 등장한 것이다. 그들은 조계지를 활동 무대로, 양무(洋務)를 직업으로 삼았고, 전통 강남 문인의 문화 습성과 기질을 지니고 있었다. 과거제도하의 지식인과 비교하면 이들 양무 지식인은 사회의 변두리에 위치해 있었다. 그러나 사회의 분화와 현대화의 발전에 따라 번역, 출판, 신문 간행, 교육 사업 등 주변 사업이 점점 지식인의 합법적 직업과 주류가 되면서 그 속에서 현대 지식 생산 체계를 배경으로 하는 현대 지식인이 등장하였다.

셋째 단계는 19세기와 20세기가 교차하던 무렵 유신운동(維新運動)이 캉유웨이(康有爲), 량치차오를 대표로 하는 정도(正道)에서 벗어난, 민간에서 발전한 이단 사대부를 탄생시켰던 것으로 이들은 민간에 머물면서도 전국 정치 무대의 중심을 차지하고 있었다. 또한 도시에서 제공한 상대적으로 독립적인 공공 공간에 기대어 공공 여론을 장악하였다. 이들은 자유 작가, 학당 교사, 직업 언론인과 직업 정치가 등의 신분이었다. 이 단계에 이르자 지식인과 도시 사이의 관계는 이제 양무운동 시기처럼 주변적이고 모호한 관계가 아니라 긴밀한 관계를 맺게 되었다. 그들의 활동과 여론 참여가 도시의 정신생활과 문화 공간을 구축하여 도시 풍경에서 없어서는 안 될 중견 인물이 되게 하였다. 마지막으로 민국 시기 이후에 이르러서 현대 지식 교육 체계와 출판 매체 산업이 차츰 정비되고, 도시를 중심으로 하는 물질화된 직업 분업화와 정신화된 문화 네트워크가 규모를 갖추면서 마침내 진정한 현대적 의미의 지식인이 형태를 갖추게 되었던 것이다. 그들은 후스(胡適)와 같은 대학교수로서 부르주아의 고귀함, 우아함과 긍지

---

* 유교 덕목을 갖춘 상인.

로 가득 차 있을 수도 있었고, 루쉰(魯迅)과 같은 자유 작가로서 불합리한 사회 현상을 규탄하고 질서를 적대시하는 굴레에 얽매이지 않는 보헤미안 정신으로 가득 차 있을 수도 있었다. 요컨대 이 단계에 이르러 중국 지식인은 마침내 향촌과 정신적 탯줄을 끊고 완전한 도시인이 되었다.

전통적 향촌 지식인은 자연적·민초적·본토적으로 토지와 떼려야 뗄 수 없는 관련이 있었고, 지방적·폐쇄적 혹은 반(半)폐쇄적으로 혈연과 지연의 시간적 맥락을 그 역사적 근원으로 하였다. 그러나 도시 지식인은 유동적으로 자주 서로 다른 도시, 서로 다른 공간에서 자유롭게 거닐고, 역사 감각은 희박하고 공간 감각은 예민하였다. 도시 지식인의 신분 등급과 자기 정체성은 향촌 지식인과는 사뭇 달라 후자가 역사적 뿌리에 세워진 것과는 달리 어떠한 공간 관계에 귀속되는지를 보아야 한다.

여기서 언급한 귀속감을 지닌 공간 관계에는 세 가지 숨은 뜻이 있다. 첫째는 졸업장을 중심으로 형성된 등급 성격의 신분 관계이다. 피에르 부르디외(Pierre Bourdieu)는 "현대의 학교 체제는 지식 중립의 방식으로 끊임없이 명문 학교 졸업생을 최상 계층의 지식인 등급 체제로 양산해내며,[16] 더 많은 문화 자본을 얻기 위해 청년학생과 지식인은 기필코 명문 학교에 들어가려 하거나 해외 유학을 떠남으로써 수준 높은 교육 출신이 되려 한다"고 분석하여 밝힌 바 있다. 그러나 명문 학교 혹은 해외 유학 출신의 졸업생들은 또 반폐쇄적인 교제의 공동체를 형성하였다. 이 무리를 부르디외는 신(新)통제계급의 도시 상류층 귀족이라 명명했는데 전통 봉건 귀족과의 유일한 구별은, 후자는 선천적인 혈통을 기초로 한 것이지만 고학력과 명문 학교를 신분 표지로 한 신통제계급은 후천적 노력을 통하여 얻을 수 있다는 것이었다. 어쨌든 도시 공공 관계망에서 학교의 출신은 지식인이 자기 정체성과 상호 긍정을 실현할 수 있는 제1층의 공간 관계이다.

둘째는 추상적인 기호로 구성된 이데올로기의 공간 네트워크이다. 전통 중국 사회에도 이데올로기가 있었는데 그것은 중화제국이 승인하고, 과거 제도에 의해 끊임없이 제도화된 유가 학설이었다. 그러나 신해혁명 이후에 보편 왕권이 와해되고 향촌 종법제도가 쇠락하면서 지식인의 공공 신앙으로서의 유가 이데올로기는 철저히 붕괴되었다. 현대 자본주의의 직업 분화, 계급 이익의 분화와 현대의 다원화된 이데올로기의 등장은 '유기화'(有機化)된 도시 지식인이 나오게끔 했는데 이는 즉 안토니오 그람시(Antonio Gramssi)가 언급한 유기적 지식인이다.[17] 지식인은 더는 통일된 이데올로기를 갖지 않았는데, 고대 그리스의 폴리스에 저마다의 신이 있었던 것처럼 서로 다른 도시 지식인 사이에도 각자가 숭배하는 이데올로기가 있어 추상적인 기호로 구성된 복잡한 이데올로기 공간 네트워크를 형성하였다. 그러나 이런 충돌이나 논쟁은 흔히 언어폭력으로 가득하여 일단 이데올로기 충돌과 군사/정치 역량이 서로 결합하기만 하면 곧 더욱 잔혹한 전쟁 폭력으로 변모하였다.

  셋째는 각기 다른 도시문화 공간의 구조이다. 현대 지식인은 끊임없이 여러 도시를 돌아다니며 자신의 생존 방식과 문화적 기질에 맞는 도시 공간을 찾아왔다. 현대 중국에서는 각 도시마다 문화 생태의 차이가 컸다. 베이징과 상하이를 예로 들자면 베이징은 전국 일류의 국립 대학과 미션 스쿨이 집중된 현대 중국의 지식 생산과 학술 생산 네트워크의 중추로서 온화한 자유주의 지식인이 생장하기에 적합하고, 국가의 안정된 지식 체제를 배경으로 한 문화 공간을 갖추고 있었다. 반면 현대 상하이는 중국 국내에서 가장 발달한 신문사, 출판사와 엔터테인먼트 업종이 있어 이를 통해 세계화 과정의 문화 산업에 합류하여 급진적인 자유 지식인들이 상하이에서 생존과 발전의 자유 공간을 얻을 수 있었고, 게다가 분산된 형태의 다원화된 공공 여론을 형성할 수 있었다. 1927~30년의 짧은 3년 동안 상하이에는 루쉰을 위시한 어사파(語絲派)·궈모뤄(郭沫若)·청파우(成仿吾)·장광츠(蔣光慈)를 대표로 하는 창조사/태양사, 후스를 위시한 신월파와 장쥔마이(張君勱), 장둥쑨(張東蓀), 리황(李璜)을 대표로 하는 해방과 개조파/국가주의파 등 당시 중국을 대표하던 지식인 엘리트 집단이 운집하였다. 한바탕 복잡한 투쟁을 거쳐 결국 루쉰과 창조사/태양사가 연합하여 좌익 지식인 동맹을 구성하여 상하이에 머물렀고, 후스, 장쥔마이 등 자유주의 지식인은 상하이를 떠나 북상하여 베이징으로 되돌아갔다. 현대 중국의 역사에서 베이징과 상하이가 각각 자유주의와 좌익 지식인의 진영이 된 것은 결코 우연이 아니라 두 도시의 문화 공간 및 도시 성격과 밀접한 관계가 있었다. 게다가 이런 관계는 일방적이거나 수동적인 것이 아니라 양방향적이고 상호적이어서 한편으로는 도시의 사회 공간과 문화 구조가 지식을 제약하고 영향을 주었고, 다른 한편으로는 지식인 또한 적극적이고 능동적으로 도시문화와 도시정신의 구축에 참여하였다.

도시 지식인의 교류 네트워크와 집단적 정체성은 상술한 세 가지 도시 구축성의 공간 관계에 달려 있을 뿐 아니라 설령 현대 도시 공공 네트워크에서 전통적인 혈연, 지연의 자연적 관계가 주도적인 기능을 하지 못한다 하더라도 상당한 정도에서 여전히 잠재적인 영향력을 발휘하며 종친 관계, 동향 관계가 깊이 현대 도시의 인간관계 속으로 개재(介在)되어 현대의 졸업장 신분 등급, 이데올로기적 정체성과 도시 지역문화와 거대하고 복잡하며 서로 얽힌 인간관계 네트워크를 형성하였다. 이 미궁과도 같은 서로 중복된 관계 네트워크에서 지식인의 집단적 정체성, 교류 공간과 신분 귀속은 모두 단일한 것이 아니라 복수적인 상태로서 각기 다른 차원의 가치와 신분 취향에 따라 여러 집단적 정체성과 신분 귀속이 있었는데 이는 지식인 개체 신분의 복잡성과 다원성을 형성하였다. 샤오방치(蕭邦齊)는 1920년대 저장(浙江)의 좌파 지식인 선딩이(沈定一)에 대한 개별 연구에서 대도시인 상하이, 성도(省都) 항주와 향촌의 관공서 세 가지 다른 공간에서의 활동을 분석해 "이 세 도시에서 선딩이의 활동이 삼자 간의 상대적 구조와 가치도를 보여주었을 뿐 아니라 삼자의 역사적 역할 담당자, 사회 네트워크와 시대정신 간의 상호도를 나타낸다"[18]고 밝힌 바 있다. 지식인 개체 활동의 여러 공간 네트워크를 어떻게 변별하고 그들 간의 상호 관계를 분석하여, 서로 다른 관계 네트워크에서 연구 대상의 복잡한 사회 신분과 내재 사상을 밝힐지는 지식인 개체 연구에서 발굴할 만한 깊이가 있다.

도시 지식인과 향촌 지식인의 다른 성질 때문에 도시 지식인의 사회적 역할, 지식 구조와 내면세계의 사이에는 조화가 아닌 내재적 긴장과 충돌로 가득 차 있다. 만하임의 분석에 따르면 이러한 충돌은 최소한 아래 세 가지 측면으로 나타난다.

첫째, 도시 지식인과 사회의 관계로부터 말한다면 프라이버시와 공공성의 충돌이다. 향촌사회의 익숙한 사람들의 세계에서 개인은 프라이버시라 할 만한 것이 없으며, 공공 영역과 개인적 영역 사이의 경계 역시 상대적이고 모호하였다. 그러나 도시의 거주 방식은 도시의 낯선 사람들의 사회를 형성하여 "도시 가정과 공장, 사무실 간의 분리는 먼저 개인 영역과 공공 영역 간의 구분을 강화하였다. 공공 관리의 근무 패턴은 이 구분이 강화된 또 다른 단계를 상징한다. 근무 중의 행위는 대중에게 완전히 폭로되며 근무 시간 이외에서야 비로소 프라이버시 안으로 들어갈 수 있다. 그러므로 지식인은 그가 행한 거의 모든 일을 프라이버시의 범위 안으로 넣으려 하였고, 이 때문에 그는 성공적으로 개체화된 도시 프라이버시를 극도로 발전시켰다."[19] 현대 지식 생산의 개인성과 개인의 자주의식은 도시 지식인을 본질적으로 고독하고, 개인주의적으로 만들었지만 도시처럼 낯선 사람들의 사회에서 그는 기존의 자연적인 역사 관계를 빌릴 수 없었고, 모든 것은 반드시 자신의 노력으로 만들어내고, 공공 관계를 구축해야만 하였다. 만약 그가 어떤, 혹은 약간의 관계망에 받아들여지지 못한다고 한다면 이 도시의 기아(棄兒)가 되는 것이다. 따라서 개인주의적인 도시 지식인은 향촌 지식인보다 더욱 사회적 교류가 필요하며, 도시에 도착한 첫날부터 그에게 적합하고 받아들여질 수 있는 사회 공간과 공간 네트워크를 찾아야만 하였다. 그러나 공공 관계망에서 도시 지식인의 프라이버시 본질은 또한 공공 관계 밖에서 자신의 독립적인 공간을 유지하고자 했는데 이는 프라이버시와 공공성의 충돌을 낳았다.

둘째, 도시 지식인의 지식 유형으로부터 말한다면 비전(秘傳) 지식과 일상 지식의 긴장이다. 만하임은 지식사회학적인 각도에서 두 가지 서로 다른 지식, 즉 일상 경험의 지식과 비전 지식을 구분하였다. 전자는 일상생활 중에서 개체의 경험을 통해 얻어지는 것으로 생활의 실천과 밀접한 관계가 있다. 예컨대 민족 '소(小)전통'으로서의 유가문화는 곧 일상 지식의 일종으로, 전통 종법사회의 인륜이 일상생활의 정신적 나침반이 되도록 준비되었다. 그러나 이 밖에 또 다른 비전 지식이 있는데 이는 일상생활에서 유래하지만 차츰 일상생활과 분리되고 멀어져 전문적이거나 추상적인 지식 체계가 되는 것이었다. 특히 현대 도시사회로 들어와 지식은 나날이 과학화, 전문화되어 전문화된 학술적 훈련을 거치지 않으면 지식인은 비전 지식을 얻을 수 없었다. 이에 만하임은 다음과 같이 지적하였다. "간단한 문화 가운데 이 두 가지 유형의 지식은 흔히 한데 모인다. 부락이 독점한 기예(技藝)는 흔히 하나의 비밀 주제를 구성하였는데 이 기예 자체는 오히려 일상생활의 일부분이며 무술의 유래와 기초는 비전으로 전해지고, 또한 흔히 사적인 활동의 일상적인 순환으로 들어간다. 나날이 복잡해지는 사회는 일상 지식과 비전 지식을 분리하는 경향이 있고, 동시에 이 두 가지 지식을 장악한 집단의 거리를 벌려놓았다."[20] 지식 유형의 차이로 인해 도시 지식인은 매체를 활동 배경으로 삼고 공공 생활과 관계가 밀접한 지식인, 그리고 대학을 생존 공간으로 삼고 일상생활과 무관한 전문 지식인이라는 양대(兩大) 지식 집단을 형성했다. 이 두 유형의 지식인 공동체 사이에는 흔히 모종의 긴장감이 생긴다. 게다가 지식인 개체 가운데 비전 지식과 일상 지식에는 절대적인 큰 격차가 없고, 서로 간에 전환된 관계가 존재하기 때문에 결국 전문 지식에 더 많은 관심을 두고 학술을 발전시킬 것인지, 아니면 일상 지식으로 전환시켜 대중을 계몽할 것인지 또한 그들 마음속의 충돌과 긴장을 조성하였다.

셋째, 도시 지식인의 생존 방식에 대해 말하자면 가치기호 세계와 현실 생활 세계의 격차이다. 지식인은 본성에 따르면 추상적 가치기호를 창조하고 전파하는 것을 자아 특징으로 한다. 향촌 지식인의 추상적 지식(이른바 엘리트계층의 '대大전통')과 그가 몸담고 있는 세속 지식(이른바 민속 의미상의 '소小전통')에는 같은 구조의 상호 관계가 있으며, 엘리트의 기호는 일상적인 인륜과도 멀지 않았다. 그러나 도시 생활에는 기호성과 상징성이 가득 차 있어 도시 지식인은 흔히 추상 세계의 이데올로기에 깊이 빠져 있으면서 자각하지 못했다. 이데올로기는 항상 허구적인 체험의식과 공간적인 느낌을 만들어내 지식인이 창조하고 전파한 가치문화 기호와 일상생활에는 마침 만하임이 예리하게 지적한 것처럼 기껏해야 상징 혹은 은유적인 관계만이 존재할 뿐이다. "학자는 도서관에서 사상을 이해할 뿐 실제 환경에서는 아니다. 책은 연구자에게 그가 직접 접촉할 수 없는 환경을 보여주기 때문에 일종의 잘못된 참여감을 만들어냈는데, 이는 타인 생활을 함께 향유하나 오히려 그 감고(甘苦)는 알 필요가 없는 일종의 환각이다."[21] 지식인의 기호 세계는 현실 세계에서 비롯되지만 전자는 후자와 같을 수 없다. 그러나 기호 세계의 조물주로서 지식인은 흔히 의식 속에서 기호 세계를 현실 세계로 환상화(幻想化)한다. 두 세계 간의 막대한 격차는 양자 간의 생존 상태에 분열과 긴장이 생기도록 하였다.

4. 지식인 공동체와 공공 교류

이제 도시의 지식인 공동체가 어떻게 형성되었는지, 그들은 또 어떻게 내부와 서로 간에 공공 교류의 관계를 실현하였는지를 돌이켜 보고자 한다. 여기서 나는 부르디외의 장(field) 이론을 인용할까 하는데, 이 이론은 이 문제를 분석하는 데 효과적인 해석 방법을 제공할 것이다.

부르디외의 장 이론은 사회학을 반성하는 데 중요한 분석 모델이다. 부르디외는 "고도로 분화된 사회에서 사회 세계는 상대적으로 자율성을 갖춘 사회의 소(小)세계로 구성되었으며, 이러한 사회의 소세계는 자체 논리와 필연적인 객관 관계를 갖춘 공간"[22]이라고 보았다. 이렇게 하나하나가 상대적으로 자율적인 사회의 소세계가 바로 장이다. 장 이론에는 장, 자본, 그리고 관습의 세 가지 핵심 이론이 있다. 장은 일종의 관계망으로서 각종 위치 사이의 객관적 관계의 조합이다. 이러한 관계망에서 모든 장은 자기 행동의 지배적 성격의 논리를 가진다. 각종 힘들이 활동하는 장소로서 이는 동시에 투쟁의 공간이며, 각종 위치의 점유자들은 저마다 물질과 상징 자본을 다투고 재분배한다. 부르디외가 여기서 언급한 자본은 마르크스의 자본 이론에서 발전된 것이지만 내함(內含)과 외연(外延)은 더욱 광범위하다. 자본의 형태는 세 가지 유형으로 나눌 수 있는데, 경제적 자본(토지나 화폐, 노동력처럼 각기 다른 생산 요소), 문화 자본(지식 능력 자격의 총체로서 학교와 가정에서 전승된 것), 사회 자본("어느 개인 혹은 집단이 비교적 안정된 어느 정도 제도화된 상호 교류나 서로 익숙한 관계망을 장악하여 축적해간 자원의 총화"[23])이다. 이 세 가지 자본은 행위자가 특정 장에서만 의지할 수 있는 자원을 형성하였다. 이른바 아비투스(habitus)는 습관(habit)과는 다른, 어떤 공동체의 구성원이 장기간 통일된 사회 실천 중에서 형성한, 고도로 일치되고 상당히 안정적인 취향, 신앙과 습관의 총화이다. 아울러 특정 공동체의 집단적 정체성과 신분 표지(標識)이자 그 내부의 재통합과 기타 공동체와 구별되는 가장 중요한 표지이다. 부르디외가 보기에 장은 결코 순수한 공간적 의미상의 물리적 범주가 아니라 내재적 긴장이 가득한 사회적 범주이다. 이러한 긴장이 생겨나는 이유는 그 공간에서 활동하는 행위자들이 각자 지니고 있는 경제적 자본, 문화 자본과 사회 자본을 활용해 사회의 희소 자원, 즉 상징 자본을 다투는 데 힘을 쏟기 때문이다. 상징 자본과 앞의 세 가지 자본은 동일한 차원의 개념이 아니며, 이는 특정한 사회 공간에서 공인된 지명도, 명예, 성취감, 지도자의 위치를 지칭한다. 다른 세 가지 자본은 사회 공간에서 부단히 생산될 수 있지만, 상징 자본은 영원히 희소하고, 총량(總量)에도 한계가 있다. 부르디외는 장을 게임에 비유하였는데 자본의 소유자들은 공통된 게임(장)의 규칙을 지키면서 자신의 자본이 상호 관계 속에서 타인과 사회로부터 인정을 받도록 힘써 통제적인 상징 자본으로 전환시킨다.[24]

    부르디외의 장 이론으로 도시 지식인 공동체를 연구함으로써 우리는 약간의 새로운 시각을 얻을 수 있다. 먼저 지식인 공동체의 내부 관계로부터 살펴보면 모든 지식 공동체는 자율적인 장으로서, 공통된 습관을 가진 지식인으로 구성되어 있다. 이들은 유유상종으로 통일된 이데올로기 또는 학력, 지식 유형, 도덕적 가치, 문화적 취향, 생활 취향 등을 가진다. 지식인 공동체를 선택하는 것은 곧 어느 공동체의 습관이 자신의 취향에 맞는지를 보는 것이다. 선총원(沈從文)과 딩링(丁玲)처럼 내지(內地)인 후난(湖南)에서 연해(沿海) 대도시로 함께 올라온 지기(知己)가 나중에 각자의 길을 걷게 된 것은 두 사람이 선망하고 추구하는 문화적 습관이 다른 이유가 컸다. 선충원이 바란 것은 부르주아의 이성, 고상함과 유미주의였지만, 딩링이 추구한 것은 보헤미안의 자유, 열정과 반항정신이었다. 이 때문에 한 사람은 베이징의 자유주의 문예 살롱에 참여했고, 또 다른 한 사람은 상하이의 좌익 문화운동에 투신했다.

공통된 습관을 지닌 지식인 공동체 내부의 경우에도 부르디외의 이론적 틀을 적용해 보면 깊이 연구해볼 흥미로운 문제들이 많다. 공동체 내부에서 공동체 구성원들은 어떻게 도시 공간에서 교류하는가? 커피숍, 살롱, 회식, 서점, 동인 잡지, 아니면 공공 매체에서? 이러한 내부 공간에는 어떤 외부 분위기가 있고, 또 어떻게 공통의 가치관을 형성하는가? 공동체 내부의 지도자와 권위는 어떻게 생성되고, 또 어떤 메커니즘을 통해 새로운 인재를 육성하는가? 각종 사회의 관계망 중에서 공동체는 또한 어떤 유형의 자본 활동을 통해 상징 자본을 획득하는가? 그리고 그 상징 자본에는 또 어떤 특징이 있는가?

다음으로 지식인 공동체 간의 관계로부터 살펴보면 서로 다른 이데올로기적 신앙, 가치적 목표와 생활 방식을 지닌 지식인 공동체 사이의 담론과 습관은 서로 소통할 수 없는 관계인가를 반드시 연구해야 한다. 여전히 모종의 교류가 있는 공공 공간이 있다면 그것은 어떤 공공 공간일까? 공공 매체? 대학? 아니면 광장?

공동체의 내부 장과 공동체 간의 외부 장이 교류하는 게임의 규칙은 무엇이 다른가? 상호 논쟁하는 공동체 간에 쟁탈하려는 것은 어떠한 언어 패권 혹은 상징 자본인가? 서로 충돌하는 담론의 심층에는 아직 밝혀내지 못한 사상적 선입견이 있는 것은 아닌가?

마지막으로 지식인의 전체 관계와 그 외부의 도시 공간 네트워크로부터 살펴보면 그 집단의 공간 분포는 예컨대 앞서 언급했던 베이징과 상하이

지식인의 서로 다른 이데올로기와 문화적 취향처럼 도시와 도시 사이뿐 아니라 동일한 도시, 특히 베이징이나 상하이 같은 대도시 속에서도 서로 다른 공간 분포가 있을 수 있다. 도시는 결코 전체적 성격의 동질적 개념이 아니며, 그 문화·지리적 구도 속에서 엄격하게 등급화된 공간 질서를 드러내 보인다. 옛 상하이를 예로 들면 문화 권력의 등급 배열에 따라 남서부의 프랑스 조계지부터 중심 구역인 영국과 미국의 공공 조계지에 이르기까지, 또 북서쪽의 홍커우(虹口) 일본인 거주 지역까지 하강식(下降式)의 문화적 공간 배열을 보인다. 각 지식인 집단마다 자신의 특정한 도시 활동 공간이 있다. 예컨대 현대주의 문인은 반드시 프랑스 조계지의 커피숍에서 모였는데 이는 도시 부르주아 계급으로서의 공간적 상징이었다. 좌익의 보헤미안은 흔히 홍커우 지역의 지형이 복잡한 골목이나 다락방, 작은 서점 또는 지하 커피숍 등에 출몰하며 비밀스러운 분위기를 풍겼다. 공공 조계지의 경우 여러 지식인이 서로 교류하는 공공 공간이 되었다. 이런 것들은 모두 대도시의 문화 지도가 드러내는 것이 도시 지식인의 복잡한 관계망이라는 사실을 증명해주었다.

우리는 도시의 공간 관계로부터 시작해 지식인 연구의 새로운 시야를 열 수 있다. 이 연구 영역은 이미 여러 종류의 이론적 틀과 해석 패턴이 있는 데다 풍부한 사료(史料)가 바탕이 되어 있기 때문에 그 앞날이 매우 매력적이다. 그것은 장차 신세기의 중국 지식인 연구를 위한 찬란한 경관을 더해줄 것이며, 더욱 다원적이고 광활하며 무한한 생명력을 얻게 해줄 것이다. 〔한혜성 옮김〕

• 『天津社會科學』, 2004年 第3期.

주註

1) 林毓生, 穆善培 譯, 『中國意識的危機: '五四'時期激烈的反傳統主義』, 貴州人民出版社, 1986, pp. 43~49 참조.
2) B. Schwartz, 程鋼 譯, 『古代中國的思想世界』, 江蘇人民出版社, 2004, pp. 1~14 참조.
3) 費孝通, 『鄕土中國』, 三聯書店, 1985, pp. 21~28 참조.
4) 余英時, 「中國近世宗敎與商人精神」, 余英時, 『士與中國文化』, 上海人民出版社, 1987, pp. 519~79 참조.
5) 陳寅恪, 『柳如是別傳』 上卷, 上海古籍出版社, 1980, p. 175.
6) M. Foucanlt, 陳志梧 譯, 「不同空間的正文與上下文」, 包亞明 主編, 『都市與文化』, 叢刊 第1輯 『後現代性與地理學的政治』, 上海敎育出版社, 2001, pp. 18~28 참조.
7) J. Habermas, 曹衛東 等譯, 『公共領域的結構轉型』, 學林出版社, 1999.
8) W. T. Rowe, 「晚淸帝國的'市民社會'問題」, M. Rankin, 「中國公共領域觀察」, 黃宗智 主編, 楊念群 等譯, 『中國硏究的範式問題討論』, 中央編譯出版社, 2003 참조.
9) 魏裴德, 「市民社會和公共領域問題的論爭」, 黃宗智, 「中國的'公共領域'與'市民社會'」, 『中國硏究的範式問題討論』 참조.
10) 楊念群, 『中層理論: 東方思想會通下的中國史硏究』, 第3章, 江西敎育出版社, 2001 참조.
11) C. B. Macpherson, *The Political Theory of Possessive Individualism: Hobbes to Locke*, Oxford Univ. Press, 1962 참조.
12) 費孝通, 위의 책, pp. 21~28.
13) 楊念群, 위의 책, 第3章, pp. 131~34 참조.
14) 19세기 중국 관리 유형의 공공 영역에 대한 또 다른 비교적 중요한 연구 케이스는 王笛, 「晚淸長江上游地區公共領域的發展」, 『歷史硏究』, 1996, 第1期.
15) 許紀霖, 『近代中國的公共領域: 形態, 功能與自我理解―以上海爲例』, 『史林』, 2003, 第2期: 方平, 「淸末上海民間報刊與公共輿論的表達模式」, 香港, 『二十一世紀』, 2001. 2 참조.
16) P. Bourdieu, 邢克超 譯, 『再生產: 一種敎育系統理論的要點』, 商務印書館, 2002

참조.
17) A. Gramsci, 曹雷雨 等譯, 『獄中札記』, 中國社會科學出版社, 2000, pp. 1~18 참조.
18) 蕭邦齊, 『血路: 革命中國中的沈定一(玄廬)傳奇』, 江蘇人民出版社, 1999, p. 7.
19) K. Mannheim, 徐彬 譯, 『卡爾・曼海姆精粹』, 南京大學出版社, 2002, pp. 224~25.
20) 위의 책, p. 183.
21) 위의 책, pp. 223~24.
22) P. Bourdieu, Loic J. D. Wacquant, 李猛・李康 譯, 『實踐與反思: 反思社會學導引』, 中央編譯出版社, 1998, p. 134.
23) 위의 책, p. 162.
24) 위의 책, pp. 131~86; Patrice Bonnewitz, 孫智綺 譯, 『布迪厄社會學的第一課』, 臺北: 麥田出版公司, 2002, pp. 72~87.

지은이 소개(게재순)

장펑위안 張朋園
타이완의 저명한 역사학자로서 타이완 중앙연구원 근대사연구소 연구원, 타이완 사범대학 역사학과 교수 등을 역임한 바가 있다. 주요 저서로 『中國現代化的區域研究: 湖南省』(1982), 『郭廷以, 費正淸, 韋慕庭: 台灣與美國學術交流個案初探』(1997), 『知識分子與近代中國的現代化』(2002), 『梁啓超與淸季革命』(2007), 『立憲派與辛亥革命』(2007), 『梁啓超與民國政治』(2007), 『中國民主政治的困境, 1909~1949: 晚淸以來歷屆議會選擧述論』(2008) 등이 있다.

수헝저 舒衡哲
1947년 루마니아에서 태어났으며, 중국 현대사를 전공했다. 미국 스탠퍼드 대학을 비롯하여 이스라엘의 헤브류 대학, 중국 베이징 대학, 프랑스 파리의 중국 센터(Chine Centre) 등에서 중국사를 가르쳤으며, 현재 웨슬리언(Wesleyan) 대학 교수로 있다. 역사 연구 외에 시와 단편소설 창작에도 적극 나서고 있다. 주요 저서로 *Long Road Home*(1984), *The Chinese Enlightenment*(1986), *Time for Telling Truth Is Running out*(1992), *Bridge across Broken Time*(1998), *Scoop of Light*(2000), *Place and Memory in the Singing Crane Garden*(2008) 등이 있다.

첸리췬 錢理群
베이징 대학 중문학과 교수로 있으며, 주요 연구 분야는 중국 현대문학이다. 주요 저서로 『中國現代文學三十年』(1987), 『心靈的探尋』(1988), 『二十世紀中國文學三人談』(1988), 『周作人傳』(1990), 『周作人論』(1991), 『精神的煉獄』(1996), 『世紀末的浸思』(1997) 등이 있다.

리어우판 李歐梵
홍콩 대학 방문교수이자 미국 하버드 대학 동아시아문화학과 중국문학 교수이다. 국제적으로 유명한 문화연구학자이자 작가로도 활약하고 있다. 주요 연구 분야는 현대문학과 문화, 현대소설과 중국 영화 등이다. 주요 저서로 『鐵屋中的吶喊: 魯迅硏究』(1995), 『世紀末囈語』(2001), 『尋回香港文化』(2002), 『都市漫遊者』(2002), 『中國現代作家中浪漫的一代』(2005), 『自己的空間: 我的觀影自傳』(2007), 『人文文本』(2009) 등이 있다.

장칭 章淸
푸단 대학 역사학과 교수로 주요 연구 분야는 중국 근대학술사와 문화사이다. 주요 저서로 『亭子間: 一群文化人和他們的事業』(1991), 『殷海光』(1996), 『胡適學術文集·中國佛學卷』(1998), 『近代中國的國家形象與國家認同』(2003), 『'胡適派學人群'與現代中國自由主義』(2004), 『思想之旅: 殷海光生平與志業』(2006) 등이 있다.

셰융謝泳

샤먼(夏門) 대학 인문학원 교수로 주요 연구 분야는 중국 현대 지식인이다. 저서로 『儲安平與'觀察'』(2005), 『西南聯大與中國現代知識分子』(2009), 『淸華三才子』(2009), 『中國現代文學史硏究法』(2010) 등이 있다.

황핑黃平

중국사회과학원 미국연구소 소장이자 중국사회과학원 연구원으로 있으며, 주요 연구 분야는 사회학이다. 주요 논문으로 「吉登斯」, 「有目的之行動與未預期之後果」, 「公共秩序的建構及其限制」, 「全球化與社會發展硏究中的新問題」 등이 있으며, 저서로 『尋求生存』(공저, 1997)이 있다.

쉬지린許紀霖

화동 사범대학 역사학과 교수로 중국 근대사상사가 전공이다. 21세기 중국 사상사와 지식인, 그리고 상하이 도시문화 등이 주요 연구 분야이다. 주요 저서로 『全球正義與文明對話』(2004), 『帝國, 都市與現代性』(2006), 『公民性與公民觀』(2006), 『公共空間中的知識分子』(2007), 『現代性的多元反思』(2008), 『世俗時代與超越精神』(2008), 『啓蒙的遺産與反思』(2009) 등이 있다.

옮긴이 소개 (가나다순)

김경남 金炅南
덕성여대 중어중문학과 교수로 재직하고 있으며, 주요 연구 분야는 중국 현당대문학이다. 20세기 후반의 중국 지식인 작가에 대한 연구와 21세기 최근 신생대 작가들의 작품들을 주요 영역으로 삼아 연구하고 있다. 주요 연구로 「세기말 중국작가의 선택과 추구」, 「쑤퉁(蘇童) 장편소설론」, 「찬쉐(殘雪) 소설론」, 「둥시(東西)의 『참회록(懺悔錄)』 세독」, 「구이쯔(鬼子) 소설론」 등이 있다.

박영순 朴英順
중국 푸단(復旦) 대학에서 박사학위를 받았으며, 현재 국민대 중국인문사회연구소 HK연구교수로 재직하고 있다. 관심분야는 문학이 하나의 학문영역으로서 어떠한 근대적 변화를 거쳐 현대학문분과로 정착해 왔는지를 연구했으며, 최근에는 현재 중국 문학작품의 생산기제를 통해 문학 인프라를 파악하는 데 주목하고 있다. 주요 연구로 「1920년대 국학연구와 학술관념의 변화」, 「개혁개방 이후 탈엘리트 문학현상과 문학지식생산의 변화」 등이 있다.

이철호 李哲浩
서강대에서 중국 고대사를 전공하였으며, 현재 서강대 강사로 있다. 번역서로 『염철론』(공역, 소명, 2002)이 있다.

장창호 張昌浩
국민대에 출강하고 있으며 중국 고전산문과 경학이 전문 분야이다. 지금은 중국의 현대화 과정에서 경학의 역할과 변화에 주로 관심을 갖고 있다. 논문으로 「맹자산문연구」, 「맹자와 장자에 대한 문학적 비교연구」, 「맹자외서고」 등이 있으며, 저서로는 『사서삼경의 이해』(공저, 국민대학교 출판부, 2006), 『중국 고전산문의 이해』(공저, 학고방, 2011) 등이 있다.

최은진 崔恩珍
이화여대에서 역사학으로 박사학위를 받았으며, 현재 국민대 중국인문사회연구소 HK연구교수로 재직하고 있다. 전공분야는 중국 현대사이며 현재는 중국의 대학교육과 그 체제 및 지식인들의 사상지형과의 관계, 담론형성 매체 등에 관심을 갖고 있다. 주요 연구로 「난징 정부시기 저장성 교육보도(輔導) 제도」, 「중국의 민판(民辦) 대학 정책과 위상」, 「중국 국립중앙연구원 역사어언연구소(1928~49)와 근대역사학의 제도화」 등이 있다.

한혜성 韓惠盛
고려대 중일어문학과에서 중국 현대문학을 전공하고 있으며, 스저춘(施蟄存), 서우(徐訏)의 작품 세계에 관심을 갖고 있다. 역서로 『파워 코딩』(2009, 성균관대학교출판부), 『지도로 보는 세계 미술사』(2008, 시그마북스), 『예술의 강 도나우』(2010, 산수야), 『생명의 강 티그리스와 유프라테스』(산수야, 2010) 등이 있다.